Prague

Ph. Gajic/MICHELIN

Editions des Voyages

46, avenue de Breteuil – 75324 Paris Cedex 07
☎ 01 45 66 12 34
www.ViaMichelin.fr
LeGuideVert@fr.michelin.com

Manufacture française des pneumatiques Michelin
Société en commandite par actions au capital de 304 000 000 EUR
Place des Carmes-Déchaux – 63 Clermont-Ferrand (France)
R.C.S. Clermont-Fd B 855 200 507

Toute reproduction, même partielle et quel qu'en soit le support,
est interdite sans autorisation préalable de l'éditeur.

© Michelin et Cie, Propriétaires-éditeurs, 2000
Dépôt légal mai 2000 – ISBN 2-06-056501-4 – ISSN 0293-9436
Printed in France 05-02/1.3

Compogravure : LE SANGLIER, Charleville-Mézières
Impression : IME Baumes les Dames
Brochage : IME Baumes les Dames

Maquette de couverture extérieure : Agence Carré Noir à Paris 17e

À la découverte de Prague

Il n'y a pas de saison pour visiter Prague. Au printemps ou en été, la douceur du climat praguois vous portera dans une atmosphère romantique qui n'a pas d'égal ailleurs en Europe. Mais les pluies d'automne et les tourbillons neigeux de l'hiver, ici, embellissent la ville plus qu'elles ne la figent et font ressortir son éclat magique. Surtout, quelle que soit la saison – c'est ce qui frappe à Prague - vous rencontrerez une population curieuse, toujours à l'écoute, particulièrement cultivée et attentive.

Quels que soient vos projets, tout au long de votre voyage, ce Guide Vert " Prague " sera un compagnon fiable et fidèle, à la hauteur de vos attentes. Il a été rédigé par une équipe de spécialistes expérimentés sous la direction de Nadia Bosquès, rédactrice en chef de la collection française des Guides Verts.

La maquette, rythmée, aérée, abondamment illustrée, rend la lecture de ce guide agréable et confortable. Comme dans chacun des 70 titres que compte aujourd'hui la collection Guide Vert, tous les plans de ville et les cartes ont été réalisés par notre équipe de dessinateurs et de cartographes à partir d'observations de première main recueillies sur le terrain.

Pour cette nouvelle édition du guide Prague, une attention toute particulière a été portée aux informations pratiques : des adresses d'hôtels et de restaurants pour toutes les bourses et pour tous les goûts, mais aussi des propositions de shopping, de distractions et de curiosités diverses ont été ajoutées au fil des pages. Toutes les informations ont été vérifiées avec soin. Toutefois, depuis dix ans, Prague fait figure de chantier perpétuel. Son dynamisme étonne... et déroute ! Si donc un changement était survenu après le bouclage de cette nouvelle édition, signalez-le nous ! Car depuis plus de cent ans notre souci est de vous offrir le meilleur des guides.

Merci d'avoir choisi le Guide Vert et bon voyage à Prague !

Hervé Deguine
Directeur de la collection des Guides Verts
LeGuideVert@fr.michelin.com

Sommaire

Statue du pont Svatopluk Čech

Vieille porte

À la découverte de Prague 103

Environs de Prague   227

NB : L'ordre alphabétique tchèque classe : "CH" après "H"

Les clefs du guide

Cadrans de l'horloge astronomique

Enseigne de maison baroque

Cartographie

EN COMPLÉMENT AU GUIDE

Carte n° 976 République tchèque et République slovaque

– une carte à 1/600 000, avec index des localités et schéma de l'agglomération pragoise

... et pour arriver à Prague

Carte n° 987 Allemagne, Bénélux, Autriche et République tchèque

– une carte à 1/1 000 000 pour vous indiquer les grands itinéraires depuis l'Ouest de l'Europe vers Prague

Le serveur Minitel 3615 Michelin permet le calcul d'itinéraires détaillés avec leurs temps de parcours, et bien d'autres services.

Les 3617 et 3623 Michelin vous permettent d'obtenir ces informations reproduites sur fax ou imprimante.

Les internautes pourront bénéficier des mêmes renseignements en surfant sur le site : www.ViaMichelin.fr

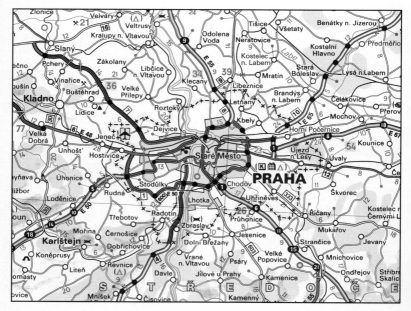

INDEX CARTOGRAPHIQUE

Plans de quartiers

Plans de monuments

Cartes historiques

Plans des villes
aux environs de Prague

Place Venceslas

Votre guide

● Les plans généraux, en pages 10 à 13, ont été conçus pour vous permettre de préparer votre voyage.

● La partie des Renseignements pratiques vous aidera à la fois dans la préparation de ce voyage et au cours de votre séjour à Prague en vous fournissant adresses et informations relatives à la vie quotidienne en République tchèque. Vous y trouverez également les dates des manifestations traditionnelles.

● Se loger au moindre coût ? Une table accueillante ? Acheter une reproduction d'œuvre d'art ou vivre Prague au quotidien ? C'est ce que vous découvrirez, entre autres, dans la partie Carnet d'adresses. En fin de guide, sur le rabat de couverture, un plan vous permettra de trouver l'emplacement des hôtels cités.

● Avant que vous n'entrepreniez votre voyage, nous nous permettons de vous recommander la lecture de l'Introduction à la ville, qui vous donne toutes les informations nécessaires pour mieux comprendre l'histoire, l'art et la culture d'une ville riche par bien des points et s'achève sur des suggestions de promenades dans la ville.

● La partie suivante vous emmènera à la découverte de Prague par le biais de descriptions (dans l'ordre alphabétique tchèque) des monuments les plus intéressants ou de promenades dans des quartiers. Après Prague, nous vous suggérons de partir pour des excursions d'une journée à la découverte de quelques-uns des sites les plus intéressants des environs.

À l'intérieur de ces chapitres, des encadrés sur fond saumon vous transmettront anecdotes, faits historiques, voire légendes ou encore précisions à propos des monuments ou sites décrits.

Certains d'entre eux sont suivis du symbole ⚐ signalant la présence en fin de guide des conditions de visite de ces monuments.

Si vous avez des remarques ou des suggestions à faire, nous sommes à votre disposition sur notre site Web ou par courrier électronique :

www.ViaMichelin.fr

LeGuideVert@fr.michelin.com

Bon voyage !

Légende

★★★ **Très vivement recommandé**

★★ **Recommandé**

★ **Intéressant**

Curiosités

⊘	Conditions de visite en fin de volume	►►	Si vous le pouvez : voyez encore…
	Itinéraire décrit Départ de la visite	AZ B	Localisation d'une curiosité sur le plan
	Église – Temple	🛈	Information touristique
	Synagogue – Mosquée		Château – Ruines
	Bâtiment		Barrage – Usine
▪	Statue, petit bâtiment		Fort – Grotte
⊥	Calvaire		Monument mégalithique
◎	Fontaine		Table d'orientation – Vue
	Rempart – Tour – Porte	▲	Curiosités diverses

Sports et loisirs

	Hippodrome	🏃	Sentier balisé
	Patinoire	♦	Base de loisirs
	Piscine : de plein air, couverte		Parc d'attractions
⟁	Port de plaisance		Parc animalier, zoo
⌂	Refuge	❀	Parc floral, arboretum
	Téléphérique, télécabine		Parc ornithologique, réserve d'oiseaux
	Chemin de fer touristique		

Autres symboles

	Autoroute ou assimilée	⊠ ⊙	Poste restante – Téléphone
❶ ①	Échangeur : complet, partiel	⬛	Marché couvert
	Rue piétonne		Caserne
	Rue impraticable, réglementée	△	Pont mobile
	Escalier – Sentier	∪ ✗	Carrière – Mine
	Gare – Gare routière	B F	Bacs
	Funiculaire – Voie à crémaillère		Transport des voitures et des passagers
	Tramway – Métro		Transport des passagers
Bert (R.)…	Rue commerçante sur les plans de ville	③	Sortie de ville identique sur les plans et les cartes MICHELIN

Abréviations et signes particuliers

H	Hôtel de ville (Radnice)	T	Thèâtre (Divadlo)
J	Palais de justice (Justiční palác)	U	Université (Universita)
		12	Tramway
M	Musée (Muzeum)		
POL.	Police (Policie)	🅿	Parking relais (Záchytná parkoviště)

PRAHA

KRALUPY NAD VLATOU

E

0 2 km

STATENICE

ÚNĚTICE

HOROMĚŘICE

SUCHDOL

S

SEDLEC

BOHNICE

Kamýcká

Roztocká

PŘEDNÍ KOPANINA

LYSOLAJE

Podbabská

★★ TROJSKÝ ZÁMEK

CHOMUTOV / KLADNO, SLANÝ,

163

BABA

ZOOLOGICKÁ ZAHRADA

CÍSAŘSKÝ OSTROV

Evropská

NEBUŠICE

Horoměřická

Na pískách

175

BUBENEČ

Šárecký potok

VOKOVICE

DEJVICE

Vítězné nám.

U

Korunovační

7

Evropská

Evropská

Dejvická

Dejvická

Milady Horák

KARLOVY VARY

VELESLAVÍN

Na Petřinách

STŘEŠOVICE

HRADČANY

★★★ PRAŽSKÝ HRAD

LIBOC

BŘEVNOV

★★★ LORETA

★★★ SV. MIKULÁŠE

Patočkova

Drnovská

RUZYNĚ

OBORA HVĚZDA

★★ LETOHRÁDEK HVĚZDA

★ BŘEVNOVSKÝ KLÁŠTER

KARLŮV MOST ★★

★★★ MALÁ STRANA

6

Karlovarská

Bělohorská

Kukulova

Podbělohorská

stadiony

VLTAVA

ŘEPY

Slánská

MOTOL

Plzeňská

Pod

Plzeňská

SMÍCHOV

Plzeňská

Plzeňská

KOŠÍŘE

Jinonická

Vrchlického

Radlická

Stratonická

E 50 \ PLZEŇ

Zličín

Rozvadovská spojka

Bucharova

Jinonice

JINONICE

Radlická

RADLICE

5

STODŮLKY

Nové Butovice

Radlická

Jeremiášova

Stodůlky

Hůrka

Luka

Lužiny

Jeremiášova

107

HLUBOČEPY

Modřanská

ŘEPORYJE

Dalejský potok

HOLYNĚ

140

BRANÍK

7

E 48-E 50

Novořeporyjská

600

MALÁ CHUCHLE

T

OŘECH

599

SLIVENEC

HODKOVIČKY

Modřanská

VELKÁ CHUCHLE

4

LOCHKOV

VLTAVA

103

Radotínský p.

LAHOVSKÁ

115

KOSOR

RADOTÍN

Berounka

KOMOŘANY

4

101

TŘEBOTOV

★★ ZBRASLAV

Lipanský

Karlštejn

E

ČESKÉ BUDĚJOVICE

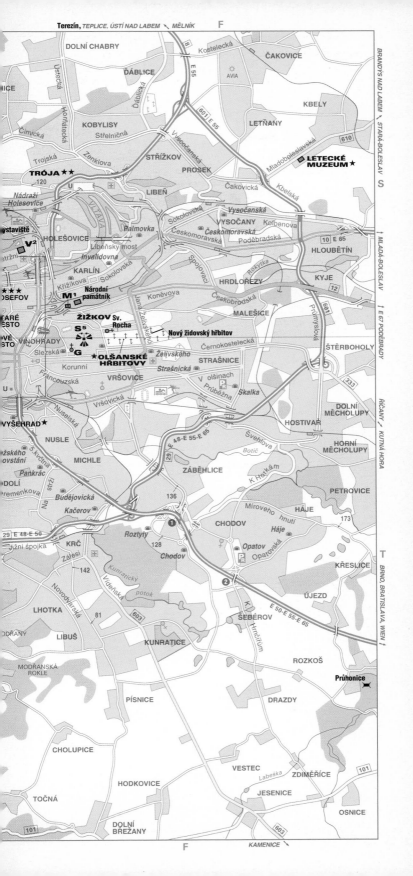

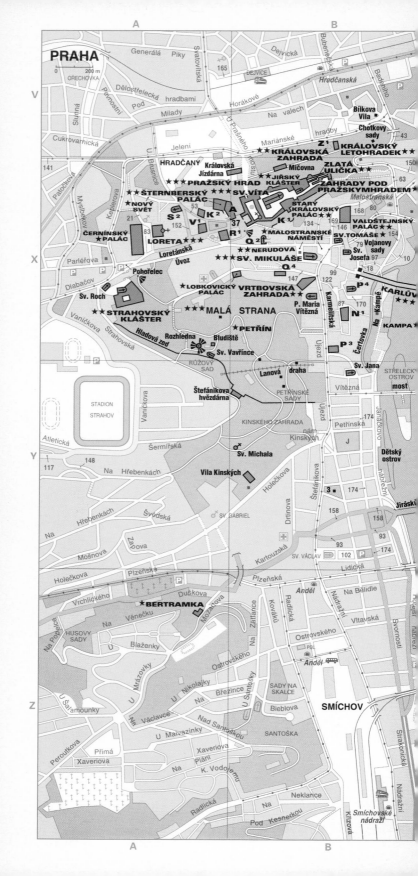

RÉPERTOIRE DES RUES DES PLANS DE PRAGUE

14

CURIOSITÉS DES PLANS DE PRAGUE

(M)=Voir Musées   (T)=Voir Théâtres

La Liste du
Patrimoine mondial

En 1972, l'Organisation des Nations Unies pour l'éducation, la science et la culture (Unesco) a adopté une convention concernant la protection des sites culturels et naturels. Aujourd'hui, plus de 150 « États parties » ont ratifié la Convention et plus de 500 sites de « valeur universelle exceptionnelle » de par le monde sont inscrits sur la liste du patrimoine mondial. Chaque État partie propose l'inscription de ses propres sites nationaux ; chaque année, les demandes sont examinées par un comité de représentants de 21 États membres, assisté d'organisations techniques : Icomos (Conseil international des monuments et des sites), Uicn (Union internationale pour la conservation de la nature), Iccrom (Centre international d'études pour la conservation et la restauration des biens culturels, Centre de Rome). La liste du patrimoine mondial s'enrichit ainsi au fur et à mesure que sont acceptées les nouvelles propositions et que de nouveaux pays signent la Convention.

La Convention définit comme éléments du **patrimoine culturel** des monuments (édifices, sculptures, structures de caractère archéologique), des ensembles (groupes de bâtiments) et des sites (œuvres combinées de l'homme et de la nature) ayant une valeur exceptionnelle du point de vue de l'histoire, de l'art ou de la science. Le **patrimoine naturel** est constitué, notamment, de monuments naturels, de formations géologiques, de zones strictement délimitées constituant l'habitat d'espèces menacées, de sites naturels.

Les signataires de la Convention s'engagent à coopérer afin de préserver et protéger ces sites en tant que patrimoine universel et contribuent financièrement au **Fonds du patrimoine mondial**, utilisé aussi bien pour participer à la restauration d'un monument que pour aider à la surveillance d'un parc naturel.

Parmi les biens inscrits sur la Liste du Patrimoine mondial, on peut citer la Grande Barrière corallienne d'Australie (1981), la Grande Muraille de Chine (1987), le Mont Saint-Michel et sa baie (1979) ou encore le Canal du Midi (1996).

**En République tchèque, les sites culturels et naturels inscrits
sur la Liste du Patrimoine mondial de l'Unesco sont :**

**Le centre historique de Prague : Vieille Ville, Nouvelle Ville, Malá Strana (Petit Côté),
Hradčany (quartier du Château), Vyšehrad, quartier de Vinohrady**

Le centre historique de Český Krumlov

Le centre historique de Telč

L'église de pèlerinage de St-Jean-Népomucène, à Zelená Hora

Le centre historique de Kutná Hora, avec l'église Ste-Barbe

L'abbatiale N.-D.-de-l'Assomption de l'abbaye de Sedlec

Le paysage culturel de Lednice-Valtice

Le village de Holašovice

Le château de Kroměříž et ses jardins

Le château de Litomyšl

La colonne de la Sainte-Trinité d'Olomouc

Enseigne baroque « Aux Trois Violons »

Renseignements
pratiques

Avant le départ

Quand partir ?

Climat — Cette région de l'Europe centrale a un climat pour partie continental, pour partie océanique, et il est difficile de donner des prévisions climatiques types. L'hiver est souvent froid, les étés assez chauds, parfois humides avec des orages. Du fait de sa situation dans une cuvette, Prague subit des inversions de température qui capturent l'air pollué et empêchent sa dispersion. Dans le passé, le principal coupable était la fumée émise par les innombrables centrales de chauffage fonctionnant au lignite. On a remplacé beaucoup d'entre elles par des centrales au gaz nettement plus propres, mais le bénéfice qu'on en a tiré a été annulé par l'augmentation des émissions des véhicules.

La période la plus agréable pour visiter Prague se situe au printemps ou au début de l'été, quand les journées sont longues mais pas encore trop chaudes. L'automne est aussi une bonne saison. Prague est envahi de touristes, parfois jusqu'à la saturation, presque toute l'année, mais surtout l'été. Un séjour hivernal peut être une idée, malgré le froid et les journées courtes, et merveilleux quand la neige est encore immaculée ; beaucoup de sites restent ouverts et il y a moins de touristes.

En dehors de la capitale, le climat est approximativement le même, mais l'air sera sans doute plus frais. En été, le Sud de la Moravie est généralement plus chaud que Prague, et les monts qui marquent la frontière du pays sont plus frais et plus humides. Les sites de province, comme les châteaux et les musées, ferment souvent en automne, pour ne rouvrir qu'à Pâques, ou plus tard.

Formalités — Pour se rendre en République tchèque, les ressortissants de la plupart des pays européens et des États-Unis n'ont besoin que d'un passeport valide pour au moins trois mois après la date d'entrée. Depuis le 1ᵉʳ avril 2001, ceux du Canada doivent avoir un visa. Les citoyens d'autres pays doivent se renseigner auprès des ambassades ou consulats de la République tchèque, des Offices du tourisme tchèque, ou des bureaux de la compagnie aérienne ČSA, pour savoir si le visa est obligatoire, et s'il faut le demander à l'avance ou simplement au passage de la frontière.

Offices tchèques du tourisme

L'Office national tchèque du tourisme possède des bureaux dans différents pays :

France — 18, rue Bonaparte — 75006 Paris. ☎ 01 53 73 00 32. Ouvert du lundi au vendredi, de 13h à 18h.

Belgique — Boulevard Léopold II laan — 262 10 81 Bruxelles. ☎ (0032 2) 414 20 40.

Canada — Simpson Tower — 401 Bay Street, Suite 1510 — Toronto, Ontario M5H2YA. ☎ (001 416) 363 3174/5.

Autres adresses :

France — Agence de voyages ČEDOK — 32, avenue de l'Opéra — 75002 Paris. ☎ 01 47 42 18 11.

Suisse — ČSA (Compagnie aérienne tchèque), Löwenstrasse 20, 8001 Zürich. ☎ (41/1) 218 70 10.

Douane et devises — On peut entrer et sortir des devises sans limite de montant. La couronne tchèque se change librement, mais on doit déclarer l'entrée et la sortie de grosses sommes. La plupart des articles d'usage personnel ne sont pas taxés, à l'exception de quelques produits au-delà d'une certaine quantité :

– tabac : 200 cigarettes ou équivalent en tabac
– alcool : spiritueux 1 litre ; vin 2 litres
– parfum : 50 g

L'exportation d'objets n'est pas limitée, sauf pour les antiquités et les œuvres d'art relevant du Patrimoine national. S'adresser à la douane.

Comment se rendre en République tchèque ?

En avion — L'aéroport moderne de Prague se trouve à Ruzyně, à environ 20 km à l'Ouest du centre. Il est desservi par de nombreuses compagnies aériennes internationales (Air France, British Airways, Lufthansa, Air Canada...) et la compagnie aérienne tchèque ČSA. Des vols réguliers relient Prague aux principales villes européennes. Le vol Paris-Prague dure 1h20. Pour la visite de Brno et du Sud de la Moravie, l'aéroport le plus proche est Vienne.

On peut se rendre de Ruzyně au centre de Prague en taxi ayant le label « Airport Cars » ou par les navettes de la compagnie de minibus Cedaz. La liaison la moins chère (un ticket de 12 Kč) est la ligne de bus régulière 119 qui rejoint la station de métro Dejvická, terminal de la ligne A. Avec le même ticket, vous pourrez atteindre le centre en descendant à la station Můstek.

En train — Prague est relié par le rail aux pays voisins, avec des liaisons directes de Paris, Zurich, Vienne, Berlin, Hambourg, Dortmund et Munich. La plupart des trains en provenance de l'étranger arrivent à la gare principale, Hlavní nádraží, mais certains s'arrêtent aux gares de banlieue Holešovice et Smíchov, desservies par le métro.

La gare principale de Prague

En autocar – La compagnie Eurolines propose plusieurs voyages aller-retour hebdo-madaires au départ de Paris (environ 15h de route) : 28 avenue du Général-de-Gaulle, BP 313, 93541 Bagnolet Cedex, ☎ 08 36 69 52 52 ou (Agence Eurolines) 01 43 54 11 99. À Prague, ☎ 24 23 93 18.

En voiture – Prague est relié par de grandes routes à tous les pays voisins. À ce jour, le réseau autoroutier vers l'Europe de l'Ouest est encore interrompu par endroits, mais presque tout le trajet de Prague à la frontière allemande se fait par autoroute. De Paris, il y a environ 1 100 km de route jusqu'à Prague via Metz, Forbach, Sarrebrück, Nuremberg, Plzeň.
Si vous avez l'intention d'emprunter autoroutes et routes à quatre voies en République tchèque (presque une obligation), vous devez acheter une **vignette** à la frontière et l'apposer sur le pare-brise.
On trouve tous les types de carburant en République tchèque.

Se déplacer à Prague

Renseignements – Le service des transports a des bureaux d'information aux stations Muzeum et Holešovice, sur Jungmannovo náměstí (place Jungmann) et Palackého náměstí (place Palacký). On obtient des renseignements par téléphone (en anglais et alle-mand) au ☎ 80 67 90. Les points d'information vendent d'excellents plans du réseau.

Le métro – Propre, rapide, sûr et presque tout en souterrain, le métro relie un certain nombre de banlieues au centre-ville. Les passages sont très fréquents, particulièrement aux heures de pointe. Il y a trois lignes de métro, reconnaissables à leur couleur. La **ligne A** (verte) relie **Dejvická** à **Skalka**. La **ligne B** (jaune) relie **Zličín** à **Černý Most**, croisant la ligne A à la grande station **Můstek**, au bas de la place Venceslas. La **ligne C** (rouge) va de **Nádraží Holešovice** (gare centrale) à **Háje** : elle est en correspondance avec la ligne A à la station **Muzeum**, en haut de la place Venceslas, et avec la ligne B à **Florenc** (gare routière). Les sta-tions de métro se repèrent grâce à leur logo carré. La plupart des stations souterraines sont profondes : on y accède par de longs escaliers roulants. La direction correspond au terminus. Un message enregistré annonce la fermeture des portes et la station suivante. Outre les stations du centre déjà citées, les touristes utilisent souvent les arrêts suivants :

Ligne A : **Staroměstská (Vieille Ville)**, **Malostranská (Malá Strana** – correspondance avec la ligne 🚋 22).

Ligne B : **Náměstí Republiky** (place de la République), pour la Maison municipale (Obecní dům) et la gare Masaryk (Masarykovo nádraží) ; **Národní třída** (avenue Nationale) ; **Karlovo náměstí** (place Charles) ; **Smíchovské nádraží** (gare principale de Smíchov).

Ligne C : **Hlavní nádraží** (gare principale) ; **Vyšehrad**.

Le tramway – Le réseau de tramway complète celui du métro pour relier centre-ville et banlieues. Certaines lignes ne fonctionnent qu'aux heures de pointe, et il y a un service réduit de nuit (numéros différents, de couleur bleue). Chaque arrêt porte un nom et des plaques émaillées numérotées indiquant les lignes qui le desservent. La fréquence des passages est en général de 5 à 20mn. Les horaires affichés aux arrêts apportent des précisions.

Tramway sur la place de Malá Strana

Lignes et arrêts particulièrement intéressants pour les touristes *(site desservi)* :

🚋 **17** : **Výtoň** *(Vyšehrad)* – **Národní divadlo** *(Théâtre national)* – **Staroměstská** *(Vieille Ville)* – **Veletržní** *(galerie d'Art moderne du Palais des Expositions)* – **Výstaviště** *(Parc des Expositions)*.

🚋 **22** : **Karlovo náměstí** *(place Charles)* – **Národní třída** *(avenue Nationale)* – **Malostranské náměstí** *(place de Malá Strana)* – **Malostranská** (correspondance avec le métro) – **Pražský hrad** *(Château)* – **Pohořelec** *(couvent de Strahov)*.

Le bus – Les bus desservant surtout la banlieue, il y a peu de lignes dans le centre. Ils sont utiles pour rejoindre des points d'intérêt éloignés, comme la collection d'Arts asiatiques à Zbraslav ou le musée de l'Aviation à Kbely.

Le funiculaire – **Lanovka**, le funiculaire qui relie Malá Strana à la colline de Petřín, fait partie du système de transports publics urbains.

Achat des tickets – La plupart des usagers des transports publics ont une carte mensuelle ou trimestrielle. Si vous souhaitez effectuer plusieurs trajets par jour, il peut être intéressant d'acheter une carte pour 24h, 3, 7 ou 15 jours. Sinon, les tickets se vendent à l'unité.
Le ticket de base est valable 60mn (90mn la nuit et le week-end) à partir de sa validation. Pendant ce laps de temps, vous pouvez circuler et changer de moyen de transport aussi souvent que vous le désirez. Il y a aussi un ticket moins cher, limité à 15mn seulement : attention, il ne permet pas de changer, sauf dans le métro, mais pour un trajet de quatre stations maximum.

Ticket de transport public

On se procure les tickets dans certaines stations de métro, dans les kiosques à journaux, les hôtels ou aux distributeurs. Il faut impérativement les valider avant de commencer le parcours, en les compostant à l'entrée des stations de métro et à l'intérieur des tramways et des bus. Vérifier en retirant le ticket du composteur que l'heure y est bien imprimée, et le garder à portée de main pour le présenter aux contrôleurs en civil qui circulent. Le fait d'être étranger ne dispense absolument pas de l'amende, applicable immédiatement.
Tous les transports publics réservent des places aux invalides et aux femmes enceintes, et il est d'usage que les jeunes et bien portants laissent leur place aux personnes âgées ou en difficulté. Il est interdit de fumer dans les transports publics.

Les taxis

Malgré la réglementation urbaine qui impose des tarifs au kilomètre et l'usage des compteurs, les prix sont très souvent abusifs, et prendre un taxi à un arrêt n'est pas recommandé. Il vaut mieux téléphoner à une société de bonne réputation comme AAA (☎ 14014), s'adresser à la réception de l'hôtel, ou bien prévoir avec le chauffeur le montant de la course, et demander un reçu.

Conduire à Prague et en République tchèque

Si vous restez à Prague, le système de transports publics est excellent, et il n'est vraiment pas intéressant de louer un véhicule ou de venir en voiture. De nombreux sites en dehors de la ville sont desservis par les transports publics ou les cars des tour-opérateurs. On ajoutera que les conditions de circulation à Prague sont particulièrement difficiles : le trafic est dense, il y a peu de places de stationnement, et les tramways occupent le terrain. En revanche, si vous souhaitez voyager loin de Prague, la voiture peut s'avérer très utile, voire indispensable pour certaines excursions.

Formalités – La République tchèque reconnaît le permis de conduire de la plupart des pays européens. En cas de doute, les ressortissants d'autres pays peuvent facilement obtenir un permis de conduire international auprès de leurs clubs automobiles ou de leurs préfectures. Le conducteur doit être muni des papiers du véhicule et d'une assurance. Pour circuler sur les autoroutes et routes apparentées, une vignette spéciale doit être apposée sur le pare-brise *(voir plus haut)*.

Location de voitures – La plupart des grandes sociétés internationales de location de voitures ont des bureaux à Prague. Les sociétés locales sont certainement moins chères, et tout aussi fiables. La location d'une voiture avec chauffeur peut représenter une alternative intéressante à un circuit en autocar.

Code de la route – Le code de la route est proche de ceux des autres pays d'Europe, mais il faut noter qu'il n'y a aucune tolérance à l'égard de l'alcool. Le port de la ceinture est obligatoire, et les enfants de moins de 12 ans doivent rester à l'arrière. Tout accident comportant des blessés ou des dommages importants doit être signalé à la police. Le triangle de signalisation rouge, les ampoules de rechange et la trousse de premiers secours sont obligatoires.

Limites de vitesse pour voitures de tourisme :
– 50 km/h dans les zones habitées (panneau à l'entrée du village ou de la ville)
– 90 km/h sur route
– 130 km/h sur autoroute.

Les tramways ont leurs propres feux de signalisation : ne pas démarrer parce qu'un tramway vient de le faire ! Quand l'arrêt de tramway n'a pas de terre-plein central, les voitures doivent s'arrêter pour laisser les usagers traverser ou regagner le trottoir. Le stationnement est sévèrement limité à Prague. Stationner en dehors des zones réservées ou dépasser le temps autorisé attire immanquablement amendes ou sabot de Denver... À Prague, comme ailleurs en République tchèque, mieux vaut utiliser les parcs gardés que de laisser sa voiture dans la rue, surtout la nuit.
Le réseau routier de la République tchèque est dans l'ensemble bon, mais les routes à deux voies peuvent être surchargées. La conduite est parfois fantaisiste. L'heure de pointe est pénible à Prague et dans ses alentours, et il en va de même le vendredi en fin de journée, quand les Pragois gagnent leur petite résidence de campagne, et au retour du dimanche soir. Dans les zones rurales, la circulation peut parfois être clairsemée.
La **carte Michelin n° 976**, République Tchèque, République Slovaque, couvre la totalité du pays à l'échelle 1/600 000. Nous recommanderons l'atlas routier à grande échelle (1/100 000) **Autoatlas Česká Republika**, publié par Geodézie ČS (Freytag & Berndt).

Téléphones utiles pour les automobilistes
Police : 158.
Dépannage : 1054.
Club automobile national (dépannage routier) : 1230.
Club d'Assistance automobile de Bohême : 1240.

Les transports publics en République tchèque

Le train – Le pays possède un réseau ferré très dense. Le rail dessert toutes les villes et beaucoup de petites localités. La plupart des lignes sont électrifiées, d'autres sont desservies par des diesels ou des autorails. Les trains express *(rychlík)* vont raisonnablement vite, mais les autres *(osobní vlak)* peuvent être très lents. Les tarifs sont en augmentation, mais restent encore très bas par rapport à la moyenne européenne. Le train n'est pas toujours le meilleur choix pour les excursions au départ de Prague présentées dans ce guide, mais Plzeň est bien desservi, et l'on rejoint facilement Karlštejn par le train de banlieue au départ de la gare de Smíchov.
Les horaires des trains (en anglais et allemand approximatifs) sont donnés au ☎ 24 22 42 00 et au 24 61 40 30. La plupart des grandes gares affichent les horaires principaux. Les plus faciles à lire présentent les arrivées et les départs, sur des panneaux respectivement blanc et jaune.

L'autocar – Le réseau desservi par les autocars est encore plus dense que celui du train, touchant en principe le moindre village. Les lignes express qui relient Prague aux autres grandes villes sont généralement plus rapides et moins chères que le train. La plupart sont gérées par l'ancienne société d'État ČSAD, mais on trouve d'autres compagnies sur les lignes les plus fréquentées. Prendre une grande ligne d'autocar pour aller par exemple à Carlsbad ou à Brno est une option bien moins chère qu'un circuit organisé, mais le car est moins luxueux. La gare routière principale de Prague, Florenc, est desservie par le métro. Les billets de train et de car sont vendus dans les agences de voyages. Dans le centre, la plus importante occupe l'ancien bureau du tourisme d'État Čedok, Na Příkopě 18, Ville Nouvelle, ☎ 24 19 71 11.

Vie pratique

Renseignements touristiques

Office de tourisme – L'**Office d'information praguois**, le **Pražská Informační služba** (PIS), service officiel des renseignements touristiques de Prague, fournit, à partir d'une base de données constamment mise à jour, des informations très complètes sur tout ce qui peut intéresser le visiteur : hébergement, points d'intérêt, manifestations culturelles, visites guidées... Le PIS propose une brochure en français avec le programme des manifestations, expositions, concerts, films, etc., inspiré du *Přehled kulturních pořadů v Praze* (Sommaire du programme culturel praguois) plus épais, qui liste pratiquement tout ce qui se passe dans la capitale chaque mois, de la fanfare du dimanche après-midi aux cours de danse et aux conférences du soir.

Le **bureau d'information principal** du PIS est commodément situé à l'entrée de l'**hôtel de ville de la Vieille Ville**, sur Staroměstské náměstí (place de la Vieille Ville), ☎ 12 444 - http://www.pis.cz. Il y en a d'autres : Na Příkopě 20 dans la Ville Nouvelle, dans le hall de la gare principale, et *(en saison)* au rez-de-chaussée de la tour du pont Charles, côté Malá Strana.

La plupart des villes de province ont leur office du tourisme, repérable au symbole ⓘ. Les services proposés sont variables. On trouve toujours des renseignements sur les curiosités locales, mais l'information sur l'hébergement est parfois limitée.

The Prague Post, hebdomadaire en anglais, est une véritable « institution » qui s'adresse à l'importante communauté d'expatriés de Prague et de la République tchèque. Il donne des informations générales et des nouvelles, mais propose aussi le programme des manifestations culturelles, des critiques gastronomiques, des adresses de cafés et de tavernes, et *(en saison)*, des suppléments à l'attention des visiteurs.

Circuits et visites guidés – Différents tour-opérateurs proposent des visites en car de Prague et des sites en dehors de la ville. Comme l'essentiel du centre historique n'est accessible qu'aux piétons, le tour de la ville en car présente un intérêt limité, mais peut permettre de situer les principales curiosités. Les excursions classiques en dehors de la ville sont le château de Karlštejn, le château de Konopiště, l'ancien ghetto de Terezín, et Karlovy Vary (Carlsbad). Ces circuits sont abondamment affichés dans les rues touristiques de Prague et dans les hôtels. La **visite à pied** est sans doute la meilleure introduction à la ville. Le PIS en organise, sous la conduite de guides polyglottes qui arborent un badge frappé des armes de la ville. S'adresser à Pragotour, agence située dans l'hôtel de ville de la Vieille Ville. ☎ 24 48 25 62.

L'agence « Daily Walks of Prague » organise en anglais des promenades à thème (lieux de la Révolution de velours, tavernes, etc.). Na Florenci 20, Praha 1, ☎ 81 91 76 42.

Bureau du PIS, Office du tourisme pragois,
hôtel de ville de la Vieille Ville

Ph. Gajic/MICHELIN

Une **croisière sur la Vltava** permet de découvrir Prague sous un jour inhabituel. La promenade simple dure environ une heure, mais il existe aussi des croisières avec repas, concert, en soirée... Beaucoup moins chère, et aussi intéressante *(été seulement)*, la navette fluviale qui relie en 75mn le centre-ville et Trója (zoo et palais Trója). Une autre navette fonctionnant l'été emmène les promeneurs à la retenue et l'aire de loisirs de Slapy, en amont de Prague. Deux compagnies principales : EVD/Evropská vodní doprava, près du pont Čech (Čechův most) à l'extrémité Nord

Croisière sur la Vltava

de la Vieille Ville (☎ 24 81 00 30), et PPS (most Pražská paroplavební společnost) sur le quai entre les ponts Palacký (Palackého most) et Jirásek (Jiráskův most), Rašínovo nábřeží, Ville Nouvelle, ☎ 24 93 10 13.

Vie quotidienne

Argent et banques – L'unité monétaire est la couronne tchèque *(česká koruna)*, aujourd'hui convertible avec les autres monnaies. La couronne se divise en 100 hellers *(halér)*. De peu de valeur, le heller se trouve en pièces de 10, 20, et 50. La couronne, en pièces de 1, 2, 5, 10, 20 et 50, et en billets de 50, 100, 200, 500, 1000, 2000 et 5 000. Une couronne vaut autour de 0,03€.
Les banques ouvrent généralement de 8h à 18h du lundi au vendredi. On trouve un peu moins de distributeurs automatiques de billets que dans les autres villes européennes, mais ils acceptent habituellement les cartes de crédit courantes.
On peut changer de l'argent dans les hôtels, agences de voyages, bureaux de change et banques. Il y a de nombreux bureaux de change dans les quartiers touristiques de Prague : le taux risque d'y être moins intéressant qu'à la banque, mais ils restent ouverts plus longtemps. On accepte de plus en plus les cartes de crédit ; cependant, il est raisonnable de se munir d'un peu d'argent liquide.
Il convient impérativement de se méfier, voire de ne jamais répondre à ceux qui proposent de changer de l'argent dans la rue.

La poste – Les bureaux de poste ouvrent en général de 8h à 19h du lundi au vendredi. La poste principale de Prague (Jindřišská 14, Ville Nouvelle) offre une gamme étendue de services (ouverte de 7h à 20h). On trouve un bureau de poste ouvert 24h/24 à la gare Masaryk (Masarykovo nádraží). On peut acheter des timbres en principe partout où l'on vend des cartes postales, ainsi que dans nombre d'hôtels.

Téléphone – Pour appeler la République tchèque, composer le 00 420, suivi du 2 pour Prague et du 5 pour Brno.
Sur place, la plupart des cabines n'acceptent que les cartes téléphoniques, en vente dans les bureaux de poste et kiosques à journaux, à 175 Kč (50 unités) et 320 Kč (100 unités) Kč. La plupart des cabines affichent les instructions en plusieurs langues. Les communications internationales sont chères, spécialement celles passées depuis un hôtel, lequel applique habituellement une surtaxe (plusieurs fois le coût de l'appel). Les cartes à mémoire alimentées par un compte personnel fonctionnent en République tchèque. Les Télécommunications tchèques éditent un plan (gratuit) indiquant l'emplacement des cabines téléphoniques dans le centre de Prague.
Pour appeler l'international à partir de la République tchèque, composer le 00, suivi de l'indicatif du pays (France 33, Belgique 32, Suisse 41, Canada 1, Luxembourg 352), puis, selon le pays de destination, l'indicatif régional ou le numéro du correspondant sans le 0. Pour des renseignements en anglais sur les services internationaux, composer le 1181.

Santé et services médicaux – Visiter la République tchèque ne présente pas de risque particulier pour la santé, mais, à Prague, la mauvaise qualité de l'air peut rendre par moments la vie désagréable aux personnes souffrant de problèmes respiratoires. L'eau du robinet est sûre, même si elle est parfois peu agréable.
Les pharmacies proposent conseils et médicaments. La plupart des villes ont un système de garde 24h/24. À Prague, il y a une pharmacie ouverte 24h/24 à Palackého 5, Ville Nouvelle (non loin de la place Venceslas), ☎ 24 94 69 82.

Les soins médicaux sont en général de qualité. Les ressortissants européens peuvent bénéficier de soins d'urgence gratuits, mais il vaut mieux contracter une assurance médicale de voyage avant de partir, permettant de choisir les soins, et le rapatriement immédiat en cas d'urgence.

Certaines cliniques de Prague s'adressent aux patients étrangers :

– Urgences médicales et dentaires pour étrangers : Palackého 5, Ville Nouvelle. ☎ 24 94 69 81.
– Dispensaire des étrangers, Na Homolce, Roentgenova 2, Prague V, ☎ 57 27 11 11.
– Canadian Medical Centre, Veleslavínská 1, Prague VI, ☎ 35 36 01 33.
– American Medical Center, Janovského 48, Prague VII, ☎ 80 77 56 (avec clinique dentaire).

Lieux de culte

En français : église Saint-Joseph (sv. Josef), Josefská 4, Malá Strana, Prague 1. Messe le dimanche à 11h.
En anglais : église Saint-Thomas. (sv. Tomáš), Josefská 8, Malá Strana, Prague 1. Messe le samedi à 18h et le dimanche à 11h.

Fuseau horaire – La République tchèque adopte l'heure d'Europe centrale, avec une heure d'avance sur l'heure GMT. De plus, on avance les montres d'une heure de mars à fin septembre.

Les médias – À l'hôtel, la télévision propose habituellement plusieurs chaînes étrangères par câble ou satellite, la majorité étant allemandes ou autrichiennes.
Les kiosques du centre-ville, et les grands hôtels, vendent des journaux étrangers.

Sécurité personnelle – Si la délinquance et la criminalité ont augmenté dans la décennie qui a suivi la chute de l'État policier communiste, elles demeurent cependant très inférieures à celles de beaucoup de capitales européennes. Néanmoins, on assiste à Prague à une recrudescence des vols à la tire dans les quartiers touristiques, comme la place Venceslas et le pont Charles, également au Château, profitant de la pénombre de la cathédrale. Il faut reconnaître qu'il y a bien peu de policiers en uniforme ou en civil pour les en dissuader. Les stations de métro Muzeum, Můstek, Staroměstská et Malostranská, ainsi que la ligne de tramway 22 sont aussi des repaires habituels des bandes. Attention également dans les restaurants. Deux conseils de bon sens : éviter le dialogue avec toute personne proposant de changer de l'argent dans la rue : non seulement c'est illégal, mais cela peut entraîner l'apparition d'un faux policier qui tentera de vous délester de votre passeport et autres objets de valeur ; n'avoir sur soi qu'une petite somme d'argent ainsi qu'une photocopie du passeport laissé à l'hôtel. Il est à noter une augmentation sensible des vols de voitures en 2001.

Téléphones d'urgence

Police nationale : 158   Police pragoise : 156
Ambulance : 155   Pompiers : 150
Objets trouvés : Karolíny Světlé 5, Vieille Ville, ☎ 24 23 50 85
Le poste de police ouvert 24h/24, Jungmannovo náměstí 9, proche du bas de la place Venceslas, est spécialisé dans l'aide aux étrangers. Les policiers de garde y parlent en principe plusieurs langues.

Courant électrique – Le courant est normalement du 220 V alternatif.

Horaires – La plupart des magasins ouvrent de 8h (ou 9h) à 18h en semaine, et jusqu'à 13h ou 14h le samedi, parfois avec une pause le midi. Beaucoup des boutiques dans les quartiers touristiques restent ouvertes le week-end et tard le soir.
Musées et monuments ont des horaires d'ouverture variables, mais, sauf de rares exceptions (comme le Musée national à Prague), ferment tous le lundi. Ils peuvent aussi fermer les jours fériés. Beaucoup de sites en province ferment de fin septembre à Pâques, ou plus tard. Héritage de l'époque communiste, certains établissements semblent plus au service du personnel qu'à celui des visiteurs, fermant longuement à l'heure du déjeuner et tôt l'après-midi. Beaucoup de demeures et châteaux historiques ne se voient qu'en visite guidée, et les horaires peuvent ne pas vous convenir. Il vaut mieux vérifier au préalable la possibilité de visiter le site à l'horaire souhaité.

Jours fériés

1er janvier	Nouvel An
Lundi de Pâques	
1er mai	Fête du Travail
8 mai	Fête de la Libération
5 juillet	Fête des Saints Cyrille et Méthode
6 juillet	Anniversaire du martyre de Jan Hus
28 septembre	Anniversaire de l'État tchèque
28 octobre	Fête de l'Indépendance (Fête nationale)
17 novembre	Anniversaire de la bataille pour la liberté et la démocratie
24 décembre	Veille de Noël
25-26 décembre	Noël

Manifestations traditionnelles

1er janvier
Prague .... Célébration du Jour de l'an dans les rues

mars
Prague .... Festival de Prague, Cité de la Musique

Pâques
Prague .... Hommes et jeunes gens poursuivent jeunes femmes et jeunes filles pour les « fouetter » cérémonieusement avec des tiges de saule et les asperger d'eau ou de parfum. Ils reçoivent en échange des œufs de Pâques.

dimanche de Pentecôte
Sud de la Moravie ..... Processions de la « Chevauchée du Roi » dans les villages.

mai
Prague .... Festival des écrivains

mai-juin
Prague .... Festival de printemps : grand événement musical international, avec concerts, opéra et ballets.

mai
Prague .... Festival international de cinéma pour enfants

juin
Prague .... Festival international de cinéma

juin
Prague .... Festival national Smetana d'opéra

juillet
Prague .... Festival culturel d'été

fin juin/début juillet
Prague .... Festival international de danse

juillet
Karlovy Vary .... Festival international de cinéma, le plus grand événement de ce genre en République tchèque.

mi-septembre
Prague .... Festival de musique d'Automne : festival international de musique classique, deuxième en importance après celui du printemps.

octobre
Prague .... Festival de musique du 20e s.

octobre
Prague .... Festival international de jazz
Brno .... Journées internationales de musique

décembre
République tchèque ... **Saint Nicolas.**
En compagnie d'un ange et d'un diable, saint Nicolas arpente les rues à la veille de sa fête (le 5 décembre), donne des bonbons aux enfants sages et fait peur aux méchants.
Foires de Noël.
On vend des carpes vivantes dans la rue pour le repas de Noël, et les églises présentent des crèches ouvragées.

R. Holzbachova, P. Bénet

Foire de Noël, place de la Vieille Ville

27

Place de la Vieille Ville

Carnet d'adresses

Se loger à Prague

Les banlieues et les alentours manquant singulièrement de poésie, il est préférable de loger dans le centre historique pour apprécier vraiment la magie de Prague. Depuis les hôtels retenus dans notre sélection, vous pourrez facilement faire à pied le circuit touristique. En raison de la crise du logement qui sévit à Prague, vous trouverez difficilement une chambre double dans un hôtel de la Vieille Ville à moins de 3 500 couronnes tchèques (Kč). La solution la moins onéreuse consiste à loger chez l'habitant : comptez environ 800 Kč par nuit et par personne, sans petit-déjeuner, 1 200 Kč pour un appartement. Pour les jeunes, le choix d'*hostels* bon marché au confort limité est plus étendu.

Dans tous les cas, il est vivement conseillé de réserver le plus tôt possible.

Logement chez l'habitant – S'adresser à :

Čedok – *Na Příkopě 18, Prague I (Ville Nouvelle)* - ☎ *24 19 76 15* - fax *24 22 23 00* - *lun.-ven. 9h-19h, sam. 10h-15h.* Vous trouverez auprès de cette grande agence (ancien Office du tourisme) des interlocuteurs pratiquant couramment l'allemand, l'anglais, le français...

AVE – *Wilsonova 8, Prague II (Ville Nouvelle, à côté de la gare centrale)* - ☎ *24 22 35 21* - fax *24 22 34 63* - *tlj 6h-23h.* Cette agence propose aussi un service « logement dernière minute » pour les imprévoyants.

Demander un hébergement dans la Vieille Ville, si possible autour de la place de la Vieille Ville *(Staroměstské náměstí)*, dans l'ancien quartier juif ou de l'autre côté du pont Charles, dans le quartier de Malá Strana.

HÔTELS

À bon compte

Pension U Lilie (Aux Lis) – *Liliová 15, Prague I (Vieille Ville à 100 m du pont Charles)* - ☎ *22 22 04 32/13 94* - *17 ch. au confort suffisant : 2 500 Kč.*
Tout à côté du pont Charles, dans un décor moyenâgeux, la pension est nichée au fond d'un petit passage. Les chambres, avec salle de bains et WC, donnent soit sur la rue, soit sur une cour intérieure tranquille avec quelques tables pour le petit-déjeuner. Un restaurant jouxte la pension. Vous êtes presque en face de l'entrée du Klementinum où se déroulent, presque chaque jour, les concerts dans la **Chapelle des Miroirs**. À ne pas manquer.

Dům U Zlaté růže (À la Rose dorée) – *Havelská 15, Prague I (Vieille Ville)* - ☎ *24 81 13 88* - fax *24 81 13 44.*
Excellent rapport qualité/prix. Quelques chambres simples mais propres, avec douche et WC, à 1 500 Kč la double, sans petit-déjeuner. Au premier étage d'une maison de caractère, dont les arcades donnent sur le sympathique marché Havelská, marché aux fleurs, fruits, légumes et souvenirs, le plus coloré de la ville.

Pension Avalon – *Havelská 15, Prague I (Vieille Ville, située dans la même maison que précédemment, aux 2ᵉ et 3ᵉ étages)* - ☎/fax *24 22 80 83.*
Plusieurs chambres ou petits appartements simplement décorés, avec douche et WC, pouvant recevoir des familles nombreuses, à prix très intéressants, sur la base de 550 Kč par personne, sans petit-déjeuner.

Pension U Medvídků (Au petit Ourson) – *Na Perštýně 7, Prague I (Vieille Ville)* - ☎ *24 21 19 16* - fax *24 22 09 30* - *20 ch. doubles assez confortables : 3 200 Kč (petit-déjeuner compris).*
Non loin du Théâtre national, dans une maison ancienne de la Vieille Ville, très bien rénovée. Les amateurs de bonne bière apprécieront la brasserie qui porte le même nom, au rez-de-chaussée. Cuisine tchèque et orchestre le soir.

Valeur sûre

Adria – *Václavské náměstí 26, Prague I (Ville Nouvelle)* - ☎ *21 08 11 11* - *ch. : 5 000/6 000 Kč.*
Au bas de la place Venceslas, cet établissement familial de style baroque, entièrement rénové, offre un excellent confort, un service irréprochable, et l'accès immédiat au cœur de la ville. Les chambres de l'arrière donnent sur la verdure du jardin des Franciscains restauré.

Betlem Club – *Betlémské náměstí 9, Prague I (Vieille Ville)* - ☎ *22 22 15 74* - fax *22 22 05 80* - *21 ch. confortables : 2 800/4 500 Kč.*
Un assez bon rapport situation-qualité-prix, à deux pas du pont Charles. Vous logerez dans une belle bâtisse bien restaurée. Les chambres sont assez grandes. Un ascenseur permet d'accéder aux étages. Des collections d'armes médiévales décorent les parties communes. Mobilier plutôt moderne dans les chambres. On

prend le petit-déjeuner dans des caves en pierre. L'hôtel donne sur l'une des plus paisibles places de la Vieille Ville, juste en face de la chapelle de Bethléem. Le réformateur Jan Hus, héros national, y prêchait au début du 15e s.

Hotel Cloister Inn – *Konviktská 14, Prague I (Vieille Ville) - ☎ 24 21 10 20 - fax 24 21 08 00 -* ◪ *- 73 ch. : 3 000/4200 Kč, lit supplémentaire : 1000 Kč.* L'hôtel occupe un ancien couvent, en plein centre-ville, à deux pas du Théâtre national.

Hôtel U krále Jiřího (Au Roi Georges) – *Liliová 10, Prague I - ☎ 24 24 87 97 ou 24 22 20 13 - fax 24 22 19 83 - 12 ch. assez douillettes : 1 650/3400 Kč ; lit supplémentaire : 1 000 Kč ; appartement : 3 300 Kč pour 2 personnes, 4 200 Kč pour 3 (petit-déjeuner compris).* Ce petit hôtel du 14e s. porte le nom du roi Georges de Podiebrad, qui vécut au 15e s. Il se tient au cœur de la ville médiévale, dans la rue Liliová où, dit la légende, vous pourrez croiser un chevalier du Temple portant sa tête sous son bras.

Kampa Hotel – *Všehrdova 16, Prague I (Malá Strana) - ☎ 57 32 05 08 ou 57 32 04 04 - fax 57 32 02 62 - réservation : ☎ 71 75 19 41 ou 71 75 02 75, fax 71 75 02 74 ou 71 75 03 67 - www.euroagentur.cz - ch. : 3 300/6 400 Kč.* Loin de la foule, dans le très romantique quartier de Malá Strana sur la rive gauche, l'hôtel se situe en amont du pont Charles, derrière un parc donnant sur le fleuve. Entièrement restauré en 2001, décoré avec des peintures en trompe l'œil, il offre un bon confort. Le restaurant propose une carte intéressante servie dans un cadre médiéval unique. Pour un séjour vraiment reposant.

Une petite folie !

Résidence Nosticova – *Nosticova 1, Prague I (Malá Strana) - ☎ 57 31 25 13 ou 57 31 25 16 - fax 57 31 25 17. www.nosticova.com - appartements : 6 200/14 500 Kč.* Pour un séjour vraiment inoubliable à Prague. Juste derrière l'ambassade de France, dans une rue tranquille de Malá Strana qui échappe au flot des touristes. Cette maison du 17e s., restaurée et admirablement décorée à l'ancienne par les propriétaires italiens, a un charme fou : grandes cheminées, tableaux, petite cuisine. Le luxe allié au charme de l'ancien. Vue sur de paisibles jardins.

U Prince (Chez le Prince) – *Staroměstské námstí 29, Prague I (Vieille Ville) - ☎/fax 24 21 38 07 - www.hoteluprince.cz - réservation : reserve@hoteluprince.cz - 15 ch. : 5 800/8 200 Kč.* Ouvert en 2001, après des années de travaux, ce très beau palais transformé en hôtel, est admirablement bien situé, presque en face de l'horloge astronomique, pour se coucher en contemplant la magie des lumières éclairant ce décor de théâtre unique que constitue la plus belle place de Prague.

U krále Karla (Au Roi Charles) – *Úvoz 4, Prague I (Hradčany) - ☎ 57 53 35 94 - fax 57 53 10 49 - ukrale@iol.cz - 16 ch. : 5 200/6 900 Kč ; 3 suites : 7 500/7 900 Kč.* Vous aurez l'impression d'être un hôte royal en descendant dans cet hôtel au charme exceptionnel, situé sous le château, presque en face des jardins de Malá Strana. Vous en apprécierez le décor médiéval : belles poutres apparentes dans les chambres, cheminée, mobilier de goût, vitraux. Avec sa salle voûtée, le restaurant a beaucoup de caractère.

Pour les jeunes

Pension Unitas – *Bartolomějská 9, Prague I (Vieille Ville) - ☎ 24 21 10 20 - fax 24 21 08 00 - 32 ch. au confort rudimentaire : 1 020/2 000 Kč pour quatre lits (salle de bains et WC en commun).* En plein centre, non loin du café Slavia. Pour goûter un peu les affres de la dissidence : l'ancienne prison politique de la ville a été transformée en pension, et on vous loge... dans les cellules. Vous aurez peut-être la chance de dormir dans celle où fut retenu le président Havel, alors dissident !

Traveller's hostel – *Dlouhá 33, Prague I (Vieille Ville) - ☎ 24 82 66 62 ou 24 82 66 63 - fax 24 82 66 65 - www.travellers.cz - 150 lits : 370/580 Kč (petit-déjeuner compris).* Les jeunes Américains connaissent bien cette adresse très centrale et bon marché, grande bâtisse dont certains étages ont été transformés en *hostel*. Réception au rez-de-chaussée. Entrée avec code. Confort rudimentaire. Propre. L'ambiance est sympathique. Juste à coté se trouve l'un des endroits les plus branchés de la ville, Roxy, où ont lieu des concerts de rock. Pour se reposer, le nouveau café oriental Dahab, derrière l'immeuble, est un vrai havre de paix. A noter que l'*hostel* organise des séjours dans la très belle ville historique de Český Krumlov en Bohême du Sud.

Hostel Sokol – *Újezd 40/450 Prague I (Malá Strana) - ☎ 57 00 73 97 - 98 lits : 12. 270 Kč.* Installé dans les étages d'un grand palais qui sert d'école. Les dortoirs, vastes et lumineux, donnent sur le parc paisible de Malá Strana.

CAMPINGS

Císařská Louka (Les Prés impériaux) – *Císařská Louka 599, Prague V (Smíchov) -* ☎ *57 31 86 81 - fax 57 31 83 87 - 11 bungalows : 480 Kč (2 personnes) ; 60 emplacements pour caravanes : 160 Kč ; 50 emplacements pour tentes : 90/140 Kč - camping-car : 210 Kč ; voiture : 90 Kč par jour ; 95 Kč par personne.*
Ces « prés impériaux » occupent une île de la Vltava, en amont du pont Charles, en face du fort de Vyšehrad. En saison, des navettes la relient toutes les 30mn à la station de métro gare de Smíchov). Restaurant avec terrasse.

Sunny Camp – *Smíchovská 1989, Prague V (Stodůlky) -* ☎*/fax 652 37 74 - 7 ch. : 850 Kč (salle de bains et WC en commun) ; 30 caravanes : 150 Kč ; 50 tentes : 100 Kč ; camping-car : 230 Kč ; voiture : 100 Kč ; 110 Kč par personne.*

Džbán – *Nad lávkou 599, Prague VI (Vokovice) -* ☎ *35 35 90 06 - fax 35 35 13 65 - 6 bungalows : 1000 Kč - caravanes : 120 Kč ; tentes : 90 Kč ; camping-cars : 180 Kč ; 95 Kč par personne ; 90 Kč par voiture.*

Se restaurer

Si l'hôtel est assez cher à Prague, le restaurant y est plus abordable. On optera pour la cuisine tchèque traditionnelle. Préférer aux salades, souvent non assaisonnées ou noyées de mayonnaise, canard, oie, porc et choucroute, fromage pané, goulasch, jarret de porc, ou bien encore la carpe panée, spécialité de Noël. Difficile d'éviter les omniprésents *knedlíky*, sorte de quenelles de mie de pain qui manquent tant aux exilés. Mais les restaurants égalent rarement ceux « faits à la maison ». Les desserts consistent souvent en crêpes nappées de crème, fruits, confiture ou chocolat.
Côté boissons, les vins rouges, souvent d'origine morave, sont le plus souvent sucrés. Les vins étrangers sont à prix fort. Vous êtes au pays de la bière, profitez-en ! Pensez à en goûter d'autres que les (excellentes) Pilsner et Budvar. Dans les restaurants simples et les tavernes, il est courant de partager une table si l'établissement est bondé (demander aux convives avant). Pour commander une bière dans une taverne, il suffit de mettre un sous-bock devant soi.
Sachez que l'on vous facturera parfois le couvert, le pain, les condiments, ou les amuse-gueules (que vous pensiez offerts au début du repas). En revanche, les bons clients se voient parfois gratifiés d'un verre de *slivovice* (alcool de prune). Alors, bon appétit, *Dobrou chut' !*

Petit lexique culinaire

kachna : canard
husa : oie
vepřová pečeně se zelím, knedlíky : rôti de porc servi avec de la choucroute, et des quenelles de pommes de terre
koleno : jarret de porc
svíčková na smetaně : filet de bœuf, sauce à la crème et purée de légumes
smažený vepřový řízek : escalope de porc panée
guláš : goulasch
smažený sýr : fromage pané
kuře : poulet
smažený kapr : carpe panée
palačinky : sorte de crêpes épaisses à la chantilly, aux fruits ou à la marmelade

Restaurants

À bon compte

Havelská koruna – *Havelská 21, Prague I (Vieille Ville) -* ☎ *24 23 55 - lun.-ven. 9h30-17h, w.-end 9h-20h.*
Idéal pour déjeuner vite, bien, pour pas cher (une cinquantaine de Kč). Entre la place Venceslas et la place de la Vieille Ville, en face du petit marché aux fruits et légumes Havelská, la devanture de ce tout nouveau buffet-restaurant pragois est d'un beau ton vert pomme. On peut y commander des plats chauds typiques et bien préparés, mais aussi salades et pâtisseries. Il faut absolument goûter aux *ovocné knedlíky* (délicieuses boulettes chaudes fourrées à la crème et aux fruits).

Konvikt – *Bartolomějská 11, Prague I (Vieille Ville) - ☎ 24 23 19 71 - lun.- sam. 10h-24h, dim. 11h- 23h - spécialités tchèques : 70/150 Kč.*
Non loin de la place de Bethléem. Les amateurs de bière connaissent bien cet endroit, un peu en- fumé mais convivial, où l'on sert aussi des Guin- ness. Choisissez la deuxième salle, plus en retrait. On recomman- dera les fromages panés.

U Dvou koček (Aux deux Chattes) – *Uhelný trh 10, Prague I (Vieille Ville) - ☎ 24 22 16 92 - tlj 11h- 23h - 100 Kč.*

Ancienne enseigne de restaurant

Entre la place Venceslas et la place de Bethléem. L'odeur du houblon vous saisit à l'entrée de cette taverne, dont les salles à manger voûtées et basses ainsi que le mobilier campagnard renforcent l'aspect rustique. On oublie le service un peu sec quand l'accordéoniste entame ses rengaines moraves, tous les soirs vers 19h. Cuisine tchèque typique. Il est préférable de réserver.

Pizzeria Roma – *Liliová 18, Prague I (Vieille Ville) - ☎ 06 28 79 43 - tlj 24h/24 - cuisine italienne : 100/150 Kč.*
Idéal pour les petites faims tardives. Sur le chemin qui mène de la place de la Vieille Ville au pont Charles, on découvre cette pizzeria pittoresque aux murs de brique émaillés d'instruments de musique et d'ustensiles de cuisine.

Café Louvre – *Národní třída 20, Prague I (Ville Nouvelle, près du Théâtre national) - ☎ 24 93 09 49 - tlj 8h-23h.*
Choix de salades, pâtisseries, menus rapides. Au premier étage d'un bel immeuble Art nouveau de Národní třída, qui mène au Théâtre national, ce grand café où l'on devait danser dans les années 1920 a été décoré dans les tons pastel. Outre deux vastes salles couleur vieux rose, ornées de stucs et de lustres, il possède une salle avec cinq billards.

U bílé kuželky (À la Quille blanche) – *Mišeňská 12, Prague I (Malá Strana) - ☎ 57 53 57 68 - tlj 11h-23h - 300 Kč.*
Au détour d'une ruelle tortueuse de Malá Strana, on tombe sur la « quille blanche », presque sous le pont Charles, côté aval. Le cadre est rustique et sans prétention. La cuisine, assez typique : canard, porc et choucroute...

Valeur sûre

Chez Marcel – *Haštalská 12, Prague I (près du couvent Ste-Agnès) - ☎ 22 31 56 76 - tlj 8h-1h du matin.*
On se croirait un peu dans un bar à vins du 3e arrondissement de Paris (le stress des consommateurs en moins). Une devanture à l'ancienne, dans des tons bor- deaux ; quelques salles hautes et voûtées au décor rustique et chaud, des tables et chaises de bistrot, des banquettes. Pour un déjeuner vraiment tranquille, à l'écart du circuit touristique. Service sympathique, cuisine française de terroir : salade de foies de volaille, lapin à la moutarde ou au basilic, gratin, profiteroles. Le plat dans les 200 Kč. Vin au verre : bordeaux, saint-émilion... En supplé- ment, des chansons d'Aznavour et de Piaf.

La Provence – *Štuparská 9, Prague I (près de la Cour Ungelt) - ☎ 232 48 01.*
C'est un peu l'adresse qu'on s'échange quand on arrive en plein hiver et qu'on se sent agressé par les frimas. Bien que tout se passe dans une cave voûtée, un dîner à « La Provence » procure une impression de soleil et de bonheur. Il y a la décoration campagnarde : oignons, ails et casseroles pendant au mur, les sofas moelleux, les bougies sur les tables. Il y a aussi la carte bourrée de bonnes idées d'inspiration plutôt méditerranéenne et le savoir-faire des quatre cuisi- niers, vraiment à la hauteur, des amuse-gueules aux desserts. Il est prudent de réserver.

Kolkovna – *V Kolkovně 8, Prague I (près du quartier juif, en face de la syna- gogue espagnole) - ☎ 24 81 97 01 - tlj 11h-23h - 200 Kč*
C'est le nouveau style de brasserie praguoise où bière peut enfin rimer avec élégance. Loin des tavernes, usines à touristes, et des antres enfumés et braillards. Les propriétaires sont des brasseurs de Plzeň, capitale tchèque de la bière. À l'entrée, derrière ses cuivres lustrés, le maître brasseur accueille sim- plement les visiteurs avec le sourire. Quelques salles en enfilade bien éclairées par la lumière du jour passant par les larges baies vitrées, une décoration murale

Ph. Gajic/MICHELIN

Hôtel Evropa

rappelant la fabrication du précieux liquide : photos anciennes de brasseries bien encadrées, outils servant à la récolte du houblon. Carte inventive proposant tous les classiques de la cuisine tchèque mais aussi des salades et d'autres spécialités. Belle carte de desserts.

Blatnička – *Michalská 6-8, Prague I (Vieille Ville, entre la place Venceslas et la place de Bethléem) - ☎ 24 23 36 12 - tlj 11h-23h - 100 Kč.*
Au cœur de la Vieille Ville, dans la paisible « rue Michel » qui abrite plusieurs bars à vins, ce restaurant tranquille est fréquenté par les familles pragoises, qui s'y retrouvent le dimanche. Cuisine tchèque. Une valeur sûre. Pour accompagner votre plat, on recommandera la douceur d'une bière Velvet.

Rybářský klub (Au Club des Pêcheurs) – *U Sovových mlýnů 1, Prague I (Malá Strana) - ☎ 57 53 42 00 - tlj 12h-22h30 - 250 Kč.*
L'occasion d'une belle promenade à travers les jardins tranquilles qui bordent les quais de Malá Strana. Petite maison, isolée dans un parc et donnant sur le fleuve, volontairement repliée sur elle-même : on se croirait presque dans une crêperie bretonne. Le patron prépare lui-même les poissons pêchés dans les étangs de Bohême. Au choix, anguille, brochet, perche et carpe panée ou fumée.

V Zátiší (À la Nature morte) – *Liliová 1, Prague I (Vieille Ville) - ☎ 22 22 14 38 - tlj 12h-15h et 17h30-23h - 400 Kč.*
La nouvelle décoration en trompe l'œil réalisée par une artiste italienne de talent vous plonge avec délice dans un luxuriant jardin baroque. Service diligent, choix raffiné de spécialités tchèques et internationales font la réputation du lieu, place Bethléem.

Novoměstský pivovar – *Vodičkova 20, Prague I (Ville Nouvelle, la rue Vodičkova coupe la place Venceslas) - ☎ 22 23 24 48 - tlj 11h30-22h30 - 100 Kč.*
Restaurant ou taverne ? Qu'importe, les Pragois adorent, et on les comprend. Labyrinthe de salles voûtées, décorées de peintures en trompe-l'œil très réalistes et de fresques représentant des personnages de bons vivants. Dans la première salle, on déjeune à côté d'authentiques cuves de brasserie. Le service est rapide et efficace. Excellente adresse pour bien dîner en compagnie de Pragois. Menu en français. Belle carte. Un conseil ? Le jambonneau rissolé. Inoubliable !

Une petite folie !

Palffy Palác Club – *Valdštejnská 14, Prague I (Malá Strana) - ☎/fax 57 32 05 22 - 400 Kč.*
Unique à Prague ! Imaginez un dîner aux chandelles dans un vrai palais, dont les jardins, récemment rénovés, s'élèvent vers le château. Le palais Palffy appartient au conservatoire de musique : parfois baigné de mélodieux arpèges, vous gravissez un fastueux escalier de pierre pour pénétrer dans une vaste salle, haute comme une cathédrale. Stucs, dorures, cheminées... pour une bonne cuisine. En été, on peut dîner sur la terrasse qui donne sur les jardins.

La Flambée – *Husova 5, Prague I (Vieille Ville) - ☎ 24 24 85 12 - tlj 11h30-1h - 900 Kč.*
Ces caves voûtées du 13ᵉ s. servent de cadre à l'une des meilleures tables tchèques de Prague. Ambiance intime, service soigné, cuisine pleine d'imagination. Les amateurs de bon vin apprécieront.

U modré kachničky (À la Canette bleue) – *Nebovidská 6, Prague I (Malá Strana) -*
☎ *57 32 03 08 - tlj 12h-15h30 et 18h30-23h30 - 400 Kč.*
On oublie les touristes dans cette ruelle tranquille de Malá Strana, derrière
l'ambassade de France. Ceux qui aiment les ambiances intimes seront servis.
Trois petites salles au rez-de-chaussée, avec seulement quelques tables. Une
autre salle à l'étage. Le propriétaire tchèque est l'auteur de la décoration très
réussie. Excellente cuisine tchèque.

Bazar Méditerranée – *Nerudova 40, Prague I (Malá Strana) -* ☎ *57 53 50 50 -*
200 /400 Kč.
Dernier restaurant pragois à la mode, situé sous le Château, ouvert l'été sur
d'agréables jardins, Bazar Méditerranée fleure bon le soleil. Un verre de sangria
est parfois servi à l'entrée pour donner le ton. À l'intérieur, une ambiance de
fête continue vous entoure sur les marches qui descendent à la grande salle,
où sont parfois organisés des défilés de mode. Des bougies éclairent les tables ;
la musique est entraînante ; le service, toujours dynamique. Cuisine d'inspiration méditerranéenne. Idéal pour retrouver bonne humeur en plein hiver.

Nebozízek – *Petřínské sady 411, Prague I (Malá Strana) -* ☎ *57 31 53 29 - tlj*
11h-23h - 200 Kč.
Perchée dans les vergers proches du sommet de la colline de Petřýin, la « petite
vrille » offre la meilleure vue de Prague, surtout quand les lumières de la ville
s'allument au crépuscule. Cuisine honnête.

Bellevue – *Smetanovo nábřeží 18, Prague I (Vieille Ville) -* ☎ *22 22 14 43 -*
lun.-sam. 12h-15h et 17h30-23h - 700 Kč.
Les propriétaires de ce restaurant proposent une cuisine de qualité dans plusieurs établissements pragois : celui-ci est sans doute le plus spectaculaire, avec
sa salle aux vastes fenêtres donnant sur le pont Charles, Malá Strana et le
Château. Le dimanche (11h-15h30), son somptueux brunch au champagne
attire les Pragois aisés et l'élite des expatriés.

Où prendre un verre ?

L'incontournable

Obecní dům (Maison municipale) – *Náměstí Republiky 5, Prague I (Vieille Ville)* - ☎ *22 00 27 63 - tlj 7h30-23h.*
Magnifiquement restaurée, la Maison municipale est devenue un lieu de sortie incontournable de Prague. Grand café avec animation musicale par un pianiste, taverne où l'on peut déguster des produits locaux accompagnés de bière, avec animation folklorique en soirée, et une salle qui accueille tous les mercredis et samedis une soirée dansante avec orchestre. Café-terrasse en été.

Le café de la Maison municipale

Les grands cafés

Slavia – *Smetanovo nábřeži 2, Prague I (Vieille Ville)* - ☎ *24 23 96 04 - tlj 9h-23h.*
Récemment rouvert après rénovation, ce magnifique café-restaurant au décor Art nouveau, rendez-vous préféré de nombreux artistes tchèques des 19e et 20e s., offre à sa clientèle une magnifique vue sur le Château par ses larges baies vitrées.

Café Evropa – *Václavské náměstí 25, Prague I (Ville Nouvelle)* - ☎ *24 22 81 17 - tlj 10h-22h30.*
Café de style Art nouveau sur une des places les plus animées de la ville.

Rudolfinum – *Alšovo nábřeží 12, Prague I (Vieille Ville)* - ☎ *24 89 33 17 - mar.-dim. 10h-18h.*
Dans le bâtiment où se produit l'Orchestre philharmonique de Prague, ce café très spacieux, calme et confortable (fauteuils, canapés et tables basses), est idéal pour faire une pause dans la visite du quartier.

Café Milena – *Staroměstské náměstí 22, Prague I (Vieille Ville)* - ☎ *21 63 26 02 - tlj 10h-20h.*
Sa situation exceptionnelle sur la place la plus fréquentée de la Vieille Ville en fait la halte favorite de nombreux passants. Sa terrasse est prise d'assaut quelle que soit l'heure.

Café Savoy – *Vítězná 5, Prague V (Smíchov)* - *tlj 9h-24h (en cours de rénovation).*
Grand café, idéal pour une pause dans son cadre magnifiquement restauré. Ambiance musicale reposante pour une clientèle surtout composée de touristes.

Malostranská kávarna – *Malostranské náměstí 5/28, Prague I (Malá Strana)* - *tlj 9h-23h (en cours de rénovation).*
Ce café d'autrefois, dont les fenêtres donnent sur la place de Malá Strana, a été restauré avec des couleurs chaudes. On y est bien. Idéal pour faire une pause avant de monter au Château.

Cafés littéraires

Café de l'Institut français – *Štěpánská 35, Prague I* - ☎ *22 23 05 77 - lun.-ven. 9h-18h.*
Ce café est le lieu de rassemblement de nombreux Français expatriés, mais aussi des Pragois francophones, qui peuvent y consulter les quotidiens et magazines français mis à leur disposition.

The Globe Bookstore et Coffeehouse – *Pštrosova 6, Prague 1 -* ☎ *24 91 62 64 - tlj 10h-24h.*
Ce café-librairie bien connu des expatriés anglophones a quitté en 2001 le quartier de Holešovice pour s'installer dans le centre. On y trouve toujours près de 10 000 livres d'occasion, en anglais. La spécialité est le « CBA », café chaud avec brandy et une goutte d'anisette. Cuisine californienne.

U Knihomola (Au Bibliophile) – *Mánesova 79, Prague II (Vinohrady) - lun.-jeu. 10h-23h, ven.-sam. 10h-24h, dim. 11h-20h.*
Près de la station de métro Jiřího z Poděbrad et de l'église du Sacré-Cœur de Plečnik, le « rat de bibliothèque » est un équivalent du Globe, avec à l'étage une librairie bien équipée, et au sous-sol un café à tendance littéraire.

Les brasseries typiques

Pivnice U Sv. Tomáše (Chez Thomas) – *Letenská 12, Prague I (Malá Strana) -* ☎ *53 67 76 - tlj 11h30-24h.*
Fondée en 1358, cette brasserie aux grandes salles voûtées à décor rustique est l'une des plus accueillantes pour goûter la bière brune et l'un des nombreux plats traditionnels proposés. Spectacles de chants et danses traditionnels tous les soirs.

U Fleků – *Křemencova 9/11, Prague I (Ville Nouvelle) -* ☎ *24 91 51 18 - tlj 9h-23h.*
Cette brasserie ouverte depuis 1459 est une des plus fréquentées par les touristes du monde entier. Elle sert une délicieuse bière brune que vous accompagnerez d'un verre de Becherovka ou de slivovice. Par beau temps, on peut s'asseoir dans le « Biergarten » pour écouter de la musique traditionnelle. Spectacle folklorique à l'intérieur en soirée.

U Medvídků (Chez les Oursons) – *Na Perštýně 7, Prague I (Vieille Ville) -* ☎ *24 22 09 30 - lun.-sam. 11h30-23h, dim. 11h30-22h.*
Cet établissement typique fréquenté par une clientèle majoritairement locale propose une des meilleures Budvar de la ville.

U Kalicha (Au Calice) – *Na bojišti 12, Prague II (Ville Nouvelle) -* ☎ *96 18 96 00 - tlj 11h-23h.*
Immortalisé par le Brave Soldat Chvéïk de Jaroslav Hašek, arrêté en ces lieux pour avoir inconsidérément dénigré l'empereur François-Joseph, le « Calice » ne désemplit pas depuis. La bière Radegast a remplacé la Velkopopovice d'alors, mais les souvenirs du Soldat Chvéïk abondent, y compris des plats portant les noms de personnages du récit.

U zlatého tygra (Au Tigre d'or) – *Husova 17, Prague I (Vieille Ville) -* ☎ *22 22 11 11 - tlj 15h-23h.*
À moins d'être accompagné par un habitué (comme l'a fait le président Havel pour le président Clinton), vous ne trouverez peut-être pas de place au Tigre d'or, un des derniers bastions des vrais amateurs pragois de Pilsner, tirée à température idéale dans ses caves anciennes.

Bars-pubs

Irish Pub O'Brien – *Janovského 36, Prague VII (Holešovice) -* ☎ *66 71 26 557 - tlj 12h-1h.*
Pub irlandais fin de siècle, rendez-vous des nombreux anglophones de la ville. Chaque fin de semaine, des concerts y sont organisés. La Guinness y concurrence la bière locale.

Ph. Cajic/MICHELIN

U Fleků

À la Novoměstský pivovar, brasserie de la Ville Nouvelle

Blatouch – *Vězeňská 4, Prague I (Vieille Ville) - ☎ 232 8643.*
Sympathique petit bar toujours très animé à l'ambiance bon enfant. Clientèle BCBG.

U Vinařů – *Hellichova 4, Prague I (Malá Strana) - ☎ 57 31 25 19.*
Bar à vins à la décoration et au mobilier chic et confortables. Très grand choix de vins au verre. Toutes les régions vinicoles du pays sont représentées.

Cybeteria Internet Cafe – *Štěpánská 18, Prague I (Ville Nouvelle) - ☎ 22 23 07 07 - www.cybeteria.cz - lun.-ven. 10h-20h, sam. 12h-18h.*
Café moderne équipé de 12 ordinateurs pour assouvir la passion des internautes pragois. Boissons et petite restauration dans une atmosphère feutrée.

The John Bull Pub – *Senovážná 8, Prague I (Ville Nouvelle) - ☎ 26 92 55 - lun.-ven. 8h-2h, w.-end 11h-2h.*
Ce pub au style « british » est un des rendez-vous des anglophones de la ville. Écran géant et téléviseurs retransmettent les principaux événements sportifs anglo-saxons.

James Joyce – *Liliová 10, Prague I (Vieille Ville) - ☎ 24 24 87 93 - tlj 10h30-1h.*
Ici, la Guinness concurrence les bières locales dans une ambiance très celtique. Fins de soirées souvent braillardes et bien arrosées. Retransmission en direct des principaux événements sportifs britanniques sur écrans TV.

Molly Malone's – *U obecního dvora 4, Prague I (Vieille Ville) - ☎ 534 793 - tlj 11h-1h.*
Ce pub typiquement irlandais est l'un des plus animés de la ville. C'est un lieu insolite à l'atmosphère agréable et au décor hétéroclite. Musique et boissons rappellent la « verte Erin ».

Bar de la tour TV – *Mahlerovy sady 1, Prague III (Žižkov) - tlj 11h-23h.*
Du haut de cette tour à l'architecture contemporaine, vous pouvez apprécier une vue panoramique de Prague en prenant un rafraîchissement.

Aller au spectacle

Théâtres

Les nombreuses scènes pragoises proposent une programmation très variée (opéras, ballets, comédies...) mais aussi une forme de spectacle très populaire dans la capitale, le Théâtre Noir.
Pour réserver des places de concert ou de théâtre, il est souvent plus facile de s'adresser à un organisme qui s'en chargera moyennant une commission :

BTI Bohemia Ticket International – *Malé náměstí 13, Prague I (Vieille Ville)* - ☎ *24 22 78 32 ou 24 23 77 27 - fax 24 21 81 67 - www.ticketsbti.cz - lun.-ven. 9h-17h, sam. 9h-13h.*

Ticketpro – *Salvátorská 10, Prague I (Vieille Ville)* - ☎ *840 111 50 - fax 24 81 60 21 - www.ticketpro.cz - lun.-ven. 9h-17h.*

Čedok – *Na Příkopě 18, Prague I (Nouvelle Ville)* - ☎ *24 22 46 70 et 24 197 615 - lun.-ven. 9h-19h, w.-end 9h30-14h30.*

Národní divadlo (Théâtre national) – *Národní 2, Prague I* - ☎ *24 90 14 48 (informations en anglais).*
Cet édifice néo-Renaissance est la plus grande scène de théâtre de la République tchèque. Il programme opéras, ballets et pièces de théâtre.

Stavovské divadlo (théâtre des États) – *Ovocný trh 6, Prague I (Vieille Ville)* - ☎ *24 21 50 01.*
Propriété des États de Bohême depuis 1799, ce théâtre, dont la première représentation se déroula en 1785, est toujours un des hauts lieux de l'opéra et du théâtre tchèques.

Laterna Magica – *Národní 4, Prague I (Nouvelle Ville)* - ☎ *24 91 41 29 - billetterie : lun.-sam. 10h-20h.*
Spectacle alliant techniques théâtrales traditionnelles à la technologie audiovisuelle moderne.

National Marionnette Theatre – *Žatecká 1, Prague I (Vieille Ville)* - ☎ *232 34 29.*
Théâtre de grandes marionnettes revêtues de costumes traditionnels, pour enfants et adultes, dont les représentations ont lieu chaque soir à 20h sauf le mercredi. Un classique du répertoire de ce théâtre : *Don Giovanni.*

National Marionnette Theatre – *Novotného lávka I, Prague I (Vieille Ville).*
Consacré aux Beatles, le spectacle s'inspire librement du film *Yellow submarine.* Théâtre Noir, théâtre d'ombres, projection cinématographique avec jeux de lumière, musique (des Beatles), danse et jeux de marionnettes. Un spectacle surprenant qui commence à 20h30.

The St Michael Mystery – *Michalská 27-29, Prague I (à deux pas de la place de la Vieille Ville)* - ☎ *22 818 111 - tlj 11h-14h.*
Pas vraiment un théâtre, mais plutôt une sorte de balade vraiment originale et fantastique d'environ une heure, à travers des ambiances pragoises reconstituées à l'aide d'effets spéciaux très réussis : la quête des renseignements sous le régime communisme, la vie de Kafka, le cimetière juif... Pour terminer, l'ancienne

R. Holzbachova, P. Bénet

Spectacle de marionnettes

église Saint-Michel transformée, offre son cadre à un film romancé sur l'histoire de la ville depuis sa fondation, avec des documentaires montrant l'invasion des troupes soviétiques en 1968, la répression, la révolution. Émouvant !

Théâtre Noir

Très populaire à Prague, le Théâtre Noir est un spectacle composé d'un subtil mélange de mime, de pantomime, de danse, accompagné de musique et de jeux de lumière. Vêtus de noir, les artistes se déplacent sur une scène noire, rendant invisibles certains acteurs et éléments du décor.

Ta Fantastika – *Karlova 8, Prague I (Vieille Ville)* - ☎ *22 22 13 66.*
Spectacle sur des thèmes issus de contes fantastiques.

Divadlo v Celetné – *Celetná 17, Prague I (Vieille Ville)* - ☎ *57 92 18 35 et 90 04 94 34 - billetterie : lun.-ven. 9h-16h - spectacle : 20h30.*
Ces deux salles accueillent une des compagnies de Théâtre Noir les plus réputées. Dans les pièces de Jiří Srnec, les objets s'animent sous le rayonnement de la lumière UV, accompagnés d'une musique aux effets acoustiques surprenants.

Divadlo Image – *Pařížská 4, Prague I (Vieille Ville)* - ☎ *232 91 91 - spectacle : tlj 18h et 20h.*
Ce théâtre marie la tradition tchèque du Théâtre Noir avec la pantomime et des formes modernes de la danse.

All Colours Theatre – *Rytířská 31, Prague I (Vieille Ville)* - ☎ *21 61 01 73 - réservation : tlj 10h-22h - spectacle : tlj 20h30.*

Musique

Musique classique

Les concerts sont un des aspects incontournables de la riche vie culturelle pragoise. En plus des grandes salles de la ville, de nombreux jardins (Wallenstein, jardins sous le Château...) et églises (St-Thomas, St-Jacques, Ste-Ursule...) et des intérieurs autrement inaccessibles au public, comme la chapelle des Miroirs du Clementinum, accueillent des concerts.

Státní opera Praha – *Wilsonova 4, Prague I (Nouvelle Ville)* - ☎ *96 11 71 11 (informations), 24 22 72 66 (réservation) - billetterie : lun.-ven. 10h-17h, w.-end 10h-12h et 13h-17h.*
Près de la gare principale, cet édifice construit entre 1886 et 1888 accueille des représentations consacrées essentiellement à l'opéra et au ballet.

Hudební divadlo v Karlíně – *Křižíkova 10, Prague VIII (Karlín)* - ☎ *21 86 81 49 - billetterie : tlj sf dim. 10h-13h et de 14h-18h.*
Cet édifice néo baroque de 1891 est réservé presque exclusivement aux opérettes et comédies musicales du monde entier.

Concert au Clementinum

Rudolfinum – *Náměstí Jana Palacha 2, Prague I (Vieille Ville)* - ☎ *24 89 31 11 - billetterie : lun.-ven. 10h-18h.*
La salle Dvořák du Rudolfinum est le foyer de l'Orchestre philharmonique de Prague, de ses solistes et de ses ensembles de musique de chambre.

Obecní dům – *Náměstí Republiky 5, Prague I (Vieille Ville)* - ☎ *22 00 21 11 - billetterie : 10h-18h - concerts : 19h30.*
C'est la salle Smetana de la Maison municipale qui organise de nombreux concerts de l'Orchestre symphonique de Prague.

Klub Lávka – *Novotného lávka 1, Prague I (Vieille Ville)* - ☎ *21 08 22 88.*
Cette salle programme de superbes concerts avec des œuvres choisies de Mozart. La présence de musiciens en costume recrée une merveilleuse ambiance d'époque.

Ph. Renault/HOA QUI

Jazz au Reduta

Jazz

Agharta Jazz Centrum – *Krakovská 5, Prague I (Nouvelle Ville)* - ☎ *22 21 12 75 - lun.-ven. 17h-1h, w.-end 19h-1h - concert : 21h.*
Un des clubs de jazz les plus populaires de la ville, fréquenté par les passionnés.

Reduta Jazz Club – *Národní 20, Prague I (Nouvelle Ville)* - ☎ *24 91 22 46 - concerts : 21h.*
Le plus célèbre club de jazz de la capitale. Lors de sa visite à Prague, Bill Clinton y a joué du saxophone, accompagné de Václav Havel à la batterie.

Jazz Club U staré paní – *Michalská 9, Prague I (Vieille Ville)* - ☎ *24 22 80 90 - bar : tlj sf dim. 19h-24h - concert : 21h.*
Installé dans une cave dont l'histoire remonte au 15e s., ce club est très prisé des amateurs de jazz. Programmation de qualité.

Jazz Club Železná – *Železná 16, Prague I (Vieille Ville)* - ☎ *24 23 96 97 - tlj 15h-24h.*
À partir de 19h, concerts de jazz mais aussi de musiques du monde attirent dans cette salle de nombreux amateurs.

U Malého Glena – *Karmelitská 23, Prague I (Malá Strana)* - ☎ *90 00 39 67 - tlj 10h-24h.*
Un des établissements les plus branchés de la capitale. Si le restaurant du rez-de-chaussée est très fréquenté par les touristes, c'est le soir, en sous-sol, que l'ambiance est la plus sympathique. Pragois et visiteurs s'y côtoient lors des concerts (jazz, blues, musique latino-américaine).

Rock

Radost FX – *Bělehradská 120, Prague II (Nouvelle Ville)* - ☎ *24 25 47 76 - tlj 11h-5h - concert: 22h.*
La suite de la soirée est animée par des DJs de renommée internationale. Musique techno, house, transe, drum'n bass, clientèle branchée internationale. Café-galerie et restaurant végétarien complètent cet établissement.

Lucerna Music Bar – *Vodičkova 36, Prague I (Nouvelle Ville)* - ☎ *24 21 71 08 - café : tlj 11h-17h - club : 20h-3h - concerts : 21h.*
Un des hauts lieux du rock dans un décor au charme très rétro. Construit au début du 20e s. par le grand-père de Václav Havel, ce lieu est aujourd'hui la propriété du président.

Rock Café – *Národní 20, Prague I (Nouvelle Ville)* - ☎ *24 91 44 16 - lun.-ven. 10h-3h, w.-end 19h-3h - concert : 19h30 - danse : 0h30-3h.*
Établissement au décor métallique, dont l'atmosphère ne se réchauffe que lors des concerts qui y sont donnés chaque soir. Clientèle jeune, souvent exubérante.

Cabarets

Bohemian Party (hôtel Ariston) – *Seifertova 65, Prague III (Žižkov)* - ☎ *22 78 01 99 - ☎ 06 02 31 63 46 (réservation) ou Office de tourisme - spectacle : 21h45.* C'est le seul spectacle de ce genre à Prague. Programme de qualité dans la tradition tchèque : danse, revue, Théâtre Noir, folklore et cabaret. Après le spectacle, les spectateurs sont invités à danser pour finir joyeusement la soirée. Formules dîner-spectacle ou spectacle seul avec consommation.

Folklore

Musiciens moraves, place de la Vieille Ville

Le folklore tchèque (notamment morave) est riche et très varié. L'un des meilleurs endroits où l'apprécier est l'auditorium de la Městská knihovna (Bibliothèque municipale) sur Mariánské náměstí, qui programme tout l'été des spectacles folkloriques avec d'excellentes troupes de toute la République tchèque, mais aussi de Slovaquie et du monde entier.

Divadlo na Klárově – *Nábřeží E.Beneše 3, Prague I (Klárov)* - ☎ *53 98 37.* Danses et chansons du folklore tchèque interprétées par les plus grands artistes du pays. Spectacle à 20h.

U Marčanů – *Veleslavínská 14, Prague VI (Veleslavín)* - ☎ *35 36 06 23.* Ce bar à vins offre une bonne sélection provenant des régions vinicoles du pays et propose aussi une animation musicale traditionnelle, avec chants et danses folkloriques.

Un peu de lèche-vitrines

Le centre de Prague, principalement les rues piétonnières (Celetná, Na Příkopě, Melantrichova, Kaprova et Nerudova) concentre la majorité des commerces (grands magasins, boutiques spécialisées...). Les visiteurs apprécient le cristal de Bohême et la porcelaine, mais aussi les nombreuses créations artisanales (jouets en bois, marionnettes, poupées en costume traditionnel, œufs de Pâques finement décorés...). La place de la Vieille Ville (Staroměstské náměstí) et le pont Charles accueillent toute l'année de nombreux stands proposant des produits artisanaux.

Cristal et grenat de Bohême, porcelaine de Karlovy Vary – De nombreux magasins d'usine proposent de magnifiques objets et bijoux. Il est possible de visiter les usines en découvrant les régions où elles sont implantées.

Granát – *Dlouhá 30, Prague I (Vieille Ville) - lun.-ven. 10h-18h, sam. 10h-13h.* Pendentifs, bagues, bracelets et colliers en grenat de Bohême, en provenance directe de la coopérative artisanale de Turnov.

Sklo Bohemia – *Na Příkopě 17, Prague I (Vieille Ville) - tlj 10h-19h.* Magnifiques objets en cristal (24 % d'oxyde de plomb) faits main. L'usine se trouve à Světlá nad Sázavou.

Dana Bohemia – *Staroměstské náměstí 16, Prague I (Vieille Ville).* Ce magasin est réputé pour les fresques restaurées de sa façade et son grand choix de verrerie et porcelaine.

Bohemia Crystal – *Celetná 5 et Pařížská 12, Prague I (Vieille Ville) - tlj 9h-19h.* Très grand choix d'objets en cristal faits main.

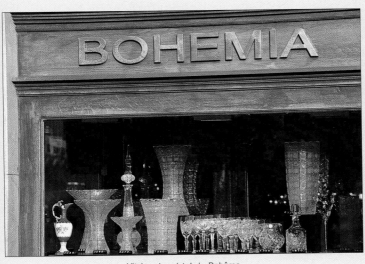

Vitrine de cristal de Bohême

R. Holzbachova, P. Bénet

Celetná Crystal – *Celetná 15, Prague I (Vieille Ville) - tlj 10h-20h.* Sur trois étages, très grand choix de cristal, grenat et services en porcelaine.

Moser – *Na Příkopě 12, Prague I (Nouvelle Ville) - lun.-ven. 9h-20h, w.-end 10h-18h.* Magnifique magasin d'usine proposant du cristal de Bohême et surtout de splendides porcelaines de Karlovy Vary, où une usine les fabrique depuis 1857.

Objets en bois, marionnettes

Pohádka – *Celetná 23, Prague I (Vieille Ville) - tlj 9h-20h.* Très grand choix d'objets en bois et de marionnettes. Une boutique pleine de couleurs !

Fantasia Kubénova – *Rytířská 19, Prague I (Vieille Ville) - tlj 10h-18h.* Petite boutique proposant des marionnettes artisanales d'un modèle unique.

Česká lidová řemesla – *Melantrichova 17, Prague I (Vieille Ville).* Pour faire de petits, et jolis, cadeaux à vos amis. Profusion d'objets d'artisanat en bois.

Librairies

Les livres imprimés dans une langue autre que le tchèque font partie depuis longtemps des habitudes pragoises. La plupart des libraires proposent une honnête sélection de livres illustrés, romans traduits et autres articles en diverses langues. On trouve facilement gravures anciennes et ouvrages illustrés à des prix intéressants chez les nombreux bouquinistes et libraires d'occasion. Quelques-unes de ces boutiques ont donné naissance à des cafés à l'atmosphère chaleureuse *(voir ci-dessus Cafés littéraires)*.

Jan Kanzelsberger – *Václavské náměstí 42, Prague I.*
Grands choix de livres sur Prague en français, anglais, allemand et italien.

Antikvariát Galerie Můstek – *28 října, Prague I (Vieille Ville) - lun.-ven. 10h-19h, sam. 10h-14h.*
Livres anciens, gravures, cartes et périodiques anciens de qualité sont présentés dans cette librairie en sous-sol près du bas de la place Venceslas.

Antikvariát Karel Křenek – *Celetná 31, Prague I (Vieille Ville) - lun.-ven. 10h-18h, sam. 10h-14h.*
Ce bouquiniste de longue date offre dans une atmosphère studieuse un beau choix de gravures anciennes et vieux livres.

U Černé Matky Boží (À la Madone Noire) – *Celetná 34, Prague I (Vieille Ville) - lun.-sam. 8h-19h, dim. 10h-19h.*
Le rez-de-chaussée et le sous-sol de la maison cubiste « À la Madone noire » abritent certainement la librairie la plus riche en livres de photographies sur Prague et la République tchèque.

Antiquités

On trouve un peu partout dans la ville des magasins d'antiquités, mais le plus grand choix d'objets de qualité à prix courants est au :

Dorotheum – *Ovocný trh 2, Prague I (Vieille Ville) - lun.-ven. 10h-19h, sam. 10h-17h.*
Juste à côté du théâtre des États, cette succursale de la célèbre institution viennoise propose des articles à la vente sur commission.

Grands magasins

Les principaux grands magasins se trouvent dans le centre de la ville. Ils proposent tout ce que l'on peut acheter dans les pays occidentaux. Un étage est souvent réservé aux produits alimentaires.

Tesco – *Národní 26, Prague I (Nouvelle Ville) - alimentation : lun.-ven. 8h-21h, samedi 9h-20h, dim. 10h-19h.*

Krone – *Václavské náměstí 21, Prague I (Nouvelle Ville) - lun.-ven. 9h-20h, sam. 9h-19h, dim. 10h-18h.*

Kotva – *Náměstí Republiky 8, Prague I (Vieille Ville) - lun.-ven. 9h-20h, sam. 9h-18h, dim. 10h-18h.*
Le deuxième étage offre un très bon choix de cristal et de porcelaine.

Bílá Labut' – *Václavské náměstí 59 et Na Poříčí 23, Prague I (Nouvelle Ville) - lun.-ven. 8h-19h, sam. 8h-18h.*
Bel exemple d'architecture fonctionnaliste, le « Cygne blanc » a perdu un peu de sa superbe depuis son ouverture dans les années 1930. Il a ouvert un autre magasin en haut de la place Venceslas.

Bat'a – *Václavské náměstí 6, Prague I (Nouvelle Ville).*
Magasin d'usine de la célèbre marque tchèque de chaussures. Grand choix de modèles (hommes, femmes, enfants) sur cinq étages.

Alimentation, épicerie fine

Partout dans Prague, on rencontre un bon choix de grands magasins d'alimentation *(voir ci-dessus)* et d'épiceries fines-traiteurs *(lahůdky)*. Pour les légumes et fruits frais, choisir les marchés en plein air de Havelská dans la Vieille Ville *(lun.-ven. 7h30-18h, w.-end 8h30-18h)* et près de la station de métro Národní třída *(tlj 7h30-19h)*. Le marché de Havelská propose aussi toute une gamme d'articles dont beaucoup conviennent pour des souvenirs.

Country life – *Melantrichova 15, Prague I (Vieille Ville) - lun.-jeu. 8h-19h, ven. 8h-18h, dim. 11h-18h.*
Magasin pionnier dans la diffusion de l'esprit végétarien auprès des Tchèques amateurs de viande, Country Life est à la fois un magasin bien fourni et un buffet.

Fruits de France – *Jindřišská 9, Prague I (Nouvelle Ville) - lun.-ven. 9h30-18h30 (jeu. 11h30-18h30), sam. 9h30-13h.*
Toutes sortes de produits français à prix assez élevés.

Galeries commerçantes (pasáž)

Darex obchodní dům – *Václavské náměstí 11, Prague I (Nouvelle Ville) - lun.-ven. 10h-20h, sam. 10h-18h, dim. 12h-18h.*
Galerie commerciale avec boutiques de mode, bijouteries et parfumeries.

Lucerna pasáž – *Štěpánská 61, Vodičkova 36, Prague I (Nouvelle Ville) - lun.-ven. 9h-18h.*
Galerie commerçante dans un cadre rétro.

Černá růže – *Na Příkopě 12, Prague I - tlj 7h-22h.*
Passage 1930 récemment rénové où s'installent des boutiques de mode.

On vend partout des marionnettes

R. Holzbachova, P. Bénet

Symphonie des lumières sur le château et la Vltava

Introduction
à la ville

Prague se présente

LE SITE

Proche du centre géographique de la Bohême, le site de Prague assemble différents paysages typiques du pays. Au Sud, une vallée encaissée, d'où la Vltava, mieux connue sous son nom allemand de Moldau, surgit au rocher de Vyšehrad, coulant vers le nord. Le cours de la rivière est ensuite infléchi par un éperon rocheux qui s'avance du plateau calcaire à l'Ouest. Sur la rive gauche s'étendent des terrains plats et bien drainés, assez vastes pour permettre le développement de villages, sous la protection de la forteresse, qu'on allait immanquablement bâtir sur cet éperon rocheux, défendu, côté Sud, par une falaise vertigineuse et, côté Nord, par un grand ravin. Sur la rive droite, une plaine plus étendue, sujette aux inondations, mais offrant assez d'espace pour une ville importante, qui pourra s'étirer sur les pentes douces s'élevant à l'Est et au Sud. La rivière fait le lien entre tous ces éléments. Malgré son humeur vagabonde, on la passe à gué, plus tard on l'enjambe d'un pont. La Vltava permet aussi à la future capitale d'accéder aux ressources du Sud du pays et au-delà (le bois, le sel), ainsi qu'aux produits de la plaine fertile de l'Elbe, assez proche au Nord. Le site est donc « prédestiné à une implantation urbaine » (Christian Norberg-Schultz), mais il possède aussi les atouts de la beauté et de la diversité, que mille ans de construction n'ont fait, pour l'essentiel, que souligner.

LE DÉVELOPPEMENT DE LA VILLE

Le noyau d'origine

Les atouts du site de Prague étaient reconnus des hommes préhistoriques. À l'époque des grandes migrations, les tribus slaves s'y intéressent : elles sont très nombreuses à s'y installer, dans des enclos fortifiés éparpillés sur presque toute l'étendue de la ville actuelle. Au 9ᵉ s., le prince prémyslide **Bořivoj Iᵉʳ** bâtit, plus loin vers l'aval, **Levý Hradec** (le château sur la rive gauche), une forteresse englobant la première église chrétienne du pays. Elle consacre l'instauration de la souveraineté prémyslide au cœur de la Bohême, mais le siège princier sera bientôt déplacé vers un site plus adapté, l'éperon rocheux qu'on nommera **Hradčany** (Hradschin). Là, peu avant 890, à l'intérieur des murailles de terre qui cernent les maisons de bois d'un village tout en longueur, Bořivoj fonde une seconde église en pierre, dont on voit encore les fondations aujourd'hui.

Château et villages

Au 10ᵉ s., avec l'essor de la puissance prémyslide, le Hradschin voit s'élever d'autres bâtiments en pierre, dont une église ronde, ancêtre de la cathédrale St-Guy, et le premier monastère bénédictin du pays, dédié à saint Georges. Au pied de la falaise du château, à la croisée de plusieurs routes, se développe un village commerçant. Il engendre à son tour des implantations, qui s'émaillent le long de la route du Sud, embryon de la future Karmelitská (rue des Carmélites). Sur l'autre rive, trois routes partent du gué, chacune donnant naissance à son lot de constructions : la première traverse un village juif, puis se dirige vers le Nord-Est et Poříčí, où un quartier de marchands allemands s'implante au milieu du 11ᵉ s ; une autre gagne le site où se dresse aujourd'hui la tour Poudrière et, au-delà, la Bohême orientale ; la troisième longe la rivière vers le Sud et le rocher de Vyšehrad, qui servira un temps de forteresse au lieu du Hradschin. Au 10ᵉ s., un premier **pont** de bois est jeté sur la Vltava.

Staré město (la Vieille Ville) et Malá Strana

Les implantations de la rive droite se développent rapidement. Au 11ᵉ s. un marché se tient déjà sur un site central le long de la route de l'Est, là où s'étend aujourd'hui **Staroměstské náměstí** (place de la Vieille Ville). On construit à côté la **cour de Týn** (Týnský dvůr) et l'**église** du même nom, enclave réservée aux marchands étrangers. Emporté par les crues, le pont de bois est remplacé vers 1170, un peu en amont, par un ouvrage de pierre, le **pont Judith**. Le réseau des rues s'adapte en conséquence, avec l'ébauche de Karlova (la rue Charles actuelle) qui relie le pont au marché. Disposant d'un vaste espace, Staré město continue son expansion. Elle reçoit son statut de ville par charte royale vers 1230 ; dès le milieu du siècle, on l'entoure d'un superbe ensemble de **murailles** et de **tours** défensives. On résout le problème des crues, fléau qui accable depuis toujours les habitants, par un expédient radical : le niveau du sol est relevé de deux ou trois mètres ; de nombreuses caves voûtées du Prague actuel correspondent en réalité aux rez-de-chaussée de maisons romanes.
Au 13ᵉ s., la très importante communauté juive de la ville, auparavant dispersée, se regroupe dans le ghetto, au cœur de la Vieille Ville.
Pour équilibrer le développement de la ville, Ottokar II relance les implantations sur la rive gauche, en traçant un maillage régulier de rues et en faisant venir d'Allemagne une population industrieuse de bourgeois et d'artisans. Le quartier prend le nom de **Menší město pražské** (Petite Ville de Prague), qui deviendra **Malá Strana** (le « Petit Côté »).

L'expansion médiévale

Au milieu du 14ᵉ s., l'empereur **Charles IV** va bouleverser le visage de Prague, y laissant une empreinte toujours visible. La grande **cathédrale gothique St-Guy** s'élève au-dessus du Hradschin ; un nouveau **pont**, magnifique, est jeté sur la Vltava ; on fonde dans la Vieille Ville la première **université** d'Europe centrale. On aménage plus loin un grand quartier, organisé autour de trois places, le marché aux bestiaux, le marché aux chevaux et le marché aux grains : c'est **Nové město**, la **Nouvelle Ville**, disposant d'assez d'espace à l'intérieur de ses murs pour que l'expansion de la ville y soit contenue jusqu'aux Temps modernes. On prolonge les fortifications sur la rive côté Malá Strana, autant pour combattre la misère et le chômage qu'en guise de défense : ainsi s'élève **Hladová zed'**, le « mur de la Faim », qui entoure encore aujourd'hui la colline de Petřín. Résidence du souverain du Saint Empire romain germanique, Prague est l'une des plus grandes et des plus belles villes d'Europe, avec une population allant, selon les estimations, de 30 000 à 100 000 habitants.

Demeures Renaissance et baroques

À l'époque médiévale, on bâtissait déjà de belles résidences, comme la maison des seigneurs de Kunstadt et Podiebrad ; mais c'est au 16ᵉ s., et surtout aux 17ᵉ et 18ᵉ s., que le **palais urbain** devient un élément important, voire un trait dominant, de Prague. Près du Château, sur les hauteurs du Hradschin, le palais Schwarzenberg (1563) illustre l'exubérance architecturale de la Renaissance en Bohême. Au pied de la même colline, le grand ensemble de bâtiments construit autour d'un jardin à la française par le généralissime Wallenstein vers 1620 marque la transition entre Renaissance et baroque. Le summum de l'ostentation baroque est atteint par le palais Czernin, commencé en 1669, dont la façade monumentale fait 135 m de long. Les innombrables résidences plus modestes au long des rues de la Vieille Ville, particulièrement à Malá Strana, sont plus représentatives. Beaucoup donnent sur de secrètes cours intérieures, mais celles qui disposent de plus d'espace se prolongent par des terrasses sur les pentes abruptes du Hradschin et de Petřín, ornées de statues et de fontaines, créant certains des **jardins** les plus enchanteurs de l'époque baroque.

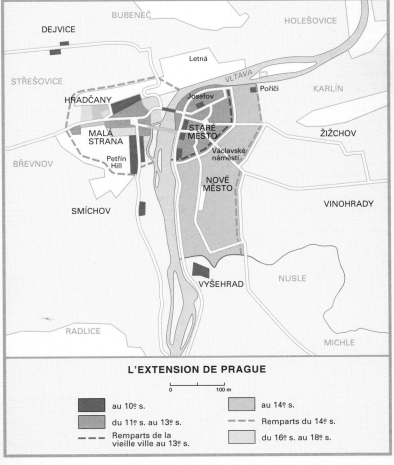

L'EXTENSION DE PRAGUE

0   100 m

- au 10ᵉ s.
- du 11ᵉ s. au 13ᵉ s.
- Remparts de la vieille ville au 13ᵉ s.
- au 14ᵉ s.
- --- Remparts du 14ᵉ s.
- du 16ᵉ s. au 18ᵉ s.

Prague en 1750

Pendant cette période, la croissance de Prague connaît une certaine stagnation. L'émigration et la guerre de Trente Ans avaient fait perdre à la ville une grande partie de
ses habitants. Peut-être n'étaient-ils plus alors que 25 000. Mais au 18ᵉ s., la croissance reprend et Prague compte 78 000 habitants en 1784. La partie construite
demeure dans ses limites historiques, cependant qu'on remplace la plupart des remparts de Charles IV par un système complexe de fortifications.

Vers une capitale pour la nation tchèque

Au 19ᵉ s., avec le Réveil national, la conscience tchèque s'affirme et Prague s'éveille
après des siècles d'endormissement. Les nouvelles fabriques recrutent dans les campagnes et la population s'accroît rapidement. Des **faubourgs** ouvriers et de classes
moyennes comme **Smíchov**, **Žižkov** et **Vinohrady** (aujourd'hui un quartier résidentiel)
s'étendent au-delà de murailles qui cessent ainsi de remplir leur rôle défensif. À la fin
du siècle, la zone urbaine compte un demi-million d'habitants. Le chemin de fer franchit le relief complexe de l'arrière-pays et gagne en 1845 les portes de la cité et la
gare appelée aujourd'hui Masaryk, puis plus tard Smíchov et la gare centrale. À partir
du milieu du siècle, on entreprend d'embellir et d'assainir la ville et de la doter de
monuments dignes d'une capitale naissante. Prague avait tourné le dos à la rivière :
on aménage maintenant en promenades les **berges** de la Vieille et de la Nouvelle Ville,
où s'élèvent immeubles élégants et bâtiments administratifs. Une série de nouveaux
ponts s'ajoutent au pont Charles, longtemps unique point de passage : en 1841 et
1868, deux ponts suspendus à chaînes, aujourd'hui disparus ; en 1876, le pont
Palacký ; juste après le tournant du 20ᵉ s., deux ouvrages somptueux, le pont des
Légionnaires (most Legií – 1901) et le **pont Svatopluk Čech** (Čechův most – 1908).
D'imposants bâtiments, symboles des espoirs naissants du Réveil national, s'élèvent
sur des emplacements de choix : le **Musée national** (1890) en haut de la place Venceslas,
le **Théâtre national** (1883) et le **Rudolfinum** (1884) en bord de rivière, et la **Maison municipale** (1911) près de la médiévale tour Poudrière, à la frontière de la Vieille Ville et
de la Nouvelle Ville. Partout, monuments et souvenirs rappellent aux Tchèques leur
histoire et leur identité nationale : la statue de saint Venceslas en est l'emblème majeur.
Tandis que Malá Strana et le Hradschin se morfondent dans un oubli pittoresque,
Josefov, la **ville juive** délabrée, subit la brutale opération baptisée *asanace* : on démolit
ses labyrinthes de taudis pour les remplacer par des immeubles, le long de nouvelles
artères comme Pařížská (boulevard de Paris), qui relie les berges de la rivière au cœur
de la Vieille Ville.
La première ligne de tramway est inaugurée en 1891. Au début du 20ᵉ s., la cité est
sillonnée d'un réseau de tramways, qui joue toujours aujourd'hui un rôle essentiel dans
les transports publics.

La ville moderne

Choisi pour capitale du nouvel État de Tchécoslovaquie fondé en 1918, le Prague de
l'Entre-deux-guerres prend progressivement l'aspect d'une métropole : le nombre
d'habitants atteint 750 000 vers 1920. Déjà florissante dans les années qui précèdent
la Première Guerre mondiale avec, par exemple, la maison à la Madone noire, l'architecture progressiste ponctue le paysage pragois d'une variété d'édifices
fonctionnalistes comme le **palais des Expositions** et de quartiers de villas modernes,
comme Baba et Barrandov. Des banlieues vertes à l'anglaise sont aménagées à Dejvice
et Hanspaulka. Cinémas, théâtres, dancings et night-clubs animent le labyrinthe
d'arcades (*pasáž* en tchèque) autour de la place Venceslas, un quartier qui brille la
nuit de tous ses néons dernière mode. À la fin des années 1930, la population de la
ville atteint le million.

L'Occupation et la guerre apportent leur lot de misère et de privations, mais peu de dégradations, même si les bombes dévastent des zones industrielles et, en 1945, à la Libération, une bonne partie de la place de la Vieille Ville est en ruine. Au début du régime communiste, Prague passe après la province, et les ressources disponibles vont en priorité au logement. D'abord des banlieues de petites maisons, puis de « nouvelles villes » entières, en panneaux de béton préfabriqués, sur le modèle soviétique. Le plateau bohémien autour de Prague est aujourd'hui couvert par ces quartiers de grands immeubles monotones, dont certains sont reliés au centre par le **métro**, de style soviétique aussi, construit à partir de 1965. Le réseau routier par contre n'a pas connu un développement en rapport avec le taux d'équipement en véhicules des habitants, l'un des plus élevés d'Europe, et la célèbre voie express *Magistrála*, qui suit le contour de la Nouvelle Ville, en drainant la circulation de tout le centre de la Bohême n'a fait qu'aggraver une situation par ailleurs difficile. La voiture est le moyen préféré des Pragois pour s'évader de leur ville congestionnée vers la campagne, où ils sont nombreux à posséder une petite maison de week-end.

PANORAMA DE PRAGUE

On ne peut présenter Prague sans reprendre l'image de « Stověžatá Praha », « la ville aux cent tours » ou « ville aux cent clochers ». Car le paysage pragois est ponctué en effet d'une myriade de tours et tourelles, flèches et clochers, dômes, pinacles et beffrois. L'étirement vers le ciel des toitures des églises et des palais est imité par une forêt de pignons, souvent exubérants. La ville est en même temps fermement ancrée dans le sol : sous bien des bâtiments modernes se cachent de profondes **caves** gothiques, voire romanes ; de superbes **arcades** tissent des liens entre les façades, les rues et les places.

Depuis presque toujours, on y met en valeur les façades. La plupart des bâtiments historiques déploient tous leurs ornements à l'attention des passants : **atlantes** musclés pliant sous le poids des portails, niches ornées de **statues**, étages attiques et balustrades, stucs lisses et **sgraffites** cachant la pierre brute. La couleur qui domine est un ocre chaleureux (une des raisons du qualificatif « Ville d'Or » donné à Prague), auquel vient s'ajouter toute une gamme de subtils tons pastel. La peinture était rare à l'époque communiste : le gris de cette période est en voie de disparaître, parfois remplacé par des coloris qui paraissent souvent choquants.

Derrière les façades s'ouvre un univers semi-privé de cours intérieures, parfois dotées de galeries d'étage ou *pavlač*. Elles sont souvent reliées entre elles par des portes et des passages, qui permettent de traverser des quartiers entiers de la ville sans jamais déboucher sur la voie publique. L'engouement du 20e s. pour le *pasáž* a contribué à accroître ce réseau d'espaces intérieurs.

Prague vu de la tour de Saint-Nicolas

R. Holzbachova, P. Bénet

PRAGUE, CAPITALE DE LA RÉPUBLIQUE TCHÈQUE

Avec près de 1 200 000 habitants, Prague est, de loin, la plus grande ville de la République tchèque. Appelée traditionnellement *Matka měst* (Mère des villes) en tchèque, ou *Praga caput regni* (Prague, tête du royaume) en latin, la ville perd sa prépondérance au début du 17e s., quand les Habsbourg installent leur cour à Vienne. Mais elle la retrouve en 1918 avec la proclamation de la nouvelle république de Tchécoslovaquie. En 1939, l'occupation nazie la déclasse au rang humiliant de « quatrième ville du Troisième Reich » et la condamne à la germanisation. Elle renaît en 1945, et, quand les Républiques tchèque et slovaque se séparent en 1993, Prague conserve naturellement son rôle de capitale.

Le cœur historique – Autrefois, Prague n'était pas une entité unique, mais se composait de quatre villes indépendantes. Elles forment toujours des quartiers distincts, bien que réunis depuis longtemps pour constituer la ville, aujourd'hui officiellement Prague I. **Hradčany** (Hradschin) se compose du **hrad** (le Château) et de son quartier, pratiquement inchangé depuis l'arrêt de son expansion au début du 18e s. À ses pieds, sur la rive gauche de la Vltava, s'étend **Malá Strana**. Disposant de peu d'espace, ce quartier a lui aussi peu changé depuis les 17e et 18e s. En traversant le pont Charles, on rejoint sur l'autre rive **Staré Město**, la **Vieille Ville**, avec en son sein l'ancien ghetto de **Josefov**. Outre son génie marchand, la Vieille Ville a conservé l'essentiel de son caractère historique. Un demi-cercle de boulevards, qui suit le tracé de ses anciennes fortifications, la sépare de **Nové Město**, la **Nouvelle Ville**. La « nouveauté » de ce quartier remonte au 14e s. Il s'est d'ailleurs renouvelé plusieurs fois. Son cœur, la **place Venceslas**, du nom du saint patron préféré des Tchèques, est l'endroit où le pouls de la ville bat avec le plus d'intensité.

Inscrit en 1992 au Patrimoine mondial de l'humanité par l'Unesco, ce noyau historique n'abrite qu'une petite fraction de la population pragoise, environ 55 000 habitants. Mais c'est plus de 200 000 personnes qui y affluent chaque jour pour travailler dans les magasins, bureaux, administrations, hôtels et restaurants. C'est bien sûr la partie de la ville la plus intéressante pour les visiteurs, raison principale de la venue de millions d'entre eux chaque année.

Le centre – Autour de ce noyau s'étend une zone dix fois plus grande et plus peuplée, le **centre** pragois, dont l'urbanisation s'effectua surtout au 19e s. et au début du 20e s. Constitué de blocs d'immeubles parsemés de fabriques, d'usines et de bâtiments administratifs, il compte néanmoins quelques monuments, telle à Smíchov, sur la rive gauche de la Vltava, la **villa Bertramka**, résidence où Mozart a terminé son *Don Giovanni*. Mais les quartiers les plus typiques de ce secteur central sont plutôt **Vinohrady** (Prague II), sur la rive droite, et **Žižkov-Karlín** (Prague III).

Les quartiers périphériques – En s'éloignant encore, on trouve la **banlieue**, qui couvre deux fois la superficie du noyau historique et du centre réunis. Ses 500 000 habitants occupent en majorité des *paneláks*, hauts immeubles groupés en grands lotissements aux noms aussi peu évocateurs que Severní město (Ville Nord) ou Jihozápadní město (Ville Sud-Ouest). Comme pour beaucoup de villes, les quartiers Ouest sont les plus recherchés : Prague VI, qui s'étend vers l'aéroport de Ruzyně, possède son lot de secteurs résidentiels attractifs, surtout dans la région de Dejvice. Les limites du **Grand Prague** s'étirent encore plus loin dans la campagne bohémienne, englobant des villes plus petites jusqu'à 20 km du centre.

Les enseignes

Les enseignes de maison sont une spécificité pragoise. La plupart des bâtiments possèdent déjà deux numéros. Le premier sur fond bleu sert à l'orientation. Le second sur fond rouge indique le numéro d'inscription au cadastre du quartier ; en clair l'ancienneté de la construction (exemple : 484 à Malá Strana indique que l'immeuble est le quatre-cent-quatre-vingt-quatrième construit dans le quartier de Malá Strana).

Panneau de rue et numéros de maison

Mais un panneau de plâtre coloré illustrant le nom de la maison vient souvent s'y ajouter. On en trouve une superbe collection dans Nerudova (rue Neruda) à Malá Strana, mais aussi dans tous les quartiers historiques. Les noms des rues et des places apparaissent sur de jolis panneaux émaillés, dans le style Sécession, où figurent aussi le nom et le numéro du quartier.

Quelques faits historiques

Les origines

Des vestiges épars montrent que la présence humaine dans le bassin de Bohême remonte à plus de 500 000 ans. Bien plus tard, vers la fin du 6ᵉ millénaire avant J.-C., des agriculteurs néolithiques venus du Sud-Est de l'Europe s'y installent. Mais la région n'entre dans les annales historiques qu'avec l'avancée des Romains vers le Nord et leur rencontre avec les **populations celtes**. Les Romains leur donnent le nom de **Boïens** *(Boii)*, et nomment leur pays **Boiohaemum**, d'où viennent les noms **Bohême** et **bohémien**. Appartenant à la culture de La Tène, les Boïens n'étaient pas loin de former un État digne de ce nom. Au 1ᵉʳ s. avant J.-C., soumis à la pression de tribus germaniques moins avancées, ils sont dispersés et dominés par les **Marcomans** germaniques, qui envahissent la Bohême après avoir été chassés de leurs territoires en l'an 9 avant J.-C. par le général romain Drusus.

La princesse Libuše

Aux 4ᵉ et 5ᵉ s., la Bohême ne semble pas être beaucoup touchée par les premières phases des **grandes migrations**, mais le 6ᵉ s. voit l'arrivée des premiers **Slaves** dans la région.

620-659	Sous le règne de **Samo**, les Slaves établissent un royaume et mènent des campagnes contre les Avars et les Francs. Après la mort de Samo, on ne trouve plus trace d'un royaume slave avant un siècle et demi.
768-814	Règne de l'empereur franc **Charlemagne**, qui reprend le titre « d'empereur romain » et, au cours de plusieurs campagnes, lève des tributs en Bohême.
9ᵉ s. - 10ᵉ s.	Émergence d'un **Grand empire morave** slave, comprenant une bonne partie de la Bohême, de la Moravie et de la Slovaquie actuelles.
863	Les missionnaires **Cyrille** et **Méthode** sont envoyés par Byzance pour convertir les Slaves de Grande-Moravie.
fin du 9ᵉ s.	À la tête des Tchèques, le prince (ou duc) **Bořivoj** bâtit la forteresse de Levý Hradec en aval de Prague, puis déplace sa capitale au **Hradčany**. Il appartient à la dynastie des **Prémyslides**, la première à régner sur la Bohême.

« Une cité dont la gloire s'élèvera jusqu'aux étoiles »

Le chroniqueur du 11ᵉ s. Cosmas rapporte une histoire riche de symboles sur les origines de Prague et des Prémyslides. Le « père de la nation », **Čech**, aurait conduit ses partisans dans ce « pays où coulent le lait et le miel ». Un de ses successeurs partagea son domaine entre ses trois filles. L'une d'entre elles, la **princesse Libuše**, s'établit sur le rocher de Vyšehrad, qui surplombe la Vltava. Un jour, alors qu'elle contemple les hauteurs de Petřín par-delà la rivière, elle est prise de transes et a la vision d'une grande cité, « dont la gloire s'élèvera jusqu'aux étoiles ». À l'intuition féminine, Libusse ajoute la force masculine en épousant un fils de la terre, un laboureur nommé **Přemysl** : ils fondent ensemble la ville de Prague, à l'endroit où l'on dépose le premier seuil en pierre (*prah*, en tchèque) d'une maison.

La naissance d'un État médiéval

Quelque crédit que l'on accorde au récit de Cosmas, les descendants de Přemysl le laboureur, vont régner plusieurs siècles sur Prague et sa région et, plus tard, sur une bonne partie de l'Europe centrale. L'État qu'ils instaurent s'oppose fréquemment à ses voisins germaniques mais reconnaît très tôt, sous le règne de Boleslav Iᵉʳ, la suzeraineté des souverains allemands.

929 (ou 935)	Le prince chrétien **Václav (Venceslas)** est assassiné par son frère, le païen Boleslav. Ce fratricide donne lieu à plusieurs interprétations. Venceslas a été élevé en chrétien par sa grand-mère **Ludmilla**, elle aussi assassinée par sa belle-fille, la païenne Drahomira : aurait-il été tué pour faire reculer l'avancée du christianisme ? Ou à cause de ses efforts pour nouer une alliance avec ses voisins germaniques ? L'explication la plus plausible est que sa mort résulte de rivalités au sein de la cour prémyslide. Quoi qu'il en soit, un culte de Venceslas se développe bientôt. Il est canonisé en même temps que sa grand-mère et ils deviennent les premiers **saints patrons** de Bohême, sanctifiant ainsi la dynastie prémyslide, et donnant au pays une place d'honneur dans l'Europe chrétienne.
965	Le marchand juif **Ibrahim Ibn Jakub** décrit Prague comme « la ville la plus riche entre toutes par le commerce » et la Bohême comme « le meilleur des pays du Nord, et le plus abondant en nourriture ».
973	Le Saxon Thietmar est nommé premier évêque de Prague. Son évêché dépend de l'archevêché de Mayence.
983	Le deuxième évêque de Prague, **Vojtěch (Adalbert)**, est un Slave de la puissante famille des Slavník de Bohême orientale, seuls véritables rivaux des Prémyslides. En 993, il fonde le premier monastère d'hommes du pays à **Břevnov**. Vojtěch meurt en martyr en Prusse orientale en 997. Il est canonisé en 999. Quarante ans plus tard, ses reliques sont transportées et inhumées au Hradschin.
1032	**Procope** fonde le monastère de Sázava, de rite slavon. Canonisé en 1204, il forme avec Vojtěch, Ludmilla et Venceslas le groupe des quatre saints patrons de Bohême.
1085	Vratislav Ier, roi de Bohême en 1098 par la grâce de l'empereur Henri IV, déplace le palais royal du Hradschin à Vyšehrad.
1140-1173	Règne de Ladislas II. Fondation de nombreux monastères, dont celui des prémontrés à **Strahov**. Les chevaliers de Saint-Jean-de-Jérusalem bâtissent à Malá Strana une magnifique commanderie, avec l'église Notre-Dame-sous-la-Chaîne. Sur les ordres de la reine, on jette sur la Vltava un beau **pont** de pierre, qui portera ensuite son nom, Juditín most (pont Judith).
1212	Avec la **« Bulle d'or de Sicile »**, l'empereur accorde à Ottokar Ier et à ses successeurs l'hérédité de la couronne de Bohême et une voix lors de l'élection de l'empereur.
1233	Fille d'Ottokar Ier, la **princesse Agnès** fonde dans la Vieille Ville un hôpital en bord de rivière, dirigé par des frères lais, qui formeront ensuite l'ordre des Croisés à l'Étoile rouge, seul ordre monastique fondé à Prague. Agnès devient abbesse du couvent voisin, qui, par la suite, portera son nom. Elle est canonisée en 1989.
1253-1278	Règne d'**Ottokar II**, « roi de l'or et du fer ». Il étend la souveraineté de la Bohême à l'Autriche et, au Sud, jusqu'à l'Adriatique. On lui offre même la couronne impériale. Après une campagne en Prusse, la ville de Königsberg (« ville du roi », actuelle Kaliningrad), est fondée en son nom. Mais il rencontre une opposition croissante, dans son pays comme à l'étranger, et en 1278 il est vaincu et tué par Rodolphe de Habsbourg à la bataille de Dürnkrut, sur la frontière austro-morave. Sous son règne et pendant une bonne partie du siècle suivant, la Bohême connaît une période de prospérité, et Prague devient l'une des grandes cités d'Europe, foyer de littérature courtoise et d'architecture gothique (couvent Ste-Agnès, synagogue Vieille-Nouvelle). Une chronique attribuée à Dalimil fixe la forme écrite de la langue tchèque.
1306	L'assassinat de Venceslas III marque la fin de la dynastie prémyslide.

Splendeur des Luxembourg

1310	**Jean de Luxembourg**, fils de l'empereur Henri VII et époux de la princesse prémyslide Élisabeth, est élu roi de Bohême. Monarque peu présent, son royaume l'intéresse surtout comme soutien financier pour ses aventures à l'étranger. Il parvient néanmoins à l'agrandir, en y adjoignant des terres de Silésie et de Lusace, ainsi que la région de l'Eger, autour de l'actuel Cheb. Son fils Venceslas naît à Prague. Éduqué en France, il est connu sous le nom de Charles.

Le roi Jean devient presque une figure légendaire en Bohême, quand, en 1346, à la bataille de Crécy, déjà aveugle, il combat et meurt au sein de l'armée française.

1338   Jean de Luxembourg accorde aux bourgeois de la Vieille Ville l'autorisation de bâtir un hôtel de ville.

1344   Prague élève son statut en devenant siège d'un archevêché libéré de la tutelle de Mayence. Le nouvel archevêque préside à la pose de la première pierre de la nouvelle cathédrale gothique St-Guy, aux côtés de Jean de Luxembourg et de son fils Charles.

1346   Le fils du roi Jean est élu à la fois empereur du Saint-Empire et roi de Bohême sous le nom de **Charles IV**. Prague devient ainsi « **capitale** » **du Saint Empire romain germanique**. En 1348, Charles fonde la première université d'Europe centrale, le **Collegium Carolinum**. Il bâtit et fortifie une nouvelle extension de la ville, appelée **Nové Město** (la Nouvelle Ville) ; il élève églises et monastères, reconstruit la forteresse de Vyšehrad, et remplace le pont Judith, en ruine, par un superbe pont gothique (qui ne sera nommé **pont Charles** qu'en 1870). Pour fournir du travail aux ouvriers menacés

Charles IV

AKG Paris

par la famine, il fait construire Hladová zed', le « **mur de la Faim** », sur la colline de Petřín. Il édifie un grand château à **Karlštejn**, au Sud de Prague, pour y abriter les joyaux de la couronne et les reliques saintes qu'il collectionne avec ferveur. Polyglotte, maîtrisant le français, l'allemand, l'italien et le latin, Charles a à cœur de promouvoir sa langue maternelle : le tchèque jouit d'une grande considération sous son règne.

1378   Venceslas IV succède à son père Charles. C'est un souverain faible, qui laisse évêques et barons conduire le royaume tandis que le peuple est opprimé. En 1380, la peste ravage Prague. Méprisés comme « valets du roi », boucs émissaires de ces malheurs, les juifs subissent de nombreux pogroms. Le ghetto est détruit au cours de l'un d'eux.

Or et argent, charbon et « dollars »

L'exploitation des exceptionnelles richesses minérales de la Bohême commence tôt, notamment autour de Stříbro (« argent » en tchèque), en Bohême occidentale, et Jihlava, sur les hauteurs tchéco-moraves. **Kutná Hora** prend le relais. Ses gisements d'argent extraordinairement riches provoquent à partir de 1275 une immigration massive de mineurs allemands, qu'on a pu comparer à la « ruée vers l'or » de l'Alaska au 19e s. La puissance et le prestige du royaume prémyslide sont en grande partie liés à l'argent de Kutná Hora. En 1300, Venceslas II promulgue un code minier et ordonne la frappe des « *groschen* de Prague », qui deviendront une monnaie d'échange officielle dans une bonne partie de l'Europe. En 1517, la famille noble des Schlick devient propriétaire des riches gisements de **Jáchymov** (Joachimsthal) dans les monts Métallifères du Nord de la Bohême, et frappe à son tour des pièces appelées plus tard « thalers », d'où vient le mot « dollars ». Au 19e s., la houille de Silésie permet le développement de la grande région industrielle qui entoure Ostrava. Au 20e s., le lignite du Nord de la Bohême alimente l'industrialisation de la Tchécoslovaquie socialiste ; l'uranium de Jáchymov soutient le programme nucléaire soviétique, tout en épuisant à la tâche les prisonniers politiques.

Les révoltes hussites

1414 L'ardent prédicateur **Jan Hus** est convoqué au concile de Constance pour répondre de l'accusation d'hérésie. En dépit de ses promesses de bonne conduite, il meurt sur le bûcher le 6 juillet 1415.

Jan Hus au bûcher

1419 Des manifestants hussites font irruption dans l'hôtel de ville de la Nouvelle Ville et précipitent des conseillers catholiques par les fenêtres. Cette « **première défenestration** de Prague » marque le début de la **révolution hussite**.

avril 1420 Par les Quatre Articles de Prague, les hussites exigent la communion sous les deux espèces pour les laïcs (en latin *sub utraque specie*, d'où leur appellation d'utraquistes), le retour à l'Église primitive, la liberté de sermon et la punition des péchés mortels par les autorités civiles. Au cours des affrontements, Malá Strana est pillé, Vyšehrad détruit. Les hussites les plus fervents quittent Prague pour fonder la ville de **Tábor**.

juillet 1420 Au cours de la première croisade contre les hussites, l'armée de l'empereur Sigismond est vaincue à Prague, sur la **colline de Vítkov**, par les troupes hussites menées par **Jan Žižka**, noble de la Bohême méridionale *(voir l'entrée Žižkov)*.

1434 La scission entre **utraquistes** modérés et **taborites** radicaux entraîne la **bataille de Lipany**, qui voit la défaite des derniers.

1436 Signature des *Compactata* de Bâle, compromis entre **utraquistes** et **catholiques**. La paix revient sur un pays ravagé par la guerre, appauvri par la fuite de nombreux habitants allemands, mais dont la noblesse s'est enrichie aux dépens de l'Église.

1458 La Diète de Bohême élit roi **Georges de Podiebrad**. Ce « roi hussite » va s'efforcer de préserver l'harmonie entre les différentes tendances religieuses, et même de promouvoir une alliance paneuropéenne.

L'arrivée des Habsbourg

De 1471 à 1526, la Bohême est dirigée par la dynastie polonaise des **Jagellon**, qui laisse l'assemblée des **États**, regroupant nobles et villes royales, accroître son pouvoir et son influence. À la mort du dernier roi Jagellon, Louis II, tué en 1526 en combattant les Turcs à la bataille de Mohács, en Hongrie, les États insistent pour élire le souverain du pays. Parmi de nombreux candidats, ils choisissent **Ferdinand Ier d'Autriche**, beau-frère de Louis II, et représentant des Habsbourg, seule dynastie capable, à leurs yeux, de mettre fin à l'avancée turque en Europe centrale. Mais Ferdinand a plus à cœur de consolider et centraliser le pouvoir des Habsbourg, et de rendre à l'Église catholique son statut antérieur, que de respecter les droits et privilèges historiques d'une Bohême à majorité protestante.

1547 Ferdinand Ier réprime la rébellion des États. Humiliation supplémentaire, il prive les villes royales, dont les quatre villes de Prague, de leurs prérogatives. Il déplace sa capitale à Vienne, nommant son fils **Ferdinand du Tyrol** gouverneur de Prague. Amoureux des arts, ce dernier fait bâtir à l'Ouest de Prague le **château de l'Étoile**, de style maniériste, et initie la noblesse de Bohême à l'élégance de la Renaissance.

1556 Ferdinand Ier devient empereur du Saint-Empire. Il fait venir des jésuites à Prague, où ils fondent en 1562 le **Clementinum** pour faire contrepoids à l'ancienne université Carolinum, de tendance utraquiste. Leur influence se répand dans le pays.

1575	Couronné roi en 1562, Maximilien II approuve la « Confession de Bohême » qui accorde protection aux protestants ; elle leur sera retirée par la suite.
1576-1611	Règne de l'empereur **Rodolphe II**, collectionneur passionné, protecteur des arts et des sciences. On restaure et construit églises et palais aristocratiques au Hradschin et dans Malá Strana ; des familles nobles de tout l'empire s'établissent à Prague, redevenue capitale impériale en 1583. L'influence des catholiques grandit.
1609	Allié aux catholiques modérés appuyés par **Mathias**, frère de Rodolphe et son rival pour le trône, le parti protestant contraint l'empereur à signer la **Lettre de Majesté**, qui garantit la liberté de culte.
1611	Début des travaux de l'église luthérienne de la Trinité, première église baroque de Prague, rebaptisée Notre-Dame-de-la-Victoire quand elle sera, plus tard, confiée aux carmélites espagnoles. Souhaitant rétablir son autorité sur les États et repousser les prétentions au trône de son frère Mathias, Rodolphe II commet la maladresse de faire envahir Prague par son neveu, l'archiduc Léopold, un aventurier à la tête d'une armée de mercenaires venus de Passau, en Bavière. Mais « l'armée de Passau » est chassée de la ville et Rodolphe contraint d'abandonner la couronne de Bohême au profit de Mathias. Toujours empereur, mais seul et malade, Rodolphe s'éteint au Hradschin en janvier 1612.

La guerre de Trente Ans

Née de conflits complexes, religieux et dynastiques, cette guerre affreuse a débuté et s'est terminée à Prague. Les affrontements, qui se sont déroulés pour beaucoup en Bohême, ont laissé le pays dévasté, dépeuplé, et vidé de ses protestants.

Le « seconde défenestration » de Prague

23 mai 1618	« **Seconde défenestration** de Prague » et **révolte des États**. Outrés par le soutien de l'empereur à la « recatholicisation », les représentants des États font irruption dans le château et précipitent les gouverneurs impériaux Slavata et Martinic par les fenêtres. Un gouvernement provisoire de trente Directeurs est formé, ainsi qu'une armée, sous le commandement des comtes Thurn et Mansfeld.
1619	Ferdinand II de Habsbourg, devenu roi en 1618, est déposé par les États et remplacé par l'Électeur palatin **Frédéric V**. Celui qu'on appellera « **le roi d'un hiver** » entre dans Prague en grande cérémonie, avec son épouse, **Élisabeth Stuart**.
8 novembre 1620	**Bataille de la Montagne blanche** *(voir encadré p. 142)*, à l'Ouest de Prague : l'armée des États est mise en déroute par les forces impériales. Le « roi d'un hiver » s'enfuit. La Montagne blanche reste dans les esprits tchèques comme le jour le plus sombre de leur histoire. Elle marque le début de la période appelée **Temno** (les temps obscurs).

21 juin 1621	Les 27 meneurs de la rébellion des États, dont plusieurs catholiques, sont exécutés sur la place de la Vieille Ville. Les biens de ceux qui ont participé à la révolte sont confisqués et vendus à bas prix aux familles nobles, de Bohême ou étrangères, fidèles à la cause impériale : allemandes, espagnoles, italiennes, flamandes et croates.
1627-1628	On donne à la Bohême une nouvelle constitution, qui transfère à l'empereur et roi le pouvoir législatif détenu jusqu'alors par la Diète. La langue allemande obtient le même statut officiel que le tchèque. L'archevêque Harrach impose avec rudesse la **recatholicisation**. On laisse aux protestants le choix entre la conversion ou l'exil : 150 000 d'entre eux quittent le pays, au nombre desquels le grand humaniste **Comenius**.
1631-1632	Prague est occupé par une armée saxonne. Certains exilés reviennent, mais ne rencontrent qu'hostilité et incompréhension.
1648	Après deux premières tentatives, en 1639 et 1645, les **Suédois** occupent une partie de Prague et pillent les trésors de Malá Strana et du château. Mais ils ne peuvent franchir la rivière grâce à l'héroïque défense des étudiants et de la communauté juive, qui barricadent le débouché du pont côté Vieille Ville. On élève une **colonne mariale** sur la place de la Vieille Ville en souvenir de la défaite des forces protestantes. Mais la ville a perdu nombre de ses habitants, et la moitié des maisons sont vides.

Bohême, terre autrichienne

La période qui suit la défaite de la Montagne blanche voit les Habsbourg pratiquer une politique de germanisation et d'étouffement du protestantisme. C'est aussi celle où la physionomie de Prague est éclairée par les splendeurs de l'art et de l'architecture baroques.

1653	L'université de Prague fusionne avec le Clementinum : les jésuites contrôlent l'enseignement à tous les niveaux. Le censeur jésuite Antonín Koniáš promulgue son *Index des livres interdits, dangereux et suspects* ; il se targuera d'avoir fait brûler, au cours de sa carrière, plus de 30 000 volumes.
1683	On place sur le pont Charles une statue du chanoine **Jan Nepomucký (Jean Népomucène)**, martyrisé en 1393. En 1729, il est canonisé en grande cérémonie, et on encourage son culte, dans le but d'effacer des mémoires le souvenir de Jan Hus.

Ph. Gajic/MICHELIN

Le meurtre de saint Jean Népomucène

1740-1780	Règne de l'**impératrice Marie-Thérèse**.
1741	Pendant la guerre de Succession d'Autriche (1740-1748), Prague est occupé par les troupes bavaroises et françaises. Appuyé par la plupart des États de Bohême, le duc de Bavière est couronné roi. Mais, en 1742, la ville est reprise par l'armée autrichienne, sous le commandement du prince de Lobkowicz.

1744	Les Prussiens occupent Prague. Frédéric II le Grand annexe une grande partie de la Silésie.
1757	Prague subit une deuxième occupation prussienne, plus dure encore, dans le cadre de la guerre de Sept Ans.
1780	Type même du « despote éclairé », l'empereur Joseph II mène une politique de centralisation, refusant d'être couronné à Prague et instaurant l'allemand comme première langue de l'empire. Il ordonne la dissolution de nombreux monastères et bannit les jésuites. Il se fait défenseur de l'enseignement et supprime une bonne part des règles discriminatoires pesant sur les juifs, qui doivent toutefois adopter des noms allemands.

L'éveil d'une nation

Les réformes décidées par Marie-Thérèse et Joseph II, en encourageant le commerce et l'industrie, amènent l'apparition et le développement d'une classe moyenne tchèque. On codifie et on ranime la langue tchèque, on redécouvre l'histoire du pays : on donne vie au concept d'une nation tchèque, riche de droits ancestraux, promise à un brillant avenir.

1805	Menés par **Napoléon**, les Français remportent une grande victoire sur les Russes et les Autrichiens à **Austerlitz** (Slavkov), en Moravie *(voir Slavkov u Brna dans la partie Environs de Prague)*. Contrairement à la guerre de Trente Ans qui l'avait dévastée, la Bohême est pratiquement épargnée par les guerres napoléoniennes.
1818	Fondation du **Musée national**.
1836	Ferdinand V, roi de Bohême, est le dernier Habsbourg a être couronné à Prague. Adolph Fischer note que la ville possède 67 églises et 99 tours, méritant ainsi pleinement son appellation de « ville aux cent tours » (stověžatá Praha).
1848	**Année révolutionnaire.** Vienne et Budapest se révoltent contre la politique de Metternich. Un **congrès panslave** se tient à Prague. **František Palacký** y développe le concept « d'austro-slavisme », qui préconise l'autonomie de la Bohême dans le cadre de l'empire habsbourgeois, autonomie qui mettrait la Bohême à l'abri du nationalisme germanique. Un soulèvement des radicaux, des étudiants et des ouvriers est rapidement réprimé par le général Windischgrätz. L'**empereur François-Joseph** monte sur le trône à Vienne, mais ne sera pas couronné à Prague malgré ses promesses. Les grands espoirs des réformateurs et révolutionnaires de 1848 sont déçus, tandis qu'à Vienne s'instaure un régime réactionnaire. L'émancipation des paysans est la seule avancée concrète.
1866	Les armées prussiennes entrent en Bohême et écrasent les troupes autrichiennes à **Sadowa**, près de **Hradec Králové (Königgrätz)**. Par le traité de Prague, l'empire autrichien est écarté des affaires allemandes, soumises désormais à la Prusse.
1868	Pose de la première pierre du **Théâtre national**. Contrairement au Musée national, dont l'objet est de présenter la richesse d'une Bohême à la fois tchèque et allemande, c'est la première des grandes institutions dominées par l'esprit tchèque, destinée à consolider les acquis du **Réveil national**. La foule manifeste contre l'*Ausgleich*, compromis austro-hongrois de 1867 qui instaure la double monarchie et laisse à la Hongrie l'entier contrôle de ses affaires intérieures, douloureux contraste avec la situation des Tchèques et autres Slaves de l'empire.
1871	À la suite de protestations de l'Allemagne et de la Hongrie, la proposition des **« Articles fondamentaux »**, ayant pour objet d'accorder aux Tchèques une certaine autonomie et une représentation paritaire avec leurs concitoyens allemands, est retirée.
1882	Première rencontre à Prague de l'association nationaliste des gymnastes **Sokol** (faucons).
1891	La grande **Exposition du Jubilé** s'ouvre à Prague pour commémorer le premier événement de ce genre, un siècle plus tôt. En dépit d'un boycott par les exposants allemands, elle attire près de 2 500 000 visiteurs.

La naissance de la Tchécoslovaquie

L'espoir des Tchèques d'une fédération dans laquelle leurs aspirations nationales pourraient se réaliser devient pendant la Première Guerre mondiale revendication d'indépendance pure et simple, en union avec leur cousins slovaques. En 1918, l'effondrement de l'Autriche-Hongrie permet de répondre à leur attente. Le nouvel État de Tchécoslovaquie hérite de presque toute l'industrie du vieil empire, mais sa prospérité et son régime démocratique ne le sauveront pas de l'Allemagne nazie, qui saura exploiter l'antagonisme germano-tchèque pour amener sa chute.

1914	Début de la Première Guerre mondiale. Les premiers succès russes déclenchent une vague d'enthousiasme panslave, écrasée par les autorités autrichiennes.
1915	Le 15ᵉ régiment d'infanterie de Prague passe massivement dans le camp russe. Pendant la guerre, des dizaines de milliers de **légionnaires** tchèques et slovaques combattent aux côtés des Alliés, en France et en Italie comme en Russie. **Tomáš Garrigue Masaryk** et **Edvard Beneš** soutiennent auprès des Alliés l'idée d'une Tchécoslovaquie indépendante.
1916	La mort de l'empereur François-Joseph affecte réellement ses sujets tchèques, mais la montée d'un nationalisme allemand radical retourne la population contre le régime.
28 oct. 1918	**Proclamation de la république de Tchécoslovaquie** à la Maison municipale de Prague. Sur la place de la Vieille Ville, la foule abat la colonne mariale, symbole de la domination des Habsbourg.
21 déc. 1918	Retour triomphal de Masaryk à Prague. Le président-libérateur choisit une automobile plutôt que le carrosse d'État pour se rendre de la gare au château, escorté de légionnaires, de membres du Sokol et de femmes en costume traditionnel.
années 1920	Prague est la capitale du nouvel État, version réduite de l'empire pluriethnique des Habsbourg, avec ses grandes minorités : les Allemands de Bohême, qui s'appellent désormais Sudètes allemands, sont plus nombreux que les Slovaques (3,1 millions contre 1,9). C'est une démocratie parlementaire. La sagesse et la droiture de Masaryk ne font aucun doute. Pourtant, le nationalisme tchèque demeure l'idéologie dominante. On idéalise l'époque hussite ; on corrige « les injustices de 1620 » en confisquant les grands domaines constitués à cette époque. La politique étrangère s'appuie sur la garantie des nouvelles frontières par la France, et sur la Petite Entente, une alliance formée avec la Roumanie et la Yougoslavie, autres États constitués sur les ruines de l'empire des Habsbourg.
années 1930	La **Grande Dépression** frappe brutalement les **Sudètes**, aggravant les tensions entre Tchèques et Allemands. Masaryk se retire en 1935 après quatre mandats présidentiels. **Edvard Beneš**, ministre des Affaires étrangères et son collaborateur de longue date, le remplace. Bien qu'il ne revendique officiellement qu'une autonomie partielle, le *Sudetendeutsche Partei*, **Parti allemand des Sudètes**, de Konrad Henlein, devient le cheval de Troie d'une Allemagne résolue à détruire la Tchécoslovaquie.
29 sept. 1938	Les **accords de Munich** signés par la Grande-Bretagne, la France, l'Allemagne et l'Italie, qui contraignent la Tchécoslovaquie à céder les Sudètes à l'Allemagne, en font un pays économiquement diminué et sans défense. Renonçant à pousser ses compatriotes à la révolte, Beneš démissionne et part une seconde fois en exil, avec des dizaines de milliers de Tchécoslovaques.

Les légions tchécoslovaques escortent Masaryk dans Prague

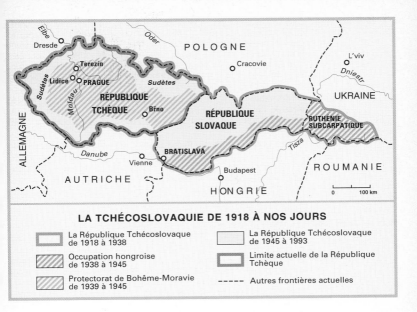

LA TCHÉCOSLOVAQUIE DE 1918 À NOS JOURS

- La République Tchécoslovaque de 1918 à 1938
- Occupation hongroise de 1938 à 1945
- Protectorat de Bohême-Moravie de 1939 à 1945
- La République Tchécoslovaque de 1945 à 1993
- Limite actuelle de la République Tchèque
- ----- Autres frontières actuelles

Le « protectorat de Bohême-Moravie »

Hitler provoque la scission de la Slovaquie et, le 15 mars 1939, la Wehrmacht entre dans Prague. On instaure un « protectorat de Bohême-Moravie », sur le modèle du gouvernement colonial français de Tunisie, avec à sa tête le Reichsprotektor **Konstantin von Neurath**. On garantit aux Tchèques la liberté d'expression nationale, mais en réalité, les nazis ont pour projet de germaniser le pays au moyen de l'immigration et de l'expulsion des « éléments indésirables sur le plan racial ». On mène, en attendant, une politique de la carotte et du bâton, en persécutant les intellectuels et en distribuant des rations supplémentaires aux ouvriers dirigés sur les usines d'armement.

17 nov. 1940	Après le décès d'un étudiant au cours d'une manifestation, la police allemande fait irruption dans les foyers étudiants et déporte 1 200 jeunes gens vers les camps de concentration. Tous les établissements d'enseignement supérieur tchèques sont fermés.
24 nov. 1941	La ville fortifiée de **Terezín** (Theresienstadt) est transformée en ghetto pour les juifs avant leur transfert vers les camps de la mort, dans lesquels périront 78 000 des 118 000 juifs qui vivaient en terre tchèque *(voir Terezín dans la partie Environs de Prague)*.
1942	Une vague de terreur suit l'assassinat du Reichsprotektor en exercice, **Reinhard Heydrich**, par des parachutistes envoyés de Grande-Bretagne. Le village de **Lidice** est anéanti *(voir Lidice dans la partie Environs de Prague)*. Réfugiés dans la crypte de la cathédrale orthodoxe de Prague, les parachutistes succombent après une résistance farouche.
mai 1945	**Soulèvement de Prague**. Plusieurs jours avant l'arrivée de l'Armée rouge, les citoyens de Prague se soulèvent contre l'armée d'occupation, avec l'appui inopiné de l'armée Vlassov, composée d'anciens prisonniers russes enrôlés dans l'armée allemande. Les troupes américaines, qui ont déjà pénétré en Bohême occidentale, ne sont pas autorisées à intervenir. Sur un chiffre total d'environ 360 000 Tchèques et Slovaques tués pendant la guerre, 1 691 Tchèques sont morts au cours du soulèvement.

Encore des années sombres

1945-1948	La Tchécoslovaquie est amputée de sa province orientale subcarpatique de Ruthénie, annexée par l'Union soviétique. À nouveau président, Beneš s'appuie moins sur les Alliés occidentaux que sur l'URSS et le **Parti communiste tchécoslovaque** (KSC), groupe parlementaire dominant, d'où est issu le premier ministre **Klement Gottwald**. Une vague de nationalisations s'ensuit ; on exproprie les collaborateurs ; 2,7 millions d'Allemands sont expulsés. Le contrôle des communistes s'étend à la police et aux milices populaires.

25 février 1948	**Coup de force communiste** (ou « **Coup de Prague** »). Les ministres non communistes démissionnent dans l'espoir de voir Beneš dissoudre le gouvernement et organiser de nouvelles élections, qui amèneraient à coup sûr un nombre moins élevé de députés communistes. Des manifestations de masse, place Venceslas et place de la Vieille Ville, et la crainte d'un massacre ébranlent Beneš, vieillard fragile, qui laisse se former un gouvernement communiste.
10 mars 1948	**Défenestration** du ministre populaire des Affaires étrangères **Jan Masaryk**, fils de l'ancien président, et seul membre indépendant du gouvernement. Un flux d'émigration comparable à celui de 1938 commence.
1952	Le secrétaire du Parti, **Rudolf Slánský**, lui-même responsable de nombreuses purges politiques, est à son tour arrêté avec 13 autres dignitaires communistes, accusés de mener la « conspiration sioniste internationale ». Après un **procès truqué**, 11 des accusés sont condamnés à mort. Des milliers de personnes subissent des persécutions diverses, au nombre desquelles le travail forcé dans les mines d'uranium.
début des années 1960	On assiste à une amorce de déstalinisation, en dépit de la résistance de dirigeants comme Antonín Novotný. Les victimes des procès truqués sont réhabilitées.
1968	Le « **Printemps de Prague** ». Le 5 janvier, le Slovaque **Alexander Dubček** devient premier secrétaire du Ksč. Il promeut un « **socialisme à visage humain** » et reçoit un immense soutien populaire. Mais le 21 août, 500 000 soldats du pacte de Varsovie envahissent la Tchécoslovaquie. Dubček et d'autres membres du gouvernement sont arrêtés et emmenés, enchaînés, à Moscou, où on les contraint à mettre fin aux réformes. Nouveau et massif mouvement d'émigration.
16 janvier 1969	En protestation contre l'invasion soviétique et ses conséquences, l'étudiant **Jan Palach** s'immole par le feu auprès de la statue de saint Venceslas. Un demi-million de personnes assistent à ses funérailles.
17 avril 1969	Un autre Slovaque, Gustáv Husák, remplace Dubček. Lui-même a été victime des procès truqués des années 1950. Il préside à une « **normalisation** », qui exclut du parti communiste ceux qui ont été liés aux réformes de 1968. Les citoyens, en échange de leur non-engagement politique, sont assurés d'une vie tranquille et d'un minimum de biens de consommation.
1977	Un groupe d'intellectuels signe la **Charte 77**, qui demande au gouvernement de respecter ses propres lois.
1987	Visite du président soviétique Gorbatchev, dont la politique de *perestroïka* affole les apparatchiks tchécoslovaques.

Dubček et Havel en 1989

Révolution de velours et la nouvelle République tchèque

janvier 1989	Des manifestations commémorent la mort de Jan Palach.
17 nov. 1989	Une manifestation de masse marque l'anniversaire de la révolte étudiante antinazie de 1939. La police réagit avec brutalité, et la **Révolution de velours** commence. Le Forum civique, que dirige l'écrivain dissident **Václav Havel**, coordonne l'opposition.
29 déc. 1989	Havel est élu président de la Tchécoslovaquie.
années 1990	Retrait des 75 000 soldats soviétiques stationnés depuis 1968 dans le pays. On lance un processus de **restitution** à leurs anciens propriétaires des biens nationalisés et confisqués. Un autre processus, dit de « **lustration** », destiné à faire la lumière sur certains événements du passé, dérive parfois en accusations sauvages de coopération avec la police secrète. Un troisième, de **privatisation** cette fois, conduit à l'exportation d'une bonne partie des richesses du pays par des opérateurs peu scrupuleux, pour beaucoup anciens communistes jouissant de relations et d'accès à l'information industrielle et financière.
1992	Ne parvenant pas à résoudre leurs différences dans le cadre d'un État unique, le premier ministre tchèque Klaus et le Premier ministre slovaque Mečiar s'accordent sur la division du pays. Le 1er janvier 1993, on proclame la naissance de **la République tchèque**, avec pour président Václav Havel.
1999	La République tchèque devient membre de l'OTAN, en même temps que la Hongrie et la Pologne. Elle espère faire partie du premier groupe d'anciens pays communistes à intégrer l'Union européenne au début du nouveau millénaire.

Les peuples tchèques

LES BOHÉMIENS

Le nom de **Boïens**, donné par les Romains à la population celte de ce qui constitue aujourd'hui la République tchèque, a servi pendant des siècles (sous la forme **Bohémien** en français, Böhm en allemand) à désigner les habitants du pays, quelle que soit leur origine. La République tchèque est aujourd'hui homogène au plan ethnique. Les Slaves, qui forment la grande majorité de la population, se présentent comme Tchèques. Les Tziganes constituent aujourd'hui la minorité la plus importante, alors qu'autrefois Juifs et Allemands formaient une part significative de la population.

Les Tziganes

Venus du Nord de l'Inde, les Tziganes sont arrivés dans la région au cours du 13e s. Ils mènent depuis une existence souvent précaire, en marge de la société. Beaucoup se nomment eux-mêmes *rom* (au pluriel *roma*), qui veut simplement dire « être humain ». Leur existence a souvent été menacée. Sous l'occupation allemande, les Tziganes tchèques ont subi le même sort que les Juifs. Quelques centaines d'entre eux seulement ont survécu. Ils étaient dirigés sur deux camps de concentration, dont l'un, à **Lety**, au Sud de la Bohême, est aujourd'hui occupé par un élevage porcin, ce qui n'est pas sans susciter les réactions que l'on comprend.

Après la Seconde Guerre mondiale et l'expulsion des citoyens allemands du pays, le gouvernement tchécoslovaque s'est efforcé de repeupler les zones frontalières désertées. Il y a fait déplacer de nombreux Tziganes de **Slovaquie**. Malgré un environnement peu familier et l'éclatement des familles élargies traditionnelles, ces nouveaux Tchèques ont joué un rôle essentiel dans le repeuplement des zones frontalières, et leur action a été essentielle pour relancer l'économie. Les communistes préconisaient officiellement l'assimilation, mais cette politique, souvent appliquée sans grande conviction, a rencontré un succès limité. Avec la chute du communisme, beaucoup des travaux rudes et non qualifiés qui faisaient vivre les Tziganes ont disparu. Après l'éclatement de la Tchécoslovaquie, leur sort s'est compliqué. Sous le regard critique de la communauté internationale, le gouvernement de la nouvelle République tchèque a rendu plus difficile pour eux l'obtention de la citoyenneté tchèque, s'attachant excessivement à leur origine étrangère (en particulier slovaque), à leurs casiers judiciaires et à leur moindre maîtrise de la langue tchèque. Une discrimination subsiste largement au sein de la population : on ne compte plus les agressions par les skinheads et les cas de ségrégation sociale. Dans la ville industrielle d'Ústí nad Labem, la proposition de séparer habitations tziganes et logements « blancs » par un grand mur a donné lieu à de furieuses controverses. On ne s'étonnera donc pas que les Tziganes soient tentés de chercher refuge ailleurs. En 1997, séduits par des émissions télévisées donnant une image idéalisée de la vie en Grande-Bretagne et au Canada, beaucoup d'entre eux ont cherché à émigrer dans ces pays.

On remarque tout de même des tendances positives. Le président de la République maintient fermement son attitude contre tout préjugé : un député tzigane siège au parlement ; un commentateur tzigane donne les nouvelles à la télévision ; aux élections de 1998, le Parti républicain extrémiste, qui s'appuyait fortement sur les sentiments anti tziganes, a perdu tous ses sièges.

On trouve des Tziganes presque partout en République tchèque. À Prague, ils se concentrent dans les banlieues industrielles de Smíchov et Žižkov.

Les Allemands

Avec l'**expulsion** de presque toute la population allemande de Bohême et de Moravie, les lendemains de la Seconde Guerre mondiale ont mis fin aux relations, riches mais souvent tendues, entre habitants d'origine germanique et Slaves de Bohême.

Souverains, hommes d'Église, bourgeois ou mineurs – Au Moyen Âge, toutes les influences culturelles venant d'Occident sont, quel que soit leur pays d'origine, relayées vers les Tchèques par leurs voisins de langue allemande. Les souverains bohémiens épousent naturellement des princesses allemandes, et ce sont des moines allemands qui animent les premiers monastères. Quand Prague devient en 973 évêché, c'est sous la tutelle de l'archevêché de Mayence. Les usages de la cour ont une coloration allemande ; et il est de bon ton de donner à son nom, ou à celui de sa résidence, une consonance germanique.

Au cours du haut Moyen Âge, époque de grande expansion dans toute l'Europe, ont lieu des bouleversements plus importants. La population rurale croissante émigre des zones déjà peuplées, fonde de nouveaux villages, défriche la forêt, draine les marais, et repousse les limites des terres cultivables. Dans le centre de la Bohême, la récupération et la colonisation des terres aux 12e et 13e s. sont l'œuvre de paysans tchèques. Mais dans les **zones frontalières**, couvertes d'épaisses forêts, peu peuplées, la population nouvelle vient surtout des terres germaniques voisines, Autriche, Bavière et Saxe. À la même époque, les rois prémyslides s'efforcent de renforcer l'État tchèque en fondant des **villes** qu'ils peuplent de bourgeois et d'artisans allemands, avec un gouvernement municipal inspiré du modèle germanique. Quand débute l'extraction intensive du minerai dans des sites comme **Kutná Hora**, la main d'œuvre qualifiée vient, pour une bonne part, d'Allemagne.

Allemands et Tchèques à Prague – À **Prague**, une communauté allemande vivait dans le quartier de **Poříčí** dès le milieu du 11e s. Derrière la place de la Vieille Ville, la **cour de Týn**, ou **Ungelt**, était une enclave réservée aux marchands étrangers, en majorité allemands, qui pratiquaient le culte à l'église de Týn. Une bonne partie de la Vieille Ville avait une allure allemande, avec ses belles rues bordées de maisons patriciennes, partant en étoile de la place. Les Tchèques habitaient plus à l'Ouest, autour de l'actuelle place de Bethléem. Des tensions existaient entre les deux communautés, mais très éloignées des excès qui naîtront plus tard, à une époque plus nationaliste. En 1409, Venceslas IV accorde des privilèges particuliers aux étudiants et aux professeurs de la « nation de Bohême » de l'université. Bien que le terme de « bohémien » s'appliquât à toute personne née en terre de Bohême, certains de leurs collègues de langue allemande se sentirent outragés et partirent pour d'autres établissements d'enseignement par-delà la frontière.

Après les guerres hussites au début du 15e s., l'influence allemande décline. Le nombre de bourgeois tchèques augmente, à Prague et dans beaucoup d'autres villes. Les Tchèques reprennent les rênes du pouvoir municipal. Pendant un temps, il semble que l'harmonie puisse durer en Bohême, car l'origine des habitants semble avoir moins d'importance que leur religion. Les gentilshommes, qui, en 1618, font irruption dans le château et défenestrent les gouverneurs impériaux catholiques, semblent moins attachés à leur langue qu'au protestantisme (et à la défense de leurs privilèges aristocratiques contre l'ingérence impériale). Après la défaite des États protestants rebelles en 1620 à la bataille de la Montagne blanche, plusieurs des condamnés exécutés sur la place de la Vieille Ville sont de langue allemande.

La germanisation... – La Montagne blanche et la période qui suit marquent toutefois un tournant dans le statut respectif des Tchèques et des Allemands en Bohême. Avec le départ forcé des protestants, le pays perd beaucoup de ses dirigeants traditionnels. Une grande partie des biens confisqués aux protestants est distribuée à une nouvelle aristocratie, composée de ceux qui ont soutenu le pouvoir impérial et l'Église catholique. Cette nouvelle classe dominante vient de toute l'Europe (avec des noms comme Schwarzenberg ou Longueval de Bucquoy). Dépendante d'une cour qui s'est retirée à Vienne, elle se germanise rapidement. Pendant plus de deux siècles, les échanges

AKG Paris

Allemands de Bohême

courtois et cultivés se font en allemand, le tchèque étant laissé aux classes inférieures. Même les intellectuels tchèques qui lancent le mouvement du Réveil national dans la première moitié du 19e s. ont été éduqués en allemand : ils trouvent, du moins au début, plus commode de s'exprimer dans cette langue.

... et son déclin à Prague – Au cours du 19e s., les Tchèques et les Allemands de Bohême et de Prague se constituent de plus en plus en camps rivaux. Les Allemands regrettent amèrement la perte de leur suprématie, surtout à Prague, qui se remplit de Tchèques venus des campagnes, et une classe moyenne tchèque, de plus en plus sûre d'elle, commence à prendre les rênes du gouvernement local. En 1868, l'empereur François-Joseph déclarait avec satisfaction : « Prague a une apparence pleinement allemande ». Mais en 1882, les derniers conseillers municipaux allemands démissionnent en bloc quand le conseil décide que dorénavant, les noms de rues seront écrits uniquement en tchèque. La même année, l'université fondée par Charles IV en 1348 se divise en deux institutions, l'une tchèque et l'autre allemande.

Au tournant du 19e s., la communauté allemande de Prague, composée pour l'essentiel de négociants, fonctionnaires, étudiants et autres membres des classes moyennes, ne constitue plus qu'une petite fraction de la population.

Quand l'État indépendant de Tchécoslovaquie est fondé en 1918, les Allemands de Prague se sentent indésirables. Dans ce qu'on appelle désormais les **Sudètes**, leurs compatriotes échouent dans une tentative de sécession ; avec leur nationalisme croissant, ils n'acceptent la situation que contraints et forcés. Les efforts pour rapprocher les deux communautés échouent à la fin des années 1920 lors de la Grande Dépression, qui frappe de plein fouet les Allemands des zones frontalières. Cette population affaiblie ne demande qu'à écouter les sirènes d'une Allemagne transformée par Hitler en Troisième Reich. Le Prague allemand vit un dernier état de grâce (mais de courte durée) avec l'accueil de réfugiés fuyant le nazisme, comme Thomas Mann. Quand, en 1938, les accords de Munich accordent les Sudètes à Hitler, la joie de la majorité allemande de Bohême occulte le sort plus sombre des autres, socialistes, communistes et juifs, contraints de fuir.

L'Occupation et l'expulsion – Les Tchèques subiront l'occupation allemande, particulièrement brutale, entre 1938 et 1945, soit plus longtemps qu'aucun autre pays, excepté l'Autriche. Ils ne sont donc pas enclins à pardonner aux Allemands de Bohême leur adhésion enthousiaste au nazisme, ni à oublier la menace que ce mouvement représente pour la survie même de la nation tchèque. Le gouvernement en exil, avec l'appui des Alliés, programme l'expulsion de la population allemande. De la fin de la guerre à 1947, près de 2,7 millions d'habitants sont transférés en Allemagne, au départ de manière brutale et désordonnée, ensuite de façon mieux organisée. La minorité qui peut apporter la preuve de sa résistance au nazisme est autorisée à rester, mais sans aucun droit en tant que communauté. Le pays ne dispose pas de ressources humaines suffisantes pour repeupler les Sudètes désertés : des villes comme Karlovy Vary (Carlsbad) s'animent de nouveau, mais des centaines de villages disparaissent purement et simplement, dégradés, détruits ou repris par la forêt. C'est le gouvernement démocratique de Beneš qui a mené les opérations d'expulsion après la guerre, pas les communistes : les Tchèques considèrent que les expulsés n'ont pas à attendre de dédommagement. Et cette question demeure toujours d'actualité.

Tchèque ou allemand ?

Dans les années 1920, le dirigeant du Parti social-démocrate tchèque s'appelait Němec (allemand, en tchèque), et les sociaux-démocrates allemands suivaient un certain Dr. Czech... Des siècles d'unions inter ethniques font qu'un habitant sur cinq porte aujourd'hui un nom allemand, et qu'une proportion analogue d'Allemands de Bohême a un nom tchèque, démentant les divisions ethniques rigides qui ont empoisonné, à l'époque moderne, les relations entre les deux communautés.

ABC d'architecture

Architecture romane

Rotonde de la Sainte-Croix – Vieille Ville
Datant du début du 12ᵉ s., c'est la plus ancienne des trois rotondes romanes subsistant à Prague.

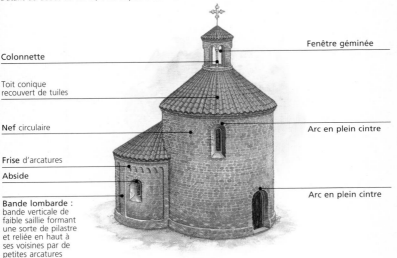

Fenêtre géminée

Colonnette

Toit conique
recouvert de tuiles

Nef circulaire

Arc en plein cintre

Frise d'arcatures

Abside

Arc en plein cintre

Bande lombarde :
bande verticale de
faible saillie formant
une sorte de pilastre
et reliée en haut à
ses voisines par de
petites arcatures

Architecture gothique

Cathédrale Saint-Guy (à partir de 1344) – Hradschin
Le chœur, commencé en 1344 par Matthieu d'Arras et, après sa mort en 1352, magistralement achevé par
Peter Parler, montre des influences française et anglaise.

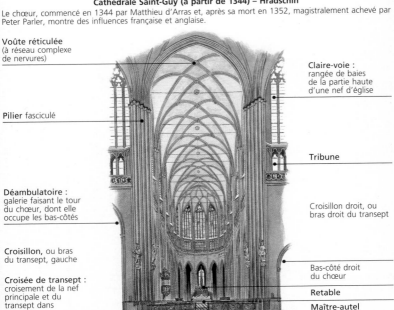

Voûte réticulée
(à réseau complexe
de nervures)

Claire-voie :
rangée de baies
de la partie haute
d'une nef d'église

Pilier fasciculé

Tribune

Déambulatoire :
galerie faisant le tour
du chœur, dont elle
occupe les bas-côtés

Croisillon droit, ou
bras droit du transept

Croisillon, ou bras
du transept, gauche

Bas-côté droit
du chœur

Croisée de transept :
croisement de la nef
principale et du
transept dans
une église

Retable

Maître-autel

67

Architecture Renaissance

Palais Schwarzenberg (1545-1563) – Hradschin

Le plus beau des palais Renaissance de Prague montre d'audacieuses formes italianisantes, dont s'inspirera largement le style néo-Renaissance tchèque de la fin du 19e s.

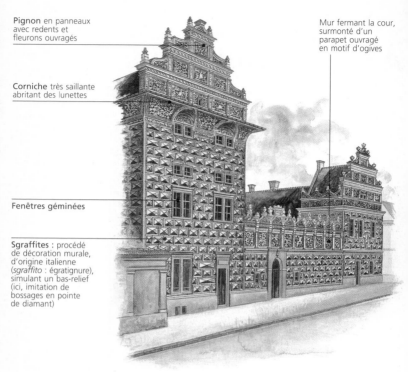

Pignon en panneaux avec redents et fleurons ouvragés

Corniche très saillante abritant des lunettes

Fenêtres géminées

Sgraffites : procédé de décoration murale, d'origine italienne (*sgraffito* : égratignure), simulant un bas-relief (ici, imitation de bossages en pointe de diamant)

Mur fermant la cour, surmonté d'un parapet ouvragé en motif d'ogives

Architecture baroque

Église Saint-Nicolas (à partir de 1702) – Malá Strana

L'articulation sobre du côté Sud de l'église contraste avec le mouvement donné à la façade Ouest par l'alternance des formes concaves et convexes.

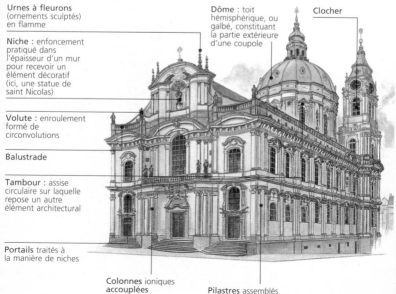

Urnes à fleurons (ornements sculptés) en flamme

Niche : enfoncement pratiqué dans l'épaisseur d'un mur pour recevoir un élément décoratif (ici, une statue de saint Nicolas)

Volute : enroulement formé de circonvolutions

Balustrade

Tambour : assise circulaire sur laquelle repose un autre élément architectural

Portails traités à la manière de niches

Dôme : toit hémisphérique, ou galbé, constituant la partie extérieure d'une coupole

Clocher

Colonnes ioniques accouplées

Pilastres assemblés

M. Guillou/MICHELIN

Église Saint-Nicolas : intérieur (à partir de 1703)

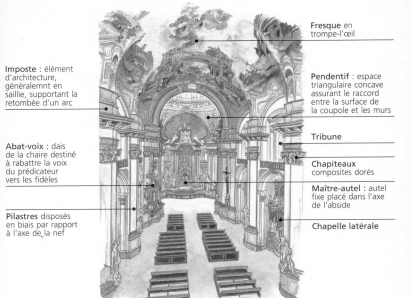

Fresque en trompe-l'œil

Imposte : élément d'architecture, généralemnt en saillie, supportant la retombée d'un arc

Pendentif : espace triangulaire concave assurant le raccord entre la surface de la coupole et les murs

Tribune

Abat-voix : dais de la chaire destiné à rabattre la voix du prédicateur vers les fidèles

Chapiteaux composites dorés

Maître-autel : autel fixe placé dans l'axe de l'abside

Pilastres disposés en biais par rapport à l'axe de la nef

Chapelle latérale

Portail du palais Clam-Gallas (1713-1719) – Vieille Ville

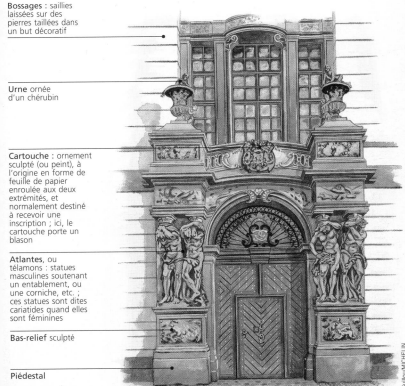

Bossages : saillies laissées sur des pierres taillées dans un but décoratif

Urne ornée d'un chérubin

Cartouche : ornement sculpté (ou peint), à l'origine en forme de feuille de papier enroulée aux deux extrémités, et normalement destiné à recevoir une inscription ; ici, le cartouche porte un blason

Atlantes, ou télamons : statues masculines soutenant un entablement, ou une corniche, etc. ; ces statues sont dites cariatides quand elles sont féminines

Bas-relief sculpté

Piédestal

Jardins baroques

Jardin Ledebour et petit jardin Palffy (fin 17e s., modifiés fin 18e s.)

Plusieurs jardins Renaissance, baroques et rococo de Prague furent aménagés sur des terrains en forte pente, déjà organisés en terrasses pour accueillir la vigne ou les vergers.

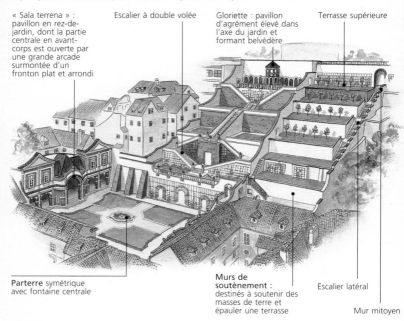

« Sala terrena » : pavillon en rez-de-jardin, dont la partie centrale en avant-corps est ouverte par une grande arcade surmontée d'un fronton plat et arrondi

Escalier à double volée

Gloriette : pavillon d'agrément élevé dans l'axe du jardin et formant belvédère

Terrasse supérieure

Parterre symétrique avec fontaine centrale

Murs de soutènement : destinés à soutenir des masses de terre et épauler une terrasse

Escalier latéral

Mur mitoyen

Architecture militaire médiévale

Château de Karlštejn (à partir de 1348)

Bien qu'un grand nombre de ses parties constitutives soient celles d'une forteresse, Karlštejn a été surtout conçu pour servir à la fois de sanctuaire pour de précieuses reliques et de retraite pour l'empereur Charles IV.

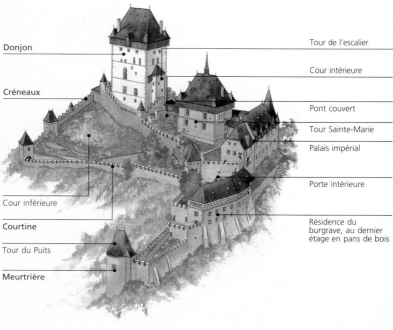

Donjon

Créneaux

Cour inférieure

Courtine

Tour du Puits

Meurtrière

Tour de l'escalier

Cour intérieure

Pont couvert

Tour Sainte-Marie

Palais impérial

Porte intérieure

Résidence du burgrave, au dernier étage en pans de bois

Style historique

Musée National (1891) – Nouvelle ville

Le musée est l'un des édifices monumentaux construits à la fin du 19ᵉ s. qui s'inspirent des styles Renaissance ou baroque pour montrer la puissance du Réveil national.

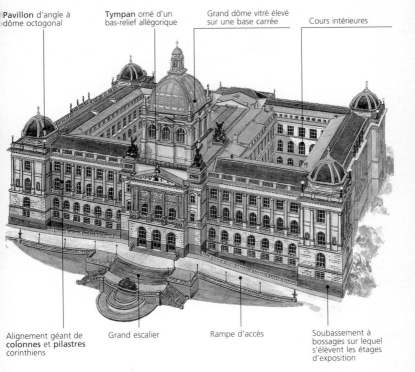

Pavillon d'angle à dôme octogonal

Tympan orné d'un bas-relief allégorique

Grand dôme vitré élevé sur une base carrée

Cours intérieures

Alignement géant de **colonnes** et **pilastres** corinthiens

Grand escalier

Rampe d'accès

Soubassement à bossages sur lequel s'élèvent les étages d'exposition

Architecture Sécession ou Art Nouveau

Maison municipale (1919-1912) – Vieille Ville

Le plus ambitieux, le plus somptueusement décoré des édifices Sécession de Prague, la Maison municipale (Obecní dum) sera aussi le dernier. Les architectes délaisseront par la suite ce style très ornementé.

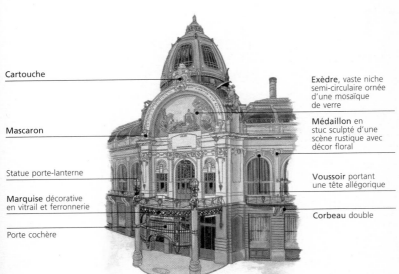

Cartouche

Mascaron

Statue porte-lanterne

Marquise décorative en vitrail et ferronnerie

Porte cochère

Exèdre, vaste niche semi-circulaire ornée d'une mosaïque de verre

Médaillon en stuc sculpté d'une scène rustique avec décor floral

Voussoir portant une tête allégorique

Corbeau double

Architecture du 20ᵉ s

Banque des Légions (Banque tchèque du Commerce) (1921-1923) – Ville Nouvelle

Création tardive du mouvement d'architecture cubiste tchèque, c'est un bel exemple de rondocubisme, style original et éphémère qui marie des formes arrondies typiquement slaves aux couleurs nationales pour créer un effet saisissant.

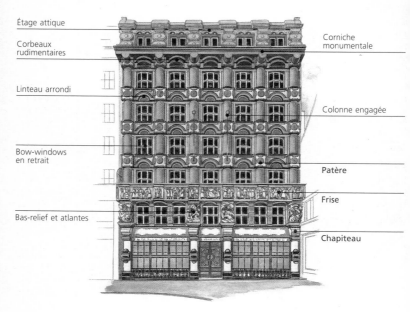

Étage attique

Corbeaux rudimentaires

Linteau arrondi

Bow-windows en retrait

Bas-relief et atlantes

Corniche monumentale

Colonne engagée

Patère

Frise

Chapiteau

Magasin Baťa (1927-1929) – Ville Nouvelle

Pour cet édifice fonctionnaliste, bâti pour un usage commercial à un emplacement clé de la ville, on abandonne toute recherche d'effets ornementaux. En revanche, on utilise de nouveaux matériaux, béton armé et panneaux de verre. La disposition en retrait du dernier étage et le doublement des barres sur ses fenêtres plus étroites donnent à l'édifice un aspect ordonné et fini.
Le mur-rideau joue un rôle de protection contre les intempéries, mais pas celui de support structurel pour le bâtiment.

Néon publicitaire

Baťa

Bandes continues de panneaux vitrés

Verre blanc translucide laissant apparaître une publicité éclairée par derrière

PETIT GLOSSAIRE D'ART

Certains termes sont expliqués au moyen des illustrations figurant dans les pages qui précèdent.

Abside : extrémité d'une église, derrière l'autel. Elle peut être arrondie ou polygonale.

Absidiole : petite chapelle s'ouvrant sur le déambulatoire d'une église romane ou gothique.

Arc : élément architectonique courbe soutenu par des colonnes ou des pilastres. Les formes de base sont l'**arc en plein cintre**, semi-circulaire, l'**arc brisé** ou **en ogive**, formé de deux segments de cercle se coupant selon un angle, l'**arc outrepassé**, composé d'un arc en plein cintre prolongé par deux segments de cercle rentrants de façon à avoir la forme d'un fer à cheval. La combinaison de ces formes de base permet la constitution d'arcs plus élaborés, tels l'**arc brisé outrepassé**, l'**arc lobé** ou **polylobé** (juxtaposition d'arcs en plein cintre pour composer des rosaces, par exemple), l'**arc surhaussé** (arc en plein cintre prolongé par des segments droits afin que la flèche soit plus grande que la moitié de la portée), l'**arc surbaissé** (la flèche est plus petite que la moitié de la portée ; l'arc surbaissé peut être en anse de panier), etc.

Arcade : ensemble constitué d'un arc et de ses supports, dits **jambages** (ou piédroits).

Bas-relief : sculpture se détachant d'un fond par une faible saillie.

Bossage : décoration murale obtenue en équarrissant les pierres en saillie. Le bossage peut être lisse si la découpe est uniforme et le relief léger, rustique si la première est irrégulière et le second accusé, en pointe de diamant si la pierre est taillée en forme de pyramide.

Caisson : cavité carrée ou polygonale, souvent décorée, pratiquée dans les plafonds ou sur la surface des coupoles.

Chapiteau : dernier élément d'une colonne, il se compose d'une partie moulurée convexe, dite **corbeille** ou échine, et d'une tablette saillante, l'**abaque**. Les trois ordres classiques se caractérisent par une ornementation différente de la corbeille : **dorique**, **ionique**, avec une ceinture de volutes, et **corinthien**, avec une décoration de feuilles d'acanthe. Celle-ci a été abondamment reprise dans les édifices des 16e et 17e s.

Chevet : partie extérieure du chœur d'une église.

Clef de voûte : claveau central d'un arc cintré ou pièce, souvent décorée, placée à l'intersection d'une croisée d'arcs.

Crypte : pièce souterraine ménagée sous une église pour accueillir les reliques des martyrs et des saints. Le terme s'est généralisé parfois pour désigner une église ou une chapelle.

Fresque : peinture murale exécutée sur un enduit (mortier par exemple) frais auquel les couleurs s'incorporent.

Linteau : traverse horizontale surmontant une baie, reliant deux jambages, piliers ou colonnes, et supportant le poids du mur.

Mascaron : médaillon sculpté à masque humain.

Meneau : montant ou traverse divisant une ouverture en deux ou plusieurs compartiments.

Modillon : ornement saillant répété de proche en proche sous une corniche, comme s'il la soutenait.

Narthex : vestibule précédant une basilique.

Prédelle : partie inférieure d'un retable (on l'appelle aussi banc).

Retable : tableau d'autel peint ou sculpté placé sur la partie frontale de l'autel (au-dessus ou en retrait). Il prend le nom de **triptyque** s'il comporte trois volets mobiles ou de **polyptyque** s'il est composé d'une série contiguë de tableaux.

Rinceau : motif ornemental floral formé de sarments, feuilles et grappes disposés en enroulements pour former une frise.

Rosace : fenêtre circulaire située sur la façade d'une église, enrichie d'un remplage décoratif en pierre garni de vitraux. On dit aussi **rose**.

Saillie : partie dépassant dans un alignement.

Stuc : mélange de marbre et de gypse pulvérisés, amalgamé à la colle forte et utilisé pour exécuter des motifs décoratifs qui, par extension, prennent le nom du matériau lui-même.

Travée : espace transversal de la nef compris entre deux piliers.

Trompe-l'œil : décoration peinte donnant l'illusion du relief ou de la perspective.

Voûte : ouvrage de maçonnerie cintré couvrant un espace. La **voûte en berceau** repose sur des arcs en plein cintre répartis le long d'un axe longitudinal ; la **voûte d'arêtes** est formée par l'intersection de deux voûtes en berceau ; la **voûte sur croisée d'ogives** repose sur des ogives se croisant perpendiculairement à la clef de voûte.

L'art à Prague

Prague, « poème épique d'architecture » : c'est ainsi que le poète Rainer Maria Rilke décrit sa ville natale. Située au carrefour des cultures européennes, la ville hérite d'un patrimoine exceptionnel de monuments. Mais elle est aussi riche d'un héritage couvrant toutes les formes d'art.

Prague et la Bohême sont à plusieurs reprises les porte-drapeaux de mouvements artistiques novateurs. À d'autres périodes, les tendances venues de l'étranger sont adaptées au caractère pragois. Et les phases d'isolement provincial et de stagnation voient se poursuivre ou se conserver les réalisations des époques précédentes. Au 14e s., l'empereur Charles IV fait de Prague la capitale du Saint Empire romain germanique, déclenchant un formidable essor de la créativité gothique en peinture, sculpture et architecture, ainsi que dans le domaine de la planification urbaine. Ce mouvement s'interrompt brutalement avec les troubles hussites du début du 15e s. À la fin du 16e s. et au début du 17e s., l'excentrique empereur Rodolphe II attire à sa cour artistes, alchimistes et aventuriers de l'Europe tout entière, et en fait un centre brillant de la culture maniériste. En 1620, la bataille de la Montagne blanche est un désastre politique pour la nation bohémienne, mais la Contre-Réforme va entraîner avec elle une vague de création sans pareille en Europe, dans le style Renaissance tardif et surtout baroque. Une période plus calme s'ensuit, mais avec le 19e s. et le réveil de la conscience nationale, la fierté tchèque s'exprime dans la construction de grands monuments publics dans des styles historiques. Ce renouveau est suivi par une explosion de l'Art nouveau dans l'art et l'architecture, qui fait de Prague un des pôles du style Sécession en Europe centrale. Le cubisme y fleurit à son tour, avec une contribution spécifiquement tchèque en architecture. L'instauration de la Tchécoslovaquie indépendante fait de Prague un des centres du modernisme dans tous les domaines de l'art. Mais ce n'est qu'après la chute du communisme que l'héritage artistique tchèque, par exemple l'architecture fonctionnaliste et la peinture surréaliste, commence à recevoir toute l'attention et l'appréciation qu'il mérite.

Les vestiges du style roman

Les témoignages de l'époque préromane et romane sont rares. Nous savons, par des écrits, que Prague, « comme nulle autre ville, prospère par son commerce », était construit en pierre calcaire. Au 12e s., chaque quartier possède sa petite église romane, et l'on bâtit de belles maisons. Il reste peu de vestiges de ces églises, excepté trois rotondes romanes, mais les caves voûtées de nombreuses habitations plus tardives demeurent, témoins de l'ancien niveau du sol, rehaussé au milieu du 13e s. pour limiter les risques d'inondation. Ces témoins romans se concentrent autour de la place de la Vieille Ville et de la Petite Place. Le plus bel exemple de cette architecture profane est le palais de la Vieille Ville appelé **Maison des seigneurs de Kunstadt** *(voir p. 127)*, avec ses salles à voûtes d'arêtes. Sur la colline du Château, on retrouve d'importants vestiges de l'intérieur du palais royal d'origine, mais le monument le plus remarquable de cette période est la **basilique St-Georges**, austère chef-d'œuvre d'art roman édifié vers 920, quoiqu'une grande partie vienne d'une reconstruction du 12e s.

Le Prague gothique

Le Prague de Charles IV – Sous le règne de l'empereur Charles IV (1346-1378), et dans une moindre mesure sous celui de son fils Venceslas IV (1378-1419), Prague et la Bohême atteignent un niveau d'épanouissement artistique rarement égalé depuis. Au cœur du Saint Empire romain germanique, la ville devient un pôle culturel de première importance. Tours et clochers s'élèvent nombreux vers le ciel. On bâtit une superbe cathé-

Le Prague roman : la basilique St-Georges

Ph. Gajic/MICHELIN

drale gothique sur la colline du Château. On jette sur la Vltava un pont audacieux de plus de 500 m de long, appelé plus tard **pont Charles** en hommage au souverain qui a ordonné sa construction.

Sans doute venu de Bourgogne, le gothique avait fait son apparition à Prague vers 1230, et l'un des tout premiers bâtiments élevé dans le nouveau style est le **couvent Ste-Agnès**, dans la Vieille Ville. Quelques décennies plus tard débute la construction de sa presque voisine, la **synagogue Vieille-Nouvelle**, une des plus belles et mieux préservées du genre en Europe. Son intérieur voûté montre des corbeaux magnifiquement sculptés. Ses hauts pignons de brique sont typiques de la dernière phase du style, le gothique flamboyant. Décidé à faire de Prague la plus grande ville d'Europe centrale, deuxième centre de la Chrétienté après Rome, Charles IV conduit ses projets archi- tecturaux dans le cadre d'un plan d'urbanisme visionnaire, qui permettra l'extension ordonnée de la ville et le maintien de son unité esthétique. On remplace la vieille for- teresse romane, sur la colline du Château, par une imposante résidence royale gothique, au décor somptueux. En 1344, Prague devient le siège d'un archevêché. La basilique romane St-Guy est démolie, et Charles IV ordonne la construction d'une vaste **cathédrale**. Son premier architecte, **Matthieu d'Arras**, s'inspire des grandes cathédrales de son pays natal. Mais à sa mort, seule l'extrémité Est est achevée. Son successeur, **Peter Parler**, poursuit l'ouvrage. Il ajoute entre 1375 et 1385 les vingt et un célèbres bustes sculptés qui ornent le triforium. C'est un des premiers exemples de portraits sculptés réalistes. De qualité remarquable, ils représentent des membres de la famille royale, mais aussi des personnages liés à la construction de la cathédrale, entre autres Parler lui-même. En 1348, la première université d'Europe centrale ouvre dans la Vieille Ville. Au-delà des anciens murs, un vaste projet d'extension commence à prendre forme. Avec ses grandes artères reliant trois places de marché, cette **Nouvelle Ville** couvre une superficie plusieurs fois supérieure à celle du noyau d'origine. C'est peut-être le projet d'urbanisme le plus ambitieux jamais entrepris à l'époque médiévale.

La peinture – Les peintures gothiques de cette époque sont marquées par le conflit entre idéalisme et naturalisme. Dans la seconde moitié du 14e s., l'art et la pensée s'orientent progressivement vers le réalisme, qui s'oppose à l'ancienne conception médiévale de la réalité, simple décor où des forces mystérieuses agissent miraculeusement. On s'éloigne du fantastique pour rejoindre le naturalisme et l'abstraction. Parallèlement se développent mysticisme, sorcellerie, culte des reliques. Un désir de profonde expérience mystique influence tout l'art du 14e s. Les représentations de la Passion du Christ, de la douleur de la Vierge et du martyre des saints gagnent en réalisme.

Par ailleurs, l'influence de l'Italie est prédominante, et les artistes tchèques lui empruntent éléments de composition et motifs iconographiques. Ils s'efforcent de parvenir à plus d'har- monie entre le trait et la touche colorée, et découvrent la puissance de la couleur. Le **Maître du retable de Vyšší Brod** s'est beaucoup inspiré des motifs italiens, notamment dans les tons des visages et l'harmonisation des teintes, contrastant avec la tradition des images gothiques tchèques aux couleurs intenses et bigarrées. Le modelé hardi des visages et des

mains, et la profondeur de l'es- pace, caractéristiques de l'art italien, sont les premiers signes d'une évolution vers le natura- lisme.

Après 1360, l'influence ita- lienne se fait moins forte. L'art tchèque cherche progressive- ment à s'en détacher, et af- firme son identité, puisant son inspiration dans ses propres traditions et ses propres choix de sujets. Au goût typiquement bohémien des couleurs s'ajou- tent la recherche d'une tension dramatique dans l'expression des visages et celle d'un res- serrement des groupes de per- sonnages et de la complexité des compositions. Une des personnalités artistiques mar- quantes de l'époque est le **Maître Théodoric**, auteur de la su- perbe série de portraits com- mandés par Charles IV pour la **chapelle de la Ste-Croix** du château de Karlštejn. Ses robustes per- sonnages, aux visages vivants et expressifs, possèdent une humanité très éloignée de l'idéalisme de la tradition go- thique ; le modelé harmonieux, issu du jeu de l'ombre et de la lumière, reste un trait typique- ment bohémien.

La Résurrection, par le Maître du retable de Třeboň

À la fin du 14ᵉ s., la peinture tchèque abandonne peu à peu le réalisme de l'expression, pour revenir à un idéalisme poétique et répondre à un désir de plus grande spiritualité. Cependant, les recherches techniques sur la notion d'espace et de perspective se poursuivent, superbement illustrées par les paysages et arrière-plans architecturaux du dernier des trois grands peintres gothiques de Bohême, le **Maître du retable de Třeboň**.

Venceslas IV (1378-1419) s'efforce de poursuivre l'œuvre de son père, mais se heurte à la crise religieuse qui marque la fin du 14ᵉ s. et le début du 15ᵉ s. Le mouvement initié par Jan Hus, désirant un retour aux vérités fondamentales du christianisme, et la période de violences et de troubles qu'il entraîne sous le nom de guerres hussites vont avoir des conséquences contrastées sur les arts. La construction s'arrête ; il y a beaucoup de destructions. On achève seulement le chœur de la grande église Notre-Dame-des-Neiges, commandée par Charles IV pour dominer la Nouvelle Ville. Mais l'enluminure fleurit, avec en particulier les **bibles tchèques** du début du 15ᵉ s., à l'ornementation libre, aux miniatures particulièrement expressives. La fin des guerres hussites permet un renouveau. La période prospère entre 1450 et 1550 est un âge d'or pour les villes de Bohême. Les marchands, à l'origine de l'essor économique du pays, forment une classe bourgeoise urbaine, qui, comme la cour royale, apporte son soutien financier aux arts. Le style gothique fleurit une dernière fois dans l'exubérant Oratoire Royal de la cathédrale St-Guy, œuvre de l'architecte **Benedikt Ried**, qui est aussi l'auteur de l'extraordinaire **voûte** à entrelacs de la **salle Ladislas**.

La Renaissance, Rodolphe II et l'École de Prague

Fuyant Vienne menacé par l'avancée des Turcs, l'empereur Rodolphe II de Habsbourg (1552-1612) installe sa cour à Prague en 1583. Il encourage les arts, à l'égal de son prédécesseur Charles IV, mais dans un esprit tout à fait différent, faisant dire qu'il avait transformé Prague en un « second Parnasse », et on l'a souvent représenté sous les traits d'Hercule, protecteur des arts.

Architecture – Les intérêts de Rodolphe II le portent plus vers la peinture et la sculpture que vers l'architecture. Mais les constructions de Prague sont déjà sous l'influence des nouvelles idées de la Renaissance. La transition du gothique au nouveau style est frappante dans la salle Ladislas *(voir ci-dessus)*, dont les voûtes et contreforts à pinacles gothiques tardifs de Ried contrastent avec les généreuses fenêtres rectangulaires ouvertes dans les murs, de conception entièrement Renaissance. Dès 1535 commence la construction du **palais royal d'été** ou **Belvédère** de la reine Anne, petit bâtiment harmonieux entouré d'arcades, typique de l'architecture du Nord de l'Italie. L'aristocratie adopte avec enthousiasme le nouveau style pour la construction ou la rénovation de ses palais de ville. Beaucoup de hautes façades gothiques, notamment à Malá Strana, s'ornent de motifs Renaissance, sans forcément modifier en profondeur la structure du bâtiment. Peu à peu émerge un style Renaissance typiquement bohémien, que caractérisent hauts pignons aux volutes hardies, grandes corniches et audacieux décors de sgraffites, dont le **palais Schwarzenberg**, bâti entre 1545 et 1563 près de l'entrée Ouest du Château, est un exemple presque parfait.

Palais royal d'été ou Belvédère

L'École de Prague – La réputation de la cour de Rodolphe II y attire de toute l'Europe une foule de peintres et de sculpteurs, heureux de se voir attribuer par l'empereur un statut d'artiste et pas seulement d'artisan. Certains deviennent des proches de l'empereur et même, comme le peintre **Hans von Aachen** (1552-1615), obtiennent des charges diplomatiques. Prague, vivant foyer artistique, produit des œuvres dans le style du **maniérisme tardif**, caractérisé par la distorsion et l'élongation des formes, qui demeurent néanmoins gracieuses, comme dans le *Triomphe de la Sagesse*, de **Bartholomeus Spranger** (1546-1611).

L'influence de l'empereur est déterminante dans la constitution de l'École de Prague. Il rassemble une riche collection de peintures de grands maîtres italiens, Véronèse, le Parmesan, le Tintoret, Vinci, et de

Vertumnus, portrait de Rodolphe II par Arcimboldo

grands maîtres du Nord, Bruegel et Dürer, dont la *Fête du Rosaire* sera apportée à grand-peine de Venise par les Alpes. Rodolphe fait copier les tableaux qu'il ne peut acquérir. Ainsi, Joseph Heintz l'Ancien effectue une série de copies de Titien.

En 1590, l'École de Prague est établie, autour des peintres **von Aachen**, **Spranger**, **Heintz**, du sculpteur **Adriaen de Vries** (v. 1560-1626), et du Milanais **Giuseppe Arcimboldo** (1527-1593), célèbre pour ses têtes composites formées de fruits, fleurs, légumes et autres matériaux, comportant souvent des clins d'œil relatifs à la profession ou au caractère du sujet.

À cette époque, l'art sert aussi la propagande impériale. Mythologie et allégorie contribuent à promouvoir le prestige de l'empereur. De nombreux portraits et autres œuvres représentent la domination symbolique de Rodolphe II sur le monde naturel et politique, sous forme de héros ou de mythe. Dans un portrait célèbre, Arcimboldo représente l'empereur au moyen de fruits et de fleurs, qui, loin d'être frivoles, symbolisent la pérennité du règne des Habsbourg, la paix et la prospérité qu'ils apportent. En revanche, les portraits plus réalistes de l'empereur par von Aachen sont moins puissants au plan symbolique. Il arrive au peintre d'employer une touche ironique ou ludique pour exprimer une vérité dissimulée, parfois bien difficile à interpréter. Ses représentations mythologiques et allégoriques ont pour objet de divertir, avec des personnages aux poses gracieuses et élégantes, mais aussi de diffuser des leçons morales et spirituelles, comme le faisait auparavant la peinture religieuse, genre peu à la mode à la cour de Rodolphe II.

Au sein de l'École de Prague se développent aussi la **peinture de paysages**, la **nature morte** et la **peinture animalière**, encouragées par un Rodolphe II passionné d'histoire naturelle. Il appréciait particulièrement les paysages alpestres accidentés et mystérieux de **Roland Savery** (1576-1639).

L'abdication et la mort de Rodolphe II marquent la fin de l'École de Prague et la dispersion de ses talentueux artistes, qui essaiment dans toute l'Europe en quête d'autres mécènes. Les quelque 3 000 œuvres amassées par l'empereur sont dispersées à leur tour, pillées ou vendues. Il n'en subsiste à Prague qu'un petit nombre.

Le baroque à Prague

Le baroque s'impose tardivement en Bohême, car le style maniériste de la cour de Rodolphe II résiste. De plus, il apparaît dans un climat difficile, après la bataille de la Montagne blanche (1620) et les campagnes de la guerre de Trente Ans (1618-1648). Associé dans les esprits à la recatholicisation forcée du pays, le style baroque est rejeté à ses débuts. Mais il trouve progressivement ses défenseurs, ravivant les traditions locales endormies qu'il fait fusionner avec les nouvelles idées, pour l'essentiel italiennes. On construit ou on remanie palais, couvents et églises. La ville se transforme, devient comme une scène de théâtre, débordant d'audace et d'inattendu. Comme par le passé, beaucoup des artistes, architectes et artisans viennent de l'étranger (Allemagne, Pays-Bas, France, Lombardie et Tessin). Les formes dynamiques et l'expressivité de l'architecture baroque italienne, qui rencontrent un profond écho en Bohême, se transforment peu à peu : dès les années 1700, le baroque bohémien montre une forte personnalité. Les vingt premières années du 18e s. marquent l'une des plus glorieuses périodes de l'art pragois. À la fin du siècle, alors que le néoclassicisme supplante progressivement l'art rococo, qui résiste en province et dans les arts populaires, le visage de Prague a acquis le charme qui en fait la célébrité aujourd'hui.

Architecture – Sans doute la plus importante des premières constructions baroques à Prague, l'**église St-Sauveur** du Clementinum a pris modèle sur l'église jésuite du Gesù à Rome. Commencée en 1578 dans le style Renaissance, sa façade Ouest, sobre à l'origine, est remaniée pour en faire une des plus somptueuses vitrines du baroque. Autre monument marquant de cette première période, la monumentale **porte Matthias**, à l'entrée Ouest du Château, œuvre audacieuse de 1614, a été attribuée autrefois à Vincenzo Scamozzi, mais est certainement due à Giovanni Filippi. Entre 1624 et 1630, le généralissime Albert de Wallenstein commande à des architectes italiens un grand palais au pied de la colline du Château. Restant beaucoup dans l'esprit de la Renaissance, le **palais Wallenstein** se tourne néanmoins vers le baroque avec sa remarquable *sala terrena*, ses plafonds peints montrant le généralissime sous les traits du dieu Mars, les statues du jardin par Adriaen de Vries. Plus monumental encore, le **palais Czernin** du Hradschin, réalisé par **Francisco Caratti** entre 1669 et 1677, doit son imposante harmonie à la répétition des colonnes engagées, qui s'élèvent sans interruption sur trois étages jusqu'à la corniche principale. Le puissant modelé caractéristique de la façade, lié au jeu de l'ombre et de la lumière sur les reliefs, se retrouve dans de nombreux édifices pragois. Dans la campagne au dehors de Prague s'élève le palais Troja, bien différent, bâti entre 1679 et 1691 par le Bourguignon **Jean-Baptiste Mathey** (environ 1630-1695), auteur aussi de l'église St-François sur la place des Croisés. Ici, Mathey s'éloigne de la tradition italienne, s'inspirant plus du modèle français : un corps central de bâtiment flanqué d'ailes et de pavillons symétriques. Suivant toujours le modèle français, le palais forme un tout harmonieux avec ses grands jardins : parterres et allées s'intègrent au bâtiment au moyen d'une terrasse à balustres et d'un magnifique double escalier orné de statues somptueuses. L'**aménagement paysager** s'impose autant au cœur même de la cité que dans la campagne de Troja : à Malá Strana, les domaines des palais deviennent de merveilleux jardins en terrasses, formant une bande de verdure presque continue sous le Château et au pied de la colline de Petřín.

À la fin du 17e s., le baroque est triomphant. À partir de 1710, de nombreuses constructions religieuses montrent une architecture fantastique, inspirée de l'œuvre des Italiens Borromini et Guarini. Murs ondulants et profusion des détails illustrent une nouvelle conception de l'espace architectural, alliée à la maîtrise des effets dramatiques. Symbole de cette phase, l'**église St-Nicolas** qui domine la place de Malá Strana est une des grandes églises baroques d'Europe centrale. Œuvre de **Christoph Dientzenhofer** (1655-1722) et de son fils **Kilian Ignaz Dientzenhofer** (1689-1751), elle montre une façade concave-convexe d'une grande virtuosité et un intérieur somptueux, sous un immense dôme de 74 m. Les Dientzenhofer sont auteurs de nombreux autres bâtiments à Prague, mais les plus belles œuvres de leur contem-

Intérieur de l'église St-Jacques

porain **J. B. Santini-Aichel** (1677-1723) se trouvent en dehors de la ville. Chargé de restaurer ou de reconstruire couvents et églises victimes de la guerre ou de l'abandon, Santini s'inspire de modèles médiévaux, créant une synthèse unique, étrange et séduisante, du gothique et du baroque, par exemple à **Sedlec** près de Kutná Hora ou, plus spectaculaire, à l'église abbatiale de **Kladruby**, dans l'Ouest de la Bohême.

Sculpture – Dans aucune autre ville d'Europe la sculpture ne joue un rôle aussi public qu'à Prague, dont le visage se pare admirablement de la statuaire baroque des façades d'églises, des portes des palais, et, par-dessus tout, des métamorphoses du pont Charles en voie processionnelle avec son alignement de statues.
Le premier sculpteur baroque d'importance est **Johann Georg Bendl** (vers 1620-1680), qui, en compagnie du peintre Karel Škréta, est considéré comme le

Beauté baroque par Mathias Braun

R. Holzbachova, P. Bénet.

fondateur de la tradition réaliste bohémienne. Travaillant aussi bien le bois de tilleul que la pierre, Bendl allie la réserve du modelé à un sens baroque du dramatique inspiré de modèles romains. Ses successeurs, pour la plupart créateurs des statues du pont Charles, sont aussi influencés par la sculpture baroque romaine, et l'adaptent à la lumière plus sombre de l'Europe centrale et aux matériaux traditionnels de Bohême, comme le grès au grain grossier. Les premiers d'entre eux, **Mathias Bernard Braun** (1684-1738) et **Ferdinand Maximilian Brokoff** (1688-1731). Ce dernier tient son savoir-faire de son père Johann (1652-1718), venu à Prague de sa Slovaquie natale. Leur atelier fournira plus de la moitié des statues du pont Charles. Le travail du fils se distingue de celui du père par la vigueur de l'expression et le traitement hardi de la forme, visibles dans les statues du pont, mais aussi dans les atlantes du palais Morzin et la tombe du seigneur de Mitrovice dans l'église St-Jacques. Appelé parfois le Bernin bohémien, Braun est au moins l'égal du jeune Brokoff dans l'expression d'émotions intenses, notamment dans la statue de sainte Luitgarde sur le pont Charles.
La tradition baroque se poursuit en sculpture jusqu'au milieu du 18e s., mais avec moins de vigueur. Lui succède ensuite, comme dans le reste de l'Europe, la grâce et le lyrisme du rococo. Sérénité et raffinement remplacent dynamisme et tension dramatique. L'intérêt général se tourne alors plus vers les arts décoratifs que vers les œuvres publiques de grande taille.

Peinture – Le peintre le plus célèbre du baroque bohémien est **Karel Škréta** (1610-1674). Né dans une famille protestante qui a fui le pays en 1620 après la bataille de la Montagne blanche, il se forme en Italie. Converti au catholicisme, il retourne dans son pays natal, où il se fait connaître surtout pour ses peintures d'autels à dimension épique, servant une Église alors dominante. Son œuvre est remarquable de réalisme, notamment dans les portraits d'une grande finesse psychologique. Un autre converti au catholicisme, **Michael Willmann** (1630-1706), sert aussi avec dévotion son Église d'adoption, avec de nombreuses peintures d'autels où alternent réalisme cru et spiritualité contemplative. Une part de l'œuvre de son beau-fils, Jan Liška (vers 1650-1712), présente les mêmes qualités, mais ses formats plus réduits annoncent l'esprit du rococo. **Jan Kupecký** (1667-1740), un protestant qui a refusé la conversion, et a donc passé l'essentiel de sa vie à l'étranger, est un personnage fascinant, dont les attachants portraits montrent une grande finesse psychologique.
Au début du 18e s., le grand peintre du baroque tardif demeure **Peter Brandl** (1686-1735) : né à Prague, fondant son travail sur l'observation directe, il emploie couleurs vives et audacieux clairs-obscurs pour créer des effets dramatiques mais réalistes, dans ses portraits tout comme dans ses sujets religieux. Son *Autoportrait* (Galerie nationale, couvent St-Georges) est remarquable, tout comme d'autres qu'il réalise en utilisant ses doigts comme pinceaux.

Après le succès du décor en trompe-l'œil de la salle d'apparat du palais Troja par les frères flamands Godyn, la **peinture de fresques** connaît une grande vogue à Prague. Son représentant le plus brillant et le plus prolifique est **Václav Vavřinec Reiner** (1689-1743), mais on trouve de beaux exemples dus à Franz Xaver Palko (1724-1767) et Johann Lukas Kracker (1717-1779). Le grand peintre de fresques viennois **Franz Anton Maulbertsch** (1724-1796) ne réalise qu'une commande à Prague, le plafond de la **salle de Philosophie** du couvent de Strahov, mais c'est l'une de ses plus grandes œuvres.

L'abandon en peinture des grands thèmes et de l'intensité expressive du baroque pour les sujets plus intimes du rococo est merveilleusement illustré par les nombreuses petites scènes de la vie de la cour et de la campagne peintes par **Norbert Grund** (1717-1767).

Le Réveil national et le 19ᵉ s.

À la fin du 18ᵉ s., l'effervescence artistique du siècle précédent s'est calmée. Adoptées par des souverains comme Joseph II, les idées anticléricales des Lumières ont mis fin au patronage de l'Église. L'aristocratie bohémienne se tourne vers la cour de Vienne. Mais une nouvelle force est en germe : le nationalisme tchèque, qui se montrera un mécène aussi influent que ses prédécesseurs dans l'histoire.

Les premières tentatives de raviver la culture nationale sont le fait d'aristocrates éclairés de langue allemande, comme le comte Sternberg, cofondateur à la fin du 18ᵉ s. de la Société des patriotes amis des arts, organisation dont les collections formeront plus tard le fonds de la Galerie nationale. En 1818, avec le comte Kolowrat, il s'inspirera des idéaux du *Landespatriotismus*, un patriotisme bohémien mariant les traditions allemandes et tchèques du pays, pour fonder le Musée national. Mais vers le milieu du siècle, ce concept disparaît, emporté par la vague d'un nationalisme purement tchèque :

L'exubérante architecture néo-Renaissance tchèque

dorénavant, architecture, peinture, sculpture, arts décoratifs proclament tous l'éveil de la nation tchèque. Beaucoup de monuments de l'époque s'appuient sur cet esprit nationaliste, parfois d'un poids excessif.

Architecture – À partir de 1850, la glorification de la nation se traduit en architecture par la construction de prestigieux monuments dans des styles historiques. Le **néoclassique** laisse peu d'empreintes à Prague. Ouvert en 1783, le **théâtre des États** domine le marché aux fruits dans la Vieille Ville. L'**église des Hiberniens** de 1811 est un bel exemple de style Empire, qui reste isolé. Les grands monuments publics du Réveil national élevés à partir des années 1860 suivent pour l'essentiel un style néo-Renaissance grandiloquent. Le premier est le **Théâtre national**, commencé en 1868 par l'architecte **Josef Zítek** (1832-1909), détruit par le feu avant d'être achevé, et reconstruit par **Josef Schultz** (1840-1917). Il est somptueusement décoré, à l'extérieur comme à l'intérieur, par les grands artistes de l'époque, qui seront appelés **« la Génération du Théâtre national »** : les sculpteurs Bohuslav Schnirch, Josef Myslbek, Anton Wagner ; les peintres Mikoláš Aleš, Václav Brožík, Vojtěch Hynais et **František Ženíšek**. Schultz est aussi l'architecte du **Musée national** de même style qui, en haut de la place Venceslas, offre aux collections nationales son cadre prestigieux. Achevé en 1890, il sera décoré par la Génération du Théâtre national d'allégories et de symboles à la gloire de la nation tchèque. L'emploi du style néo-Renaissance monumental dans les bâtiments publics se poursuit, mais dans des dimensions moindres et avec peut-être moins de conviction, comme dans le musée des Arts décoratifs de Schultz en 1900.

Patriote, le milieu des affaires adopte aussi ce style, comme le montre la **banque Živnostenská** d'Osvald Polívka, de 1896. On fait revivre le style Renaissance de Bohême, mélange pittoresque de pignons en gradins, oriels et sgraffites colorés, qui anime par exemple le bâtiment Wiehl de 1895-1896 sur la place Venceslas.

Le Marché aux œufs de Prague, vu par Luděk Marold

Pendant ce temps, le **néogothique** suit son chemin, dans sa version bohémienne. Son représentant principal est **Josef Mocker** (1835-1899). On lui a reproché autrefois son zèle excessif dans la restauration d'innombrables bâtiments d'époque médiévale, mais on considère aujourd'hui son œuvre comme une contribution authentique au patrimoine culturel du pays. Nul ne peut imaginer Prague aujourd'hui sans les hauts toits en forme de coin dont Mocker a coiffé la tour Poudrière et les tours du pont Charles. Le château de Karlštejn, qu'il a recréé quasiment à partir de ruines, est un des grands emblèmes du pays. Pendant des années, Mocker a travaillé à compléter la cathédrale de Matthieu d'Arras et de Peter Parler.

Peinture et sculpture – La figure dominante de la peinture tchèque du milieu du 19e s. est **Josef Mánes** (1820-1871), membre d'une dynastie d'artistes célèbres. Il exprime sa passion pour son pays, son passé et son peuple dans une œuvre variée allant du portrait au paysage. Il est aussi l'auteur d'un des ornements les plus visibles de Prague sur l'horloge astronomique de la place de la Vieille Ville : le disque-calendrier doré, décoré de vignettes sentimentales sur les travaux de l'année, remplacé aujourd'hui par une copie. Un égal de Mánes dans l'art du portrait est Karel Purkyně (1834-1868), qui, comme Josef Navrátil (1798-1865), est aussi un maître de la nature morte. Le Réveil national encourage la création de grands tableaux à la gloire du passé, parfois mythique, de la nation ; le plus grand peintre d'œuvres de ce genre est **Václav Brožík** (1851-1901), à qui l'on doit des toiles immenses comme *La Condamnation de Jan Hus* de 1883. **Mikoláš Aleš** (1852-1913) peut peindre de semblables scènes épiques, mais il est plus connu pour ses innombrables illustrations de livres. Son amour des traditions et du folklore de son pays lui vaut l'appellation de « plus tchèque de tous les peintres ». **Jakub Schikaneder** (1855-1925) débute sa carrière par des peintures narratives réalistes et des scènes campagnardes. Mais il produit à la fin du siècle d'étranges et merveilleux paysages urbains, dont l'harmonie se teinte de mélancolie vespérale.

La sculpture bohémienne n'évolue guère dans la première partie du 19e s. Ses figures de proue sont les frères Josef (1804-1853) et Emmanuel Max (1810-1901), mais leurs raides statues académiques du pont Charles appartiennent plus à la tradition allemande qu'au génie bohémien, et n'ont pas la vitalité de leurs voisines baroques. Leur chef-d'œuvre demeure le monument au feld-maréchal Radetzky de 1858, beaucoup plus vivant, qui montre le grand soldat porté par huit de ses hommes. Avec l'indépendance de la Tchécoslovaquie en 1918, ce monument à la gloire des succès militaires des Habsbourg devient encombrant, et on l'enlève de la place de Malá Strana. Il est aujourd'hui au Lapidarium. À la fin du 19e s., la sculpture est dominée presque entièrement par la figure de **Josef Václav Myslbek** (1848-1922), membre de la Génération du Théâtre national. Ses figures de héros slaves, sur le rocher de Vyšehrad, sont empreintes de la ferveur du Réveil national. Il est tout désigné pour concevoir la statue du saint patron du pays sur la place Venceslas, en 1887. *Saint Venceslas* sur son étalon va occuper le sculpteur jusqu'à sa mort. Il subit diverses transformations, et laisse de côté l'expressivité romantique pour afficher, plus sobre et plus classique, l'honneur et la dignité d'un chevalier.

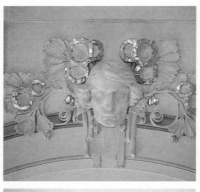

82

Sécession et avant-gardes

Dans la dernière décennie du 19e s., artistes, concepteurs et architectes tchèques sont lassés de la reprise perpétuelle des formes historiques. C'est avec enthousiasme qu'ils accueillent un nouveau mouvement, appelé Art nouveau en France et Grande-Bretagne et **Sécession** (*Secese* en tchèque) à Prague, tout comme à Vienne et Budapest. Bien que ses premiers promoteurs le pensent, de façon révolutionnaire, comme un art total intégrant toutes les disciplines artistiques, les motifs Sécession, aux lignes fluides, aux formes asymétriques et organiques, se prêtent rapidement à des effets purement décoratifs. Les rues de Prague, en pleine expansion à l'époque, se bordent d'immeubles à la riche ornementation Art nouveau, surtout des stucs, mais aussi des mosaïques, céramiques et ferronneries. On en a de beaux exemples avec le grand hôtel Evropa de 1903-1905, la gare principale de 1909, le casino U Nováků de 1904 et sa superbe mosaïque par Jan Preisler, et, par-dessus tout, la Maison municipale. Achevé en 1912 par les architectes Osvald Polívka et Antonín Balšánek, ce prestigieux édifice, comme le Théâtre national, rassemble les travaux de nombreux artistes reconnus de l'époque. Parmi eux, **Alfons Mucha** (1860-1939), qui a passé presque tout le début de sa carrière à Paris, et est mondialement célèbre pour ses affiches de théâtre sophistiquées. À Prague, où il revient en 1910, on le considère comme un artiste patriote, resté fidèle aux idéaux de l'Art nouveau. On doit à Mucha un cycle de peintures retraçant l'épopée des peuples slaves, des dessins de billets de banque et de timbres, mais aussi les vitraux de la nef de la cathédrale St-Guy, à peine achevée. **Max Švabinský** (1873-1962) est aussi éclectique. Ses premiers travaux sont influencés par les symbolistes français. Il crée aussi des vitraux colorés pour la cathédrale, ainsi que des mosaïques pour le Mémorial national sur la colline de Žižkov.

La tradition des sculptures publiques monumentales se poursuit avec un élève de Myslbek, **Stanislav Sucharda** (1866-1916), notamment dans son **monument à František Palacký** de 1912 : ici, il abandonne la retenue de son maître et crée un groupe sculpté dont le dynamisme dépasse même celui de ses prédécesseurs baroques. Autre œuvre majeure, le **monument à Jan Hus** sur la place de la Vieille Ville est une création non conventionnelle de **Ladislav Jan Šaloun** (1880-1946), tout à fait dans l'esprit de la Sécession pragoise, mais influencée par *Les Bourgeois de Calais* de Rodin. Cependant, le sculpteur le plus original et le moins conventionnel de l'époque reste **František Bílek** (1872-1941), remarquable aussi dans les arts graphiques. Sa vision, profondément spirituelle, se nourrit de nombreux aspects de la réflexion contemporaine, mais aussi de l'héritage chrétien et des religions orientales. Il est l'un des rares artistes européens qui parvienne à exprimer le symbolisme en sculpture. Son legs majeur est sans doute la maison qu'il a conçue pour lui-même, riche de symboles. Une autre figure se tient à l'écart des grands courants : **Jan Zrzavý** (1890-1977), « peintre de la vision intérieure », dont les images, fantaisistes mais profondes, rappellent l'œuvre de Paul Klee.

Le modernisme – Quand approche 1910, la Sécession est terminée, bien que des artistes comme Mucha poursuivent avec bonheur leur travail dans ce style. Des esprits plus avant-gardistes constituent le groupe **Osma**, ou groupe des Huit. Parmi eux, **Bohumil Kubišta** (1884-1918) et **Emil Filla** (1882-1963), attachés au rôle de la couleur dans l'expression des valeurs spirituelles. Dans son studio parisien, pareillement convaincu du rôle central de la couleur, **František Kupka** (1871-1957) s'éloigne de ses premières toiles plus ou moins figuratives, inspirées du symbolisme, et se tourne vers une abstraction croissante, qui tente de rejoindre les effets de la musique. Les idées et techniques du cubisme français rencontrent un accueil enthousiaste à Prague. Un des premiers tableaux cubistes tchèques est *Le Fumeur*, de Kubišta, au nom prédestiné.

Dans le même temps, en architecture, l'Art nouveau s'éloigne de l'excès ornemental vers une approche plus sobre et structurelle, dont le Mozarteum de 1913 dû à Jan Kotěra (1871-1923) est un exemple. Un **mouvement architectural cubiste tchèque** original se développe. On trouve peu d'exemples semblables dans le monde à la **Maison à la Madone noire**, achevée en 1912 par **Josef Gočár** (1880-1945), ou bien aux **villas et immeubles de Vyšehrad** dus à **Josef Chochol** (1880-1956). La décomposition des surfaces planes, puis leur recomposition, sont plus aisées en peinture et sculpture qu'en architecture, mais ces constructeurs, et d'autres, vont réussir à créer de merveilleuses formes à facettes, parfois semblables à des diamants taillés, originales et séduisantes. Leur recherche rencontre un écho dans les arts décoratifs, avec des meubles et céramiques de style cubiste.

Sculpture cubiste d'Otto Gutfreund

Peut-être le plus grand sculpteur tchèque du 20ᵉ s., **Otto Gutfreund** (1889-1927), cubiste convaincu dans ses premières œuvres, crée en 1911 des bronzes expressifs comme *Angoisse*, et un *Don Quichotte* encore plus tourmenté. Mais à la fin de la Première Guerre mondiale, Gutfreund a abandonné le cubisme pour le **civilisme** et le **réalisme objectif**, célébration de la vie ordinaire marquée par le souhait d'une « nouvelle sculpture pour un nouveau pays ». Typiques de cette tendance, ses merveilleuses figures en bois coloré représentant des scènes quotidiennes : le travail, comme dans *Commerce et Industrie* de 1923 ; ou le groupe charmant, mère, père et enfant dans *Famille*, en 1925. Gutfreund reçoit avec **Jan Štursa** (1880-1925) commande de la décoration sculptée de la **banque des Légions** de Josef Gočár. Leur travail, pour Štursa des consoles monumentales, pour Gutfreund une frise courant sur toute la façade, célèbre le courage des légionnaires tchécoslovaques qui ont combattu aux côtés des Alliés pendant la Première Guerre mondiale.

Certains des contemporains de Gutfreund et Štursa, dont Karel Dvořák (1893-1950), travaillent dans le même style. Leurs figures de personnages ordinaires au travail ou en détente ornent de nombreux bâtiments de l'époque.

Le rondocubisme – La banque des Légions, achevée en 1932, est le produit d'un deuxième style architectural spécifique à la Bohême, le **rondocubisme**, dont la durée de vie sera aussi brève que celle du cubisme en architecture. L'idée est d'intégrer dans l'architecture des valeurs typiquement slaves. On emploie le rouge et le blanc, couleurs nationales, ainsi que des formes massives, cylindriques, rondes, tronquées, faisant écho aux constructions en rondins de bois. Un autre exemple rondo cubiste, plus monumental, est le **palais Adria** de 1925 aux allures de forteresse, dû à Pavel Janák et Josef Zasche. Les édifices rondo cubistes sont rares. Ce style sera attaqué par la génération suivante qui le trouve superficiel, décoratif, inutilement nationaliste. Il laisse vite place à une nouvelle approche, fondée sur l'appréciation de la fonctionnalité des bâtiments et les riches perspectives qu'offrent les matériaux modernes, acier, verre et béton.

Le fonctionnalisme – La Tchécoslovaquie de l'Entre-deux-guerres est, en comparaison avec ses voisins, un État démocratique, progressiste et prospère. Le fonctionnalisme en architecture y trouve un berceau idéal. Prague conserve de nombreux bâtiments de ces débuts héroïques de l'architecture moderne, par exemple le grand **palais des Expositions** conçu par Josef Fuchs et Oldřich Tyl, qui impressionne Le Corbusier lors de son inauguration en 1928. Son magnifique espace intérieur reste un modèle admiré pour la pureté des lignes et la perfection des volumes. Autres constructions phares de l'époque, le **magasin Baťa** ouvert en 1929 sur la place Venceslas, et l'ensemble de bâtiments de l'**Institut des retraites** de la place Winston Churchill, dans le quartier de Žižkov proche du centre. Recouvert de céramique pour résister à la vapeur et aux fumées émanant de la gare centrale voisine, il se compose de corps de différentes hauteurs. Ses longs bandeaux horizontaux de fenêtres marqueront les immeubles de bureaux des décennies suivantes. Dans les quartiers surgissent des lotissements de maisons fonctionnalistes, dont le plus célèbre est la colonie **Baba Villa**, sur un site splendide en sommet de colline au Nord de la ville. Suivant l'exemple de l'exposition des pavillons du Werkbund à Stuttgart en 1927, on y fait construire entre 1928 et 1940 une bonne trentaine de maisons par les grands architectes du moment. Les stucs sont un peu délabrés, mais ces habitations en forme de boîte, aux grandes baies rectangulaires, balcons généreux et espaces intérieurs déstructurés, représentent toujours l'idéal domestique de l'architecture progressiste de l'époque. En 1931, dans le faubourg de Slivovice, l'architecte **Adolf Loos**, né en Moravie mais installé à Vienne, connu pour sa devise « L'ornement est un crime », construit une grande villa pour la famille Müller, illustrant un concept similaire d'espace intérieur, le *Raumplan*. On bâtit d'autres villas modernistes autour des grands studios de cinéma **Barrandov**, surplombant la Vltava au Sud du centre de Prague, avec un restaurant panoramique et un night-club huppé doté d'une tour semblable à un phare : les **terrasses Barrandov** deviennent le dernier endroit à la mode. Mais c'est la **villa Tugendhat**, à Brno, qui fait preuve de la plus grande audace conceptuelle. Création en 1930 de l'architecte allemand **Mies van der Rohe**, elle est élevée au rang d'icône, comme l'un des plus beaux exemples de ce qu'on appellera plus tard le style International.

Indifférent à l'enthousiasme suscité par le fonctionnalisme, l'architecte slovène Josip Plečnik (1872-1857) puise son inspiration dans l'architecture classique et le contexte historique de son œuvre. Entre 1920 et 1934, il va minutieusement adapter les cours, intérieurs et jardins du Château à leur fonction contemporaine. Son œuvre personnelle la plus célèbre est l'extraordinaire **église du Sacré-Cœur** de Vinohrady, en banlieue.

Devětsil et le surréalisme – Certains des pionniers du fonctionnalisme sont liés au groupe d'artistes Devětsil, que préside le poète, théoricien, créateur de collages et publicitaire **Karel Teige** (1900-1951). Passionné par la modernité et les expérimentations de toutes sortes, avec pour quartier général le célèbre café Arco, le groupe recrute ses membres dans toutes les disciplines artistiques, y compris la poésie. Il choisit même comme membres honoraires des personnalités représentatives du monde contemporain comme Charlie Chaplin et Harold Lloyd. Des artistes comme Toyen (nom choisi par Marie Čermínová, 1902-1980) et Jindřich Štyrský (1899-1942) cherchent à créer une « poésie visuelle » et développent une « façon de voir le monde qui en fait un poème ». Devětsil s'affiche clairement à gauche, mais plusieurs de ses membres sont exclus du Parti communiste tchécoslovaque pour leur comportement « incorrigiblement petit-bourgeois ».

Pendant toutes les années 1920, le groupe domine la production artistique progressiste. Même après sa dissolution, en 1931, plusieurs de ses membres comme Teige, Toyen et Štyrský continuent de jouer un rôle dominant dans le groupe des surréalistes, qui lui succède. Ce dernier ouvre sa première exposition en 1935 dans le bâtiment Mánes de 1928, ouvrage fonctionnaliste d'un blanc étincelant. Invité du groupe, le surréaliste André Breton est sous le charme de Prague, « métropole magique de la vieille Europe ». Chef de file des peintres surréalistes tchèques, **Josef Šíma** (1881-1971) brosse des paysages mythiques peuplés de torses flottants, de cristaux et d'œufs cosmiques.

Au nombre des sculpteurs surréalistes figure Ladislav Zívr (1909-1980), mais l'artiste le plus original des années 1930 est sans doute **Zdeněk Pešánek** (1896-1965). Fasciné par les potentialités de l'art cinétique et de la lumière électrique, il crée pour l'Exposition universelle de 1937 à Paris une fontaine cinétique lumineuse qui est très admirée. Mais ses autres projets pour orner Prague de grandes sculptures publiques ne voient pas le jour.

L'art sous les nazis et sous le communisme – Avec le protectorat de Bohême-Moravie imposé en 1939 par les nazis, l'activité artistique d'avant-garde disparaît, du moins dans son rôle public. Les arts visuels vont aussi stagner pendant les décennies de gouvernement communiste. Mais en 1942, des peintres et d'autres artistes créent le **Groupe 42** : les paysages urbains désolés de František Hudeček (1909-1990), Jan Smetana (1918-) et Kamil Lhoták reflètent la grisaille des années d'occupation.

Après le coup d'État de 1948, les communistes s'efforcent de récupérer les talents des artistes pour le compte du Parti. Un nombre surprenant d'artistes continue de prospérer sous le nouveau régime, notamment ceux dont la production respecte la bonne tonalité, patriote et populaire. Beaucoup sont honorés du titre d'« artiste national ». Max Švabinský, âgé, joue un rôle similaire à celui de Mucha pour la première république, signant des portraits de héros du Parti, dessinant affiches et timbres sur commande. L'artiste le plus proche de la tradition populaire reste **Josef Lada** (1887-1957), rendu célèbre par les gravures illustrant le roman de Jaroslav Hašek *Le Brave Soldat Chveïk*. Ses scènes typiques de la vie de village et ses personnages rustiques essaiment partout. Un autre illustrateur apprécié, Adolf Zábranský (1909), crée pour le jardin du palais Ledebour un panneau de sgraffites de 35 m de long avec pour sujet la Libération de 1945. Aujourd'hui enlevé, il montrait de robustes jeunes paysannes en costume régional accueillant les soldats de l'Armée rouge. D'autres projets finiront mal. Dans les années 1920, le sculpteur « réaliste objectif » **Otakar Vávra** (1892-1955) avait créé un chef-d'œuvre mineur avec son *Motocycliste* en pleine course. Mais la commande du monstrueux monument de Staline, sur le plateau de Letná, le conduira au suicide. Le réalisme objectif de l'Entre-deux-guerres est une sorte de précurseur du **réalisme socialiste** encouragé dans le bloc soviétique, mais l'essentiel de la peinture et de la sculpture produit sous cette appellation semble dépourvu de vie et de contenu. L'architecture réaliste socialiste connaît une courte vogue dans les années 1950, mais ne laisse qu'un unique édifice dans un style stalinien sans concession, le gratte-ciel « pièce montée » de l'**hôtel International**, aujourd'hui Holiday Inn. La plupart des bâtiments de l'époque communiste sont des variations sur le fonctionnalisme.

R. Holzbachova, P. Bénet

Gratte-ciel stalinien : l'hôtel International

Les années 1970 verront cependant surgir une nouvelle forme de monumentalisme, avec des bâtiments dominateurs, comme l'immeuble Koospol sur la route de l'aéroport, le Parlement tchèque, malheureusement proche du Musée national, et le palais de la Culture, à allure de forteresse, de Vyšehrad. Le glas du fonctionnalisme sonne avec le développement des banlieues pragoises, sous forme de grands lotissements sans âme réalisés sur le modèle soviétique à partir de panneaux d'usine préfabriqués. La chute du communisme en 1989 n'entraîne pas la naissance d'un style d'architecture spécifiquement tchèque. L'édifice qui nourrit le plus la controverse aujourd'hui est la « maison dansante » de l'architecte américain Frank Gehry, visible de loin sur les rives de la Vltava.

La vie intellectuelle

À l'époque moderne, les intellectuels ont joué un rôle important dans la définition de la nation tchèque, puis dans sa conduite. Mais longtemps auparavant, Prague était un lieu où la pensée fleurissait, un pôle intellectuel dont l'influence s'étendait bien au-delà des frontières de la Bohême.

Des esprits médiévaux se rebellent

Au Moyen Âge, faisant partie du Saint Empire romain germanique, à plusieurs reprises capitale, Prague était traversé par les courants intellectuels qui circulaient d'un bout à l'autre de l'Europe. Son université, première institution de ce genre au Nord des Alpes et à l'Est de Paris, est fondée en 1348 par le grand empereur Charles IV, que son éducation et son appartenance à la dynastie des Luxembourg ont familiarisé avec la France et l'Italie autant qu'avec l'Europe centrale. Un des étudiants les plus brillants de cette université est **Jan Hus** (env. 1372-1415), qui reçoit en 1396 son diplôme de maîtrise. Prague est depuis des années le ferment de débats théologiques, avec des prédicateurs comme **Waldhauser** ou **Milič**, qui rejettent le matérialisme de l'Église, s'appuyant sur les écrits hérétiques de l'Anglais John Wyclif. Hus n'est pas à l'origine un révolté, mais sa résolution de « vivre dans la vérité de Jésus-Christ » l'amène inévitablement à entrer en conflit avec les instances ecclésiastiques. Son excommunication, son procès à Constance et sa mort sur le bûcher en 1415 lui confèrent une stature européenne de réformateur avant la Réforme. En terre tchèque et ailleurs, il est à la source de décennies de conflits religieux destructeurs, les guerres hussites.

L'érudition juive

En parallèle au développement de la pensée chrétienne, les érudits de la communauté juive de Prague poursuivent leur recherche intellectuelle. Le 13ᵉ s. voit fleurir ce genre d'activité. Des juifs cultivés, comme **Isaac ben Moïse**, qui a étudié à Paris, en Rhénanie et à Ratisbonne, travaillent à compléter les commentaires du Talmud ; **Abraham ben Azriel** rassemble une somme de savoir juif, *Le Jardin des Épices*. Alors que Jan Hus répand ses idées révolutionnaires, **Jom tov Lipmann-Mühlhausen** se penche sur les questions métaphysiques de la foi et du libre arbitre. Un siècle plus tard, un groupe de savants pragois rédige les premiers textes hébreux publiés au Nord des Alpes. Le 16ᵉ s. sera l'âge d'or de la culture et de la science juives. La figure marquante est celle du grand **rabbin Judah Loew ben Bezalel** (env. 1520-1609). Souvent considéré comme le créateur du monstrueux Golem *(voir encadré p. 124)*, le rabbin Loew était en réalité un érudit de tout premier rang, qui s'efforçait minutieusement de réconcilier les idées de la Renaissance et la tradition juive.

Une cour cultivée

La sagesse du rabbin Loew aurait suffisamment éveillé l'intérêt de l'empereur Rodolphe II pour que l'excentrique souverain le fasse au moins une fois amener du ghetto au palais. L'empereur s'intéresse à toutes sortes de choses, et sous son règne (1576-1611), la cour de Prague est un lieu de grande culture et aussi de grande érudition, bien que l'on trouve parmi les philosophes, médecins et astronomes rigoureux, des astrologues, alchimistes ou purs charlatans. Les tentatives des courtisans de Rodolphe pour dévoiler la face occulte de l'univers ou pour transformer en or un vil métal contribuent à forger la légende du « Prague magique » ; on brode plus d'un récit passionnant sur la vie de l'astronome danois **Tycho Brahé** (1546-1601) et son nez de métal, du savant anglais **John Dee** (né en 1527) et de son compatriote, l'escroc Edward Kelley. Mais des recherches sérieuses aboutissent : Tycho Brahé effectue des observations précises sur le mouvement des corps célestes, que développe son collègue **Johannes Kepler** (1571-1630), ouvrant la voie aux futures découvertes d'un Isaac Newton.

Les années sombres

L'exil forcé des protestants de Bohême après la bataille de la Montagne blanche en 1620, le statut de Prague, ravalée au rang de ville de province, l'application stricte de la Contre-Réforme, tout cela enferme le pays dans la période que les historiens tchèques appellent *Temno*, les années sombres, dont la nation ne sortira qu'au 19ᵉ s., avec le Réveil national. Un des grands exilés protestants est l'humaniste morave **Jan Amos Komenský** (1592-1670). Connu partout sous le nom de **Comenius**, Komenský cherche refuge en Pologne, Angleterre, Suède, Hongrie, Hollande, où il est acclamé pour sa « pansophie », système de pensée cherchant à unifier toute la chrétienté, ainsi que pour ses théories remarquablement progressistes en matière d'éducation, dont beaucoup ont dû attendre le 20ᵉ s. pour être mises en application.

Le Réveil national

Le triomphe de la Contre-Réforme et la primauté de l'allemand entraînent la disparition presque totale d'une culture spécifiquement tchèque pendant les deux siècles du *Temno*. On laisse aux classes populaires le soin de maintenir la langue en vie. Ainsi préservée, elle est redécouverte au début du 19ᵉ s. grâce aux intellectuels du Réveil national. Dans les premières années du siècle, **Josef Dobrovský** (1753-1829) publie une *Histoire de la langue et de la littérature tchèques* et un dictionnaire allemand-tchèque en deux volumes ; **Josef Jungmann** (1773-1847) démontre la puissance et la richesse du tchèque en traduisant dans cette langue des classiques anglais et allemands et en retravaillant inlassablement à son grand dictionnaire allemand-tchèque, dont les cinq volumes ouvriront en 1847 la procession de ses funérailles. Tous ces efforts ne sont pas purement académiques, comme en témoignent les six volumes de *L'Histoire de la nation tchèque en Bohême et Moravie*, dont la rédaction occupa plus de 45 années de la vie de l'historien **František Palacký** (1796-1876) : c'est grâce à son récit des guerres hussites que la figure de Jan Hus s'est définitivement installée dans la mémoire collective de ses compatriotes. Pendant l'année révolutionnaire 1848, Palacký rappelle au monde que la Bohême et les Tchèques sont autre chose que l'appendice d'une Europe centrale essentiellement germanique. Il refuse d'abord de siéger au parlement de l'Empire germanique, à Francfort, pour organiser ensuite un Congrès slave à Prague même. Son axiome le plus célèbre sur les Tchèques a une dimension prophétique : « Avant que l'Autriche soit, nous étions, et quand l'Autriche ne sera plus, nous serons ! »

L'*Histoire* de Palacký est un ouvrage patriotique, destiné à rendre aux

Franz Kafka

AKG Paris

Tchèques le sentiment de leur identité, en réveillant la conscience d'un passé ancien et souvent glorieux. Au 19ᵉ s., Prague devient une ville à forte dominante tchèque, cœur reconnu d'une nation à l'assurance croissante, à l'autonomie culturelle fermement établie, qui souhaite aussi une forme d'autonomie politique au sein de l'empire austro-hongrois. Des auteurs comme **Jan Neruda** (1834-1891) *(Contes de Malá Strana)* et **Božena Němcová** (1820-1862) *(Babička ou Grand-mère)* célèbrent la vie des Tchèques à la ville et à la campagne. On assiste à un dernier épanouissement du Prague de langue allemande, notamment de la culture juive allemande : le nom de **Franz Kafka** (1883-1924) est intimement lié à sa ville natale, mais ce n'est qu'un des nombreux écrivains qui se sont nourris du Prague du tournant du siècle et de son animation intense. La « société de café » s'y développe tout autant qu'à Vienne : les Tchèques et leurs fidèles fréquentent le café Union (appelé familièrement *Unionka*), les germanophones, le café Arco. **Karl Kraus** (1874-1936), propriétaire et rédacteur en chef de la revue littéraire *Die Fackel (La Torche)*, brocarde avec acidité ces derniers dans une phrase quasiment intraduisible –« *Es werfelt und brodet und kafkat und kischt* » – qui associe à Kafka, le poète, auteur dramatique et écrivain **Franz Werfel** (1890-1945), qui épousera la veuve de Gustav Mahler *(La Torche)* et finira ses jours à Hollywood ; **Max Brod** (1884-1968), qui a sauvé de la destruction l'œuvre de l'auteur du *Procès* ; et **Egon Erwin Kisch** (1885-1948), « le reporter enragé » qui, après maintes vicissitudes, retourne à Prague au lendemain de la Seconde Guerre mondiale pour devenir conseiller municipal communiste).

F. Kafka

AKG Paris

Signature de Kafka

« T. G. M. »

Au début du 20ᵉ s., la voix tranquille de **Tomáš Garrigue Masaryk** (1850-1937) se fait parfois entendre dans le brouhaha de Prague. Fils d'un cocher slovaque et d'une Morave de langue allemande, Masaryk est professeur de philosophie et de sociologie à l'université tchèque de Prague. Farouche adversaire des comportements irrationnels, il combat l'antisémitisme, le nationalisme et le cléricalisme, se faisant beaucoup d'ennemis. Membre élu du parlement autrichien, il souhaite un gouvernement autonome tchèque au sein de l'Empire ; mais une fois les circonstances modifiées par la Première Guerre mondiale, il se rend compte qu'il n'y a pas d'autre solution que l'indépendance pure et simple. Philosophe avant tout, plus vraiment jeune, il devient néanmoins le moteur d'un mouvement unissant Tchèques et Slovaques et lève une armée d'émigrés et de déserteurs pour combattre aux côtés des Alliés. En 1918, il fait une entrée triomphale à Prague et, désormais affectueusement désigné par ses initiales T. G. M., devient le premier président de la Tchécoslovaquie.

Masaryk était l'ami des frères **Josef** et **Karel Čapek** (1890-1938), ce dernier mondialement connu pour ses pièces de théâtre *Le Secret Macropoulos* et *RUR* (*Les Robots universels de Rossum*, pièce qui a introduit le mot *robot* dans les autres langues). Un cercle politique et littéraire influent appelé « le Château » se réunit régulièrement à la villa des Čapek, à Vinohrady. Trouvant son inspiration auprès de Masaryk, « le Château » donne le ton intellectuel de la première république démocratique de Tchécoslovaquie, prônant les valeurs de libéralisme et de tolérance qui vont disparaître progressivement dans le totalitarisme des années 1930. En 1938, Karel Čapek meurt, le cœur brisé de voir les accords de Munich déchirer son pays, et Josef périt au camp d'extermination de Bergen-Belsen.

L'attirance de la gauche

Entre les deux guerres mondiales, de nombreux intellectuels, inspirés par une Union soviétique peu connue, embrassent le communisme. Pendant l'Occupation, les tendances pro-russes ou de gauche se renforcent sous les effets de la trahison de Munich et de la résistance héroïque de l'Armée rouge aux assauts allemands. Le coup d'État communiste de 1948 rencontre peu de résistance parmi les intellectuels : les quelques protestations sont vite étouffées. De nombreux membres de l'intelligentsia obtiennent divers postes gratifiants d'apparatchiks culturels. **Vítěslav Nezval** (1900-1958), chef de file de l'innovation poétique des années 1920 et 1930, s'adonne à un culte stalinien éhonté et devient directeur de l'industrie cinématographique nationalisée. L'écrivain **Zdeněk Nejedlý** (1878-1962), promu à un âge avancé ministre de l'Éducation et de l'Instruction nationales, ne ménage pas sa peine pour légitimer le régime en retrouvant ses racines dans l'histoire tchèque, surtout dans le hussisme.

La dissidence

Au début des années 1960, le communisme tchécoslovaque, en échec sur les plans économique et politique, connaît une crise et brise sans ménagement toute tentative de renouveau culturel. Mais, au sein du Parti, les intellectuels réclament des réformes de fond. Leurs efforts aboutissent en 1968 au **« Printemps de Prague »**, soutenu par la nation tout entière, dernière chance pour le communisme de se réformer. La « normalisation » qui suit l'invasion par les troupes du Pacte de Varsovie en août 1968 exclut de la direction du pays tous ceux dont la pensée est capable d'indépendance. Chassés des universités et autres institutions, poètes, dramaturges, économistes et philosophes se retrouvent laveurs de carreaux ou chauffeurs, et ne parviennent à publier, dans le meilleur des cas, que sous forme de *samizdats*.

Quand il n'est pas en prison ou harcelé par la Sécurité, l'auteur dramatique **Václav Havel** (né en 1936) roule les tonneaux dans une brasserie de province. Acclamé pour ses comédies de l'absurde du début des années 1960, comme *La Fête en plein air*, qui ridiculise la bureaucratie, Havel continue d'écrire dans les années 1970, bien que ses œuvres, comme la trilogie **Vaněk** (*Audience*, *Vernissage* et *Pétition*), ne puissent être jouées qu'en privé ou à l'étranger. En 1977, il fonde la **Charte 77** avec le philosophe Jan Patočka et l'ancien ministre des Affaires étrangères Zdeněk Mlynář. Malgré la menace réelle de la prison, près de 1 800 personnes vont signer cette charte, qui exige, sans succès, de la part du gouvernement qu'il respecte ses propres lois, ainsi que les Droits de l'Homme. Peu féru de politique en tant que telle, Havel s'intéresse au fondement moral de l'action, et considère l'être moral, plutôt que le dogme, comme la pierre angulaire de toute société. En 1989, il saura donner, avec ses amis dissidents, une voix à la Révolution de velours. Élu président à la fin de cette extraordinaire année, réélu par deux fois depuis, Havel est resté fidèle aux valeurs qui l'ont soutenu au long des années de dissidence. Il a déployé toute son énergie pour rattacher son pays à la tradition humaniste défendue avant lui par le philosophe Masaryk.

Prague et la musique

« Prague, conservatoire de l'Europe »

C'est ainsi qu'en 1772 l'Anglais Charles Burnley décrit la Bohême... Tout au long de leur histoire, les Tchèques ont toujours montré un goût inné pour la musique. Pour l'écouter bien sûr, mais surtout la jouer. Comme l'affirme le dicton : « *Co Čech, to muzikant* » (« Sous chaque Tchèque, un musicien »).

Un peuple de chanteurs – Au Moyen Âge, c'est en partie par le chant que les Tchèques établissent leur identité, qu'ils glorifient par un *Kyrie*, le célèbre *Hospodine, pomiluj ny*. Un cantique à saint Venceslas devient leur hymne national. Le chant grégorien se développe au chapitre des chanoines de Vyšehrad. Le *Livre des cantiques* de l'abbaye St-Georges, au Hradschin, est renommé.

La foi des hussites dans les valeurs simples des débuts du christianisme les amène à critiquer la polyphonie et à décourager l'emploi de l'orgue dans les églises. Ils promeuvent en revanche le chant des fidèles, de même que l'hymne en langue tchèque, jusque-là banni de l'Église, domaines réservés au seul latin. Avec la musique populaire, cet engouement pour la musique chorale engendre la création de sociétés musicales, qui sous-tendront la création musicale tchèque dans les siècles à venir.

Lorsqu'en 1420 l'empereur Sigismond tente de reconquérir Prague, on compose le chant *Povstaň veliké město pražské* (« Lève-toi, grande cité de Prague »). Avant chaque bataille, les hussites entonnent *Ktož jsú boží bojovníci* (« Vous qui êtes les soldats de Dieu »). Redécouvert au 19ᵉ s., ce cantique devient le symbole musical du combat de la nation tchèque pour retrouver ce que la domination autrichienne lui a enlevé.

La protection de l'Église et de l'aristocratie – Au 16ᵉ s., surtout à l'époque baroque, aristocratie et Église encouragent l'éducation musicale. Elles aident souvent des paysans doués à sortir du servage pour mener une carrière musicale. Jésuites, piaristes et frères mineurs décernent le titre de *magister musicae* à des musiciens comme Černohorský. On forme d'excellents orchestres privés, ou *kapela*, entretenus par l'aristocratie. À côté de cette musique d'élite, les **chants populaires**, qui animent les processions religieuses, vivent un renouveau. Les jésuites récupèrent les airs anciens en expurgeant les paroles de tout contenu hérétique. Le **frère Stayer**, né à Prague, rassemble un livre de chants très complet, réédité six fois entre 1683 et 1764.

Associations et institutions – Grâce à cette culture musicale, illustrée par le fameux proverbe « Tous les Tchèques naissent avec un violon sous l'oreiller », la musique devient au 19ᵉ s. un vecteur puissant du Réveil national tchèque. Le prestigieux théâtre des États, qui a fait en 1787 un accueil triomphal à Mozart, résonne ainsi pour la première fois de l'hymne national *Kde domov můj* (« Où est ma patrie ? »), extrait d'un opéra de **František Škroup**. Et surtout, des sociétés se créent pour rassembler et soutenir les musiciens tchèques. La **Société des interprètes** collecte des fonds pour les

Bâtiment de la société musicale Hlahol

musiciens âgés et les orphelins dont les pères étaient musiciens. Le **conservatoire de Prague**, le premier d'Europe, est fondé en 1811. Il forme d'excellents interprètes, comme le violoniste Josef Slavík et la cantatrice Henriette Sontag. Pour mettre en valeur les talents des jeunes musiciens, on organise des concerts publics. Ceux de l'île Slave, alors île Sophie, attirent des compositeurs étrangers comme **Berlioz** ou **Liszt**, auteur d'un essai intitulé *Des Bohémiens et de leur musique en Hongrie*.

Dans la seconde moitié du siècle, les sociétés musicales, qui regroupent Tchèques et Allemands, disparaissent avec la séparation des deux communautés. Créée en 1861, la société pragoise **Hlalol**, dont la devise est « Par le chant, toucher au cœur ; par le cœur, la Nation », est dirigée par **Smetana**. Le projet d'une institution nationale où pourraient se produire compositeurs et musiciens tchèques se développe. En 1868, on pose la première pierre du **Théâtre national**. Dans le même esprit, à partir de la fin du 18e s. et encore aujourd'hui, beaucoup de chercheurs s'attachent à recueillir les **chansons populaires** et les **danses traditionnelles**, qui ont inspiré **Smetana** et **Dvořák** autant que Janáček.

Une ville façonnée par la musique

Un cadre urbain favorable – Parmi les cloches qui sonnent aux « cent tours » de Prague, on compte des **carillons** anciens, comme celui de **Notre-Dame-de-Lorette**, mis au point en 1694 par Peter Neumann. Depuis le Moyen Âge, et notamment à l'époque baroque, des **sonneurs de trompettes** accompagnent du haut des galeries les fêtes pragoises. En 1891, à l'occasion de l'Exposition du Jubilé, Dvořák compose pour ces mêmes fêtes des fanfares. Aujourd'hui, la fanfare des Gardes du Château maintient vivante la tradition. Note plus sombre, la tour Dalibor du Hradschin rappelle le rôle légendaire du violon pour soutenir les Tchèques aux époques troublées.

Entre tours et clochers coule la majestueuse Vltava. Son murmure, le bruissement des moulins, comme sur l'île Kampa, inspirent plus d'une œuvre. Dès 1715, des processions musicales sont organisées sur la rivière en l'honneur de saint Jean Népomucène, précipité dans la Vltava du haut du pont Charles. Zach, Jacob et Brixi composent une *musica navalis*, essentiellement pour instruments à vent, qui sera jouée tout le siècle sur des bateaux descendant la rivière.

Les églises de Prague ont toujours produit de la belle musique. L'**église des Chevaliers à l'Étoile rouge** est célèbre pour ses *sepolkras*, oratorios donnés pendant le Carême, chantés par deux chœurs placés sur les galeries en face de l'église. Pendant un séjour en 1787, la musique de l'abbaye de Strahov enthousiasme Mozart. Celle de l'église St-Jacques séduit Černohorský. Dans ses jeunes années, Dvořák gagne modestement sa vie en tenant l'orgue à l'église. Janáček compose aussi pour l'orgue.

Certaines enseignes de maisons anciennes montrent des liens avec la musique, comme les trois violons du n° 210/12 de la rue Neruda, qui a abrité de 1667 à 1748 trois générations de luthiers, dont le renommé Tomáš Edlinger. La place de la Vieille Ville rappelle un souvenir musical plus sinistre, avec le mémorial au compositeur Kryštof Harant de Polžice, exécuté le 21 juin 1621 avec les autres chefs de la rébellion des États.

Salles de concert et d'opéra – Prague est célèbre aussi pour ses salles de concert et d'opéra. Le **théâtre V Kotčích** ouvre en 1737 et accueille la première représentation d'un opéra-comique à Prague, *La Servante maîtresse* de Pergolèse. **Gluck** monte ses opéras à Prague. En 1781, le comte **Nostitz** entreprend la construction d'un théâtre qui produira trois opéras par semaine. Son directeur, Štěpánek, fera tout son possible pour promouvoir des œuvres tchèques, mais ne pourra empêcher le théâtre de prendre finalement un caractère exclusivement allemand. Les Tchèques bâtissent alors le **Théâtre provisoire**, intégré peu à peu au **Théâtre national** qui, inauguré en 1881, devient le temple de la musique tchèque. Pour concurrencer les Tchèques, les Allemands construisent en 1888 le **Nouveau Théâtre allemand**, aujourd'hui l'Opéra d'État. En principe, les deux publics s'ignorent mutuellement. Mais Mahler, très apprécié des Allemands, n'est pas rejeté par les Tchèques. Après 1918, le Nouveau Théâtre allemand ouvre ses portes aux Tchèques ; son directeur, Zemlinský, fait jouer des œuvres étrangères récentes. Construit en 1904-1907, le **théâtre de Vinohrady** concurrence le Théâtre national pour l'opéra.

Au cours du 19e s., on ouvre plusieurs salles de concert. La première est construite sur l'**île Slave** en 1837, le **Rudolfinum** est inauguré en 1884. Le **Konvikt** ou **Platýz**, près de l'église St-Martin-dans-le-Mur, offre un espace pour des concerts et autres spectacles musicaux. Durant la période communiste, comme les rassemblements sont interdits, aller au concert ou à l'opéra est un moyen de se réunir : la vie musicale prend une coloration politique.

Prague est aussi une ville de festivals musicaux. Le plus connu, créé en 1946, est le **Festival de printemps de Prague**. Cette rencontre internationale, comportant un concours d'interprétation, s'ouvre le 12 mai, anniversaire de la mort de Smetana, par une représentation de *Má Vlast (Ma Patrie)*. Le Festival d'automne de Prague a lieu vers le 28 septembre, fête de saint Venceslas. En octobre et novembre vient le tour de Musica Judaica, un festival de musique juive.

Prague et les compositeurs

Prague a toujours eu une relation ambiguë avec ses compositeurs, laissant partir les enfants du pays et attirant de nombreux étrangers. Dès le Moyen Âge, la vie musicale pragoise s'enrichit avec la venue à la cour de musiciens allemands, français, slovènes et italiens.

Gloires du baroque – Le 18e s. est l'âge d'or de la musique tchèque. La période baroque fournit beaucoup d'exemples d'échanges culturels. De nombreux musiciens tchèques se distinguent dans divers pays européens. **Jan Dismas Zelenka** (1679-1745) a été contrebassiste pendant 35 ans au service de l'électeur de Saxe, à la cour de Dresde. En 1723, on joue pour le couronnement de Charles IV à Prague son œuvre allégorique *Sub olea pacis et palma virtutis* (*Sous les rameaux de la paix et la palme de la vertu*). L'autre grand compositeur de l'époque, **Bohuslav Matěj Černohorský** (1684-1742), a eu l'infortune de perdre presque

Ange doré jouant du tambour (église St-Thomas)

toute son œuvre dans l'incendie de l'église St-Jacques, dont il était l'organiste. Il ne subsiste que 15 morceaux de celui que les Italiens surnommaient *Il Padre Boemo*. En Italie, Josef Mysliveček (1737-1781) est appelé *Il Divino Boemo*, ce qui montre combien ses opéras étaient appréciés. Le violoniste Johann Stamitz (1717-1757), père de la sonate moderne, travaille surtout à Mannheim. Jiří Benda (1722-1795) passe 28 années à Berlin. Plus tard, Smetana vivra en Suède et Dvořák aux États-Unis.

Deux chefs de l'orchestre de la cathédrale se distinguent particulièrement. František Xaver Brixi (1732-1771) entre en fonction à l'âge de 17 ans : il laisse plus de 500 compositions, dont beaucoup d'oratorios de la Passion et des messes solennelles. Le second, Jan Antonín Koželuh (1738-1814), influencera l'opéra pragois avec ses œuvres dans le style italien, comme *Alessandro nella India* (1760) et *Demofoonte* (1772) qui contribuera au renouveau du théâtre Nostitz.

Deux visiteurs illustres du 18e s. – Nul n'a plus passionné les Pragois que **Wolfgang Amadeus Mozart** (1756-1791). En 1782 et 1786, *L'Enlèvement au sérail* et *Le Mariage de Figaro* triomphent au théâtre Nostitz. Les chroniques de l'époque rapportent que la ville tout entière est saisie de « Figaromania ». On atteint un sommet, le 29 octobre 1787, avec la première de *Don Giovanni*, opéra terminé à la villa Bertramka, maison des amis de Mozart, le compositeur **František Xaver Dušek** et son épouse Josefa (1753-1824), chanteuse accomplie. En 1802, *La Clémence de Titus* marque la fin de l'opéra italien à Prague. Règnent dorénavant le *singspiel* allemand et l'opéra en tchèque.

Ludwig van Beethoven (1770-1827) séjourne à Prague à deux occasions, en 1796 et 1798, comme en témoigne une plaque au n° 285 de la rue Lázeňská. Invité par la comtesse Josefina Clary, elle-même musicienne, Beethoven donne des concerts privés et compose la *Sonatine et variations sur un thème pour clavecin et mandoline*. Sa musique est jouée aussi au théâtre des États, sous la direction de **Carl Maria von Weber**, compositeur allemand, qui dirige de 1813 à 1816 l'Opéra allemand de Prague fondé en 1807.

Vers une musique nationale – Václav Jan Tomášek (1770-1850) assure la transition entre le « classicisme bohémien » du 18e s. et les grands maîtres du Réveil national. Musicien personnel du comte Bucquoy, il compose surtout pour le piano et contribue au développement du romantisme tchèque. Jan Vacláv Hugo Voříšek (1791-1825), l'un des fondateurs du Musée national, est une figure de premier plan du Réveil national. Il a peu écrit, mais sa musique de chambre et sa *Symphonie en ré majeur* ont connu une certaine gloire.

Le musicien qui personnifie le mieux le Réveil national est **Bedřich Smetana** (1824-1884). Ayant pris part au soulèvement de 1848, il veut aider la nation tchèque à renaître à travers sa musique. La même année, il fonde avec l'aide de Liszt, l'École nationale de Prague, qui deviendra bientôt une institution à la mode. L'œuvre de Smetana est imprégnée de folklore, et ses compositions reflètent un fervent patriotisme.

Petits musiciens

Bedřich Smetana

notamment ses opéras *Libuše* et *Dalibor* et son cycle de six poèmes symphoniques *Má Vlast*, dont deux sont joués souvent seuls, *Vltava (La Moldau)* et *Des prés et des bois de la Bohême*. Son amour de la Bohême n'empêche pas Smetana d'être bien accueilli à l'étranger, par exemple en Suède.

On retrouve chez **Antonín Dvořák** (1841-1904) ce mélange de patriotisme et d'ouverture aux influences étrangères. Après la mort de Smetana, il devient la figure de proue de la musique tchèque. Il n'a pas bénéficié de la longue formation classique de Smetana, et ses racines sont encore plus fermement implantées dans la culture paysanne tchèque (enfant, Smetana ne parlait que l'allemand). Il s'est nourri de musiques slaves traditionnelles, pas seulement de Bohême mais aussi d'autres régions, comme l'Ukraine et la Pologne. Tout cela en ferait un héraut du nationalisme plus crédible encore que Smetana, mais Dvořák est plus influencé par la musique internationale. Il laisse une œuvre diversifiée, symphonies, musique de chambre, musique chorale et plusieurs opéras.

Continuité et innovation au 20ᵉ s. – Dvořák a dirigé une classe de composition au conservatoire de Prague. De là sont issus **Vítězslav Novák** (1870-1949), influencé, lui aussi, par les chansons populaires de Moravie et Slovaquie, et Josef Suk (1874-1935). Avec **Josef Bohuslav Foerster** (1859-1951) et **Otakar Ostrčil** (1879-1935), qui développent un nouveau style symphonique, l'école nationale se modernise. Celle-ci bénéficie ensuite de l'inspiration créatrice du Morave **Leoš Janáček** (1854-1928). Ayant achevé sa formation d'organiste et de compositeur à l'étranger, Janáček retourne vivre et travailler à Brno. On apprécie à Prague ses œuvres aux harmonies nouvelles, à l'instrumentation haute en couleur. Le « rusé petit renard » de son opéra a sa statue dans le parc de Petřín. Après lui, **Bohuslav Martinů** (1890-1959), élève de Suk, combine folklore morave et jazz avec le néoclassicisme d'Albert Roussel, son professeur à Paris. Il compose des poèmes symphoniques, mais aussi des musiques pour le cinéma et la télévision.

Professeur de composition au conservatoire de Prague entre 1923 et 1953, **Alois Hába** effectue toute sa vie des recherches sur la musique microtonale, inspirées par la chanson populaire tchèque et slovaque, qui subdivise différemment la gamme. Durant l'ère stalinienne, la créativité musicale n'est pas encouragée. Même des compositeurs expérimentaux comme Hába produisent une musique plus orthodoxe, telle sa *Symphonie valachienne* (1952).

Les années 1960 offrent plus de liberté, de même que les années 1980, où reviennent dans la musique populaire tchèque un peu d'émotion et de ferveur patriotiques, dans l'esprit du 19ᵉ s. et de Smetana.

Chérubin du Clementinum

Le septième art

L'histoire complexe de la Tchécoslovaquie dans les années 1920 se reflète dans son cinéma. À partir de 1933, les grands studios de Barrandov offrent aux réalisateurs des installations parmi les plus modernes du monde, mais l'occupation nazie, puis le régime communiste contraignent les créateurs soit au conformisme, soit à l'exil. Paradoxalement, le léger relâchement de la censure communiste donne au cinéma tchèque ses heures de gloire : pendant la Nouvelle Vague des années 1960, on produit des films considérés aujourd'hui comme typiquement tchèques par leur humour sous-entendu et l'observation ironique des faiblesses humaines.

Les débuts du grand écran

Le premier contact des pays tchèques avec le cinématographe date de 1896 : présentation d'images mouvantes à Carlsbad, du kinétoscope d'Edison à Prague. Dès les années 1920, on produit quelque vingt longs métrages par an. La vedette préférée des Tchèques, Anny Ondráková, aux jambes interminables, devient Anny Ondra pour tourner *Chantage* d'Alfred Hitchcock loin du pays. À la même époque, les artistes avant-gardistes du groupe Devětsil, qui ont élu Charlie Chaplin membre honoraire, expérimentent les possibilités poétiques et surréalistes de ce nouveau moyen de communication. Avec le son, le cinéma atteint une popularité immense et remplit tous les soirs les quelque cent salles de Prague, dont l'auditorium richement décoré du complexe Lucerna, construit par le grand-père de Václav Havel. En 1933, l'oncle du futur président, Miloš, aménage à Barrandov, à la sortie de Prague, avec l'architecte Max Urban, des studios sans doute les plus modernes d'Europe. Avec les années, Barrandov devient synonyme d'industrie cinématographique tchèque.
Les années 1930 voient le triomphe d'idoles du public féminin comme Oldřich Nový (*Kristián*, 1939) et de vamps comme la Slovaque Hedwig Kiesler, connue ensuite sous le nom d'Hedy Lamarr (*Extase*, 1933), et Lída Baarová, devenue célèbre en tant que maîtresse de... Josef Goebbels.
Jiří Voskovec et Jan Werich, vivifiants auteurs satiriques déjà connus pour leurs spectacles surréalistes du Théâtre Libéré, connaissent le même succès à l'écran avec *Le monde est à nous* (1937). La nouvelle formule du documentaire permet l'évocation lyrique de la vie traditionnelle des paysans slovaques avec *Le Chant de la terre* (1935), de Karel Plicka.
Sous l'Occupation, les nazis reprennent la direction de Barrandov et améliorent ses installations, déjà remarquables. Ils y tournent avec de grands moyens une centaine de films de peu d'intérêt. Après la guerre, on nationalise Barrandov et on l'adapte aux exigences du réalisme socialiste : on y tourne des films à la gloire de la production industrielle, ou exagérément laudatifs quant au rôle des communistes tchèques pendant la Résistance, telle *La Barricade muette*, d'**Otakar Vávra** (1949). Grand survivant du cinéma tchèque, Vávra (né en 1911) fait figure de patriarche. Technicien génial, il choisit et adapte ses thèmes en fonction de l'esprit du temps. Il joue aussi un rôle clé dans la célèbre école de cinéma pragoise FAMU, créée en 1946, où il s'attire le respect de la jeune génération, qui mettra en œuvre les innovations des années 1960.

Le cinéma d'animation

Le cinéma d'animation tchèque fait ses débuts sur la scène internationale en 1946 lorsque **Jiří Trnka** (1912-1969) gagne le grand prix du dessin animé pour *Zvířátka a Petrovští (Les Petits Animaux et les brigands)*. Trnka devient une grande figure du dessin animé, avec des dizaines de films merveilleux qui s'inspirent des nombreuses traditions du pays, légendes ou contes de fées, et de l'œuvre de peintres et d'illustrateurs comme Josef Lada. En 1955, il se fonde, pour son film de marionnettes *Le Brave Soldat Chveïk*, sur les célèbres illustrations de Lada pour le mémorable roman de Hašek. Trnka a contribué à l'exigence d'une haute qualité pour le film d'animation, toujours sensible aujourd'hui dans certains dessins animés télévisés pour enfants. Dans les années 1980 et 1990, le public découvre la vision surréaliste d'un Jan Švankmajer (1934-), qui utilise marionnettes, objets trouvés, pâte à modeler, squelettes, bric-à-brac pour créer un monde dérangeant, voire effrayant, dans *Alice* (1988), *Konec stalinismu v Čechách* (*La Fin du stalinisme en Bohême* – 1990) ou *Faust* (1994)

Scène des *Amours d'une blonde*, de Forman (1965)

Nouvelle Vague et lendemains

Dans les années 1960, les censeurs tchécoslovaques alternent répression ordinaire et périodes de vague tolérance, autorisant la création, et parfois la projection, d'une série remarquable de films, œuvres de jeunes réalisateurs comme **Miloš Forman** (*Les Amours d'une blonde* – 1965 ; *Au feu les pompiers* – 1967), **Ivan Passer** (*Éclairage intime* – 1965), Jan Němec (*Les Diamants de la nuit* – 1965), **Jiří Menzel** (*Trains étroitement surveillés* – 1966), ou **Věra Chytilová** (*Les Petites Marguerites* – 1966). L'héroïsme socialiste est bien loin de ces films, qui s'attachent à d'autres éléments du génie tchèque, comme l'ironie, l'irrévérence et le sentiment de l'absurde, et font découvrir le cinéma tchèque au monde entier.

Un tel esprit d'indépendance ne peut survivre à la répression du « Printemps de Prague », en 1968, et à la « normalisation » qui s'ensuit. Le conformisme ou le silence règnent alors en maîtres, et de nombreux talents fuient le pays. Tous ne rencontrent pas le succès international de Forman, qui poursuit sa vision personnelle dans *Taking Off* (1972) et *Vol au-dessus d'un nid de coucou* (1979). Resté au pays, Vávra termine sa trilogie monumentale, *Les Jours de la trahison*, *Sokolovo* et *La Libération de Prague*, qui illustre de manière assez rigide l'histoire tchécoslovaque, des accords de Munich à la fin de la Seconde Guerre mondiale.

Après 1989, les subventions de l'État sont remplacées en partie par les investissements étrangers, attirés par les ressources de Barrandov et le grand savoir-faire des techniciens tchèques. On n'assiste pas à une nouvelle vague, bien que des films de qualité soient encore produits, comme le drame paysan *La Vache* (1995) du réalisateur âgé Karel Kachyňa, ou *Mandragora* (1997) de Victor Grodecki, chronique sombre de la jeunesse des rues à Prague. Jan Svěrák rencontre un succès international avec *Kolja* (1996), récit sentimental sur un homme d'âge mûr contraint d'adopter un petit garçon, qui illustre les relations entre les Tchèques et les Russes.

Belles enseignes de maisons pragoises

Promenades dans Prague

PRAGUE EN UN JOUR

Cette journée complète permet d'explorer les quatre quartiers historiques de Prague, de découvrir la ville depuis de nombreux points de vue traditionnels et de passer devant la plupart des principaux monuments, sans les visiter entièrement. C'est une longue marche sur terrain dur, mais rien n'oblige à se presser, et il y a de nombreux endroits où marquer une pause *(voir Carnet d'adresses p. 29)*.

La promenade débute par un trajet dans le tramway n° 22, intéressant pour les visiteurs. On peut le prendre à plusieurs arrêts du centre-ville, dont Národní třída, ou à la station de métro Malostranská. On résistera à la tentation de descendre à Pražský hrad pour attendre encore deux arrêts, jusqu'à Pohořelec. Monter la rampe d'accès au **couvent de Strahov★**, traverser la cour du monastère pour ressortir par la porte du fond. Prendre à droite vers la vigne symbolique qui offre un merveilleux **panorama** sur les vergers de la colline de Petřín, le Hradschin et toute la ville. Revenir dans la cour du monastère, descendre le tunnel qui mène à la place de Pohořelec, prendre à droite Loretánská (rue de Lorette), et sortir à gauche sur Loretánské náměstí pour admirer le **palais Czernin★** et le **sanctuaire de Lorette★★★**, où vous entendrez le célèbre carillon si vous avez choisi votre heure.

Revenir à Loretánská, et poursuivre vers la **place du Hradschin★★**, que bordent les **palais Schwarzenberg★** (qui abrite le Musée militaire) et **Sternberg★★** (collection d'art européen de la Galerie nationale). Les réservant pour une autre visite, assister, si l'horaire le permet, à la relève de la garde *(la cérémonie principale se déroule à midi)*, puis passer la porte du Château et rejoindre la deuxième cour. Prendre un billet pour le vieux palais royal, dans le vestibule de la chapelle de la Ste-Croix, puis regagner la troisième cour. Jeter un coup d'œil dans la **cathédrale St-Guy★★★** avec ses vitraux du 20e s. et sa collection de statues, puis traverser la cour jusqu'au **vieux palais royal★★**, avec la magnifique salle Ladislas et l'aile Louis, théâtre de la seconde défenestration de Prague.

En sortant du palais, admirer le chevet de la cathédrale et la façade du **couvent St-Georges★★**, puis descendre la colline et prendre à gauche vers **Zlatá ulička★★** (la Ruelle d'or). Quitter le Château par son extrémité Est et, en été, entrer dans les **jardins Sud★★** pour descendre jusqu'à Valdštejnská (rue Wallenstein) par les **jardins baroques★★** des palais sous le Château *(hors saison, emprunter les anciens escaliers, et prendre à droite Valdštejnská)*. Avec ses restaurants, tavernes et cafés, **Malostranské náměstí★** (place de Malá Strana) est un lieu propice pour une pause déjeuner et pour admirer la façade de l'**église St-Nicolas★★★**. On peut aussi pique-niquer au milieu des arbres de l'île Kampa en profitant de la vue sur la Vieille Ville, sur l'autre rive de la Vltava.

Quelle que soit votre option, rendez-vous à la petite place Na Kampě, à l'extrémité Nord de l'**île Kampa**, et montez les marches du **pont Charles★★★**.

De l'autre côté du pont, emprunter le souterrain piétonnier à droite et suivre le quai, qui offre des vues superbes du Hradschin sur l'autre rive. Au **Théâtre national★★**, prendre à gauche **Národní třída★** (avenue Nationale), puis encore à gauche pour descendre Na Perštýně jusqu'à **Betlémské náměstí** (place de Bethléem) et la chapelle où prêchait Jan Hus ; suivre ensuite Husova (rue Hus) pour rejoindre le flot des touristes qui emprunte vers la droite **Karlova★★** (rue Charles) entre le pont Charles et **Staroměstské náměstí★★★** (place de la Vieille Ville).

La place et ses abords offrent beaucoup d'opportunités pour faire une pause, mais les sportifs seront peut-être tentés de monter à la tour du vieil hôtel de ville pour jouir du panorama sur la Vieille Ville. Juste au Nord, la Ville Juive, **Josefov★★★** sera réservée pour un autre jour, quitte à jeter un coup d'œil à la façade de la **synagogue Vieille-Nouvelle★★★**. Après la place, descendre le passage qui s'ouvre à gauche de l'église de Týn, pour rejoindre l'**Ungelt** ou **cour de Týn★**. En quittant la cour, prendre à droite en passant devant la façade de l'**église St-Jacques★**. Le passage en face mène à la **rue Celetná★**, où l'on peut tourner à gauche en direction de la très ancienne **tour Poudrière★** et de la séduisante **Maison municipale★★★** Art nouveau, dont le café pourrait inciter à une nouvelle pause.

Le dernier tronçon de la promenade mène au cœur commerçant de la ville, d'abord dans **Na Příkopě★** (rue des Anciennes Douves), puis sur la **place Venceslas** (Václavské náměstí). Terminer la visite à la **statue de saint Venceslas★★**, ou sur les marches du **Musée national★**, qui offrent une vue superbe sur toute la place.

AUTRES CIRCUITS D'UNE JOURNÉE

Par commodité, tous les circuits démarrent de la Croix d'Or, pivot animé de la place Venceslas et du demi-cercle de boulevards marquant la frontière entre Vieille Ville et Nouvelle Ville. Certains incluent des trajets par les transports publics : penser à se munir d'un billet validé.

Hradčany (quartier du Château)

Prendre le métro *(ligne A verte, direction Dejvická)* à la station Můstek, deux stations jusqu'à Malostranská, puis le tram 22 et descendre à Pohořelec pour visiter le **couvent de Strahov★**. Après avoir vu les célèbres bibliothèques de Strahov, descendre jusqu'à la vigne symbolique qui pousse au pied du couvent pour admirer la vue sur la ville. Loretánská (rue de Lorette) descend vers le **sanctuaire de Lorette**★★★ et le **palais Czernin**★. La petite Černínská (rue Czernin) conduit au Nord à la charmante petite rue Nový Svět, qui mène à son tour, par Kanovnická, à la **place du Hradschin**★★ (Hradčanské náměstí) et ses beaux palais, le **palais Sternberg**★★★ et la collection d'art européen de la Galerie nationale, le **palais Schwarzenberg**★ et son Musée militaire.

Les gardes en uniforme bleu défendent les trésors du **Château**★★★ et de la **cathédrale St-Guy**★★★. Il ne faut pas manquer l'intérieur du **vieux palais royal**★★ et les minuscules maisons de **Zlatá ulička**★★ (la ruelle d'Or), ainsi que les **jardins Sud**★★ du Château *(en saison)*.

Le chemin le plus rapide pour rejoindre la Croix d'Or descend le vieil escalier du Château jusqu'à la station Malostranská. En saison, les terrasses des **jardins baroques**★★ sous le Château conduisent vers Valdštejnská (rue Wallenstein), qui mène d'un côté au métro, de l'autre à **Malostranské náměstí**★ (place de Malá Strana) et l'arrêt du tram 22 retournant à Národní třída, arrêt le plus proche de la Croix d'Or. On peut aussi rejoindre la place de Malá Strana par le nouvel escalier du Château ou **Nerudova**★★ (rue Neruda).

Malá Strana

Marcher jusqu'à l'arrêt du tramway Národní třída *(à une station de métro, mais on s'y rend plus vite à pied)* et emprunter le **tramway 6, 9, 22** ou **23** qui traverse le pont des Légionnaires (most Legií), jusqu'à l'arrêt Újezd. Revenir vers le pont et prendre à gauche la rue Šeříková, puis à droite pour passer devant la minuscule église **St-Jean-du-Lavoir**. Poursuivre jusqu'à l'**île Kampa**, qui offre de belles vues sur la Vieille Ville de l'autre côté de la rivière. Traverser la rivière par l'une des passerelles pour rejoindre **Maltézské náměstí**★ (place de Malte) et poursuivre sur l'active Karmelitská (rue des Carmélites). L'église **Notre-Dame-de-la-Victoire**★ se trouve du côté Nord de la rue, comme l'entrée du **jardin Vrtba**★. Remonter sur la gauche Tržiště (rue du Marché) et son prolongement, Vlašská (rue Italienne), bordées de beaux palais : **Schönborn** (ambassade des États-Unis) et **Lobkowicz** (ambassade d'Allemagne). Sur la droite, marches et sentes charmantes montent vers **Nerudova**★★, qui redescend sur **Malostranské náměstí**★ et sa grande église baroque **St-Nicolas**★★★.

Quitter la place par le Nord en suivant l'étroite Sněmovní (ruelle du Parlement). Tourner à droite sur Valdštejnské náměstí (place Wallenstein), dominée par la façade principale du **palais Wallenstein**★★. Sur la gauche s'ouvrent les **jardins baroques**★★ sous le Château. Le grand palais Wallenstein abrite aujourd'hui le Sénat, mais on peut habituellement en traverser la cour pour voir son **jardin à la française**★★ *(sinon, longer Valdštejnská, traverser le jardin de la station de métro Malostranská et remonter Letenská)*. Longer Letenská pour accéder au petit **parc en bord de rivière** aménagé en amont de Mánesův most (pont Mánes) : la **vue** de la Vieille Ville, de l'autre côté, n'est pas habituelle. Revenir place de Malá Strana et à l'arrêt de tramway par U lužického semináře et Mostecká (rue du Pont), ou bien au centre-ville par le pont Charles et la Vieille Ville.

La Vieille Ville et Josefov

Longer vers l'Est **Na Příkopě**★ jusqu'à la **tour Poudrière**★ et la **Maison municipale**★★★, puis emprunter vers l'Ouest la rue Celetná ; tourner à droite pour traverser la cour du n° 17/595, qui donne sur Malá Štupartská. En face de l'**église St-Jacques**★, pénétrer à gauche dans la **cour de Týn**★ et poursuivre jusqu'à **Staroměstské náměstí**★ (place de la Vieille Ville).

Quitter la place vers le Nord en longeant Pařížská (boulevard de Paris) et entrer dans **Josefov**★★★, avec sa **synagogue Vieille-Nouvelle**★★★, son **vieux cimetière juif**★ et d'autres souvenirs de l'histoire millénaire des juifs de Prague. Široká (Grand-Rue) mène à náměstí Jana Palacha (place Jan Palach), au **musée des Arts décoratifs**★ et au **Rudolfinum**★. Éviter la circulation dense de la rue Křížovnická en retournant à la Vieille Ville par la rue Kaprova et en prenant à droite la rue Valentinská et **Mariánské náměstí** (place Mariánské). Traverser les cours du **Clementinum**★ pour déboucher sur **Křížovnické náměstí**★★ (place des Croisés) au pied du **pont Charles**★★★. Entrer à nouveau dans la Vieille Ville en suivant l'active **Karlova**★ (rue Charles), et prendre à droite par la rue Liliová pour accéder à **Betlémské náměstí** et sa **chapelle**, rendue célèbre par Jan Hus. Juste après le bout de la place, trouver l'entrée étroite de la rue Jilská et prendre presque tout de suite à droite la ruelle Vejvodova, encore plus resserrée, qui conduit à Michalská. Là, prendre à droite pour rejoindre Uhelný trh (Marché au charbon). De là, Rytířská (rue du Chevalier) file droit sur le **théâtre des États**★. Juste avant d'arriver au théâtre, la petite rue Na můstku vous ramène à la Croix d'or.

La Nouvelle Ville et Vyšehrad

Se rendre à **Jungmannovo náměstí**, en remarquant sur la gauche le curieux **réverbère cubiste**★. À la statue de Jungmann, entrer à gauche dans les **jardins franciscains**★, qui, avec la grande église gothique **Notre-Dame-des-Neiges**★, rappellent que la Nouvelle Ville n'est pas si nouvelle… La sortie des jardins débouche sous les arcades du début du

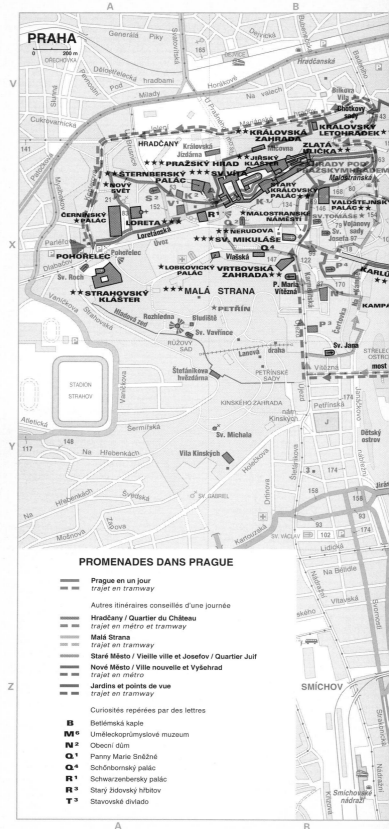

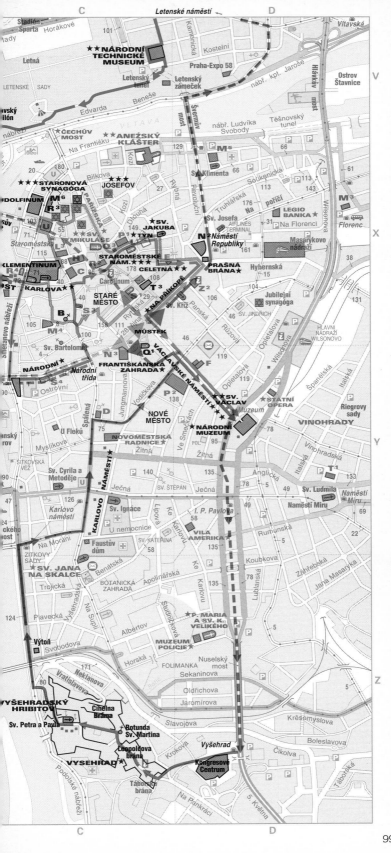

20ᵉ s. caractéristiques de la **place Venceslas** ; on peut ainsi parcourir à l'abri presque tout le trajet jusqu'en haut de la place, à la **statue de Venceslas**★★ et au **Musée national**★. Prendre le métro *(ligne C rouge, direction Háje)* à la station Muzeum pour deux stations, jusqu'à Vyšehrad. Des terrasses du monumental **palais de la Culture** d'époque communiste, longer la rue V Pevnosti vers l'Est, en passant les deux portes qui gardent le rocher de **Vyšehrad**★. Admirer les vues sur la rivière et visiter le **cimetière national**★. Des marches descendent au bord de la rivière et à ses **maisons cubistes**★ éparpillées. Au départ de l'arrêt Vyšehrad, le **tramway n° 3** emmène à **Karlovo náměstí**★ (place Charles), qui ressemble à un parc, et poursuit vers l'arrêt **Václavské náměstí**, le plus proche de la Croix d'or.

VUES ET VERDURE

Du plateau de Letná au Hradčany – Longer Na příkopě vers l'Est jusqu'à l'arrêt **Náměstí Republiky**, et prendre le **tramway n° 8** jusqu'à **Letenské náměstí** (place de Letná). Descendre la rue Ovenecká et contourner le **musée national des Techniques**★ pour rejoindre le restaurant paysager sur le bord du **plateau de Letná**, qui surplombe la rivière et la Vieille Ville. En marchant vers l'Ouest, tout en profitant de la vue, passer devant le socle où se dressait autrefois la statue de Staline, puis longer le restaurant du **pavillon Hanau**, petit édifice exubérant de la fin du 19ᵉ s. Traverser la passerelle moderne qui mène aux **jardins Chotek** et pénétrer dans les **Jardins royaux**★ par le **Belvédère**★★. En quittant les jardins, prendre à gauche en direction du Château, mais tourner à droite à l'entrée pour traverser le **jardin du Bastion** et rejoindre la **place du Hradschin**★★.

Quelques livres

Histoire, documents

[Entre crochets, la date de publication originale]

Histoire de l'Empire des Habsbourg (1273-1918), Jean Béranger (Fayard, 1990).

Histoire de la Bohême, des origines à 1918, Josef Macek (Fayard, 1984). Synthèse de l'histoire du pays par un grand spécialiste tchèque.

L'Empereur des alchimistes, Rodolphe II, Jacqueline Dauxois (Lattès, 1996)

Conversations avec T. G. Masaryk, Karel Čapek (L'Aube, La Tour d'Aigues, 1990). Entretiens avec le premier président de la République tchécoslovaque.

Vivre, Milena Jesenská (Lieu commun, 1985). Chroniques sur la Tchécoslovaquie de l'Entre-deux-guerres par la journaliste, amie de Franz Kafka.

Les Petites Antilles de Prague, Olivier Poivre d'Arvor (Lattès, 1994). De l'après-guerre au « Printemps de Prague », une dénonciation ironique de la période communiste.

L'Aveu [1965], Arthur London (Folio). Le témoignage qui a inspiré le film de Costa Gavras, avec Yves Montand (1970).

L'amour et la vérité doivent triompher de la haine et du mensonge. Discours de Václav Havel présentés par Yves Barelli (L'Aube, La Tour d'Aigues, 1990).

Ouvrages généraux, art, beaux livres

Praga Magica, Angelo Mario Ripellino (Plon ; coll. Terre humaine, 1993). Remarquable introduction à Prague et à la culture tchèque.

Prague et la Bohême ou *Le Banquet des Anges*, Dominique Fernandez et Ferrante Ferranti (Stock, 1994). Voyage à travers l'Europe baroque.

Prague (Visite privée), Daniela Hodrová, Anne Garde (Chêne, 1991).

Prague, cité d'art et d'histoire, Caroline Delwahl (Décanord, 1992).

L'Europe des cafés, Gérard-Georges Lemaire (Eric Kochler-Sand, 1991).

Cubisme tchèque, Miroslav Lamač (Centre Georges-Pompidou, 1992).

Kafka à Prague, Klaus Wagenbach (Michalon, 1996). Extraits d'œuvres et itinéraires pragois de l'écrivain.

Littérature

Un voyage de Mozart à Prague [1856], Eduard Mörike (Ombres).

Le Passant de Prague [1901] in *l'Hérésiarque et Cie* [1910], Guillaume Apollinaire (Stock). Rencontre du poète et du Juif errant.

Le Brave Soldat Chveïk [1912 et sq.], Jaroslav Hašek (Folio). Les aventures d'un soldat faussement naïf pendant la Première Guerre mondiale. Un grand classique tchèque.

La Chevelure sacrifiée [1968], Bohumil Hrabal (L'Etrangère, Gallimard). Monologue de l'écrivain au cours d'une promenade dans Prague.

Toutes les beautés du monde, Jaroslav Seifert (P. Belfond). Dans une évocation poétique de Prague, souvenirs du prix Nobel de littérature 1984. Du même auteur, *Sonnets de Prague* [1964] (Seghers).

Le Golem [1915], Gustav Meyrink (Marabout ou Bouquins). Littérature fantastique dans les rues de Prague.

Histoires pragoises [à partir de 1899], Rainer Maria Rilke (Seuil).

La Nuit sous le pont de pierre [1953], Léo Perutz (Livre de Poche). Prague au 17e s. La ville juive et la cour de Rodolphe II.

Œuvres complètes, Franz Kafka (Gallimard).

Traité des courtes merveilles, Václav Jamek (Grasset, 1989). Examen de conscience d'un jeune auteur tchèque. Prix Médicis étranger.

Vie de Milena, Jana Černá (Livre de Poche).

Un été d'amour, Ivan Klíma (Seuil, 1991).

L'Insoutenable Légèreté de l'être [1984], Milan Kundera (Folio), adapté en 1988 par le cinéaste Philip Kaufmann. Du même auteur, *Le Livre du rire et de l'oubli* (Folio). Vision grinçante de l'impuissance des individus face à l'histoire.

La Pleurante des rues de Prague, Sylvie Germain (Gallimard, 1992). Promenade étrange et visionnaire dans les rues de Prague.

Pont Charles

À la découverte de Prague

ANEŽSKÝ Klášter★★

Couvent STE-AGNÈS-DE-BOHÈME – Vieille Ville
U Milosrdných 17 – 🚊 5, 14, 26 jusqu'à Dlouhá třída

À la limite Nord de la Vieille Ville, le couvent fondé par la princesse prémyslide Agnès (Anežka) offre un cadre magnifique à l'exposition permanente d'Art médiéval de Bohême et d'Europe centrale. Un programme de restauration qui s'est étiré sur un siècle l'a maintenant sauvé de la ruine et du délabrement, et on peut à nouveau en apprécier l'ensemble, l'un des plus beaux exemples d'architecture gothique en terre tchèque.

UN PEU D'HISTOIRE

L'édification du couvent a commencé vers 1230, avec la construction de l'église St-François et d'une interminable aile à l'Est, qui s'étirait jusqu'à rejoindre les remparts nouvellement construits de la Vieille Ville. Auteurs de cette toute première construction gothique dans la Vieille Ville, ses bâtisseurs avaient été très influencés par les développements récents de l'architecture cistercienne en Bourgogne. Ils travaillent d'abord la pierre, puis la brique. Vers le milieu du siècle, le cloître est achevé, ainsi que la **chapelle de la Vierge**, derrière laquelle se dresse l'élément architectural le plus remarquable de l'ensemble, l'élégant presbytère de l'**église St-Sauveur**, bâti vers 1270. Les chapiteaux arborant des portraits de rois et de reines dénotent sa fonction royale. On dit que la tête sculptée au-dessus de l'autel serait un portrait de sainte Agnès ; une niche destinée à recevoir son tombeau a été creusée dans le mur de la chapelle de la Vierge.

Malgré les inondations périodiques dues aux caprices de la Vltava, le couvent connaît une période florissante sous les Prémyslides, jusqu'au règne de l'empereur Charles IV. Mais dès le tournant du 15e s., il périclite. En 1420, les hussites expulsent les religieuses, fondent l'argenterie du couvent et installent un arsenal dans ses murs. En 1556, après avoir abandonné aux jésuites leur domaine près du pont Charles (le futur Clementinum), les dominicains prennent la relève. Ils installent, semble-t-il, une brasserie, une scierie et une fonderie de verre, ce qui donne lieu à des plaintes incessantes. Ils divisent aussi le couvent voisin des frères mineurs en logements bon marché, attachant par là même au quartier une réputation douteuse de taudis qui perdurera pendant des siècles. Les religieuses reprennent possession des lieux après la bataille de la Montagne blanche (1620), mais l'institution ne retrouvera plus sa gloire passée. Premier couvent de Prague à être fermé en 1782 avec les réformes de Joseph II, il est à son tour divisé par les aménageurs de logements à bas prix. À la fin du 19e s., avec le programme de rénovation complète de la Vieille Ville, sa démolition semble inévitable. Mais en dépit de son état délabré, le couvent Ste-Agnès a gagné le cœur des Pragois : la protestation du public lui permet d'échapper à la destruction. Une « association pour la rénovation du couvent d'Agnès-la-Bienheureuse » est fondée en 1893. Fouilles archéologiques et restaurations se succèdent de façon intermittente au long du 20e s., jusqu'à ce que le complexe soit racheté en 1963 par la Galerie nationale. Débute alors un programme ambitieux de reconstruction, qui permet d'apprécier à nouveau cette merveille du gothique primitif, bien qu'inévitablement l'importance des apports récents en ait quelque peu modifié l'aspect.

Sainte Agnès

Fille du roi Ottokar Ier et sœur du futur roi Venceslas Ier, Agnès naît en 1211. L'éducation de cette jeune fille à l'esprit indépendant semble avoir nourri sa vocation. Elle rejette une succession de prétendants, au nombre desquels l'empereur Frédéric II de Hohenstaufen, pour s'adonner à la vie contemplative qu'elle a connue dès l'âge de trois ans, lors d'un séjour au couvent de Trebnice, en Silésie. Vers vingt ans, attirée par l'enseignement de saint François d'Assise et l'exemple de sa cousine Élisabeth de Thuringe, Agnès fonde un hôpital et un couvent pour les Clarisses, l'ordre féminin équivalent des Franciscains. En 1234, elle est nommée attachée à l'idéal franciscain de pauvreté, Agnès engage avec la papauté un débat qui durera plus de vingt ans, pour voir finalement exaucer son souhait de remplacer la règle bénédictine par la règle franciscaine. Sa vie d'ascète (on raconte qu'elle se nourrissait uniquement d'oignons crus et de fruits) ne l'empêche pas d'utiliser sa famille pour garder le couvent au cœur de la vie dynastique. Les reliques les plus précieuses du pays y sont apportées. En 1249, Venceslas Ier est couronné dans l'église conventuelle St-François ; quatre années plus tard, il est inhumé dans ce qui devait être un mausolée à la gloire des Prémyslides.

Agnès devient pendant sa vie un objet de vénération populaire, ferveur qui s'accroît encore après sa mort, en 1282. Mais toutes les tentatives de la faire canoniser restent vaines jusqu'à la fin du 20e s. En novembre 1989, dans les jours qui précèdent la chute du communisme, Agnès est canonisée. Un peu plus d'une année plus tard, le cardinal Tomášek confère à cette figure très aimée du passé lointain de la Bohême le titre moderne de sainte patronne des travailleurs de l'industrie gazière.

★★ GALERIE NATIONALE D'ART MEDIEVAL

La sobriété des lignes du couvent Ste-Agnès-de-Bohême se prête admirablement bien à l'exposition permanente d'art médiéval de Bohême et d'Europe centrale (entre 1200 et 1530) présentée au public depuis novembre 2000. Des éclairages appropriés, une présentation originale sur des fonds colorés mêlés à la pierre mettent bien en valeur plus de 270 œuvres d'art, retables, statues en bois et en pierre, vitraux, panneaux, objets d'arts décoratifs, dont certains sont de provenance sud-allemande, saxonne, silésienne, autrichienne ou slovaque. L'exposition disposée dans 15 salles au premier étage du couvent se présente en quatre sections chronologiques.

Visite ⊘

Les salles A, B, C et D (1200 à 1378) – C'est sous le règne des derniers membres de la dynastie des Prÿemyslides, Venceslas Iᵉʳ (frère de la princesse Agnès qui sera béatifiée) et Ottokar II, que le gothique pénètre depuis la France en Bohême, propagé par les ordres religieux et les membres de la cour royale (peintures murales et série de Madones). L'ouverture artistique, sur le monde extérieur comme sur les territoires de Rhénanie, se retrouve dans les Madones de Strakonice, Rouchovany et Žinkovy. Le grand mécène en matière artistique sera l'empereur **Charles IV** qui insufflera l'inspiration aux créateurs. On notera la pureté des représentations des *Vierges de Zbraslav* (1350-1360) et des *Vierges de Veveí* (1350). L'éclairage atténué met bien en valeur la série de 9 panneaux merveilleusement détaillés sur la vie du Christ, comme l'*Annonciation*, la *Nativité*, l'*Adoration des Mages* ou la *Résurrection*, attribués à celui qu'on surnomme le **Maître du retable de Vyšší Brod** (1350). Charles IV pose la première pierre de la cathédrale Saint-Guy et fait construire le château de Karlštejn pour recevoir les attributs du couronnement déposés dans la chapelle Sainte-Croix consacrée en février 1365. L'empereur en confie la décoration à son peintre en titre, **Maître Théodoric**, dont une partie de l'œuvre est présentée ici. Loin des conventions, ses portraits, qui vont jusqu'à déborder sur leurs cadres, sont éclatants de vitalité. Ses descriptions de personnages réels, comme saint Charlemagne ou sainte Catherine, saint Luc ou saint Matthieu, sont tenus pour être les premiers véritables essais dans l'art du portrait vivant.

Les Madones sont plus expressives les unes que les autres : celle de Zahražny portant l'Enfant avec infiniment de grâce (1370) ; la *Pietà de Lásenice* (1380) supportant le corps de Jésus, semblant interroger l'humanité ; la *Madone de Konopiště* (1365-1370) donnant le sein. Le style de celui que l'on nomme le **Maître du retable de Třeboňy** marque la fin du règne de Charles IV. Le cycle qu'il construit autour du *Christ au Mont des Oliviers*, de la *Mise au Tombeau* et de la *Résurrection* enchantera le visiteur par la combinaison d'une vision profondément religieuse et de détails réalistes dans le traitement des personnages et de la nature. Tandis que les disciples sont plongés dans le sommeil, non loin du Christ en prière dans le Jardin des Oliviers, on voit Judas et les soldats romains épier nerveusement derrière la palissade. Le Christ sort du tombeau dans une gloire éthérée, et les gardes, qui se réveillent, semblent partagés entre l'incrédulité et la peur d'être blâmés pour négligence.

Les salles E, F, G, H et I (1378 à 1437) – Le beau style se propage alors dans toute l'Europe. Aux projets monumentaux, on préfère désormais les sculptures plus intimistes, plus charmantes, destinées à la dévotion personnelle. On s'agenouille devant la peinture de la Madone de la cathédrale Saint-Guy (1400).

Saint Guy, par Maître Théodoric

On s'apitoie devant la posture cambrée à l'extrême de la *Madone enceinte* de Dubany. On s'abandonne devant l'élégance de la *Madone de Český Krumlov* retenant avec douceur et tendresse son enfant turbulent. Les guerres hussites (1419-1437) provoqueront le saccage de couvents et d'églises qui vont isoler la Bohême du reste du monde. *Le retable de la Crucifixion de Rajhrad* est une œuvre majeure.

Les salles J et K (1437-1490) – Alors que sous **Georges de Podiebrad** (1458-1471) le royaume commence à redevenir prospère, le rayonnement artistique de la ville de Nuremberg est incontournable (sculptures de sainte Catherine et de Madones). Au détour d'une allée, il faut s'attarder sur l'un des seuls portraits existant de sainte Agnès, représentée en train de soigner un malade. Le règne de **Vladislas Jagellon** coïncide avec un retour au culte des Saints Patrons de la Bohême (bustesreliquaires d'orfèvrerie de saint Venceslas et de saint Adalbert du Trésor de Saint-Guy).

Les salles L, M et N (1490-1526) – Les guerres hussites achevées, on assiste à un nouvel échange artistique, peintres et sculpteurs allant de cour en cour, venant parfois d'Allemagne du Sud, de la vallée du Danube, de Saxe ou de Hongrie. On remarquera, bien évidemment, les travaux de **Lucas Cranach l'Ancien**. Des foyers de création s'affirment au début du 16ᵉ s. Le Nord et le Nord-Ouest de la Bohême s'imprègnent de l'influence de la Saxe, comme en témoigne la peinture de Maître I.W. (panneau votif de la famille Kašpárek de Plzeňy). La Bohême centrale s'imprègne, pour sa part, des inspirations sud-allemandes, saxonnes et danubiennes dans les panneaux faits par le Maître du Retable de Litomerice.

La Bohême du Sud offre au public une petite merveille de finesse : *La Déploration de Žebrák* (1500-1510), dont le sculpteur de génie devait avoir son atelier dans les environs de České Budýjovice.

Pour bien terminer ce voyage dans la beauté médiévale, on ne saurait recommander de pénétrer dans les parties restaurées du couvent et de l'église, au rez-dechaussée, et de s'asseoir dans les jardins du couvent pour méditer quelques instants sur la destinée de sainte Agnès.

À noter, les 12 copies de sculptures ou bustes que les non-voyants peuvent toucher, avec explications en braille.

BELVEDER (Královský letohradek)★★
BELVÉDÈRE (Palais royal d'été) – Hradčany
🚋 22

Annonçant l'arrivée des idées de la Renaissance italienne au cœur de l'Europe centrale, le petit palais d'été construit par Ferdinand Iᵉʳ pour son épouse, la reine Anne,

La « fontaine qui chante » du Belvédère

clôt d'une parenthèse élégante l'extrémité des jardins royaux. Le nom de « Belvédère » lui fut donné plus tard, mais ce pavillon à arcades a toujours joui d'une des plus belles vues sur la ville et le Château, tout en formant un tableau ravissant par lui-même. Sa construction, souvent évoquée comme une preuve d'amour de Ferdinand pour la reine, en aurait été tenue secrète pour en réserver la surprise à la destinataire. Mais les travaux durèrent plusieurs décennies et s'achevèrent après la mort de la reine… Ils occupèrent deux architectes principaux, et une armée d'artisans, pour l'essentiel italiens. Le dessin original est dû à **Paolo della Stella**, qui y travailla de 1537 jusqu'à sa mort, en 1552. À partir de 1557, le nouvel architecte du Château, **Bonifaz Wohlmut**, prit la relève, contribuant surtout au premier étage et à l'extraordinaire toiture de cuivre, en carène de bateau renversée. Le bâtiment fut achevé en 1563.

Ph. Cajic/MICHELIN

Le palais ⓘ – Une arcade fine et légère court autour du pavillon. Ses délicates colonnes portent des chapiteaux ioniques. Parmi les riches bas-reliefs à sujets mythologiques ou historiques, on voit Ferdinand offrant des figues à Anne. Les portes et les fenêtres montrent l'influence des toutes récentes *Règles générales d'architecture* de Serlio, qui ont joué un rôle majeur dans la propagation au Nord des Alpes des concepts décoratifs de la seconde Renaissance. Au-dessus des arcades, un balcon à balustres offre un panorama plus vaste encore. On le rejoint par l'étage, qui devait servir de salle de bal et de galerie. Le rez-de-chaussée abritait des pièces richement meublées, entièrement pillées par les soldats suédois à la fin de la guerre de Trente Ans.

Le palais d'été semble avoir bien rendu son office comme partie intégrante des jardins royaux *(voir p. 137)*. C'était l'une des retraites favorites de l'empereur Rodolphe II, qui autorisait ses astronomes à l'utiliser comme observatoire. À la fin du 18ᵉ s., la volonté utilitariste de l'empereur Joseph II a fait de ce lieu d'observation céleste et d'agrément pour la cour un laboratoire pour l'artillerie. Au milieu du 19ᵉ s., des modernistes trop zélés voulant « améliorer » l'intérieur, l'ont rendu méconnaissable, avec un escalier à deux volées et des peintures murales, aujourd'hui enlevées. Quelques restaurations plus tard, le palais d'été royal a été rattaché aux galeries du Château. Il offre aujourd'hui son cadre séduisant à différentes expositions temporaires.

BERTRAMKA★

Smíchov

Mozartova 169 – Ⓜ Anděl ou 🚋 4, 7, 9, 10, arrêt Bertramka

Au 18ᵉ s., la campagne commmençait au pied des murs de Prague, et la ville était entourée de fermes. Beaucoup avaient été converties en agréables villégiatures pour les classes moyennes en plein essor : tel fut le cas de la **villa Bertramka** ⓘ.

Au début du 18ᵉ s., on transforme en une charmante résidence cette maison de bois d'un négociant en vins, au milieu des vignes de la colline Noire. Elle prend le nom de l'un de ses propriétaires, Franz de Bertram. Les meilleurs amis pragois de Mozart, les Dušek, l'achètent en 1774. **František Dušek** était un professeur de musique estimé ; sa femme, une de ses anciennes élèves, une cantatrice célèbre. Ils avaient rencontré **Mozart** à Salzbourg, et lui avaient offert l'hospitalité. Mozart visite Prague pour la première fois en 1787. En l'absence des Dušek, hôte du comte Thun, il prend grand plaisir à la « figaromanie » qui emporte la ville : « On ne joue, on n'entend, on ne chante, on ne siffle que… Figaro ». Plus tard la même année, il profitera de l'environnement convivial de la villa Bertramka pour terminer *Don Giovanni (voir p. 192)*. En 1789 et 1791, il revient dans cette ville qui l'a gardé dans son cœur. À sa mort, on chante à St-Nicolas de Malá Strana un requiem composé par František Antonín Rössler (Rosetti). L'assistance se presse dans l'église et déborde jusque dans la rue.

Les séjours de Mozart à Prague ont inspiré le court roman d'Eduard Mörike *Mozart auf der Reise nach Prag (Voyage de Mozart à Prague* [1856]*)* et la pièce de Peter Schaeffer (1975) *Amadeus*, superbement filmée par Miloš Forman.

La villa et ses alentours ont pour beaucoup gardé leur atmosphère de la fin du 18ᵉ s. Dès les années 1870, les admirateurs de Mozart y viennent en pèlerinage et paraphent le livre d'or. L'aménagement de la villa en musée date de 1956.

BETLÉMSKÉ náměstí

Place de BETHLÉEM – Vieille Ville

Ⓜ Národní třída

Au cœur du labyrinthe de rues de la partie Sud-Ouest de la Vieille Ville, cette petite place, avec ses cafés et ses restaurants, doit son nom à la chapelle de Bethléem qui, reconstruite, en constitue l'élément dominant avec ses deux imposants pignons.

BETLÉMSKÁ KAPLE ⓘ

Bien qu'elle ait été presque entièrement reconstruite au milieu du 20ᵉ s., la **chapelle de Bethléem** dégage, en raison de sa simplicité, l'esprit austère de la réforme religieuse prônée par **Jan Hus** et ses partisans. La sobriété même de l'édifice semble un reproche pour les riches demeures baroques alentour, emblèmes du pouvoir, de la richesse et du prestige d'une Église catholique que Hus et ses adeptes souhaitaient tant réformer – et qui a fini par briser leurs idées par la force.

À la fin du 14ᵉ s., contrairement au quartier plus aisé de la place de la Vieille Ville, dominé par des Allemands, cette partie de la ville était habitée presque exclusivement par des Tchèques ouverts aux idées réformistes, que répandaient de jeunes clercs, suffisamment inspirés pour braver le courroux de la Cour et de l'Église. Afin de leur offrir un lieu de prêche, nobles et bourgeois s'unirent pour fournir des fonds et un emplacement : une ancienne malterie.

Achevée en l'espace de trois ans (1391-1394), la chapelle est un édifice simple mais spacieux, prévu pour accueillir la plus grande assemblée possible au cours des sermons, délivrés en tchèque et non en latin. Les prédicateurs mettaient l'accent sur la nécessité de suivre la parole de Dieu, sans laquelle « ce serait Sodome et Gomorrhe ». Suivant cette déclaration des fondateurs, les murs ont été ornés plus tard de textes de Jan Hus et de son collègue Jakoubek ze Stříbra. Jan Hus a prêché ici pendant dix ans. Il habitait à l'étage de la sacristie voisine, ce qui lui permettait d'accéder directement à la chaire. Ce lieu abrite aujourd'hui un petit musée. Pendant plus d'un siècle, la chapelle fut un des grands bastions du mouvement hussite utraquiste, mais après la bataille de la Montagne blanche (1620), elle tomba aux mains des jésuites, les plus farouches adversaires de la Réforme. En 1786, elle fut partiellement démolie, et certains de ses murs furent incorporés plus tard dans de nouveaux bâtiments d'habitation.

À partir du milieu du 19ᵉ s., l'essor du sentiment national tchèque et le culte de Jan Hus ont fait naître le désir de reconstruire la chapelle. Une recherche opiniâtre a permis de retrouver des vestiges de murs et le plan ancien du bâtiment. Mais la reconstruction proprement dite n'a débuté qu'en 1948, sous le régime communiste, pour lequel Jan Hus incarnait la figure du héros populaire par excellence. La chapelle a été achevée en 1952.

Jan Hus

Il naît aux environs de 1372 dans le village de Husinec au Sud de la Bohême. L'intelligence de ce fils de fermier lui permet de rallier Prague pour étudier à l'université. Après avoir passé sa maîtrise, il est ordonné prêtre. L'éloquence de Jan Hus lui permet de jouer un rôle prépondérant dans la controverse qui agite à l'époque l'Église, mais le fait aussi apprécier de ses supérieurs, qui lui attribuent la chapelle de Bethléem. Là, il se rapproche des enseignements de l'Anglais Wycliff, déjà condamné pour hérésie en Angleterre. Mais c'est la querelle autour des indulgences qui met Hus en avant, lors d'une protestation publique, en 1412, contre l'exécution de trois jeunes manifestants qui avaient ouvertement condamné cette pratique corrompue. Exilé de Prague, Hus continue de prêcher dans les campagnes et expose ses idées, maintenant franchement rebelles, dans une suite d'essais. Déterminée à écraser l'hérésie, l'Église le convoque devant un grand concile à Constance. Toutes ses tentatives de convaincre ses interrogateurs par une argumentation raisonnée échouent. Malgré de nombreux soutiens de la noblesse, il est condamné à mort. Sur le chemin du bûcher, le 6 juillet 1415, il assiste à l'autodafé de ses écrits. On aura beau disperser ses cendres dans le Rhin, son nom survivra, déstabilisant pendant de nombreuses années l'Église et l'État.

Náprstkovo muzeum ⊘ – Fondé en 1862 par l'industriel Vojtěch Náprstek (1826-1894), le **musée Náprstek** est le musée d'Ethnographie de Prague. Peu visité, il se consacre aux cultures indigènes d'Australasie, d'Océanie et des Amériques et compense par son charme et son abord facile son manque d'exhaustivité.
Les collections occupent un bâtiment conçu à cet effet au fond de la cour de la résidence Náprstek. Vojtěch Náprstek, homme énergique dont le nom signifie « dé à coudre », fut l'un des phares de la société pragoise du 19ᵉ s. Sa demeure était le salon de l'intelligentsia littéraire et scientifique. Son intérêt pour l'innovation et le progrès industriels a été stimulé par son exil aux États-Unis après son engagement lors de la révolution de 1848. À son retour, il fait la promotion d'inventions comme le réfrigérateur et la machine à coudre, se montre un fervent partisan de l'émancipation des femmes, et rassemble une formidable bibliothèque. Il reste en contact avec de nombreux voyageurs et explorateurs tchèques, et leurs dons forment maintenant le fonds des présentations du musée, aujourd'hui annexe du Musée national.
Le musée puise dans les vastes collections nationales pour monter des expositions temporaires, parfois assez éloignées des thèmes ethnographiques. Les collections principales sont exposées au **3ᵉ niveau (Australasie et Océanie)** et au **1ᵉʳ niveau (cultures indigènes d'Amérique du Nord et du Sud)**. Les notices sont presque partout uniquement en tchèque. Mais nombreuses sont les pièces qui parlent d'elles-mêmes, comme les figures et inquiétants masques rituels de Nouvelle-Guinée ou des îles Salomon, les outils ingénieux des Inuits de l'Arctique, ou les séduisantes figurines et céramiques d'Amérique du Sud.

Bartolomějská – Pour gagner la **rue Barthélemy**, dont le nom résonne à Prague du souvenir du sinistre quartier général de la police (celle-ci en occupant presque tout le côté Sud), on peut emprunter Průchodní, sinueuse ruelle qu'enjambent des arches. À l'angle de Bartolomějská et de Na Perštýně se dresse, massif, le **bâtiment de la police**, terminé en 1925. De caractère fortement cubiste, il est orné de sculptures et de statues sur le thème du travail, qui rappellent sa fonction antérieure de Maison des syndicats. À l'époque communiste, Bartolomějská était synonyme de la célèbre STB (Sécurité nationale), dont certaines des cellules étaient installées dans l'**ancien couvent** situé du côté Nord de la rue. C'est ici qu'autrefois Václav Havel et nombre de dissidents subirent des interrogatoires parfois musclés. Une fois le couvent restitué à ses précédents propriétaires, ceux-ci en ont transformé une partie en hôtel et en pension. Il y a une longue liste d'attente pour dormir dans la cellule occupée autrefois par le président.

La petite église du couvent, **St-Barthélemy** (sv. Bartoloměj), est discrète sur la rue, mais l'intérieur, orné de peintures murales de Reiner, se révèle être un superbe exemple, minutieusement restauré, du travail exquis de **Kilián Ignáz Dientzenhofer**.

Sv. Kříže – Du début du 12ᵉ s., la minuscule **chapelle de la Ste-Croix** est l'une des trois rotondes romanes qui subsistent dans la ville. Élevée sur le bord de la route reliant Vyšehrad aux gués de la rivière, au pied du Château, aujourd'hui quelque peu perdue au milieu de bâtiments modernes sans véritable charme, elle demeure un fascinant témoin des débuts historiques de Prague. Sa toiture conique est couronnée d'une lanterne ; ses murs circulaires portent des vestiges de peintures du 14ᵉ s. Les grilles du 19ᵉ s., magnifique exemple d'intégration harmonieuse, sont dues à **Josef Mánes**.

BÍLKOVA vila

Villa BÍLEK – Hradčany

Mickiewiczova 1 – Prague 6 – 🚊 22

En 1910, le sculpteur symboliste **František Bílek** (1872-1941) a conçu cet extraordinaire bâtiment, ressortant à l'angle d'une rue dans le quartier des jardins du Hradschin, pour en faire sa demeure et son atelier. Restaurée, la maison abrite de nombreuses œuvres de l'artiste, mais c'est le bâtiment qui laisse l'impression la plus forte ; c'est une œuvre d'art à part entière, avec son mobilier, ses aménagements intérieurs, et même son système de chauffage, conçu aussi par Bílek.

La villa – De plan curviligne, elle est précédée de colonnes égyptiennes figurant des gerbes de blé : ses murs rouge brique symbolisent la fertilité de la terre. L'intention originelle de Bílek était d'installer son *Moïse* en bonne place devant la maison, mais on l'a remplacé par une figure tout aussi expressive, *Comenius faisant ses adieux à son pays*. À l'intérieur, les dessins et les statues, mais aussi l'environnement quotidien de l'artiste, révèlent sa fascination pour le sacré.

BŘEVNOVSKÝ Klášter★

Couvent de BŘEVNOV – Prague VI

Bělohorská ulice – 🚌 8, 22

Presque encerclé par les tristes immeubles de la banlieue Ouest de Prague, le monastère bénédictin de Břevnov, le plus ancien du pays, a été fondé il y a plus de mille ans. L'aspect baroque qu'on lui voit aujourd'hui est le résultat d'une rénovation ambitieuse du début du 18ᵉ s., l'une des plus belles réussites de la dynastie d'architectes Dientzenhofer. Sous le régime communiste, il servit à divers usages et fut mal entretenu, bien que dans le même temps des archéologues se fussent consciencieusement attachés à redécouvrir sa longue histoire. Revenu aux bénédictins en 1990, il présente au public les nombreux trésors de l'abbaye et sa splendide église.

UN PEU D'HISTOIRE

Selon la légende, le couvent fut fondé à la suite d'une rencontre entre le prince **Boleslav II** et l'évêque de Prague, **Adalbert** (Vojtěch), guidés vers une source par un même songe. Quoi qu'il en soit, les origines de l'institution remontent à l'an 993, au retour d'Italie d'Adalbert, accompagné d'un groupe de moines bénédictins. Břevnov connut un grand essor et devint un important centre de propagation du christianisme en Bohême et dans les pays voisins, quoique Adalbert ait été martyrisé par des païens prussiens. Une imposante basilique romane s'éleva, remplacée par une église gothique, en majeure partie détruite au début du 15ᵉ s. par les hussites. Un nouvel âge d'or survint au début du 18ᵉ s., quand deux abbés énergiques employèrent les Dientzenhofer à rebâtir l'église et le couvent. Au début du 20ᵉ s., il connut une autre période de gloire et se fit une réputation enviable grâce à l'enseignement qu'il dispensait et à ses publications. Pendant la période communiste, ces activités se maintinrent, plus modestement en raison de l'exil des moines en Bavière. En 1990, à leur retour, de grands travaux de restauration les attendaient : une partie des bâtiments du couvent avait abrité les archives de la police, une autre un fonds de bibliothèque.

Le majestueux intérieur de l'église abbatiale

VISITE

On pénètre dans le couvent par un portail baroque surmonté d'une statue de saint Benoît, entourée d'anges. De grandes dépendances longent l'allée de tilleuls qui mène à l'église. On voit notamment sur la gauche une grange dîmière particulièrement imposante. À gauche de l'église, un autre portail donne accès aux **jardins**, dessinés par Kilian Ignaz Dientzenhofer et jadis dotés d'une magnifique orangerie, mais longtemps laissés à l'abandon. La **source** où aurait eu lieu la rencontre de Boleslav et Adalbert est devenue un important centre de pèlerinage, et l'on a restauré le **pavillon** baroque qui la domine.

★★Église abbatiale ⊘ – Bien que très différente de St-Nicolas de Malá Strana, l'église du couvent, consacrée à sainte Marguerite, reste l'un des chefs-d'œuvre des Dientzenhofer, avec ses proportions grandioses et l'utilisation magistrale des différentes techniques du baroque. **Christoph Dientzenhofer** l'a bâtie entre 1709 et 1716, mais c'est son fils **Kilian Ignaz** qui y aurait apporté la touche finale. L'extérieur, d'ordre ionique monumental, est couronné d'énormes pignons et de statues de Jäckel. À l'intérieur, l'absence de bas-côtés crée un seul volume d'une grande majesté. Les autels latéraux portent des peintures de Peter Brandl, dans des cadres en trompe-l'œil ; les fresques peintes au plafond par Steinfels illustrent des épisodes de l'histoire de l'abbaye. Les formes ovales qui se recoupent sur la voûte reposent sur des pilastres placés, pour la première fois à Prague, de biais par rapport à l'axe de la nef. On voit, derrière la chaire, l'oratoire vitré de l'abbé. Des statues de sainte Marguerite et d'anges par Jäckel ornent le maître-autel.

Crypte – *Visite guidée combinée avec celle du couvent.* Sous le pavement de l'église baroque se trouvent d'intéressants vestiges de bâtiments antérieurs de plusieurs siècles, mis au jour entre 1978 et 1983 : à côté de parties de murs de l'église gothique, le plus impressionnant demeure l'extrémité Est, semi-circulaire, de la crypte romane, avec ses robustes piliers et ses ouvertures en plein cintre.

★Bâtiments conventuels ⊘ – *Visite guidée.* Les logements des moines ont été commencés par Christoph Dientzenhofer. Quand ce dernier se retire, peu avant sa mort, en 1722, c'est Kilian Ignaz qui prend la relève. Seule la partie Est des bâtiments qui entourent les trois cours est ouverte au public. Escaliers, couloirs et salles superbement dessinés abritent des peintures, des fresques sur les plafonds et beaucoup d'autres merveilles. Le **salon chinois**, avec ses peintures murales orientales, lumineuses et légères, est à voir, mais ne pas manquer surtout la **salle Thérèse★★**, somptueusement décorée par les frères **Asam**, de Bavière. Au plafond, leur merveilleuse fresque illustre de manière vivante comment Gonthier-le-Bienheureux a évité que l'on ne consomme de la viande un vendredi, en faisant miraculeusement s'envoler de la table royale un paon rôti.

CELETNÁ ulice★

Rue CELETNÁ – Vieille Ville

M Náměstí Republiky

Reliant le cœur de la Vieille Ville à la tour Poudrière et à la Maison municipale, cette rue animée constitue la première partie de la Voie du Couronnement, que suivaient autrefois les processions royales se dirigeant vers le Château et la cathédrale. Bordée d'une succession de belles demeures, dont beaucoup cachent des éléments gothiques ou romans derrière leurs façades à dominante baroque, la rue doit son nom aux boulangers qui y tenaient boutique au Moyen Âge et y pétrissaient des petits pains dits *calta*, avant qu'ils ne soient remplacés par une population plus patricienne.

★**Prašná brána** ⊘ – La **tour Poudrière**, un des repères de la ville qui servait jadis à surveiller la route de Kutná Hora, est un monument gothique haut de 75 m, couronné par une caractéristique toiture aiguë en bâtière. Elle tient une place importante dans le paysage de Prague, marquant le débouché de Na Příkopě (Sur les douves – *voir p. 111*) sur náměstí Republiky (place de la République). Construite vers 1475 sur le modèle de la tour que Peter Parler avait édifiée à l'entrée du pont un siècle auparavant, elle remplaça l'une des 13 tours qui faisaient partie des défenses de la Vieille Ville. Mais l'intention était aussi de la voir par ses dimensions rehausser le prestige du quartier du palais royal. Hélas, peu après le début des travaux, Ladislas II prend le parti de se réinstaller au Château, si bien que la tour attend le 18e s. pour recevoir son toit définitif. L'état de décrépitude dans lequel elle tombe n'empêcha pourtant pas les Prussiens de la bombarder durant le siège de 1757. Utilisée comme magasin à poudre pendant plusieurs années, elle reçoit alors le nom qu'elle porte encore.

Entre 1875 et 1886, l'architecte **Joseph Mocker** la restaure avec un soin passionné et lui donne l'allure néo-gothique, hautement romantique, qu'elle présente aujourd'hui. Il l'embellit d'une haute toiture en appentis et de tourelles d'angle effilées, et orne les quatre faces de statues d'allégories, de saints et de souverains tchèques.

Cela vaut la peine de monter au sommet jusqu'à la galerie pour admirer le **panorama★** sur la ville et observer, tout en bas, l'amorce de la Voie du Couronnement, Celetná ulice, qui se dirige vers le Hradschin, dans le lointain. Au deuxième niveau, une petite exposition sur « la ville au cent tours » permet de passionnantes comparaisons entre les différentes tours, anciennes ou récentes.

Après la tour Poudrière, Celetná se poursuit vers l'Ouest et la place de la Vieille Ville, bordée à droite par le palais Pachta (n° 31/585), que Kilián Ignáz Dientzenhofer remania vers 1740 dans le style baroque. En face, la nouvelle Maison de la Monnaie (n° 36/587), dont les ateliers fonctionnèrent jusqu'à la fin du 19e s., englobe une petite suite d'arcades. De robustes atlantes, à l'image des mineurs de Kutná Hora, en supportent le balcon. Pendant l'année révolutionnaire 1848, ce bâtiment a servi de quartier général militaire. C'est là qu'une balle perdue tua l'épouse du général Windischgrätz, accident qui ne fut peut-être pas étranger à la dureté avec laquelle il écrasa la révolte.

À l'angle de Celetná et du marché aux fruits (Ovocný trh), on sera surpris de l'harmonieux mariage de la **Maison à la Madone noire★** (dům U černé Matky boží), aux tons orange foncé, et de ses voisines, plus anciennes. C'est l'une des premières

La maison cubiste à la Madone Noire de Josef Gočár

constructions cubistes de Prague, et sans doute la plus belle. Édifiée en 1912 d'après un projet de **Josef Gočár** pour loger un grand magasin, elle affiche une modernité frappante lorsqu'on la compare à la Maison municipale, à l'aspect plus nostalgique, achevée seulement quelques mois plus tôt. L'emploi d'une structure de béton armé a permis à l'architecte de créer une façade très élaborée, intégrant beaucoup de verre. Des détails de style cubiste, portique, rambardes de balcon, fenêtres mansardées, parachèvent avec bonheur l'audacieux effet d'ensemble. Provenant de la maison baroque qui s'élevait là auparavant, la statue de la Madone noire est suspendue dans une cage dans un angle de cette remarquable addition d'éléments architecturaux contemporains.

La Maison à la Madone noire est le cadre approprié pour accueillir l'**exposition permanente d'art cubiste tchèque** ⊘ : ouverte depuis 1994, elle rassemble divers tableaux, dessins, céramiques, meubles et cartons puisés dans les réserves du musée des Arts décoratifs.

En poursuivant vers l'Ouest dans Celetná, on passe devant de nombreuses et élégantes façades baroques. U Supa (Au Vautour – n° 22/563) montre une enseigne moderne avec l'inscription ancienne, en français et allemand, « Gindle, joailliers ». Dans les années 1930, devenu plus fonctionnaliste que cubiste, Gočár construisit un magasin très sobre pour le chausseur Bat'a au n° 15/586. Parmi d'autres bâtiments majestueux, le plus imposant est sans doute le palais Hrzán (n° 12/558), avec ses sept travées et ses atlantes par Brokoff. Des porches et des passages invitent à la découverte. Au n° 17/595 s'ouvrent une belle cour et un passage vers la rue voisine, Štupartská. Le n° 11/598 possède un merveilleux *pavlač* à galerie. **Dům U černého slunce** (Au Soleil Noir – n° 8/556) montre sa célèbre enseigne. Les dernières maisons du côté Nord de la rue s'appuient contre le flanc de l'église de Týn. La famille Kafka a vécu un temps U tří králů (Aux Trois Rois – n° 3/602). Le jeune Franz aurait occupé la chambre du fond, dont la fenêtre secrète lui permettait d'observer, en contrebas, les chrétiens en prière. La dernière maison de la rue, **U Sixtů** (n° 2/553), qui conserve ses fondations romanes, offre une superbe vue sur la place de la Vieille Ville.

Muzeum Antonína DVOŘÁKA
Vila AMERIKA★

Musée DVOŘÁK – Nouvelle Ville

Ke Karlovu 20 – Prague 2 – Ⓜ I. P. Pavlova

En 1720, le comte Jan Václav Michna commande à **Kilian Ignaz Dientzenhofer** une résidence d'été dans la partie Sud de la Nouvelle Ville, encore très campagnarde à l'époque et couverte de jardins et de vergers. La villa, qui prend le nom d'une auberge voisine, est une composition baroque ; un jardin à la française orné de statues de Braun entoure un bâtiment central flanqué de pavillons. Le jeune Dientzenhofer rentrait de dix années d'études à l'étranger et sa charmante création montre les influences conjuguées de la France et du Vienne du grand architecte Lukas Hildebrandt. Depuis 1932, la villa héberge le **musée** ⊘ consacré au compositeur **Antonín Dvořák** (1841-1904). Ce cadre approprié accueille pendant la saison de très agréables soirées musicales consacrées au musicien.

Du hařek au Nouveau Monde – Dvořák a mené une vie très simple et très rangée, avec pour seules passions, mis à part la musique, les chemins de fer et les pigeons. Né dans le village de **Nelahozeves**, au Nord de Prague (voir p. 256), il est destiné à suivre les traces de son père dans la boucherie familiale, quand, encouragé par ses professeurs, il se tourne vers la musique. Il s'installe en 1857 à Prague, où il gagne chichement sa vie comme organiste d'église et musicien d'orchestre, notamment au Théâtre national provisoire. Il

R. Holzbachova, P. Bénet

La villa Amerika

se distingue en 1873 avec *Hymnus*, et obtient une bourse pour étudier à Vienne. Peu après, il compose son *Stabat Mater*, œuvre émouvante inspirée par le décès de ses trois enfants. En 1877, le succès de ses *Chansons moraves* marque un tournant dans sa carrière. Dans les années 1880, Dvořák visite plusieurs fois la Grande-Bretagne et reçoit un doctorat *honoris causa* de l'université de Cambridge (sa toge est exposée au musée). Il voyage aussi en Allemagne et en Russie. Farouche patriote, il insiste partout pour que son nom soit écrit correctement, avec ses deux accents, dont le « háček » qui surmonte le r, un casse-tête pour la plupart des étrangers. En 1890, il devient professeur au conservatoire de Prague. Son enseignement est interrompu par un séjour de trois années aux États-Unis, comme directeur du conservatoire national à New York. À sa mort, en 1904, on l'enterre au cimetière national de Vyšehrad.

Très influencée par Brahms, son contemporain, l'œuvre remarquablement variée de Dvořák s'inspire dans une certaine mesure des *negro spirituals*, mais avant tout des **musiques populaires** de son pays natal ou des autres peuples slaves. Il compose neuf symphonies, dont la célèbre neuvième « *Du Nouveau Monde* » (1893), les *Danses slaves*, d'abord écrites pour piano, puis pour orchestre ; beaucoup de musique de chambre et de musique religieuse : *Stabat Mater* (1877), *Messe en ré majeur*, *Te Deum* (1893) et *Requiem* (1890). Ses opéras (*Rusalka*, 1901) ont connu moins de succès.

Muzeum HLAVNÍHO MĚSTA PRAHY★

Musée de la VILLE DE PRAGUE – Prague VIII

Na Poříčí 52 – Ⓜ Florenc

Le musée de la Ville de Prague loge ses collections dans un palais néo-Renaissance, construit en 1898 à l'emplacement de la porte de Poříčí, qui défendait autrefois le Nord de la Nouvelle Ville. Achevé par Antonín Balšánek suivant un projet d'Antonín Wiehl, le bâtiment marque, comme le Musée national et le musée des Arts décoratifs, la période d'épanouissement de la fin du 19ᵉ s. Tous trois ont été conçus pour exprimer la dignité et l'importance de leur office. Une volée de marches mène à son portique central, surmonté d'un tympan montrant des bas-reliefs allégoriques, ainsi qu'une statue de Ladislav Šaloun représentant l'*Esprit de Prague*. Les salles de l'exposition permanente occupent l'entresol. Un escalier en trois parties, décoré d'un panorama circulaire de Prague, conduit aux étages supérieurs.

La maquette de Prague, réalisée par Langweil

Exposition sur l'histoire de Prague Ⓣ – Petit à petit, on rénove et on remplace les présentations, un peu défraîchies par le temps, qui retracent l'évolution de la ville, de l'époque préhistorique au 17ᵉ s. Il y a beaucoup de choses intéressantes : des plans montrent la façon dont les différents quartiers de Prague ont évolué, comment ils se sont finalement unis pour former une seule cité ; on découvre des œuvres d'art, des maquettes, des objets de toutes sortes. À l'étage supérieur, les expositions temporaires sur l'histoire récente de la ville, alimentées par les vastes réserves du musée, présentent souvent un intérêt exceptionnel. On y trouve aussi l'original du grand cadran peint par Mikoláš Aleš pour l'horloge astronomique de l'hôtel de ville de la Vieille Ville, où figurent les travaux des saisons et les signes du zodiaque. Mais la grande attraction demeure la superbe **maquette de Prague** par Langweil.

★★ **Langweilův model Prahy** – Humble lithographe, **Anton Langweil** a consacré les années de 1826 à 1834 à ce projet extraordinaire, au détriment de sa nombreuse famille et de sa propre santé ; ce n'est pourtant pas l'ennui (son nom en allemand) qui l'aura terrassé.

Établie au 1/148, la maquette en papier et carton couvre environ 20 m². Elle montre, avec une foule de détails, la Vieille Ville et presque tout Malá Strana et le Hradschin. D'une précision méticuleuse, c'est une inestimable photographie de la ville à l'aube de l'industrialisation. Une part de la fascination vient de ce que très peu de chose a changé, contrairement aux autres grandes villes. Mais ce qui a changé est tout aussi passionnant. Sur la maquette, la ville tourne encore le dos à la rivière, dont les rives sont couvertes de moulins, de décharges et de parcs à bois. La tour Poudrière, avant restauration, se dresse près de la cour royale. La cathédrale n'a pas de nef, et la place de la Vieille Ville montre son plan d'origine, avec en son centre la colonne mariale.

HRADČANSKÉ náměstí★★

Place du HRADSCHIN – Hradčany

🚃 22 jusqu'à Pražský hrad

Bordée au Moyen Âge par les modestes logements des habitants du quartier du Hradschin, la place du même nom élève aujourd'hui sa grande esplanade pavée derrière les portes Ouest du Château. S'y alignent palais aristocratiques et demeures du chapitre de la cathédrale. Son vaste espace accueille des foules de visiteurs, qui s'y pressent notamment à l'occasion de la relève de la garde pour voir défiler les uniformes bleus entre la place et la caserne Loretánská.

★ **Schwarzenberský palác** – *Hradčanské náměstí 2/185*. Le **palais Schwarzenberg**, magnifique demeure Renaissance indissociable de l'horizon du Hradschin, domine le côté Sud de la place. Reliées entre elles par un mur plein de fantaisie qui cache une cour, les deux ailes qui donnent sur la place sont couronnées de splendides pignons à redents. L'aile Est montre une corniche à l'italienne magnifiquement incurvée, ornée de lunettes. L'élément le plus remarquable demeure la décoration de sgraffites noirs et blancs, qui donnerait presque le tournis, avec ses frises et ses panneaux sophistiqués imitant des bossages en pointes de diamant. Le palais a été construit au milieu du 16ᵉ s. par l'architecte italien Agostino Galli pour le burgrave du Château, le comte Lobkowicz. Il tient son nom de la famille Schwarzenberg, petite aristocratie bavaroise qui se fit un nom au 17ᵉ s. grâce à sa loyauté envers l'empereur et s'éleva rapidement au rang des plus gros propriétaires terriens de Bohême. Après 1989, l'un d'entre eux, le prince Karl, est rentré d'exil pour diriger la chancellerie de Václav Havel.

Le palais abrite une partie des collections du **musée historique des Armées** (Vojenské historické muzeum ⊘ – pièces antérieures au 20ᵉ s.), le reste se trouvant à Žižkov. Celle-ci réunit toutes sortes d'armes, d'uniformes, d'œuvres d'art, de médailles, cartes, mannequins et documents, mettant en relief l'importance jouée par les conflits armés dans l'histoire de l'Europe centrale. On ne voit qu'une partie seulement de ces trésors, mais les expositions temporaires sont souvent d'une rare qualité, et les magnifiques espaces intérieurs méritent en eux-mêmes une visite.

D'échelle plus modeste, mais sur un site magnifique dominant Ke Hradu, sur la route escarpée du Château, le **palais Salm**, de style Empire (1840), détaché du domaine Schwarzenberg, héberge aujourd'hui l'ambassade de Suisse.

Arcibiskupský palác – *Hradčanské náměstí 16/56*. De l'autre côté de la place et faisant pendant au palais Schwarzenberg, le **palais de l'Archevêque** est la prestigieuse résidence du primat des pays tchèques. Au milieu du 18ᵉ s., dans le cadre du réaménagement général de la place et des abords du Château, on l'agrandit et lui donna sa remarquable façade rococo, tout en conservant une partie de l'œuvre antérieure de Jean-Baptiste Mathey, comme le portail. La décoration de l'intérieur *(rarement ouvert au public)* est encore plus somptueuse que la façade. Au 18ᵉ s., l'archevêque Příchovský fit exécuter les superbes tapisseries françaises, autour du thème exotique des Nouvelles Indes. On voit aussi des collections de porcelaine de Delft et de Vienne, et de superbes bustes de saint Pierre et saint Paul, du haut Moyen Âge. Nommé évêque en 1946, Mgr Josef Beran n'a pu profiter longtemps de ces splendeurs. Après le coup communiste de 1948, il passa 16 ans en prison. Bénéficiant enfin d'une amnistie, il ne put cependant réintégrer son palais. Son successeur, Mgr Tomášek, qui maintint le lien avec l'opposition, est largement responsable de la canonisation de sainte Agnès, événement qui a précédé de quelques jours la chute du communisme.

★★ Palais Sternberg – *Voir Šternberský palác.*

De forme évasée, la place s'élargit en allant vers l'Ouest, où les pavés se divisent pour entourer un petit parc en forme de triangle. Sur ce fond de verdure, la **colonne de la Peste**, couronnée d'une statue de la Vierge, est une œuvre tardive de Brokoff, commencée en 1726. Le côté Nord de la place est bordé par les anciens logements des chanoines de la cathédrale, le côté Sud par un couvent qui englobe l'ancienne église paroissiale de Hradčany, St-Benoît.

Toskánský palác – *Hradčanské náměstí 5/182*. L'extrémité Ouest de la place est fermée par le **palais Toscan**, monumental édifice élevé vers 1690 sur un projet de Jean-Baptiste Mathey pour le comte Michel Thun-Hohenstein. Occupé aujourd'hui par le ministère des Affaires étrangères, il présente une architecture inhabituelle, avec deux avancées symétriques et des portails jumeaux. Sa balustrade s'orne de statues allégoriques. Il est précédé d'une série de bornes modernes en pierre ; on voit une belle figure de saint Michel à l'angle de la rue Loretánská.

Martinický palác – *Hradčanské náměstí 8/67*. L'angle Nord-Ouest de la place est occupé par le **palais Martinic**, famille dont l'un des membres fut l'un des conseillers impériaux défenestrés en 1618. Subdivisé en nombreux logements, il a échappé au délabrement qui le guettait lorsqu'il est devenu le siège de l'agence pour la planification urbaine. Ses charmants motifs de sgraffites s'inspirent de scènes de l'Ancien Testament.

HRADČANY★★★

HRADSCHIN (Quartier du Château)

🚋 22 jusqu'à Pohořelec

Ce quartier, le plus petit des quatre bourgs historiques de Prague, s'étend vers l'Ouest à partir du Château, le long d'un éperon dominant la Malá Strana au Sud et le fossé aux Cerfs au Nord. Il n'a jamais connu de développement intensif et n'a pratiquement pas été modifié depuis le 18ᵉ s. Flâner dans le Hradschin, réservé aux piétons et libre de toute prolifération commerciale, emporte le visiteur plus de deux siècles en arrière, au cœur d'un Prague nostalgique et provincial.

Avant la fondation du bourg, en 1321, c'était un secteur boisé, traversé par la route qui reliait la forteresse à l'Ouest de la Bohême et à Nuremberg, en passant devant le monastère de Strahov. Le site qu'occupe approximativement aujourd'hui Hradčanské náměstí (place du Hradschin) ne manqua pas d'attirer une population intéressée par la proximité du Château. Très tôt, un marché s'installa, qui ne put toutefois rivaliser avec celui de la Malá Strana, beaucoup plus actif et favorablement situé au débouché du gué. Le quartier se développa lentement, à l'intérieur des murs élevés au Moyen Âge par Charles IV, puis des fortifications de l'époque baroque, lourds bastions et murailles en briques dont on voit encore les vestiges. Peu à peu, les artisans du quartier furent évincés par des personnages de rang plus élevé. Après le grand incendie de 1541, qui détruisit presque toutes les maisons, surgit un premier groupe de belles demeures. Après la bataille de la Montagne blanche en 1620, ceux qui, par perspicacité ou par chance, se retrouvèrent du côté des vainqueurs, y firent construire d'autres belles résidences.

★★ **Strahovský klášter** – *Voir ce nom.*

Pohořelec – Cette charmante place pavée, partiellement entourée d'arcades, dont la pente douce invite les visiteurs à descendre vers le Château, a été aménagée à la fin du 14ᵉ s. Son style actuel serait plutôt baroque et rococo, mais un certain nombre de constructions plus anciennes ont survécu. Pohořelec signifie « place des incendies » : au cours de sa longue histoire, le feu a dévasté plus d'une fois le quartier. Il a été incendié en 1420 par les hussites, ravagé par le grand incendie de 1541, et a beaucoup souffert aussi en 1742 sous l'occupation française. Au milieu de la place se dresse une statue (18ᵉ s.) de saint Jean Népomucène. Côté Ouest s'ouvre l'entrée principale du monastère de Strahov, auquel on accède par une rampe qui part du côté Sud de la place, ou bien, de façon plus amusante, par le passage étroit qui traverse au n° 8 la maison à l'Arbre d'or.

Úvoz – Dans l'angle Sud-Est de Pohořelec, l'ancien hôpital Ste-Élisabeth, de style baroque, marque le début de cette rue qui descend vers Nerudova et Malá Strana, offrant des vues splendides sur les vergers de la colline de Petřín, et Prague en contrebas. Beaucoup de maisons bâties contre le flanc escarpé de la colline, notamment vers le bas de la rue, portent des noms comme « Au Raisin vert », ou « À la Colonne de pierre ». Cette dernière porte aussi une enseigne avec un soleil et une lune : le peintre du 18ᵉ s. Kristián Luna y a vécu. On voit aussi la grande maison rococo U tří sekyrů (Aux trois Haches).

Loretánské náměstí – La **place de Lorette** n'a de place que le nom. Elle est coupée en deux par le grand mur de soutènement qui sépare le sanctuaire de Lorette du palais Czernin. Au Nord, entre les charmantes sentes entourées de murs qui descendent vers Nový Svět *(voir ce nom)*, s'étend le modeste couvent des Capucins, dont l'église est dépourvue de tour, conformément à la règle stricte de l'ordre.

★★★ **Loreta** – *Voir ce nom.*

★ **Černínský palác** – En 1669, Jan Humprecht, comte Czernin, fit élever les murs imposants du **palais Czernin** dans l'intention de bâtir la plus prestigieuse résidence de Prague. La façade, longue de 150 m, s'articule autour d'un colossal alignement de 30 colonnes engagées, au-dessus d'un rez-de-chaussée dont les bossages rus-

---

Jan Masaryk

Fils du fondateur et premier président de la Tchécoslovaquie, Jan Masaryk (1886-1948) est sans doute l'homme politique le plus populaire de son pays. Charmant, cosmopolite, d'un humour teinté de mélancolie, il maintient vivant l'esprit de la nation pendant la Seconde Guerre mondiale grâce à ses émissions radiophoniques en provenance d'Angleterre. Ministre sans étiquette des Affaires étrangères, il est maintenu en fonction après le coup communiste de février 1948, manœuvre destinée à faciliter la transition vers une dictature effective. Les circonstances entourant sa mort demeurent controversées.

tiques semblent annoncer la fascination des architectes cubistes tchèques pour les formes anguleuses. L'oppressante prétention du bâtiment reflète bien l'orgueil démesuré des personnes qui l'ont occupé.

Les profits que Czernin accumula au cours de la guerre de Trente Ans firent sa fortune, l'ambassade qu'il effectua auprès de la république de Venise lui donna le goût de l'Italie, mais son palais, devenu un gouffre sans fond, engloutit la fortune familiale pour plusieurs générations. Malgré les efforts conjugués des meilleurs architectes et concepteurs et d'une armée d'artisans, le grand édifice ne fut jamais en mesure d'être habité, et Czernin mourut bien avant

son achèvement. L'empereur Léopold Ier n'en parlait qu'en l'appelant « la grosse grange »... Les Français le malmenèrent en 1742, les Prussiens en 1757. En désespoir de cause, la famille le vendit à l'État en 1851. Le bâtiment devint une caserne et la troupe faisait l'exercice dans le beau jardin à la française. Les années 1930 le virent renaître : soigneusement restauré pour loger le ministère des Affaires étrangères de Tchécoslovaquie, les travaux s'achevèrent malheureusement juste à temps pour accueillir le *Reichsprotektor* nazi et son successeur, « Heydrich le bourreau ». Heydrich sera

Sgraffites Renaissance du palais Martinic

Ph. Gajic/MICHELIN

assassiné en 1942. En 1948, on découvrit dans la cour du palais le corps de Jan Masaryk, très populaire ministre des Affaires étrangères, qui, accablé de voir son pays sous occupation communiste, s'y serait suicidé...

Loretánská – Ornée des réverbères les plus extraordinairement sophistiqués du quartier, la rue qui descend vers le Château s'élargit pour presque former une place. Elle est dominée par le **palais Martinic**, de style italianisant, seconde demeure bâtie par la famille Martinic au Hradschin. Aujourd'hui caserne des gardes du Château, il fait face au palais Hrzán, ici de hauteur modeste, mais qui surplombe Úvoz, en contrebas, de cinq étages. La rue se rétrécit à nouveau avant de rejoindre la place du Hradschin ; au Sud, les **escaliers de l'hôtel de ville** (Radniční schody) dévalent la pente qui descend à Malá Strana. Au premier palier, on découvre l'ancien hôtel de ville du Hradschin, agréable petit bâtiment Renaissance, dont la façade ornée de sgraffites porte les armes du quartier et de l'empire.

★★**Hradčanské náměstí** – *Voir ce nom.*

★★★**Château de Prague** – *Voir Pražský hrad.*

★★★**Cathédrale St-Guy** – *Voir Svatý Vít.*

★★**Couvent St-Georges** – *Voir Jiřský klášter.*

JIŘSKÝ klášter★★

Couvent ST-GEORGES – Hradčany

🚋 22 jusqu'à Pražský hrad

Sur la place du château, Jiřské náměstí (place St-Georges), une audacieuse façade baroque rouge sang fait face au chevet de la cathédrale St-Guy. À l'arrière, le visiteur a la surprise de découvrir une basilique romane, d'une sublime austérité. C'est l'ancienne église du premier couvent établi en terre tchèque. Église et couvent ne sont plus consacrés aujourd'hui : la première sert pour des concerts, le second accueille aujourd'hui la remarquable collection d'art baroque de la République tchèque.

★★BAZILIKA SV. JIŘÍ ⊘

En dépit de nombreux remaniements et travaux de restauration, la **basilique St-Georges** est le plus bel édifice roman encore debout dans le pays. Sa fondation vers 920 par le prince Vratislav Ier remonte aux débuts du christianisme en terre tchèque. Elle a été consacrée officiellement en 925, quand on y a déposé les reliques de **sainte Ludmilla**, grand-mère de saint Venceslas, l'une des saintes patronnes de Bohême, comme lui assassinée. L'essentiel de l'édifice actuel date de la construction qui a suivi le siège destructeur de 1142.

La **façade Ouest**, de style baroque primitif, a été ajoutée entre 1657 et 1680. Des statues de Vratislav et de Ludmilla couronnent les pilastres principaux. Des obélisques répondent en écho aux deux fines **tours romanes** en pierre calcaire claire, si essentielles à l'horizon du Hradschin. Saint Georges et le dragon, en stuc, figurent sur le fronton de la façade Ouest. On les retrouve au côté Sud de la basilique, sculptés avec brio sur le tympan du **portail première Renaissance**, ajouté vers 1515 par l'architecte du château Benedikt Ried.

Les sobres murs de pierre de la **nef**, haute et étroite, sont supportés par des colonnes et des piliers massifs. Ils sont percés, au niveau de la tribune, d'une série d'ouvertures au-dessus desquelles des fenêtres plus petites apportent la lumière. Les **souverains prémyslides** reposent sous le dallage, à l'extrémité Est de la nef, à l'exception de Vratislav Ier, dont la dépouille est conservée dans un extraordinaire cabinet du 14e s. présentant l'aspect d'une maison de poupées gothique.

Couvent Saint-Georges : façade baroque et tours romanes

On rejoint le **chœur** et l'abside semi-circulaire par un élégant escalier baroque double. Des vestiges de fresques de styles roman et gothique tardif décrivent la Ville sainte et le couronnement de la Vierge. La **crypte** qui s'ouvre sous le chœur est d'une émouvante sobriété, avec ses colonnes simples à chapiteaux cubiques. Un tympan roman y présente la Vierge sur un trône, entourée d'abbesses (l'original se trouve au couvent St-Georges). Une allégorie baroque de la Vanité montre un corps féminin dans un choquant état de décomposition. Au Sud du chœur s'ouvre la **chapelle Ste-Ludmilla**, avec le tombeau de la sainte, commandé au 14e s. à l'atelier de Peter Parler par Charles IV. Dans l'angle Sud-Ouest de la basilique, la **chapelle St-Jean-Népomucène**, au plafond peint en trompe-l'œil, est un ajout de Ferdinand Maximilian Kaňka en 1722.

★★ NARODNÍ GALERIE ⊙

Le cadre – L'abbesse fondatrice du couvent St-Georges est la **princesse Milada**, fille du prince Boleslav Ier et nièce de saint Venceslas. Élevée au couvent de Ratisbonne, Milada revint en 973 d'un séjour à Rome avec la permission, octroyée par le pape, d'établir le premier couvent de bénédictines de Prague. Nombre de celles qui lui succéderont dans la fonction d'abbesse seront des princesses de la dynastie prémyslide. Le couvent acquiert une prestigieuse réputation comme établissement d'éducation pour jeunes filles de noble naissance, ainsi qu'une grande renommée pour ses manuscrits enluminés. La période baroque verra le remaniement successif de nombreux bâtiments, mais en 1782, comme nombre d'institutions de ce genre, le couvent est pris dans la vague de fermetures ordonnées par l'empereur Joseph II. Transformé en caserne d'artillerie, puis en lieu de détention pour membres du clergé, il sera finalement restauré par le régime communiste et échappera à un projet de musée du Peuple tchécoslovaque. Depuis 1975, le couvent offrait à la **Galerie nationale** un cadre idéal pour ses collections dites **Arts premiers de Bohême** (art médiéval, Renaissance et baroque) **en pays tchèque**. En 2001, l'art médiéval a été transféré au couvent Ste-Agnès-de-Bohême *(voir p. 104)*.

La **chapelle Ste-Anne** est la partie la plus ancienne du couvent ; elle abrite un beau retable (vers 1480), ainsi que le tympan roman d'origine de la basilique Saint-Georges.

★★ **Baroque et maniérisme** – Dans les spacieuses galeries de l'étage du couvent, peintures et sculptures offrent un excellent aperçu de l'art en Bohême du 16ᵉ s. à la fin du 18ᵉ s. Les collections fabuleuses rassemblées entre la fin du 16ᵉ s. et le début du 17ᵉ s. par l'empereur Rodolphe II, amoureux des arts, sont depuis longtemps dispersées, mais l'ambiance de sa cour est bien évoquée par les nombreuses œuvres maniéristes exposées ici. On y voit *Saint Venceslas et saint Guy*, plutôt empruntés, de Bartolomaeus Spranger (1546-1611), un *Suicide de Lucrèce* chargé d'érotisme, de Hans van Aachen (1551/2-1615), et de lointains paysages de bosquets peints par Roland Savery (1576-1631). L'entrée est marquée par un remarquable ensemble de petites études de scènes galantes d'époque rococo dues à Norbert Grund (1717-1767). Un espace est réservé au fondateur de la peinture baroque en Bohême, l'aristocrate **Karel Škréta** (1610-1674), représenté par une quinzaine de belles œuvres, dont un grand *Saint Charles Borromée visitant les pestiférés de Milan*★. On voit aussi des tableaux de ses contemporains dont Michael Leopold Willmann. Parmi les sculptures du baroque tardif exposées se trouvent de nombreux chefs-d'œuvre : au nombre des travaux de **Ferdinand Maximilian Brokoff** (1688-1731), on remarque deux magnifiques *Maures*★ ; **Mathias Bernard Braun** (1684-1738) est représenté par plusieurs pièces, dont deux imposants *Vénus* et *Jupiter*. Peter Brandl (1668-1735) est l'auteur de nombreuses toiles superbes, dont un remarquable *Autoportrait*★ des environs de 1697. Brandl aurait peint avec les doigts, en guise de pinceaux, le *Saint Antoine de Padoue et l'Enfant Jésus* (vers 1730), plein de tendresse. Les portraits de **Jan Kupecký** (1667-1740) égalent ceux de Brandl, avec son *Portrait du miniaturiste Karl Bruni*★ et son *Autoportrait au travail*. **Václav Vavřinec Reiner** (1689-1743), prolifique peintre de fresques et expert des cieux mouvementés, signe une impressionnante *Bataille avec les Turcs* (1708).

Exposé au sous-sol du couvent, à l'occasion de l'exposition temporaire « La Puissance du baroque », le grand bronze *Saint Georges et le dragon* est l'original de la statue qui orne la troisième cour du Château, œuvre de frères sculpteurs allemands en provenance de la lointaine Transylvanie. Réalisé vers 1373, sa présence à Prague demeure un mystère. Dans son élégante posture, le saint, même privé de sa lance, semble assuré de terrasser ce dragon de taille plutôt modeste, qui pourtant lui mord le pied de son long museau préhensile.

JOSEFOV★★★

Vieille Ville

Ⓜ Staroměstská

À proximité du cœur de la Vieille Ville se trouve un petit quartier de synagogues, avec un cimetière hérissé de pierres tombales de guingois. Baignés de mystère et du souvenir d'un millier d'années d'histoire, ce ne sont là que les ultimes témoins de ce qui fut l'une des plus importantes communautés juives d'Europe, noyau de la vie israélite en Bohême-Moravie.

La présence des juifs à Prague est très ancienne. Pendant des siècles, leur fortune oscille suivant les caprices des dirigeants, l'humeur changeante des populations chrétiennes et leur propre faculté d'adaptation : périodes prospères alternent avec pogroms et expulsions. Longtemps contenue dans le périmètre de ses murs, la Ville Juive survit à nombre de malheurs jusqu'à la fin du 19ᵉ s., quand, désertée par la plupart de ses habitants, elle fait l'objet d'un programme de destruction des taudis, l'*asanace*. Sous le joug nazi, les juifs tchèques sont victimes des horreurs de la solution finale ; Josefov devient un dépôt pour les biens juifs spoliés. Aujourd'hui, ses synagogues sont transformées en musées, à l'exception de la synagogue Vieille-Nouvelle, qui, bâtie à la même époque que le couvent Ste-Agnès voisin, est toujours ouverte au culte après plus de sept siècles.

LA VILLE JUIVE

On doit le premier grand récit sur Prague à Ibrahim ibn Ya'cub, un juif de Tortosa, en Espagne. Rédigé en arabe vers 895 pour le calife de Cordoue, il y décrit une ville « plus prospère, par le commerce, que les autres ». Ses coreligionnaires peuvent avoir joué un rôle dans cette richesse. Ils étaient déjà présents un siècle auparavant. Les premières implantations juives s'éparpillent en différents endroits, mais si 13ᵉ s., elles s'organisent à l'intérieur de la Vieille Ville nouvellement fortifiée : une Ville Juive indépendante se forme peu à peu, enclose derrière ses propres murs et ses portes. Les activités de ses habitants sont réglementées par toutes sortes de mesures discriminatoires. Alors que les juifs pratiquaient autrefois tous les métiers, on ne leur autorise plus que celui de prêteur, profession interdite aux chrétiens et que les juifs eux-mêmes méprisaient. Des monarques éclairés comme Ottokar II tirent avantage des juifs, les protégeant tout en leur soutirant des richesses comme « miel aux abeilles ». Mais d'autres, moins ouverts, suivent les partis pris populaires, et n'interviennent guère pour enrayer les pillages ou les pogroms, qui coûtent la vie à de nombreux juifs pendant tout le Moyen Âge. Un des pires massacres a lieu en 1389, lorsque la fête chrétienne de Pâques et la Pâque juive tombent à la même date. Échauffées par des sermons enflammés, des foules de chrétiens se saisissent de cognées et de hachettes « comme s'ils voulaient abattre la forêt » et se répandent dans les rues, pillant maisons et synagogues, massacrant plus de trois mille juifs. Au début du 16ᵉ s., les habitants chrétiens complotent pour expulser ceux qu'ils considèrent comme leurs concurrents en matière de commerce. La réticence du roi à laisser échapper une source de profits est finalement vaincue. Ferdinand Iᵉʳ ordonne en 1541 aux juifs de quitter le royaume : ils endurent mille misères, jusqu'à la révocation de l'ordonnance, en 1563. En revanche, la période qui suit est un âge d'or, qui voit s'épanouir la vie intellectuelle. La communauté est dirigée par de grands hommes, comme le savant et chroniqueur David Gans (1541-1613), des entrepreneurs éclairés comme **Marcus Mordecai Maisel** (1528-1601), et des érudits comme Judah ben Bezabel, plus connu sous le nom de **Rabbi Loew** (vers 1520-1609), créateur légendaire du **Golem** *(voir encadré p. 124)*.

En 1648, les juifs participent à la défense du pont Charles contre les Suédois, et l'empereur **Ferdinand III** récompense leur héroïsme en leur faisant don d'une bannière, exposée aujourd'hui à la synagogue Vieille-Nouvelle. Un siècle plus tard, le vent tourne... En 1744, les juifs sont accusés de collaborer avec l'envahisseur prussien, et on les expulse de la ville. On les laissera revenir dès que leur absence se fera, d'un point de vue économique, cruellement ressentir.

Cette dernière expulsion est l'œuvre de l'impératrice Marie-Thérèse. L'empereur **Joseph II**, son fils, fait preuve de plus d'humanité. Son Édit de tolérance abolit en 1781 presque toutes les vieilles lois qui limitaient le rôle des juifs dans la vie publique et économique. Après cet édit, les juifs peuvent se vêtir librement, embrasser pratiquement n'importe quelle profession, suivre n'importe quel enseignement. Mais l'empereur promeut l'allemand comme langue officielle, et les juifs sont contraints de prendre des noms allemands. En l'honneur de l'empereur, le ghetto devient Josephstadt, ou Josefov. Vers le milieu du 19ᵉ s., les juifs de Prague sont presque confondus avec la communauté allemande de la ville, en déclin rapide. Au début du 20ᵉ s., le dernier épanouissement de la littérature allemande pragoise doit beaucoup à des écrivains juifs comme Franz Kafka (qui naît en 1883 à la limite de Josefov), Max Brod, Franz Werfel et Johannes Urzidil.

JOSEFOV

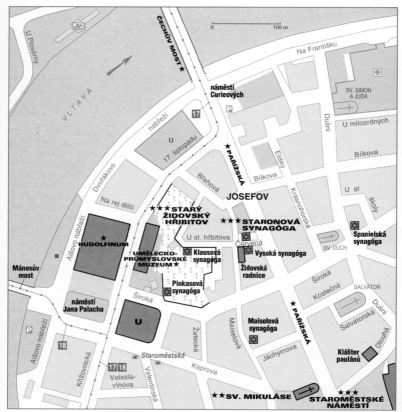

À l'époque, le conseil municipal préparait déjà l'*asanace*, « assainissement » visant à raser les cours insalubres, les ruelles trop sombres et les logements surpeuplés du ghetto. Les habitants les plus honorables ont déjà quitté la Ville Juive pour des habitations plus salubres dans les faubourgs, abandonnant le quartier aux pauvres, aux juifs orthodoxes, et aux gueux de la ville. Devenu les bas-fonds de Prague, Josefov est un objet de fascination pour les premiers touristes, et d'inspiration pour les auteurs de récits fantastiques ou d'horreur. Un programme de réhabilitation du quartier est alors lancé, dans les premières années du 20ᵉ s. Les taudis infects laissent place à des immeubles élégants de tout style, les passages tortueux à de larges avenues, comme Pařížská třída. On n'épargne que les synagogues, l'hôtel de ville de la Ville Juive et le cimetière.

Curieux paradoxe, ces mêmes centres de la communauté juive ont aussi été épargnés pendant la période, courte mais brutale, du protectorat allemand, entre 1939 et 1945. Le retour des nazis à une forme de barbarie plus que médiévale a entraîné à la fois l'annihilation de la population juive du pays et la conservation de la trame physique du ghetto. Objets religieux et autres richesses spoliées sont apportés et stockés ici, futures pièces d'un projet de « musée d'une race disparue ». Des juifs érudits sont temporairement autorisés à rester, pour travailler à l'inventaire et au classement de ces objets. Leur travail minutieux a posé les bases du Musée juif actuel, dont les présentations, exposées dans plusieurs synagogues, composent une chronique du riche héritage juif de Bohême.

★ **Pařížská třída** – Il ne peut y avoir de plus grand contraste entre l'obscurité mystérieuse du ghetto et l'élégance 1900 des magasins et des immeubles de part et d'autre du **boulevard de Paris**, large artère aménagée dans les premières années du 20ᵉ s., entre la place de la Vieille Ville et le pont Čech sur la Vltava. Les architectes ont combiné les styles Renaissance, baroque et Sécession pour créer une suite de bâtiments début de siècle sans équivalent à Prague. Oriels et balcons richement décorés ornent les façades, ainsi que toutes sortes de moulures sophistiquées, de bustes, de généreuses figures féminines, de volutes végétales, et même de devises interpellant le passant. Au-dessus des avant-toits s'élèvent pignons, attiques, tours et tourelles, aussi ornementés les uns que les autres.

Dès son percement l'une des adresses les plus prestigieuses de Prague, Pařížská est bordée aujourd'hui de bureaux de compagnies aériennes et de boutiques élégantes. Cette avenue est le projet le plus ambitieux de l'*asanace* pour l'amélioration du paysage urbain de Prague. On n'a fait aucun cas de l'ancien tracé du ghetto. Appelée au départ Mikulášská (rue St-Nicolas) du fait de la présence de l'église St-Nicolas à son extrémité, côté Vieille Ville, elle reçoit en 1926 son nom actuel, moins pour sa ressemblance avec un boulevard parisien qu'en reconnaissance du rôle joué par la France dans la libération des Tchèques de la tutelle austrohongroise après la Première Guerre mondiale.

Židovská radnice – *Maiselova 18/250.* Avec sa tour et sa célèbre horloge, l'**hôtel de ville de la Ville Juive** est un aimable édifice rococo reconstruit au 18ᵉ s. sur un premier bâtiment datant de 1580. Être pourvu d'une tour était un grand privilège pour un édifice juif, accordé peut-être en raison du rôle joué par les juifs dans la lutte contre les Suédois. Couronnée d'une étoile de David, la tour a une horloge

Celle qui défie le sens commun…

Ph. Gajic/MICHELIN

121

conventionnelle à quatre cadrans, mais au-dessous, sur le pignon, on voit un cadran avec des caractères hébreux. Pour respecter le sens de lecture de l'hébreu, les aiguilles tournent à contresens, fait déroutant et surréaliste fort apprécié par le poète Apollinaire lors de sa visite à Prague en 1902.

L'édifice précédent était l'un des bâtiments financés par **Mordecai Maisel**, maire de la Ville Juive et l'homme le plus riche de Prague, l'un des trois sages qui conduisaient les affaires de la communauté durant son âge d'or, à la fin du 16ᵉ s. De même qu'il apportait un soutien individuel aux pauvres et aux érudits, Maisel dotait le ghetto de biens communs : nouvelle synagogue, hôpital, bains rituels et plusieurs écoles. Il entretenait de bonnes relations avec la noblesse de Bohême et avec **Rodolphe II**, dont il avait, pour partie, financé les campagnes contre les Turcs. Mais il ne put empêcher l'empereur de briser la promesse solennelle qu'il lui avait faite de le laisser disposer librement de son héritage. À la mort de Maisel, Rodolphe fit confisquer ses biens et traduire ses héritiers en justice.

Klausová synagoga ⊙ – *U starého hřbitova*. Près de l'entrée du cimetière, l'ancienne **synagogue Klausen**, du 17ᵉ s., fait aujourd'hui partie du Musée juif. Elle renferme une belle collection d'objets illustrant la vie religieuse. Parmi ceux-ci, une passionnante série de tableaux des années 1780 qui décrivent en détail les activités de la confrérie des Sépultures, qui s'assurait que décès, enterrements et commémorations étaient conformes aux rites appropriés. La synagogue a remplacé trois édifices (*klausen* en allemand) de l'époque de Maisel. Avant sa construction, le quartier était connu pour être celui des prostituées. La voûte en berceau de la synagogue, avec ses stucs sophistiqués, a échappé aux remaniements effectués à la fin du 19ᵉ s.

Vysoká synagoga – *Červená*. La **Grande synagogue** partage l'histoire de l'hôtel de ville voisin, dont elle a fait partie jusqu'au 19ᵉ s. Autrefois utilisée pour les présentations du Musée juif, elle a été aujourd'hui retournée à la communauté israélite, et n'est pas ouverte au public.

★★★ **Staronová synagoga** ⊙ – *Červená*. La **synagogue Vieille-Nouvelle** nourrit mythes et légendes autour de son origine et de la signification de son nom. Avec ses hauts pignons, et l'ambiance où baigne son intérieur, elle semble diffuser l'essence même du Prague juif.

La plus pittoresque des constructions du ghetto a été en fait commencée autour de 1270, ce qui en fait l'un des plus vieux édifices gothiques de Bohême, et l'une des plus anciennes synagogues où l'on célèbre encore le culte. Sa maçonnerie porte la marque des tailleurs de pierre qui travaillaient au couvent Ste-Agnès, non loin de là, mais la légende veut que les pierres y aient été apportées des ruines du temple de Jérusalem, et que le nom de la synagogue vienne de l'hébreu *Al tnaï*, qui signifie « provisoire », détourné en allemand en *alt-neu* ; il était en effet prévu qu'elle soit démontée et transportée à Jérusalem pour l'avènement du Messie. D'autres histoires racontent qu'un devin avait indiqué aux anciens de la communauté de dégager la terre d'une butte, et qu'on y avait trouvé la synagogue déjà construite. Une explication plus prosaïque de son nom est qu'on l'a appelée à l'origine « nouvelle » parce qu'elle remplaçait un bâtiment plus ancien, et qu'on a ajouté « vieille » au 16ᵉ s., lorsque fut édifiée une nouvelle synagogue dans la rue Široká voisine.

Bien au-dessous du niveau du trottoir actuel, le sol de la synagogue correspond sans doute au niveau initial de la Vieille Ville, avant qu'on ne le relève pour la protéger des inondations. Autre explication : le sol aurait été rabaissé de façon que le haut pignon en gradins prévu pour le bâtiment ne domine aucun édifice chrétien, une telle prétention étant rigoureusement interdite. Quelle qu'en soit la raison, les visiteurs doivent descendre pour pénétrer dans l'antichambre, à la voûte en berceau. L'entrée de la synagogue proprement dite est surmontée d'un tympan portant une vigne superbement sculptée en bas-relief, dont les douze racines représentent les douze tribus d'Israël, et les quatre ceps les quatre fleuves de la Création. Ensuite s'ouvre une salle à deux nefs qui surprend par sa hauteur, et dont les voûtes, supportées par des piliers hexagonaux, présentent cinq nervures au lieu des quatre habituelles, qui pourraient faire penser à la croix chrétienne. Les corbeaux portent de beaux feuillages sculptés ; l'un d'eux cependant, sur le mur Sud, est resté nu comme pour rappeler le caractère provisoire de la synagogue. On voit le long des murs les bancs d'origine. Au centre, entourée d'une grille gothique, se trouve la *bimah* ou *almemar*, estrade utilisée lors de la lecture de la Torah, que surplombent de magnifiques lustres réalisés du 16ᵉ au 19ᵉ s. Près du mur Est se trouve l'arche contenant la Torah. On découvre aussi la bannière offerte par l'empereur : son motif central représente le casque des Suédois vaincus. À l'occasion des visites royales au ghetto, plutôt rares, huit hommes la portaient fièrement en procession. Des ouvertures permettaient aux femmes de suivre la prière depuis une pièce adjacente.

Pendant une bonne part de son existence, la synagogue a été un lieu de culte, un lieu de vie pour la communauté, mais aussi un tribunal dispensant la justice dans la Ville Juive, au gouvernement largement autonome. Son rabbin le plus célèbre fut **Judah Loew ben Bezabel**, créateur légendaire du Golem, le colosse de boue dont les restes pourraient encore être cachés dans les soupentes…

Intérieur de la synagogue Vieille-Nouvelle

Maiselova synagoga ⊘ – *Maiselova*. Édifiée en 1592 par le maire Mordecai Meisel pour son usage personnel, la **synagogue Maisel** a été deux fois endommagée par le feu et reconstruite, pour être finalement rebâtie en 1905 dans le style néo-gothique. Elle abrite une superbe collection d'objets en argent et une exposition sur l'évolution de la communauté juive jusqu'à son émancipation, au 18e s.

Pinkasova synagoga ⊘ – *Široká*. Fondée en 1535, la **synagogue Pinkas**, l'une des plus vieilles de la Ville Juive, s'élève sur des fondations plus anciennes encore. Des fouilles menées dans les années 1970 ont mis au jour des vestiges de puits et de bains rituels. Le bâtiment avait été commandé, pour son usage privé, par Aaron Meshulam Horowitz, membre de l'une des familles les plus riches du ghetto. Très modifié au milieu du 19e s., l'édifice est aujourd'hui un lieu grand ouvert au public, dédié aux 77 297 juifs de Bohême et de Moravie victimes de l'Holocauste. De 1954 à 1959, chacun de leurs noms avait été inscrit sur les murs. Le bâtiment fut fermé en 1968, officiellement en raison d'infiltrations auxquelles il fallait remédier (mais le régime communiste, volontiers antisémite, retarda les travaux et la réouverture), et les noms effacés. Ce n'est qu'en 1989 qu'ils furent un à un réinscrits, faisant de la synagogue l'un des plus poignants lieux du souvenir consacré aux juifs d'Europe.

★★★ **Starý židovský hřbitov** – *Entrée par U starého hřbitova*. Écrasé par les hauts murs qui le cernent, avec son enchevêtrement de 12 000 pierres tombales qui semblent se chevaucher, le **vieux cimetière juif** dégage une angoissante sensation d'oppression. De grands arbres s'étirent vers la lumière, projetant des ombres mouvantes sur sa surface bosselée. La plus ancienne nécropole juive d'Europe accueille, parmi des milliers d'anonymes, de grands noms de l'histoire du ghetto. La tombe la plus ancienne date de 1439, du temps où il était interdit aux juifs d'enterrer leurs morts au-delà de leur enceinte ; et la dernière inhumation eut lieu en 1787, avant qu'un décret impérial ne mette fin aux enterrements en zone urbanisée. Entre ces deux dates, on a dû enterrer ici près de 80 000 personnes, creusant maintes et maintes fois le sol, et plaçant jusqu'à douze corps les uns au-dessus des autres. La tombe de 1439, une simple stèle, est celle du rabbin **Abigdor Karo**, qui avait assisté au pogrom de 1389 ; le témoignage écrit qu'il en laissa était lu dans chaque synagogue de Prague le jour du Grand Pardon *(Yom Kippour)*. Avec le temps, les pierres tombales furent plus élaborées, et le nom du défunt ou des symboles concernant sa profession y furent gravés (mains ébauchant un geste de bénédiction pour les Cohen, famille de religieux ; renard pour la famille Fuchs ; souris pour les Maisel). Les tombes de style baroque portent de longues descriptions laudatives rappelant les hauts faits et les qualités du défunt.

De nombreux visiteurs cherchent la **tombe du rabbin Loew**, proche du mur qui fait face à l'entrée du cimetière. Des souhaits formulés sur des papiers maintenus par des cailloux y sont déposés, rituel également en vigueur pour d'autres tombes.

Magie et mystère dans le ghetto : le rabbin et le Golem

Les venelles tortueuses et les étranges habitants du ghetto disparu de Prague ont suscité un éventail de légendes, qui fascinent et intriguent, même si elles prennent source dans un passé relativement récent.

La plus connue met en scène la figure austère du **rabbin Loew** et de son **Golem**, archétype du monstre modelé par son maître dans la boue des berges de la Vltava pour devenir son serviteur. Selon la plus courante des traditions, le Golem, lassé de la servitude, se révolte, pour être finalement maîtrisé, ou détruit.

Rabbi Loew n'est pas imaginaire : c'était l'un des plus grands érudits juifs de Prague, quoiqu'il ne soit devenu grand rabbin qu'à l'âge de 80 ans. Le Golem de Prague mérite sa majuscule pour sa relation intime avec la ville, mais il y avait des golems bien avant la fin du 16e s. Dans un commentaire hébreu de la fin du 12e s., un savant juif de Rhénanie décrit comment façonner un golem grâce à la science occulte. Plus près du rabbin Loew, un chroniqueur chrétien rapporte la triste fin d'Elisée Baal Shem de Chelmno, écrasé sous une masse d'argile par l'écroulement de son Golem.

On trouve étrange qu'un personnage comme le rabbin Loew soit mêlé à ce genre d'histoire. Né en Pologne ou en Allemagne, il devient grand rabbin de Moravie, forçant le respect par ses compétences. À Prague, où son rabbinat durera 10 ans jusqu'à sa mort, il est connu pour ses vues strictes en matière de rituel et d'éducation, et pour son insistance sur l'étude approfondie de la Torah et de la Haggadah. Son intérêt pour l'occultisme demeure intellectuel. Peut-être est-ce la cause de sa fameuse rencontre avec Rodolphe II. Des écrits de l'époque rapportent que le savant rabbin fut mené secrètement au Château pour converser avec Rodolphe, caché derrière une tenture. Une version plus tardive le montre invoquant les esprits des patriarches hébreux pour la gouverne et le bon plaisir du roi. On aura certainement brodé sur l'entrevue de ces deux personnages du « Prague magique » pour parfaire l'image

pittoresque de la cour de Rodolphe, dont l'engouement pour la kabbale, l'alchimie et le surnaturel était typique de la fin de la Renaissance. Une légende tenace à propos de Rabbi Loew raconte qu'il se servait de ses pouvoirs magiques pour prolonger sa vie. La façon dont la Mort l'a vaincu, cachée dans une rose tendue par une jeune fille innocente, a inspiré la superbe statue de L. Šaloun sur le nouvel hôtel de ville, place Mariánské *(voir p. 136)*.

Au milieu du 19e s., la réputation de faiseur de miracles du rabbin Loew est fermement établie, et les premières histoires de golem apparaissent. Toutes les versions présentent de nombreux éléments communs. Accompagné d'une petite suite, le rabbin se rend de nuit sur les berges de la Vltava. On modèle une figure d'argile, avant de procéder à un rituel cabalistique. Une amulette portant le nom indicible de Dieu est glissée dans la bouche de la Créature, qui prend vie et devient le serviteur fidèle du rabbin, accomplissant sans sourciller toutes les besognes. Le jour du Sabbat, durant lequel on ne doit pas travailler, on enlève l'amulette et le Golem s'immobilise. Las ! Un vendredi soir, préoccupé par la maladie de sa fille, le rabbin oublie. Pris de furie, le Golem brise

Vision du Golem dans le film muet de Wegener

AKG Paris

tout ce qui l'entoure et sort en titubant dans les rues du ghetto, semant la panique et terrorisant la population. Le rabbin se précipite hors de la synagogue et court arracher l'amulette de la bouche du Golem. Pacifié, le monstre redevient argile : ses restes, ramassés à la pelle, sont déposés dans le grenier de la synagogue, où ils demeureraient encore. Quiconque oserait les déranger risque d'être ensorcelé pour le reste de ses jours.

La plus mémorable histoire de Golem est sans doute le roman écrit en 1915 par **Gustav Meyrink**, mais l'image que l'on conserve de la Créature du rabbin Loew est celle qui domine le film de **Paul Wegener**, un classique expressionniste du cinéma muet. Son Golem à allure de serf est une figure lourde et terreuse, qui trouve sa fin au moment où, en toute confiance, une petite fille se jette dans ses bras, triomphe de l'innocence sur le mal. La description de Prague dans le film, ruelles tortueuses grouillantes de passants, maisons de guingois à hauts pignons, nombreux coins d'ombre où s'ourdissent de mauvais coups, a laissé dans les esprits une image sinistre et pittoresque de la ville.

Le vieux cimetière juif

E. Baret

D'autres grands personnages sont enterrés ici, tels le maire Mordecai Maisel, le savant David Gans et le rabbin David Oppenheim (1664-1736), dont l'incomparable collection de manuscrits juifs a été léguée à la Bibliothèque bodléienne d'Oxford.

En 1787, la fermeture du vieux cimetière amena la communauté à élire un autre lieu de sépulture à Olšany, aujourd'hui partie du faubourg de Vinohrady *(voir p. 217)*.

Španělská synagoga ⊘ – Construite en 1868, la **synagogue espagnole** est la seule contribution relativement moderne au ghetto qui ait précédé l'*asanace*. Son style exotique néo-mauresque était très prisé des concepteurs de synagogues de l'époque. Dans son intérieur opulent, les nombreux ors ressortent sur un décor de rouges, de verts et de bruns sombres. Depuis sa restauration, elle renferme des présentations poignantes illustrant l'histoire des communautés juives de Bohême à partir de la fin du 18ᵉ s.

Autres synagogues – Comme dans beaucoup de villes d'Europe centrale, les familles juives de Prague, en s'enrichissant, ont fui les conditions de vie oppressantes du centre-ville en s'installant dans les banlieues. Les synagogues qui y ont été bâties pour les nouvelles communautés ont perdu leurs fidèles pendant la Seconde Guerre mondiale. Certaines d'entre elles, comme la sévère synagogue fonctionnaliste de Smíchov, bâtie dans les années 1930, ont été converties en entrepôts. Au début de 1945, après un bombardement américain, les pompiers, sur ordre des Allemands, ont ostensiblement abandonné aux flammes l'immense synagogue de Vinohrady, l'une des plus grandes d'Europe.

Non loin de Josefov, dans la rue Jeruzalémská (Nouvelle Ville), se trouve la **synagogue du Jubilé** (Jubilejní synagoga), bâtie dans le même style néo-mauresque que la synagogue espagnole.

KARLOVA★★
Rue CHARLES – Vieille Ville
Ⓜ Staroměstská

Avec son tracé tortueux de Malé náměstí au pont Charles, Karlova forme le deuxième tronçon de la **Voie du Couronnement** entre la Vieille Ville et le Château. Presque libre de toute circulation automobile, parcourue chaque jour par des milliers de touristes, elle se fraye un chemin entre une suite de boutiques, qui occupent le rez-de-chaussée de quelques-unes des constructions les plus anciennes de la ville. À chaque détour, d'autres ruelles et passages invitent le visiteur à s'aventurer plus avant dans le dédale du cœur de la Vieille Ville.

Malé náměstí – Les origines de cette belle place en forme de trapèze, dont le nom signifie la « petite place », remontent à l'époque des rois prémyslides. Comme souvent dans cette partie de la ville, certains des bâtiments possèdent des caves voûtées, qui étaient autrefois le rez-de-chaussée, voire le premier étage, d'une habitation romane ou gothique. Une arcade court sur le côté Est de la place. La plupart des façades sont aujourd'hui baroques, mais la plus remarquable est sans doute la plus récente : le n° 3/142 a été construit pour V. J. Rott à la fin du 19e s. pour y établir une quincaillerie. Audacieusement peinte de motifs par Mikuláš Aleš, elle présente dans les lunettes, au-dessus de la rangée supérieure de fenêtres, des spécimens de sa marchandise. Au Moyen Âge, la place avait au moins deux boutiques d'apothicaires, dont l'une, la maison Richter, se trouvait au n° 11/459. Sa voisine, au n° 12/458, possède la plus ancienne vitrine de la ville, qui date du 14e s. Le n° 13, U zlaté koruny, abrite la charmante pharmacie Schnöblingova, dont l'enseigne montre un aigle à deux têtes et la couronne dorée de son nom.
Au milieu de la place, la margelle du puits s'orne d'une grille en fer forgé délicatement ouvragée du milieu du 16e s., couronnée d'un lion de Bohême doré ajouté un peu plus tard.
Deux courbes, bordées d'autres belles maisons baroques et rococo, mènent dans Husova (rue Hus), l'une des artères principales de la ville médiévale, qui conduit au Nord en longeant le palais Clam-Gallas jusqu'à Mariánské náměstí et au Sud vers l'église St-Gilles (Sv. Jiljí).

★ **Clam-Gallasovský palác** – *Husova 20/158*. Le **palais Clam-Gallas** fut construit entre 1713 et 1719 par **Bernhard Fischer von Erlach** pour Johann Wenzel, comte Gallas. Cet édifice baroque ne donne que sur une rue étroite, au lieu de la place prévue à l'origine, mais il reste néanmoins le plus grandiose de la Vieille Ville *(voir p. 185)*.
Le site était déjà prestigieux longtemps avant l'époque de Gallas, officier d'empire qui fut, au sommet de carrière, vice-roi de Naples. Une première résidence aristocratique romane avait fait place à un palais gothique, bâti pour le margrave Jean-Henri de Moravie, frère de Charles IV. Les Kinský l'avaient ensuite remanié dans le style Renaissance. En 1634, quand Wilhelm Kinský fut assassiné avec Wallenstein, généralissime révoqué pour trahison, l'empereur fit don du palais à la famille Gallas.
Le choix que Johann Wenzel fit de l'architecte reflétait son souci de bâtir une résidence digne de son rang social, mais aussi l'influence manifeste du baroque autrichien sur l'architecture bohémienne de son temps. Von Erlach, qui travaillait déjà à l'église St-Charles-Borromée de Vienne, élabora suffisamment son projet pour le palais Clam-Gallas jusqu'à pouvoir l'inclure dans son *Entwurf einer historischen Architektur*, une compilation sur l'architecture mondiale généreusement

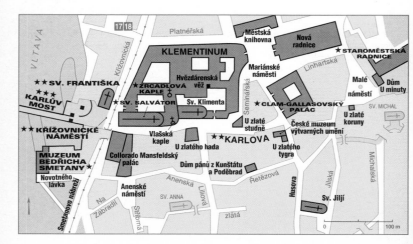

illustrée de gravures. Il engagea le plus grand sculpteur pragois, **Bernhard Matthias Braun**, pour animer la façade, plutôt sévère, de différentes statues ; celles qui retiennent d'abord l'attention des passants sont les deux paires d'atlantes s'efforçant de soutenir les **portiques** jumeaux. L'intérieur du palais est l'un des plus beaux qui soit donné à voir à Prague. Le grand escalier présente d'autres œuvres de Braun, ainsi que des fresques de Carlo Carlone. Pendant de nombreuses années, le palais a été un lieu de vie culturelle, où se donnaient des concerts et des représentations théâtrales. Il abrite aujourd'hui les archives de la ville, transférées ici lorsque l'aile dite « aile Est » de l'hôtel de ville de la Vieille Ville a été détruite en mai 1945. On donne, de temps à autre, un concert dans l'une de ses somptueuses salles.

Husova – Parmi les maisons baroques qui bordent la rue Hus se détachent les pignons jumeaux Renaissance du n° 19/229. Ce bâtiment accueille aujourd'hui des expositions temporaires organisées par le musée tchèque des Beaux-Arts. Sa voisine, au n° 17/228, est l'une des tavernes les plus célèbres de Prague, U zlatého tygra (Au Tigre d'or), qui conserve sa bière Pilsen dans ses vieilles caves, à la température idéale. Longtemps point de ralliement des gros buveurs du quartier et de la faune littéraire, le Tigre d'or n'est pas réputé pour son accueil des étrangers. Il a toutefois fait une exception pour un président américain, après que ce dernier eut été présenté par son homologue tchèque.

De l'autre côté de la rue, l'**église St-Gilles** (Sv. Jiljí – 14e s.) élève ses grosses tours aux solides contreforts, qui rappellent celles de l'église de Malte à Malá Strana. C'est là que se sont installés les dominicains, contraints de quitter le Clementinum. L'intérieur, avec ses fresques de **Reiner** et ses belles sculptures, est un éclatant exercice de « baroquisation ».

La rue Řetězová part de Husova vers l'Ouest. Au n° 3, la **maison des seigneurs de Kunstadt et de Podiebrad** (Dům pánůů z Kunštátu a Poděbrad ⊘), palais médiéval du tout début du 13e s., donne un aperçu de la longue histoire de Prague. Le « roi hussite » **Georges de Podiebrad** (1420-1471), membre le plus célèbre de cette noble dynastie de Bohême orientale, l'a agrandi tout en conservant son rez-de-chaussée d'origine (aujourd'hui enterré), composé de trois pièces aux voûtes soutenues par un pilier central. Entre 1453 et 1458, quand Georges était régent pour le roi Ladislas le Posthume, le palais était le centre des affaires du pays. À la mort de Ladislas en 1458, Georges fut élu roi à l'unanimité. Seul Tchèque

La maison Au Puits d'or

Ch. Boisvieux

d'origine à avoir reçu cet hommage, il est toujours à l'honneur parmi ses compatriotes pour cela et pour être parvenu à remettre pour un temps de l'ordre dans le pays. Ceux-ci gardent aussi en mémoire ses vains efforts pour convaincre les autres princes de former une sorte d'union européenne, à laquelle ils se seraient référés en cas de différend.

Après le carrefour avec Husova, Karlova se poursuit vers l'Ouest, s'élargissant pour former comme une petite place. On remarque, contrastant avec les murs sans attrait du Clementinum *(voir p. 135)*, au Nord, la séduisante façade de la maison au n° 3/175, astucieusement aménagée dans l'angle de Karlova et de Seminářská. Appelée U zlaté studně (Au Puits d'or), la maison est d'époque Renaissance, mais sa superbe décoration de stucs est baroque ; elle célèbre les saints qui ont délivré le pays de la peste. En face, bloquant presque le débouché de Karlova, se trouve U zlatého hada (Au Serpent d'or), aujourd'hui un restaurant, mais autrefois le tout premier café de Prague, établi en 1713 par un négociant arménien qui avait débuté sa carrière en vendant du café dans la rue.

Sv. Klimenta ⊘ – Formant bloc avec l'impressionnant mur Sud du Clementinum, l'**église St-Clément** est l'un des trois lieux de culte qui desservaient cette grande institution. Aujourd'hui église catholique grecque, elle a été bâtie entre 1711 et 1713 sur un projet de Kilian Ignaz Dientzenhofer, et s'enorgueillit de quelques-unes des plus belles œuvres sculptées de **Mathias Bernard Braun**.

Vlašská kaple ⊘ – La ravissante petite **Chapelle italienne**, de style Renaissance, semble avoir été placée délibérément pour amener le flot des piétons autour du Clementinum. Bâtie vers 1600 sur un plan parfaitement ovale, c'est l'un des premiers bâtiments à plan central de ce genre au Nord des Alpes. Elle servait à l'époque de paroisse à l'importante communauté italienne de Prague.

Colloredo-Mansfeldský palác – Marquant le débouché de Karlova sur le quai Smetana et la place des Croisés, le magnifique **palais Colloredo-Mansfeld** a été construit vers 1730 pour le prince Vincenz Paul Mansfeld-Fondi. On voit encore dans son sous-sol d'importants vestiges du bâtiment médiéval dans lequel l'Électeur palatin Frédéric, le « roi d'un hiver », fit halte en 1620 pour organiser sa fuite après le désastre de la Montagne blanche.

De chaque côté du splendide portail, dû à Braun, s'ouvre une arche. Celle du côté Est, vitrée, accueille l'un des plus précieux bouquinistes de la ville ; l'autre dégorge en permanence le flux de la circulation qui longe le quai. L'intérieur du palais *(fermé au public)* renferme une somptueuse salle de bal ovale, surprenant décor pour les présentations dérangeantes du **musée de la Torture**.

Entre 1607 et 1612, dans le bâtiment voisin de style Renaissance, au n° 4/188, a vécu l'astronome de Rodolphe II, **Johannes Kepler**. Il avait là son observatoire, et c'est là qu'il a rédigé une partie de son œuvre *(Astronomia nova, Astronomia pars optica)*, posant les bases de l'astronomie et de l'optique modernes. Le fond de la cour à arcades communique avec Anenské náměstí.

★★ **Place des Croisés** – *Voir Křížovnické náměstí.*

KARLOVO náměstí★

Place CHARLES – Nouvelle Ville

Ⓜ Karlovo náměstí

L'ancien Marché aux bestiaux, qui avait aussi d'autres usages, couvre huit hectares et demi. C'est l'un des trois espaces publics aménagés au milieu du 14ᵉ s. comme centres vitaux de la grandiose Nouvelle Ville projetée par Charles IV, dont il a gardé le nom. C'est là que les habitants se rassemblaient pour entendre les proclamations impériales, ou pour contempler les reliques saintes exposées une fois par an et conservées le reste du temps dans une chapelle depuis longtemps disparue. Il est probable que la place ne fit pendant longtemps l'objet d'aucun entretien, car on dit que la rue Ječná avait été délibérément tirée au cordeau et orientée vers l'Ouest pour permettre aux vents d'emporter les odeurs combinées du marché aux bestiaux et du bâtiment désigné sous le nom de « maison du Hareng » (les habitants de la Nouvelle Ville avaient le monopole de la vente du poisson). Transformée en parc au 19ᵉ s., la place est aujourd'hui une oasis de verdure, offrant ses beaux arbres, ses pelouses, ses aires de jeux et son éventail de statues commémoratives dans un quartier de construction dense. Autour s'élèvent des bâtiment de différents styles, allant du médiéval au contemporain.

★ **Novoměstská radnice** ⊘ – Avec sa haute tour, l'**hôtel de ville de la Nouvelle Ville** domine le côté Nord, plus étroit, de la place Charles. Les travaux ont commencé peu après que l'empereur eut présenté, en 1348, son projet pour la Nouvelle Ville. Il a été beaucoup remanié, mais son sous-sol, son entrée voûtée, et une partie de la tour conservent de nombreux éléments gothiques. Au début du 20ᵉ s., on a tenté une restauration complète afin de rendre au bâtiment son aspect ancien. Les trois pignons néo-Renaissance et la coiffe de la tour datent de cette période.

L'hôtel de ville a été le théâtre de la **première défenestration** de Prague (1419), établissant la tradition pragoise qui veut que l'on négocie avec ses opposants politiques en les précipitant par la fenêtre. Conduits par leur prêtre Jan Želivský, de nombreux hussites étaient venus en procession réclamer qu'on relâche leurs camarades arrêtés, enfermés à l'hôtel de ville. Ayant obtenu pour toute réponse une volée de pierres lancées des fenêtres supérieures, la foule se précipita à l'intérieur et précipita une douzaine de conseillers, ainsi que le maire, sur les piques et les lances qui les attendaient en bas. Les rares survivants furent achevés sur le pavé à coups de gourdin.

On accède par 221 marches au sommet de la tour de 42 m, qui offre un superbe **panorama★** sur la Nouvelle Ville, mais aussi sur Prague et ses alentours. En montant, on découvre une chapelle gothique, remaniée dans le style baroque, et la salle d'apparat, avec des restes de peintures murales et, au plafond, des poutres massives, supportées par des corbeaux de pierre tout aussi imposants.

Sv. Ignáce ⊘ – La baroque **église Saint-Ignace** et le collège voisin, qui occupe un demi-côté de la place, étaient le siège de l'ordre des Jésuites dans la Nouvelle Ville. Conçue entre 1665 et 1670 par Carlo Lurago sur le modèle des sanctuaires de l'ordre à Rome, l'église proclame les louanges du fondateur de l'ordre, saint Ignace de Loyola, dont on voit la statue haut perchée sur le pignon. D'autres belles statues ornent le superbe portique. L'intérieur est richement décoré.

Faustův dům – À l'angle Sud-Ouest de la place, la **Maison de Faust**, grande maison de ville à noyau gothique et adjonctions Renaissance, baroques ou plus tardives, a une longue histoire. Son association avec Faust, née de l'imagination des romantiques, est relativement récente. Si le docteur Faust n'y a pas vécu, elle a connu en revanche une succession de personnages dont les activités ont suffi à alimenter la légende : le prince Venceslas de Troppau, qui s'essayait à l'alchimie ; Edward Kelley, alchimiste de la cour de Rodolphe II, qui échoua dans ses tentatives pour créer de l'or pour son maître ; plus récemment, le comte Mladota de Solopysky, chimiste de renom. La maison sert pour des expositions d'art.

Sv. Jana na Skalce ⊘ – On accède à la petite **église St-Jean-sur-le-Rocher** *(rarement ouverte)* soit par un portail à l'angle de la place, soit par un impressionnant double escalier donnant sur la rue Vyšehradská. Construite à partir de 1730, cette merveille de complexité géométrique est l'un des chefs-d'œuvre de l'architecte baroque **Kilian Ignaz Dientzenhofer**. Derrière les deux tours plantées en biais, l'intérieur n'est que courbes convexes, avec un octogone central comprimé entre une entrée et un chœur ovales. Les formes complexes de l'extérieur reprennent l'envers de ce schéma. L'impression de mouvement est renforcée par les fenêtres aux diverses formes, placées à des hauteurs différentes.

Vers l'Ouest, après la profonde entaille de Vyšehradská, s'élève l'**Emauzy** (couvent d'Emmaüs), l'une des institutions religieuses fondées par Charles IV. Appelé aussi Na Slovanech (couvent des Slaves), il abritait des bénédictins croates de la côte dalmate, et avait pour mission de rapprocher les églises d'Orient et d'Occident. Toujours en attente de restauration, le monastère conserve de belles fresques dans son cloître. Il s'enorgueillit aussi d'un des rares apports faits à une église sous le régime communiste : une élégante flèche double, qui a remplacé l'ancienne, détruite au cours d'une attaque aérienne.

Sv. Cyrila a Metoděje – *Resslova*. Dans cette rue qui descend de la place Charles vers la Vltava à l'Ouest, la **cathédrale orthodoxe des Sts-Cyrille-et-Méthode** est une belle église baroque consacrée à l'origine au culte catholique et dédiée à saint Charles Borromée. Dessinée par P. I. Bayer, elle a été achevée en 1736 par Kilian Ignaz Dientzenhofer. Fermée sous le règne de Joseph II, comme tant d'autres établissements religieux, elle a servi d'entrepôt militaire, puis d'institut technique. Dans les années 1930, elle devint la cathédrale de l'Église orthodoxe tchèque. En 1942, elle fut le théâtre de violents combats lorsque les hommes qui avaient tué Heydrich furent assiégés dans la crypte. Celle-ci constitue aujourd'hui le **Mémorial national des Victimes de la terreur sous Heydrich** (Národní památník obětí heydrichiády ⊘), avec une exposition sur la mission des parachutistes et ses terribles conséquences.

Des héros dans la crypte

À la fin de 1941, le gouvernement tchécoslovaque, en exil en Grande-Bretagne, s'alarme de l'apparente passivité de la population tchèque sous l'occupation nazie. Bien que la résistance locale ait exprimé sa crainte de représailles insupportables, on décida d'envoyer des parachutistes exécuter le **Reichsprotektor Reinhard Heydrich**. Le 27 mai 1942, Heydrich « le bourreau » est effectivement attaqué sur le chemin de son bureau ; il mourra quelques jours plus tard de ses blessures. La fureur des nazis ne connaît pas de limites ; elle culmine le 10 juin avec la destruction du village de Lidice, où tous les hommes sont fusillés *(voir p. 253)*. Pendant ce temps, sept des parachutistes ont trouvé refuge dans la crypte de l'église des Sts-Cyrille-et-Méthode. Mais ils sont trahis par l'un des leurs, désespéré par la vague de représailles nazies, « l'Heydrichiáda ». Le 18 juin, avant l'aube, le secteur Ouest de la place Charles est bouclé, et le bataillon des SS de Prague prend l'église d'assaut. Malgré leur petit nombre, les parachutistes se défendent farouchement. Les Allemands ont alors recours aux pompiers, et inondent la crypte pour les en faire sortir. Les Tchécoslovaques tentent de gagner du temps en repoussant le tuyau, mais la situation est désespérée. Alors que l'eau monte autour d'eux, les défenseurs survivants utilisent leurs dernières balles pour se suicider.

Une taverne

Avant qu'au milieu du 18ᵉ s. la famille Flekovský ne le reprenne, cela faisait des siècles que l'on brassait la bière à **U Fleků** *(Křemencova 11/183)*, fameux établissement dont les archives remontent jusqu'au 14ᵉs. Mais il est fort probable que la boisson favorite des Tchèques y était consommée bien avant... Depuis 1843, on y sert l'incontournable bière forte et brune brassée sur place, introuvable ailleurs. Au tournant du 20ᵉ s., U Fleků a été remanié avec goût dans le style néo-gothique, avec beaucoup de boiseries dans les mêmes tons que sa bière, égayées par des peintures murales et des devises. La clientèle de l'époque comprenait des artistes, des acteurs et des écrivains, au nombre desquels le grand pilier de taverne Jaroslav Hašek, auteur du *Brave Soldat Chveïk*. Aujourd'hui, ses salles au style pseudo-médiéval, son orchestre de cuivres et son jardin ombragé en font une étape essentielle sur le parcours des touristes.

Tanýící dům – À l'angle de Resslova et du quai de la Vltava à Rašínovo nábřeží, la **Maison qui danse** n'est pas une salle de bal, mais un étonnant immeuble de bureaux postmoderne. Conçu par l'architecte californien Frank Gehry, achevé en 1996, il est affublé de tours qui s'enlacent gaiement, ce qui leur a valu le surnom de « Ginger et Fred » par association au couple mythique des comédies musicales américaines. Au sommet se trouve un restaurant panoramique.

Spálená – Longtemps avant que naisse le projet de Nouvelle Ville, cette rue faisait partie de l'ancienne route qui reliait les gués de la rivière et la Vieille Ville à Vyšehrad. En 1506, après avoir été presque entièrement détruite par un incendie, elle reçut son nom actuel de « rue Brûlée ». À l'angle de Lazarská se trouve **Dům Diamant** (Maison Diamant – *n° 4/82*), construite en 1913 pour un grand magasin, dans un style combinant des éléments Sécession et une multitude de détails cubistes. Le travail de la pierre, minutieusement ciselée, possède effectivement cette qualité diamantine, notamment autour de la porte. À l'époque, la controverse avait agité les foules, émues de voir la statue de saint Jean Népomucène, sur l'église baroque de la Ste-Trinité voisine, exposée dans un environnement résolument cubiste.

KARLÙV most★★★

Depuis six siècles et demi, ce miracle de technologie médiévale enjambe la Vltava, reliant la Vieille Ville à Malá Strana et au Château. Gardé à chaque extrémité par des tours, cet ouvrage gothique est à la fois image d'élégance, de puissance et de pérennité. À l'époque baroque, on l'a embelli de deux superbes alignements de statues religieuses, faisant de chaque traversée de la rivière une sorte de pèlerinage.

Le pont a vu passer nombre de charrettes et d'équipages, ainsi que de cortèges de couronnement, mais il a été aussi le cadre de marchés, de conflits, de jugements et de châtiments, de festivités et de commémorations. Aujourd'hui libéré de la circulation des voitures, son espace, ouvert aux bateleurs et marchands de souvenirs, forme un remarquable belvédère pour admirer sur les deux berges de l'imposante rivière les beautés de la ville.

UN PEU D'HISTOIRE

Pendant des siècles, le grand ouvrage gothique est resté l'unique pont de la ville, appelé simplement « pont de Prague » ou « pont de pierre », et ce n'est qu'en 1870 qu'il reçut son nom actuel. Mais il eut des prédécesseurs. Le premier, en usage dès le 10e s., était un ouvrage en bois qui fut détruit lors de la grande crue de 1157. Le deuxième fut appelé **pont Judith** en l'honneur de l'épouse du roi Vladislav, Judith de Thuringe. Terminé vers 1160, c'était une solide construction de pierre, bâtie sur le modèle d'un pont récemment jeté sur le Danube à Ratisbonne. Merveille de style roman, il était défendu à chaque extrémité par des tours. Mais lui aussi tomba en 1342 sous les assauts de la Vltava charriant les blocs de glace et les débris des crues de février. Peu de temps après, **Charles IV** décida de jeter un nouveau pont sur la rivière, dans le cadre d'un programme de rénovation urbaine visant à faire de la ville une capitale digne du Saint Empire romain germanique.

Le 13 juillet 1357, date que les astres donnaient comme favorable, l'empereur pose la première pierre du pont. On utilise comme matériau des blocs de grès, maintenus en place par du mortier lié avec du vin et des œufs, technique qui confère à l'ouvrage une telle solidité qu'il fallut, à la fin du 19e s., recourir à la dynamite lors de travaux de réparation. **Peter Parler**, architecte de la cathédrale gothique du Hradschin, supervise les travaux. Il est aussi le concepteur de la tour du pont de la Vieille Ville, dont Charles souhaitait qu'elle n'ait pas son pareil dans le monde chrétien. Le pont n'est pas achevé, mais suffisamment avancé pour porter en 1378 le cortège funèbre de l'empereur. Quelques années plus tard, en 1393, il est témoin de l'assassinat du chanoine **Jean Népomucène** (Jan Nepomucký), enfermé dans un sac et précipité dans la rivière parce que, dit la légende, il aurait refusé de révéler au roi Venceslas IV le secret de la confession de la reine.

Subissant régulièrement les assauts des crues et de la débâcle, le pont est gravement endommagé à plusieurs occasions, le pire étant advenu en 1890, quand trois de ses arches furent emportées. Témoin de la violence des hommes comme de celle de la nature, le pont fut le théâtre de combats acharnés, d'abord à l'époque des hussites, puis en 1648 à la fin de la guerre de Trente Aans, lorsque les troupes suédoises qui s'étaient emparées de Malá Strana furent arrêtées à la tour du pont de la Vieille Ville par une milice hétéroclite d'étudiants et de juifs menés par les jésuites. Deux siècles plus tard exactement, en juin 1848, un autre groupe conduit par des étudiants barricade le pont et défie le canon du général Windischgrätz (scène puissamment reprise par le diorama de Petřín – *voir Bludiště p. 172*) ; d'autres barricades s'y élèvent à nouveau à la Libération, en mai 1945.

Très tôt, un calvaire de bois se dresse sur le pont. Au tout début du 16e s. vient s'y ajouter le chevalier Bruncvík, symbole des libertés publiques. Mais c'est à la fin du 17e s. et au début du 18e s. que la silhouette du pont est transformée, étape par étape, par l'installation de statues. En 1683, la dévotion à saint Jean Népomucène fait installer au-dessus d'une pile centrale la statue familière du saint à l'auréole étoilée. D'autres groupes religieux suivent, dont une douzaine en provenance d'un atelier dirigé d'abord par Jan Brokoff, puis par son fils **Ferdinand Maximilian**, beaucoup plus talentueux. Les autres superbes statues de cette époque sont dues à Braun, Jäckel et Mayer. Leur énergie vitale et leur puissance ne seront pas égalées par les figures, plutôt académiques, placées au 19e s. sur le pont après qu'il eut subi les outrages des crues et des tirs d'artillerie. Le tout dernier apport, le groupe des saints Cyrille et Méthode de Karel Dvořák, a eu lieu en 1938 à l'occasion du 20e anniversaire de la Tchécoslovaquie. Une bonne partie des statues exposées aujourd'hui sont des copies, car la plupart des sculptures originales sont à l'abri des intempéries au Lapidarium national.

EN TRAVERSANT LE PONT, DE LA VIEILLE VILLE À MALÁ STRANA

La première arche du pont se cache sous Křižovnické náměstí (place des Croisés – *voir p. 138*), et sa première pile supporte la magnifique tour du pont de la Vieille Ville. À partir de là, quinze autres arches soutiennent la chaussée large de 9,5 m jusqu'aux deux tours qui marquent le débouché sur Malá Strana. Le pont enjambe la Vltava, mais aussi la pointe Nord de l'île de Kampa et la Čertovka, ou ruisseau du Diable. Ses 516 mètres suivent un tracé qui n'est pas droit, mais subtilement incurvé en S.

Jean Népomucène, le saint patron des ponts

Le chanoine Jan Nepomucký a attendu trois siècles une gloire officielle. Victime d'une querelle obscure entre le roi et l'archevêque, ce malheureux homme d'Église avait été enlevé en 1393 par un groupe d'hommes de main à la solde du roi, traîné de nuit sur le pont et précipité dans les eaux noires de la Vltava. Un moment, son corps avait flotté à la surface, couronné d'étoiles dansantes. Le 17e s. vit renaître la légende selon laquelle il aurait été assassiné pour avoir refusé au roi jaloux de trahir le secret de la confession de la reine. La Contre-Réforme battait son plein et se cherchait un saint, et de préférence un Jan, pour lutter contre l'emprise toujours puissante d'un autre Jan, Jan Hus, sur le peuple tchèque. Dès 1683, on installe sur le pont la statue en bronze de Jean Népomucène par Brokoff, mais ce n'est qu'en 1719 qu'on exhumera son corps, pour découvrir que, miracle, sa langue est restée saine et rouge. Népomucène est canonisé en grande pompe dix ans plus tard, au cours d'une semaine entière de festivités tournant autour du pont. Pendant de nombreuses années, la fête du saint est marquée par une grande procession qui traverse la ville jusqu'au lieu du martyre. La popularité de Jean Népomucène est illustrée par ses innombrables statues gardiennes de pont, dans toute l'Europe centrale catholique.

★★ **Staroměstská mostecká věž** ⊘ – Achevée vers 1380, la **tour du pont de la Vieille Ville**, qui en défend la sortie Est, a eu de multiples usages, tant cérémoniels et symboliques que défensifs. Au-dessous de sa haute toiture en bâtière et de sa galerie à tourelles d'angle pointues, rajouts de l'infatigable restaurateur du 19e s. **Josef Mocker**, la face tournée vers la ville a conservé les détails de sa décoration médiévale, quoique les statues soient des copies. On y voit les armes des domaines qui formaient le royaume de Bohême et, au niveau du premier étage, avec pour piédestal deux arches du pont, la statue de saint Guy. À sa gauche, Venceslas IV ; à sa droite, l'empereur Charles IV vieillissant. Plus haut figurent les saints Adalbert et Sigismond,

au-dessus d'un lion sculpté de manière réaliste. Un aspect plus trivial de l'existence est représenté au niveau inférieur du passage par un chevalier paillard lutinant une fille.

L'arche elle-même présente une voûte dont le motif des arêtes ressemble à celui de la cathédrale. De l'autre côté, la face Ouest de la tour a perdu sa décoration au cours du siège de 1648.

La tour, dont le sous-sol servait de prison et le premier étage de salle des gardes, est bâtie sur une pile du pont. Sous le magnifique plafond (16e s.) de l'hôtel de ville de la Vieille Ville, que Mocker y a fait installer à la fin du 19e s., est présentée une exposition originale et distrayante sur **la musique des galeries de tours** *(voir en Introduction le chapitre Prague et la musique)*. La galerie au sommet de la tour commande un superbe **panorama**★★ sur le pont et une vue rapprochée sur les tours de la Vieille Ville.

Les sculptures de la tour du pont, côté Vieille Ville

Durant toute la décennie qui a suivi l'exécution des chefs protestants rebelles de 1621, les passants du pont ont dû endurer le pénible spectacle de leurs têtes fichées sur des piques, exposées au sommet de la tour.

★★ Les statues – Beaucoup sont en elles-mêmes des chefs-d'œuvre, mais c'est dans leur perspective d'ensemble que les 30 sculptures et groupes de statues produisent le meilleur effet, comme une voie processionnelle jetée sur la vaste rivière pour relier les quartiers historiques de la ville. En dépit des derniers apports, l'impression dominante vient du dynamisme des œuvres baroques, figures animées se détachant en succession sur la toile toujours changeante du ciel pragois.

Placées à intervalles réguliers sur leur piédestal de part et d'autre du pont, les statues font partie intégrante de sa structure, couronnant les piles massives mais élégamment dessinées, à la forme soulignée par des défenses de bois. La place d'honneur au milieu du pont, côté aval, est réservée à la figure solitaire en bronze de **saint Jean Népomucène**, placée ici en 1683, à l'occasion du tricentenaire supposé de son martyre. Paisible et retenue, comparée à beaucoup d'autres, la statue de saint Jean Népomucène est l'œuvre de plusieurs artistes ; un original en argile du Viennois Matthias Rauchmüller a servi de base à un modèle en bois de Jan Brokoff ; le moule a été réalisé dans l'atelier de Wolfgang Herold, à Nuremberg. Autrefois, les cinq étoiles dorées de l'auréole du saint étaient fréquemment la proie des chasseurs de souvenirs, mais les visiteurs moins téméraires se contenteront de toucher le panneau qui illustre sur le socle le martyre du saint, geste censé porter bonheur. Dans les premières années du 18ᵉ s. ont été installées sur le pont plusieurs autres œuvres de l'atelier Brokoff, la plupart attribuées au fils de Jan, **Ferdinand Maximilian Brokoff**. On retiendra les plus remarquables :

– procédant au baptême d'un prince païen, **saint François Xavier** *(5ᵉ à gauche à partir de la tour du pont de la Vieille Ville)* est soutenu par quatre dignitaires nouvellement convertis. Le personnage qui porte une Bible pourrait être Brokoff lui-même ; – tandis que **saint Vincent** ressuscite un mort, **saint Procope** foule aux pieds le démon *(10ᵉ sur la gauche au départ de la tour du pont de la Vieille Ville)*. Les panneaux inférieurs exaltent les œuvres des deux saints, au nombre desquelles la conversion d'un nombre prodigieux de Turcs et de juifs et l'écrasement de multiples démons. Plus bas sur la même pile de pont se dresse la figure du chevalier Bruncvík (Roland, gardien des libertés publiques). Son épée dégainée a été, peut-être de manière prophétique, remplacée juste avant que n'advienne la Révolution de velours ;

– l'un des groupes les plus complexes et les plus populaires est formé par les **saints Jean de Matha**, **Félix de Valois** et **Ivan-le-Bienheureux** *(14ᵉ à gauche à partir de la tour du pont de la Vieille Ville)*. On a cherché à rendre hommage à l'œuvre de ces saints, venus au secours de chrétiens tombés aux mains des Infidèles. Au-dessous, on voit plusieurs de ces prisonniers languissant dans une caverne, sous la superbe indifférence d'un garde turc à la remarquable bedaine et de son molosse ;

– un esprit assez différent règne autour de la figure voisine de **sainte Luitgarde** par **Mathias Bernard Braun** *(12ᵉ à gauche à partir de la tour du pont de la Vieille Ville)*, sans doute l'œuvre la plus marquante de cette grande galerie en plein air et celle qui illustre avec le plus de force la recherche de l'intensité émotionnelle caractéristique du baroque. Religieuse cistercienne aveugle, Luitgarde reçut au cours d'une vision la permission du Christ mourant de baiser ses blessures ; on la voit ici embrasser les genoux du Christ, qui, miraculeusement, se détache de la croix pour l'attirer à lui : au-dessus, les lettres INRI ondulent sous un souffle divin.

Malostranské mostecké věže ⏱ – Encadrant le dôme et le clocher de l'église St-Nicolas de leurs toitures pentues, les **tours du pont de Malá Strana** forment la composition la plus photographiée de cette ville photogénique. La plus petite est la plus ancienne : élevée vers 1130 comme maillon de la défense de Malá Strana, elle a été adaptée pour défendre l'accès du pont Judith ; sa maçonnerie a conservé des traits romans, mais on l'a beaucoup modifiée vers la fin du 16ᵉ s. en y ajoutant un pignon Renaissance et divers autres éléments. Une porte fortifiée la relie à la **tour haute**, élevée vers 1464 et manifestement inspirée de la tour du pont de la Vieille Ville, quoique la statuaire prévue pour son ornementation n'ait jamais vu le jour. Sa galerie aussi offre des **vues★★** merveilleuses ; l'intérieur renferme une **exposition** sur l'**histoire du pont**.

KLEMENTINUM

CLEMENTINUM – Vieille Ville

Ⓜ Staroměstská

Plus grand complexe architectural de la ville après le Château, ce grand bastion de la Contre-Réforme s'étend sur plus de deux hectares près du débouché du pont Charles, côté Vieille Ville. Abritant aujourd'hui plusieurs bibliothèques d'importance nationale, le Clementinum a été construit en plusieurs étapes par les jésuites, invités à venir au milieu du 16e s. mener le combat de « recatholicisation » de la population, alors à dominante protestante. Derrière ses murs, pour l'essentiel austères, on découvre des églises, des chapelles, des cours et un observatoire, ainsi qu'une suite de splendides intérieurs baroques et rococo, dont on déplore que peu soient accessibles au grand public.

UN PEU D'HISTOIRE

C'est seulement une dizaine d'années après la fondation de la Compagnie de Jésus en 1540 que plusieurs de ses membres arrivent à Prague à l'invitation de l'empereur Ferdinand Ier. Ils s'installent dans un monastère au débouché du pont Charles, dont les anciens occupants dominicains ont été transférés au couvent de Sainte-Agnès, dans la partie Nord de la Vieille Ville. Tout d'abord accueillis par des injures et des jets de pierres, brièvement exilés en 1618, les jésuites parviennent néanmoins à faire de leur collège un établissement recherché pour l'éducation des enfants de la noblesse, autant grâce à leur sens de la mise en scène et du cérémonial qu'à leur enseignement. Mais c'est après la bataille de la Montagne blanche qu'ils prennent leur véritable place. En 1622, on leur confie la responsabilité de l'université Charles, ancien foyer du mouvement hussite. Du milieu du 17e s. jusqu'au cœur du 18e s., le Clementinum fera l'objet d'un ambitieux programme de construction, incluant la démolition de plus de trente maisons, le détournement de plusieurs rues et l'intégration de trois églises. On engage les meilleurs architectes, au nombre desquels Carlo Lurago, Francesco Caratti, Giovanni Orsi, František Kaňka et Kilian Ignaz Dientzenhofer.

Après l'expulsion des jésuites par l'empereur Joseph II en 1773, le Clementinum poursuit son rôle d'institution éducative, tout en hébergeant une grosse presse d'imprimerie, ainsi que la Bibliothèque impériale, constituée pour partie par les fonds des bibliothèques jésuites confisqués partout en Bohême. Dans l'Entre-deux-guerres, on modifie sensiblement les bâtiments pour héberger la **Bibliothèque nationale tchèque** (Národní knihovna), dont les collections de manuscrits comptent des trésors inestimables, tels le *Codex* de Vyšehrad (1085) et la Bible illustrée de Velislav (vers 1340). Elle possède aussi une importante collection d'écrits de John Wyclif, réformateur religieux du 14e s., rapportés par de jeunes Tchèques dont il avait dirigé les études en Angleterre ; l'un d'entre eux est annoté par Jan Hus « Oh Wyclif, Wyclif, vous allez troubler bien des âmes ! ».

VISITE

Extérieur – La plus impressionnante des façades offertes au monde extérieur par le Clementinum est son **aile Ouest**, qui borde la rue Křižovnická. Construite par **Caratti** en 1653, elle aligne des pilastres monumentaux et des statues d'empereurs romains par Cometa, un effet malheureusement un peu gâché par la circulation incessante dans cette rue étroite. Entre cette aile du bâtiment et l'église Saint-Sauveur, un portail donne accès à la première cour du Clementinum. On y pénètre aussi par Karlova et Máriánské náměstí ; cette dernière entrée présente une belle façade baroque, agrémentée d'un buste de Joseph II et de symboles des Arts et des Sciences.

Ensuite s'ouvre une série de cours. La première, à l'Ouest, s'orne d'une statue de jeune homme due (1847) à Josef Max, et rappelant le rôle joué en 1648 par les étudiants du Clementinum lors de l'assaut des Suédois sur la Vieille Ville.

On accède à la Bibliothèque nationale par la cour suivante.

Národní knihovna – Au nombre des salles *(en principe ouvertes seulement aux lecteurs munis d'autorisation)*, le réfectoire d'été, au rez-de-chaussée, a été conçu par **Lurago**. On y voit un énorme poêle rococo, des bibliothèques néo-baroques, des putti en stuc et des peintures de Tausch. C'est aujourd'hui la grande salle de lecture. À l'étage, entièrement et magnifiquement décoré, on découvre la salle Mozart et la **salle des Mathématiques**.

Barokní knihovní sál Ⓥ – Ouverte au public en l'an 2000, à l'occasion de la désignation de Prague comme « Ville Européenne de la Culture », cette grande bibliothèque constitue l'un des plus beaux espaces baroques de la ville. Dessinée entre 1721 et 1727 par **Kaňka**, cette vaste salle présente des voûtes surbaissées décorées de fresques en trompe-l'œil de toute beauté, réalisées par **Johann Hiebl**. Trois thèmes sont représentés : la civilisation et la philosophie antiques ; le Temple de la Sagesse ; les philosophes chrétiens et les Pères de l'Église. Des colonnes torsadées soutiennent un fin balcon en fer forgé qui court avec une grande légèreté tout autour de la salle. Sur deux étages, les bibliothèques, toutes en marqueterie de chêne, sont remplies avec quelque 20 000 volumes, pour la plupart des livres théologiques et philosophiques, les plus anciens datant de 1600. L'ensemble est complété au sol par une extraordinaire collection de globes célestes et terrestres réalisés entre 1680 et 1780. On remarquera dans l'antichambre de la bibliothèque, une très belle horloge de Trauttmansdorf datant de la fin du 16ᵉ s. ainsi qu'un portrait du comte François Kinský, directeur de l'Académie militaire de Vienne. C'est grâce à lui que la bibliothèque est devenue accessible au public.

★ **Zrcadlová kaple** – Conçue en 1724 par **Dientzenhofer** comme lieu de culte privé, la splendide **chapelle ou salle des Miroirs** s'orne de miroirs intégrés dans sa décoration de stuc. Elle accueille presque tous les soirs des concerts.

Hvězdárenská věž ⊙ – Couronnée par une statue d'Atlas en plomb portant un globe, œuvre de Matyáš Bernard Braun, la silhouette élancée de la Tour astronomique est un repère dans la Vieille Ville. Commencée en 1722, elle a servi d'observatoire à partir de 1750, grâce au jésuite Josef Stepling, directeur des Études mathématiques, qui y avait installé des appareils de mesure. La tradition, qui a perduré une bonne partie du 20ᵉ s., voulait qu'on hisse le drapeau lorsque le cadran solaire de la tour indiquait midi. À ce signal, un coup de canon était tiré des remparts de Letná. Par des escaliers étroits en bois originaux, on accède à la salle du Méridien où sont présentés télescopes et appareils de mesure. Au dernier niveau, un balcon permet un beau point de vue sur les alentours.

★ **Sv. Salvátora** ⊙ – Avec la chapelle italienne et St-Clément *(voir p. 128)*, l'**église St-Sauveur** est l'une des trois églises faisant partie du Clementinum. Elle a été commencée en 1578 dans le style Renaissance, dans la lignée de l'église-mère des jésuites à Rome, le Gesù. **Lurago** l'a beaucoup agrandie dans le style baroque vers 1640 ; **Caratti** lui a donné son dôme en 1649 et **Kaňka** ses tours en 1714. Avec son magnifique portique, ajouté en 1653, et sa collection de statues provenant de l'atelier de Jan Bendl, la façade Ouest de l'église, fermant le paysage quand on arrive du pont Charles, forme une très belle entrée de la Vieille Ville.

À l'intérieur, richement décoré, d'autres statues dues à Bendl, représentant les Apôtres, ornent les confessionnaux. L'église est le lieu de repos de l'un des combattants les plus acharnés de la Contre-Réforme, le censeur Koniáš, connu pour son zèle à brûler les livres écrits en langue tchèque. Paroisse des catholiques allemands de Prague jusqu'en 1945, Saint-Sauveur est devenue ensuite l'église principale des résidents slovaques de la capitale tchèque.

MARIÁNSKÉ NÁMĚSTÍ

La **place Marian**, où s'élevait autrefois une église romane, conserve ses proportions modestes, car le projet de l'étendre vers le Sud pour offrir un cadre plus ouvert au palais Clam-Gallas *(voir p. 126)* n'a pas abouti.

En face de l'entrée du Clementinum se dresse le **nouvel hôtel de ville** (Nová radnice). Élevé en 1911 par **Osvald Polívka** afin de réserver aux cérémonies l'historique hôtel de ville de la place de la Vieille Ville, c'est un bâtiment sombre et symétrique dans le style Sécession tardif, égayé par des statues allégoriques. De part et d'autre sont placées deux superbes statues de grès dues à Ladislav Šaloun : sur la gauche, *L'Homme de Fer* ; sur la droite, **rabbi Loew** rencontre la Mort, sous la forme d'une rose que lui tend une jeune fille. Le côté Nord de la place est dominé par la **bibliothèque municipale** (Městská knihovna), sobre exemple du néoclassicisme de l'entre-deux-guerres, avec un intérieur Art déco ; elle abrite une galerie spacieuse, où l'on présente des expositions temporaires sur des thèmes variés.

Retenant plus l'attention des visiteurs qu'aucun de ces beaux édifices publics, la fontaine qui est encastrée dans le mur du palais Clam-Gallas montre une vivante statue de jeune femme, allégorie de la Vltava, qu'on nomme familièrement Terezka.

KRÁLOVSKÁ ZAHRADA★★

JARDINS ROYAUX – Hradčany

🚋 22 Královský letohrádek ou Pražský hrad

Créés vers 1540, les Jardins royaux et le Palais d'été *(voir p. 106)* concrétisent le souhait de Ferdinand Iᵉʳ d'offrir à la cour, au-delà de l'enclave médiévale du Hrad, un horizon ouvert sur le vaste plateau ensoleillé qui s'étendait au Nord du fossé aux Cerfs. Pleins d'intérêt en eux-mêmes pour les amateurs de botanique et d'architecture, les jardins forment aussi une merveilleuse introduction au Château, dont on aperçoit les murs et les tours au travers des superbes essences rares qui les peuplent.

Les jardins se sont développés sous les règnes de Ferdinand et surtout de Rodolphe II, accueillant des plantes fragiles comme le figuier, l'amandier et l'ananas, et des animaux exotiques comme le léopard et le tigre, et même un orang-outang. On y voyait des perroquets attachés aux branches par des chaînettes d'or, et même un dodo (sorte de gros canard, aujourd'hui disparu, des îles de l'océan Indien). C'est ici qu'ont éclos les premières tulipes d'Europe, à partir de bulbes apportés de Constantinople. Les jardins ont subi de fréquentes modifications, soit pour suivre la mode, soit après les dégradations dues à la guerre. À l'origine aménagés à la française, ils ont été remaniés au 19ᵉ s. pour suivre un dessin plus naturel.

À l'époque communiste, ils étaient réservés aux élites du gouvernement. Aujourd'hui, c'est un espace public fréquenté, reliant le Château et le Palais d'été.

★★ **Belveder** – *Voir ce nom.*

★ **Zpívající fontána** – Au milieu des années 1950, on a soigneusement reconstitué ici un jardin Renaissance à la française, au dessin régulier d'allées et de parterres bordés de petites haies taillées. Formant un cadre parfait au Palais d'été, son centre est marqué par la célèbre **« fontaine qui chante »** *(voir illustration p. 106)*, coulée dans le bronze par le fondeur de la cloche Sigismond de la cathédrale, et installée ici en 1568. Surmontée d'un fringant petit joueur de cornemuse, la fontaine doit son nom à la musique de l'eau retombant dans sa vasque élégante.

Míčovna – Édifié entre 1565 et 1569 par Bonifaz Wohlmut, le **Jeu de Paume** est un superbe pavillon Renaissance sans étage, décoré de sgraffittes et construit pour permettre aux courtisans « d'exercer vigoureusement leurs corps ». Incendié à la libération de Prague en 1945, on l'a reconstruit dans les premières années du régime communiste, ce qui explique la subtile insertion de la faucille et du marteau dans le dessin recréé des sgraffites. À proximité se trouve une fort belle statue baroque de l'atelier de Braun, *La Nuit*. Le Jeu de Paume sert pour des réceptions présidentielles et des expositions temporaires.

Les jardins présentent d'autres monuments, parmi lesquels une splendide fontaine d'Hercule, due à Bendl. Près de leur sortie Ouest, on découvre la modeste **villa présidentielle**, face au site qu'occupait la ménagerie de Rodolphe II et que l'on appelle aujourd'hui **cour des Lions**. Autrefois, pour accéder à l'entrée Nord du Château, on passait au-dessus du fossé aux Cerfs par un simple pont, auquel Rodolphe fit ajouter un étage inférieur pour se rendre discrètement dans les jardins.

Ph. Gajic/MICHELIN

Décoration du Jeu de Paume (détail)

KŘIŽOVNICKÉ náměstí★★

Place des CROISÉS – Vieille Ville

Ⓜ Staroměstská

Reliant le pont Charles au dédale des rues de la Vieille Ville et formant une anti-chambre aux splendeurs de Malá Strana et du Château, sur l'autre rive de la rivière, cette petite place semble le résumé même de Prague : deux des plus belles églises baroques de la ville occupent ses côtés ; les abords du pont sont défendus par sa noble tour gothique ; son point central est une statue de Charles IV. La noblesse de la place, souvent citée comme l'une des plus belles d'Europe, souffre du rôle qu'elle joue dans les échanges urbains. De la Voie du Couronnement, qui serpente à travers la Vieille Ville, émerge un flot constant de visiteurs cheminant vers le pont, qui voient leur route barrée par la circulation tout aussi ininterrompue qui s'écoule parallèle à la rivière. Un seul feu de circulation régule, avec un bonheur surprenant, la foule des piétons et le flot de véhicules et de tramways qui surgissent brusquement par une porte au côté Sud de la place. La solution qui s'imposerait, un passage souterrain, ne peut pas être retenue, puisque le sous-sol de la place cache une des arches du pont Charles, monument inviolable du passé médiéval.

★★ **Tour du pont de la Vieille Ville** – *Voir p. 131.*

★ **Sv. Salvátora** – *Voir p. 136.*

★★ **Sv. Františka** ⊙ – Chef-d'œuvre d'architecture religieuse baroque, l'**église St-François** fut élevée entre 1679 et 1689 par le Français **Jean-Baptiste Mathey**, avec l'aide de **Carlo Lurago**, pour les Croisés de l'Étoile rouge du couvent voisin. Le dôme de cette église à plan central semble répondre au dôme plus important de St-Nicolas, de l'autre côté de la rivière. Elle fut édifiée sur les fondations d'un sanctuaire gothique bien plus ancien, construit par les Croisés au milieu du 13ᵉ s. *(voir encadré)*. La façade à bossages de l'église, tournée vers le Sud, domine la place. Pilastres doriques, fronton arrogant, attique surélevé et angles concaves lui confèrent une allure sévère. On a ajouté vers 1720 les statues de saints, dans les niches et au-dessus de l'étage attique ; celle de saint Guy, au sommet de la « colonne des marchands de vin » dans l'angle Est, est due à Bendl. Le dôme, qu'on aperçoit mieux de loin, dans la ville, que de la place, est doté de nervures proéminentes et posé sur un tambour à huit fenêtres. L'authenticité de sa couleur a donné lieu à maints débats. L'intérieur, d'une merveilleuse harmonie de proportions, abrite des statues de différents sculpteurs, et un beau plafond peint par Reiner représentant *Le Jugement dernier*.

★ **Galerie u Křižovniké** ⊙ – À son retour d'exil, après 1989, l'ordre reprit possession de sa propriété et ouvrit la **galerie des Croisés**, partie du couvent où il exposa ses plus beaux trésors. L'ensemble conventuel est composé de bâtiments de diverses époques : les édifices médiévaux ont été remaniés au milieu du 17ᵉ s. dans le style baroque par **Carlo Lurago** ; l'aile tournée vers la Vltava montre un étage supérieur néo-classique ; le bâtiment principal a été rénové dans le style Sécession dans la première décennie du 20ᵉ s. Outre une magnifique présentation d'objets liturgiques, la galerie abrite un retable gothique, une Madone noire et une belle collection de peintures baroques. On visite aussi une fascinante **chapelle souterraine** en forme de grotte ornée de stalactites, et les fondations du **pont Judith**, qui offrent un aperçu tout aussi évocateur du très ancien passé de Prague.

Les Croisés de l'Étoile rouge

L'origine de cet ordre monastique charitable remonte aux environs de 1233, qui vit les franciscains installer leur hospice près du couvent établi par sainte Agnès dans la Vieille Ville, sur la rive Nord. En 1252, ils se déplacent aux abords du pont Judith, côté Vieille Ville, et se voient accorder le droit de percevoir un péage avec la charge d'entretenir le pont en contrepartie. C'est le seul ordre d'origine tchèque qui existe toujours. Dans le passé, son influence s'étendait sur une grande partie de l'Europe centrale et, du milieu du 16ᵉ s. à la fin du 17ᵉ s., les archevêques de Prague en étaient les grands maîtres. À la fin du 17ᵉ s., ils rénovèrent leur église pour riposter à la construction de l'église St-Sauveur du Clementinum par les jésuites, qu'ils considéraient peu ou prou comme des arrivistes. La gloire de leur ordre ne déclina que lentement ; leur institution resta longtemps un important centre de culture, et sa haute réputation en matière musicale dura jusqu'au 20ᵉ s. Glück y fut organiste, ainsi que Dvořák.

Statue de Charles IV – La statue de l'empereur se tient à l'emplacement d'un ancien octroi et poste de garde, démoli en 1847 lorsque la place a pris son aspect actuel. Elle a été élevée pour marquer le 500ᵉ anniversaire de la fondation en 1348 de l'université de Prague par Charles IV. Mais son inauguration a été retardée par les troubles révolutionnaires de 1848, auxquels de nombreux étudiants ont participé. Finalement inauguré en 1851, le monument, orné des allégories des quatre Facultés, montre l'empereur tenant les titres de l'université.

★ **Musée Smetana** – *Voir Muzeum Bedřicha Smetany p. 184.*

LETECKÉ muzeum★

Musée de l'AVIATION – Kbely

Ⓜ Českomoravská, puis bus jusqu'au musée (direction Kbely)

Occupant les hangars de l'aérodrome historique de Kbely, le musée national de l'Aviation possède l'une des plus importantes collections d'appareils en Europe. Malgré son accès relativement peu aisé et la rusticité de ses aménagements, il mérite une visite, même pour ceux qui ne s'intéressent que de très loin aux avions. Ses présentations illustrent bien la fascination qu'ont suscité, pour les habitants de cette terre enclavée, l'étude, puis la conquête du ciel.

Longtemps base aérienne de l'armée, le terrain de Kbely a aussi été le premier aéroport commercial de Prague : en octobre 1920 a été inaugurée ici une liaison régulière Prague-Strasbourg-Paris.

Visite ⓥ – Objets et souvenirs liés à l'aviation, ainsi qu'une importante collection d'armes antiaériennes entourent la centaine d'avions exposés, donnant un tableau très complet de l'aviation militaire et civile dans cette partie d'Europe centrale. Beaucoup des appareils, comme par exemple ceux provenant des usines **Avia**, reflètent le degré de modernité de l'aviation tchécoslovaque, notamment dans l'Entre-deux-guerres. Pendant la Seconde Guerre mondiale, des pilotes tchécoslovaques en exil ont participé à la bataille d'Angleterre, aux commandes d'appareils comme le **Spitfire** et au sein d'escadrilles de la RAF. D'autres ont combattu sur le front de l'Est à bord du Lavochkine ou du célèbre Iliouchine **Sturmovik**. En 1945, la Luftwaffe, chassée de la plupart de ses terrains d'aviation en terre allemande par l'avancée des Alliés, s'est repliée ici ; aussi le musée possède-t-il, non pas un, mais deux exemplaires de son avion de combat d'avant-garde, le biréacteur **Messerschmitt 262**. Un impressionnant déploiement d'appareils de construction soviétique illustre les tensions de la guerre froide. Il y a même un Phantom américain, ainsi qu'un Northrop Tiger, pris au Viêtnam.

Plusieurs avions du musée, dont une réplique d'un chasseur Nieuport de la Première Guerre mondiale, sont toujours en état de vol et procèdent à des démonstrations à l'occasion d'un meeting aérien annuel.

Prolongement de l'éperon rocheux sur lequel se dresse le Château, le **plateau de Letná** semble forcer la Vltava à bifurquer vers l'Est à l'approche de son rebord vertigineux envahi par la végétation. Le parc en bordure du plateau commande une **vue** superbe sur Prague, en particulier sur la Vieille Ville. Vers le Nord, un espace dégagé est brutalement fermé par un front d'immeubles tristes et par le grand **stade** de football, siège du fameux Sparta de Prague.

La statue de Staline

L'enthousiasme tchèque pour la personne de Staline est antérieur au coup de force communiste de 1948 : tout de suite après la Libération, en 1945, est lancée l'idée d'un monument au leader soviétique, et, en 1947, Staline est fait citoyen d'honneur de Prague. En 1949, on met au concours la réalisation sur les hauteurs de Letná d'un monument qui formerait, avec le Château, Vyšehrad et le Mémorial national sur la colline de Vítkov, une ligne dominant le paysage pragois. C'est le célèbre sculpteur **Otakar Švec** (1892-1955) qui emporte le concours, avec un projet montrant Staline dans une pose napoléonienne, à la tête de deux groupes de travailleurs, les uns soviétiques, les autres tchécoslovaques.

La construction du monument, haut de 30 m, dure de 1952 à 1955, mobilise 23 tailleurs de pierre et 600 ouvriers, et engloutit 7 000 m³ de granit. Dans un élan rappelant la construction du Théâtre national, des pierres provenant de tous les coins du pays sont serties dans les fondations. Quand, le 1er mai 1955, a finalement lieu l'inauguration solennelle de la statue, Staline est déjà mort, tout comme Švec, conduit au suicide par le stress. À peine un an plus tard, Khrouchtchev dénonce le culte stalinien de la personnalité, et, dès 1961, on retire le corps de Staline du mausolée de la place Rouge. De Moscou parvient l'ordre de trouver une solution pour la statue pragoise, que les plaisantins de la ville ont surnommée « La queue chez le boucher ». Après de pénibles discussions, on prend la décision de détruire le monument. Il faudra plusieurs semaines, et des centaines de tonnes d'explosifs, pour que le colosse s'écroule enfin.

La statue a disparu, mais le réseau d'escaliers et de chemins qui convergeaient vers elle demeure. Colonisé par les amateurs de skateboard, le vaste socle porte aujourd'hui un immense métronome qui, pendant quelques semaines en 1996, a eu la compagnie d'une gigantesque baudruche de Michael Jackson, publicité pour sa tournée historique dans les pays de l'Est.

Avant que l'on ait fait place nette...

Au cours des siècles, le plateau fut le théâtre de festivités, de manifestations et de manœuvres militaires. C'est ici que s'est déroulée la célébration du couronnement d'**Ottokar II**, ici qu'a campé l'armée de l'empereur Sigismond avant d'être défaite sur la colline de Vítkov, de l'autre côté de la rivière. Pendant la période communiste, on demandait aux foules d'y défiler le 1ᵉʳ mai, et, en 1955, on y a élevé une immense statue de Staline. Les derniers jours du communisme en Bohême ont sonné sur le Letná, quand une foule estimée à un million de personnes s'y est rassemblée, faisant cliqueter ses trousseaux de clés, en soutien à la Révolution de velours.

Vers l'Est, les étendues vertes du Letná se fondent avec la banlieue très urbanisée de Holešovice, tandis qu'à l'Ouest une jolie passerelle enjambe le ravin séparant le plateau du jardin Chotek et des Jardins royaux.

Chotkovy sady – Un petit parc, le **jardin Chotek**, fut planté en 1830 à l'emplacement d'une ancienne scierie à l'initiative du comte Karel Chotek, gouverneur de Prague de 1826 à 1843. Infatigable aménageur, Chotek est à l'origine de plusieurs jardins et parcs, ainsi que du paysage des berges de la Vltava et de la route qui serpente de Malá Strana jusqu'au plateau. À l'Ouest, le **Belvédère** *(voir p. 106)* domine le parc, qui cache en son cœur une grotte peuplée de personnages tirés des œuvres du poète néo-romantique Julius Zeyer. Franz Kafka disait du jardin Chotek que c'était « le plus joli endroit de Prague ».

Hanavský pavilón – Aujourd'hui converti en restaurant, le ravissant petit **pavillon Hanava**, surchargé d'une décoration néo-baroque fantaisiste, était à l'origine un bâtiment d'exposition réalisé dans la fonderie du duc de Hanau pour l'Exposition du Jubilé de 1891. Aisément démontable grâce à sa structure novatrice en fonte, il a été remonté ici en 1898. Sa terrasse offre un des plus beaux **panoramas**★★ sur la ville et la rivière. Juste à l'Ouest se trouvent les importants vestiges du bastion XIX, imposant élément des fortifications baroques. Jusqu'en 1918, on y tirait le canon à midi. La majestueuse villa qui se trouve là sert aujourd'hui de résidence aux hôtes officiels. Elle fut bâtie en 1911 par Karel Kramář, homme politique qui allait devenir le premier Premier ministre de la Tchécoslovaquie indépendante.

Outre le pavillon Hanava, d'autres édifices intéressants sont implantés sur le plateau de Letná. Le **petit château de Letná** (Letenský zámeček), plaisante demeure du 19ᵉ s., est occupé par un restaurant qui propose de nombreuses tables en extérieur. Magnifique bâtiment en aluminium et verre, l'ancien pavillon de la Tchécoslovaquie à l'Exposition universelle de 1958 à Bruxelles est devenu le restaurant **Expo'58**, malheureusement fermé.

LETOHRÁDEK Hvězda★★

Pavillon de l'ÉTOILE, ou Résidence d'été

6 km à l'Ouest du Hradschin – 🚋 18 jusqu'à Petřiny

En 1530, **Ferdinand Iᵉʳ** aménage en réserve de chasse un bois qui appartenait autrefois au monastère de Břevnov, tout proche. Par la suite, il l'enclôt d'un mur, mais c'est son fils, l'archiduc **Ferdinand du Tyrol**, qui, en 1556, donnera au parc le monument qui le distingue : ce pavillon en forme d'étoile. Homme très cultivé, l'archiduc a lui-même conçu cet édifice très inhabituel, en recourant néanmoins aux services de plusieurs architectes, parmi lesquels **Bonifaz Wohlmut**. C'est ici, en 1620, que les vainqueurs de la bataille de la Montagne blanche ont rassemblé leurs forces avant d'entrer dans la ville sans défense. Puis le château et la chasse ont été abandonnés, et par la suite endommagés par des armées en manœuvre. Entre 1945 et 1951, on a procédé à la restauration complète du bâtiment, considéré comme un modèle d'architecture.

Le pavillon – Son plan en étoile à six branches a exigé un aménagement intérieur complexe, composé de salles ovales et d'une pièce centrale à douze côtés. L'attrait de cet ensemble original est renforcé par la décoration, dont se détache le remarquable travail des **stucs**, très probablement l'œuvre de maîtres artisans italiens. On y voit plus de 300 panneaux, figurant pour la plupart des scènes joyeuses de l'Antiquité. La toiture actuelle, plutôt banale, a remplacé depuis longtemps le dôme d'origine, très élancé, mais l'effet produit par ce bâtiment Renaissance, placé au point de convergence de plusieurs grandes avenues, n'en est pas diminué pour autant.

Le style Renaissance innovant du château de l'Étoile peut sembler un cadre surprenant pour le **musée** ⊙ consacré à deux des figures de proue du Réveil national tchèque du 19ᵉ s., l'écrivain **Alois Jirásek** (1851-1930) et le peintre **Mikoláš Aleš** (1852-1913). Mais, comme nombre de leurs contemporains, passionnés par l'histoire et la légende tchèques, tous deux se sentaient concernés par l'impact de la grande bataille de 1620.

141

Bílá hora – La **Montagne blanche** n'a rien d'une montagne ; c'est simplement le point culminant (381 m) du morne plateau crayeux où s'est déroulée la bataille décisive du 8 novembre 1620. Couvert aujourd'hui de logements de banlieue sans attrait, c'est l'endroit où le tramway 22 amorce une courbe, après sa longue ascension depuis le Hradschin. On n'y trouve guère d'échos de la bataille ; le monument principal est l'église **Notre-Dame-de-la-Victoire** (Panny Marie Vítězné), consacrée en 1720 au cours de la semaine de célébrations marquant le centenaire de la bataille. Comme d'autres lieux de pèlerinage de Bohême, elle se blottit derrière de grands murs, et l'on y pénètre par un portail richement décoré. Aux angles du cloître s'ouvrent des chapelles. La petite église, au centre, montre un plafond peint par **Reiner** et **Asam**. Sa construction aurait été dirigée de concert par **Santini-Aichel** et **Kilian Ignaz Dientzenhofer**.

La bataille de la Montagne blanche

Après plusieurs escarmouches dans la campagne bohémienne, l'armée impériale catholique, conduite par Tilly et Longueval de Bucquoy, et les troupes des États protestants de Bohême, sous la direction du **comte Thurn**, s'affrontent finalement au matin du 8 novembre 1620. Plus ou moins équivalentes en nombre, les deux armées sont essentiellement composées de mercenaires, Français, Espagnols et Allemands du côté catholique, Hongrois, Autrichiens, Allemands, Moraves et Bohémiens du côté protestant. Parmi les catholiques se trouvent le futur généralissime **Albrecht von Wallenstein** et le futur philosophe **René Descartes**. De manière inattendue, une tentative d'avancée contre les Hongrois sur l'aile gauche de l'armée protestante met ces derniers en fuite, laissant exposé le corps principal de l'armée. En dépit d'une vigoureuse contre-attaque, l'armée des États s'effondre et se replie dans le plus grand désordre sur la ville. La garde personnelle du roi, acculée contre le pavillon de l'Étoile, est vite passée au fil de l'épée.

Thurn est résolu à résister jusqu'au bout, mais, pris de panique, le faible « roi d'un hiver » **Frédéric** et son épouse, Élisabeth Stuart, fuient la ville en toute hâte, abandonnant derrière eux de nombreux trésors, parmi lesquels une décoration anglaise de l'ordre de la Jarretière. Dans la cathédrale, un magnifique bas-relief en bois retrace, non sans humour, la fuite des souverains et de leur suite, formant une traîne de chariots longue de plus d'un kilomètre. Pour les catholiques, la victoire revient à un triomphe de la foi, au même titre que la défaite des Turcs à la bataille de Lépante (1571). Des églises sont élevées à Prague, mais aussi à Rome, en célébration de ce haut fait. Pour la noblesse, le clergé et les intellectuels de Bohême, qu'ils soient Allemands ou Tchèques, le désastre est total. Leurs chefs sont exécutés, leurs propriétés confisquées, et des dizaines de milliers d'entre eux sont contraints à l'exil. Depuis le Réveil national du 19e s., la défaite de la bataille de la Montagne blanche est considérée par de nombreux Tchèques comme le commencement des années sombres, le début de plusieurs siècles d'humiliation nationale.

LORETA★★★

On trouve à Prague peu de contrastes aussi frappants que celui qui oppose la solennité massive du palais Czernin et l'animation joyeuse du lieu de pèlerinage qui lui fait face, de l'autre côté de la place. Un des meilleurs moments pour visiter le complexe baroque de Lorette est après le tintement du carillon de la grande tour, lorsque les touristes s'engagent en foule dans la cour, comme les pieux pèlerins de jadis, impatients d'admirer les curiosités qui s'y trouvent, et par-dessus tout la *santa casa*, réplique de la maison de la Vierge à Nazareth.

UN PEU D'HISTOIRE

La légende de Lorette débute au 13e s. en Italie. On raconte que des anges emportèrent l'humble maison natale de Marie pour la soustraire à l'avance des Infidèles. Ils l'auraient apportée par les airs jusqu'à la côte dalmate, puis de là, jusqu'à un bois de lauriers, en Italie. En réalité, c'est la famille Ange qui, en 1294, fit transporter des vestiges de la maison de la Vierge jusqu'à Loreto, dont la situation dans les États pontificaux était une garantie de sécurité pour les précieuses reliques.

La « sainte demeure » devient très vite un objet de culte. Le sanctuaire, élevé ensuite par Bramante, est reproduit dans toute l'Europe catholique à de multiples exemplaires, dont quelques dizaines pour la seule Bohême. La plus populaire est la *santa casa* de Prague, qui attire les pèlerins en grand nombre. Elle a sans doute été construite par **Giovanni Battista Orsi** entre 1626 et 1631, à l'initiative et grâce aux fonds de **Katerina Benigna Kolowrat**, pieuse épouse d'un comte Lobkowicz. On confie le saint lieu aux moines du couvent voisin, fondé en 1600, premier monastère capucin en terre tchèque. Au milieu du siècle, on ajoute la cour à arcades, puis, au début du 18e s., une autre génération de Lobkowicz engage les architectes **Dientzenhofer** pour achever le complexe, en élevant un étage supérieur sur la cour, en dessinant la magnifique façade Ouest, et en construisant l'église de la Nativité.

EXTÉRIEUR

Nullement altéré par le grand mur de soutènement qui sépare la place en deux parties, supérieure et inférieure, le sanctuaire de Lorette offre au monde un visage accueillant et son air de gaieté festive. Dominée par la haute tour du carillon, et ornée d'une profusion de statues, la **façade**★★, achevée en 1721-1724 par Kilian Ignaz Dientzenhofer, fait penser à un retable. Au sommet des pignons figurent Marie *(à gauche)* et Gabriel, archange de l'Annonciation *(à droite)*. Le long de la corniche s'alignent des statues de saints, parmi lesquels, sur la chapelle à droite, l'incontournable Jean Népomucène. Saint Joseph et saint Jean-Baptiste veillent sur le portail, superbement encadré de colonnes trapues soutenant saint François et saint Antoine. Au devant, des *putti* envahissent la superbe balustrade et accompagnent aussi les marches qui s'élèvent au Sud.

Les cloches du célèbre **carillon**★ ont été fondues en 1694 en Hollande. L'air qu'elles égrènent toutes les heures est une variation, orchestrée par Dvořák sur un hymne populaire tchèque à Marie, *« Des milliers de fois nous te saluons ! »*. Alors que la peste faisait rage à Prague, les cloches se seraient, dit-on, mises à sonner toutes seules pour l'enterrement d'une pauvre lavandière, dont tous les enfants avaient déjà été emportés par l'épidémie. Le carillon est relié à un clavier qui permet de jouer d'autres airs.

INTÉRIEUR ☉

La *santa casa* est entourée par son **cloître** d'origine, bâti autour de 1600 et surélevé d'un étage entre 1747 et 1751 par Kilian Ignaz Dientzenhofer. Le rez-de-chaussée du cloître abrite des confessionnaux, des prie-Dieu et des peintures de saints. Son plafond est peint de scènes de *La Litanie de Lorette*. Ces chapelles richement décorées s'ouvrent aux angles du cloître et à mi-chemin des ailes Nord et Sud. Contre l'aile Nord, la **chapelle St-François** abrite un beau **tableau** de **Peter Brandl**, au cadre ovale sculpté par Mathias Venceslas Jäckel. Au centre de cette partie de la cour se dresse un groupe de grande dimension figurant *La Résurrection*, sculpté par Brüderle.

★ **Santa Casa** – À l'origine, la *santa casa* n'était qu'un petit bâtiment d'allure modeste, mais on a recouvert en 1664 ses murs extérieurs de **bas-reliefs en stuc** sophistiqués ; ils dépeignent des scènes de la vie de la Vierge, ainsi que le parcours miraculeux de sa maison, de la Terre sainte jusqu'en Italie.

Comme dans l'original italien, l'humble intérieur est censé reproduire la condition modeste de la sainte Famille à Nazareth. La maçonnerie en briques présente en un point une imperfection volontaire, imitant l'impact de la foudre, qui aurait frappé le bâtiment d'origine pour punir un blasphémateur. On voit des vestiges de peintures murales, et, sur le retable, une *Vierge à l'Enfant* en tilleul foncé. Plusieurs des membres de la famille Lobkowicz, grands bienfaiteurs du sanctuaire, reposent ici.

★★★ **Église de la Nativité** – L'église de Lorette possède l'un des intérieurs baroques les moins retravaillés de Prague, et l'un des plus somptueusement décorés, avec une statuaire particulièrement riche et des oratoires réservés à la noblesse assez semblables à des loges de théâtre. Elle a été commencée en 1718 par **Christoph Dientzenhofer**, poursuivie par son fils **Kilian Ignaz**, et complétée en 1737 par un parent de ce dernier, **Johann George Aichbauer**. On voit, parmi les peintures du plafond, de belles œuvres de **Reiner**, dont la *Crucifixion (tout près de l'autel)*.
L'autel porte une copie par Heinsch de *La Nativité* de Raphaël. Sur les autels latéraux, les corps momifiés de saint Félix et de sainte Marcia sont, de manière assez macabre, vêtus à la mode espagnole de l'époque, leurs crânes se cachant derrière de charmants masques de cire. L'acoustique de l'église est excellente, et l'on y donne depuis longtemps des concerts, auxquels les merveilleux petits musiciens placés autour de l'orgue apportent une plaisante note visuelle, à défaut d'être vocale.
Au milieu de l'aile Sud de la cour s'ouvre la **chapelle St-Antoine-de-Padoue**. Elle renferme, comme son pendant de l'aile Nord, une peinture encadrée par Jäckel. Le groupe sculpté au centre de cette partie de la cour est une copie représentant *L'Assomption de la Vierge*. La chapelle qui attire le plus les visiteurs est celle de l'angle Sud-Ouest, dédiée à **Notre-Dame-des-Douleurs**, dont la statue du début du 15e s. orne un autel. Un autre autel y présente le spectacle surprenant d'une femme barbue (sainte Starosta) mise en croix.

★★ **Le trésor** – Il remonte à la fondation du sanctuaire de Lorette. Il a très largement bénéficié, après la Montagne blanche, de la grande ferveur avec laquelle la noblesse souhaitait prouver son obédience catholique, en ne lésinant pas sur les donations pieuses. Les empereurs désargentés ont puisé régulièrement dans ses collections, mais il présente encore aujourd'hui un extraordinaire éventail d'objets, calices, crucifix, coffrets, candélabres et couronnes destinées aux statues de la Vierge. On y voit aussi des mitres, des gants, ainsi que des bas-reliefs, des objets en filigrane, des émaux, de la vaisselle et des statuettes. Cependant, les pièces les plus extraordinaires sont les **ostensoirs** étincelants, au nombre desquels le célèbre *Soleil de Prague*★★ de 1699, dessiné par **Fischer von Erlach** ; son soleil rayonnant est incrusté des 6 500 diamants qui ornaient auparavant la robe de mariée de la comtesse Ludmila Kolowrat.

Triste sainte Starosta

La légende de Starosta – ou Wilgefortis, comme on l'appelle ailleurs – en fait la fille chrétienne d'un chef wisigoth. Son mécréant de père veut l'obliger à un mariage arrangé avec un prince païen ; mais Starosta refusant, on la jette en prison. Elle prie Dieu de la faire devenir si laide que le prétendant indésirable la repoussera. Sa requête est entendue : à son réveil le lendemain, une barbe superbe orne son menton... La fureur du père est sans bornes, et il la fait crucifier. Depuis, Starosta est la sainte patronne des femmes malheureuses en ménage. Son culte n'a cependant guère attiré de fidèles parmi le peuple tchèque, demeuré sceptique.

Kapucínský klášter – Le côté Nord de la place de Lorette est occupé par les modestes constructions du **couvent des Capucins**, bâti en 1602 et le premier fondé en terre tchèque. On a confié à ses moines le sanctuaire de Lorette, auquel le couvent est relié par une galerie aérienne. L'église, toute simple, renferme une *Nativité* populaire de 1700. En 1632, les moines permirent la libération de Prague occupé par une troupe protestante saxonne : le mur d'enceinte étant mitoyen du couvent, ils en abattirent une partie, créant ainsi une brèche où s'engouffrèrent les troupes catholiques de Wallenstein... Dans les années 1940, le couvent a été utilisé comme prison, d'abord par les nazis, puis par le gouvernement semi-démocratique de l'immédiate après-guerre. Les moines sont revenus en 1990.

MALÁ STRANA★★★

Ⓜ Malostranská

Bordé par la Vltava et les pentes vertes de Petřín, protégé par le Château sur la colline, le quartier historique de Prague le plus admirablement conservé semble à peine avoir changé depuis le milieu du 18e s. Ses églises, demeures bourgeoises et palais baroques bordent des rues et des places dont le tracé, remontant au Moyen Âge, n'a pratiquement pas été modifié depuis. Les portes ouvrent sur des cours cachées. Jardins en terrasses, marches, rampes et escaliers négocient les nombreuses dénivellations du terrain. Une roue de moulin en bois tourne paresseusement sur le bief, les arbres qui ombragent le bord de la rivière apportent une touche bucolique. Parmi les rares signes du 20e s., les rails du tramway contournent respectueusement l'église St-Nicolas, principal monument baroque de la ville, avant de s'échapper, apparemment par le portail d'un palais, de Malostranské náměstí (place du Petit Côté). Étape importante sur la Voie du Couronnement, la place reçoit la multitude de visiteurs qui débouchent du pont Charles et leur propose différents itinéraires pour monter au Château.

UN PEU D'HISTOIRE

Cette partie de Prague est depuis toujours dominée par le Château. Dès le 9e s., les chemins reliant les hauteurs du Hradschin aux bords de la rivière et au gué menant à la Vieille Ville voient s'implanter une ligne irrégulière de constructions, maisons de marchands et autres logis. L'habitat se densifie, vers 1160, après qu'est jeté le pont Judith sur la rivière. L'évêque quitte les hauteurs du Château pour un nouveau palais, proche de la tour du pont. Les chevaliers de Malte élèvent leur monastère sur la rive opposée. Au milieu du 13e s., pour faire contrepoids au quartier de commerce (aujourd'hui la Vieille Ville) en plein essor sur l'autre rive, le roi Ottokar II décide de coordonner les projets de construction jusque-là disparates afin de bien contrôler les implantations.

On élève un rectangle de fortifications pour relier la tête du pont au Château. On contraint les habitants d'alors, au nombre desquels les juifs, à quitter les lieux, pour installer à leur place des artisans et des marchands, qu'on fait venir du Nord de l'Allemagne. On aménage une place de marché centrale, avec pour monument principal une église, l'ancêtre gothique de l'actuelle St-Nicolas. Un siècle plus tard, l'empereur Charles IV ferme un secteur encore plus vaste de ce qui s'appelle désormais la Petite Ville de Prague (Menší město pražské) au moyen du « mur de la Faim », bien que l'essentiel de ce territoire ne soit pas encore urbanisé.

Vue générale

Après avoir survécu aux incendies et à la guerre, la Petite Ville commence, dans la deuxième moitié du 16ᵉ s., à attirer des nobles, désireux d'établir résidence dans la ville, à faible distance du Château. Cette démarche s'amplifie au siècle suivant, où l'on construit de nouveaux palais et que l'on rénove les anciens, dans le style baroque puis, plus tard, le style rococo. Connue désormais sous le nom de Malá Strana (Petit Côté), la ville perd son caractère commerçant et devient un quartier pour les aristocrates et leurs domestiques, qui y côtoient bâtisseurs, artisans et artistes, venus nombreux du Nord de l'Italie. À la fin du 18ᵉ s. et au 19ᵉ s., on assiste au déclin du quartier, car la noblesse reporte toute son attention sur ses domaines et sur la cour de Vienne. **Malá Strana** s'endort peu à peu dans la nostalgie de son passé. Palais et autres belles demeures sont morcelés en logements. Certains retrouvent une nouvelle existence en 1918, lorsque Prague devient la capitale de la Tchécoslovaquie nouvelle et requiert des locaux dignes de loger les ambassades. Pendant la période communiste, le morcellement se poursuit. Pressée par une forte demande de logements, la commune entasse ses locataires dans des résidences expropriées, ce qui confère au quartier une extraordinaire mixité sociale, aujourd'hui menacée par les projets de restitution des bâtiments à leurs anciens propriétaires.

★ **Malostranské náměstí** – La **place de Malá Strana**, en pente, est coupée en deux parties, basse et haute, par l'église **St-Nicolas★★★** *(voir p. 198)*. Ce splendide édifice baroque domine la place sans pourtant l'écraser, grâce aux constructions qui partagent sa position centrale et contribuent ainsi à atténuer sa masse imposante, entre autres **Dům U kamenného stolu** (Maison à la Table de pierre – *n° 28/5*), dont le rez-de-chaussée est occupé par l'un des plus anciens cafés de la ville, le Malostranská kavárna. Moins attirant que ce joli bâtiment rococo, son voisin, le très austère collège jésuite de 1691, fait aujourd'hui partie de l'université.

Avec sa grande station de tramway et les flots de piétons en route vers le Château, ou rentrant de leur visite, la place a toujours l'air très encombrée, mais la circulation devrait diminuer quand les coûteux travaux du tunnel sous la colline de Petřín seront achevés. Les palais aristocratiques fournissent la touche dominante, mais la place conserve un peu de sa bonhomie d'antan du côté Sud, toujours composé en majeure partie de maisons bourgeoises aux accueillantes arcades, avec, au n° 1/272, un bel exemple de *pavlač*, cour à galeries. Une maison cubiste sans prétention proche du début de la rue Karmelitská a été élargie il y a un siècle, au milieu de furieuses controverses, pour le passage du tramway. En remontant la place, on rencontre **Dům U zlatého lva** ⊙ (Maison au Lion d'or – *n° 10/262*), splendide exemple d'une authentique maison de ville Renaissance qui abrite au rez-de-chaussée l'un des meilleurs restaurants de l'ancien régime : U mecenáše (Au Mécène).

Autrefois, de semblables maisons ornaient le côté Ouest de la place ; mais elles ont disparu au profit du **palais Liechtenstein**, majestueuse demeure bâtie pour **Karl von Liechtenstein**, catholique converti qui présida à l'exécution, en 1621, des rebelles protestants sur la place de la Vieille Ville. Remanié en 1791 dans le style néoclassique, le palais abrite aujourd'hui l'Académie européenne de musique. Le bâtiment, qui compta parmi ses occupants les Dušek, amis de Mozart, et le philologue Josef Dobrovský, a aussi servi de quartier général aux Suédois (en 1648), aux Bavarois (en 1741) et au général Windischgrätz (en 1848).

Parmi les propriétés confisquées après 1621 se trouve le **palais Smiřický**, bâtiment mi-Renaissance, mi-baroque au côté Nord de la place. C'est là, en 1618, que les nobles protestants ont fomenté la seconde défenestration de Prague, dont le principal instigateur était leur hôte, Jan Albrecht Smiřický, en qui ils voyaient le futur souverain de Bohême une fois vaincus les Habsbourg exécrés. À côté, le **palais Sternberg**, commencé en 1684, était la demeure du comte **Kaspar Maria von Sternberg** (1761-1838). Ami de Goethe, ce parfait représentant de l'aristocratie patriote de Bohême ouvrait sa maison à l'élite intellectuelle de l'époque. Il fut à l'origine de la création du Musée national en 1818. Sa maison servait de dépôt aux œuvres d'art rassemblées par la Société patriotique des amis des Arts, œuvres qui constituent aujourd'hui le fonds des collections de la Galerie nationale.

Sur le côté Est de la place, l'**hôtel de ville de Malá Strana** (Malostranská radnice), de style Renaissance, a cessé ses fonctions en 1784 lors de l'unification de Prague. Quelques années plus tard, il a perdu les trois tours baroques qui faisaient son ornement principal. Il abrite aujourd'hui le centre culturel du quartier (Malostranská beseda). Également d'époque Renaissance, le **palais Kaiserstein** (n° 23/37) tire gloire de la présence en ses murs, entre 1908 et 1914, de la cantatrice Ema Destinnová (Emmy Destinn).

1 NORD-EST DE MALÁ STRANA

★ **Sv. Tomáše** ⓥ – *Josefská, 8/28.* L'**église** et le monastère **St-Thomas** ont été fondés au 13ᵉ s. par les augustins. Incendiée par les hussites en 1420, l'église reconstruite connut ensuite la faveur de la cour : aristocrates et artistes y sont enterrés. Fort remaniée en 1723-1731 par **Kilian Ignaz Dientzenhofer**, elle conserve néanmoins les proportions d'une grande église gothique sous ses riches apparences baroques. La façade, aux immenses volutes et aux frontons brisés, montre toute l'intensité dramatique dont Dientzenhofer était capable. L'intérieur, magnifique, est l'œuvre de certains des plus grands artistes du baroque pragois, comme **Reiner** (peintures du plafond), Karel Škréta (tableau de la Sainte-Trinité), **Brokoff** et Quittainer. Dientzenhofer a lui-même dessiné le maître-autel, orné de peintures de saint Thomas et saint Augustin par **Rubens** (les originaux se trouvent à la Galerie nationale). Parmi les défunts qui reposent ici, on trouve le sculpteur Adriaen de Vries et le conseiller catholique défenestré Jaroslav Bořita Martinic.

Les augustins ont commencé à brasser en 1358, et l'on sert toujours une savoureuse bière brune dans les caves voûtées du monastère (U sv. Tomáše).

Sv. Josefa ⓥ – *Josefská.* L'**église St-Joseph** est le seul monument de Prague à présenter une façade baroque de style flamand, avec des colonnes à bossages à tambours encadrant une impressionnante séquence verticale d'ouvertures et de fenêtres, ponctuée de statues. En retrait de la rue, sans doute pour ne pas assombrir son vénérable voisin, le palais Lobkowicz, l'église a été bâtie entre 1683 et 1691 pour les carmélites, probablement par un membre de l'ordre venu de Louvain. Sous sa coupole ovale, on est surpris par la sobriété de l'intérieur, organisé autour de son centre. Il y a pourtant des peintures de Peter Brandl et des sculptures de Matěj Václav Jäckel.

Mostecká – On imagine volontiers le cortège du couronnement s'avançant le long de la rue Mostecká (rue du Pont), aux belles proportions : la meilleure entrée en matière qui soit pour la découverte de Malá Strana. À partir des tours qui gardent le débouché du pont Charles, cette partie de la Voie du Couronnement descend en pente douce, puis remonte vers la magnificence de l'église St-Nicolas, en passant devant une succession de maisons baroques et rococo. Parmi des bâtiments plus modestes, on remarque le **palais Kaunitz** (n° 15/277), aujourd'hui ambassade de Yougoslavie, un splendide édifice à sept travées, orné d'une statuaire classique par Platzer.

Dům U tří pštrosů – *Dražického náměstí, n° 12/76.* La petite place porte le nom de Jan de Dražice, religieux du 14ᵉ s. qui vivait (somptueusement) dans le palais de l'évêque, qui se dressait ici jusqu'à ce que les hussites le mettent à sac en 1420. On y voit la célèbre **Maison des trois Autruches**, dont les fenêtres supérieures s'ouvrent au niveau de la chaussée du pont Charles. Aujourd'hui hôtel, la maison a été achetée en 1597 par Jan Fuchs, fournisseur officiel de la cour en plumes d'autruche. C'est lui qui fit exécuter les peintures qui ornent la façade, figurant ces oiseaux et leurs plumes, mais la note baroque du double pignon a été ajoutée plus tard, vers 1657. Autre commerce de luxe, le premier café de Malá Strana (et le deuxième de Prague) a été ouvert ici en 1714 par un homme d'affaires arménien, Déodat Damajan.

U lužického semináře – Achevé en 1728 par Kilian Ignaz Dientzenhofer, le **séminaire lusacien** a été construit à l'angle de la rue Míšeňská pour les étudiants en théologie originaires de Lusace. Les Tchèques se sont toujours senti des affinités avec cette région orientale de l'Allemagne et sa minorité slave de Sorabes lusaciens. Une statue par **Jäckel** de saint Pierre, patron de la Lusace, veille à l'angle du bâtiment. La rue s'élargit pour former une agréable placette. L'arrière des maisons qui la bordent au Sud-Est donne directement sur la Čertovka, ou ruisseau du Diable, qui alimente les moulins de l'île de Kampa, non loin de l'endroit où elle retrouve la Vltava.

Vojanovy sady ⊘ – Arbres exotiques et buissons s'épanouissent sous le micro-climat favorable créé par les hauts murs des ravissants **jardins Voyan**. Partie intégrante du domaine épiscopal médiéval, ils devinrent ensuite propriété des car-mélites de Saint-Joseph, dont ils longent le monastère. Aujourd'hui parc public, ils incluent la chapelle St-Elias en forme de grotte, une autre chapelle consacrée à sainte Thérèse, et une statue de Jean Népomucène encastrée dans un mur.

Klárov – Ce qui apparaît aujourd'hui comme un carrefour affairé, avec ses tram-ways et sa station de métro, est le tout premier site urbanisé de Malá Strana, un ancien quartier de passeurs et de pêcheurs. Des routes immémoriales y condui-saient aux gués de la Vltava, et c'est là que fut construit le premier pont de bois. On peut percevoir l'écho de cette atmosphère disparue dans le petit parc en bord de rivière, juste au Sud du pont Mánes.

Inaugurée en 1978, la station de métro Malostranská ne se contente pas de rendre justice, de multiples façons (statuaire, ferronneries), à son environnement baroque, mais elle possède aussi, seule en cela avec la station Gare de Lyon à Paris, un jardin intérieur. Le **manège Wallenstein** (Valdštejnská jízdárna), un vaste édifice accueillant d'importantes expositions temporaires organisées par la Galerie nationale, donne sur ce jardin.

★★ **Zahrady pod Pražským hradem** ⊘ – *Accès par le palais Ledebour, Valdštejské náměstí, 3/162, et par les jardins Sud du Château.* Serpentant vers l'Est à partir de Klárov, la rue Valdštejnská est bordée d'un côté par les murs aveugles du jardin Wallenstein et de l'autre par une succession de beaux palais baroques. Les palais, qui hébergent aujourd'hui ambassades et ministères, sont sans doute moins remar-quables que leurs splendides jardins en terrasses, récemment restaurés et ouverts au public, dits **jardins sous le Château**.

Plongée sur le jardin Ledebour

Ch. Goupi/SCOPE

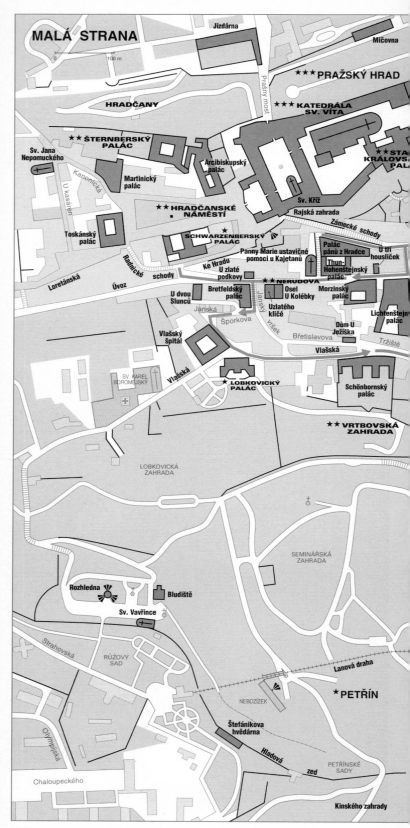

MALÁ STRANA

0   100 m

Jizdárna

Míčovna

*** PRAŽSKÝ HRAD

HRADČANY

*** KATEDRÁLA SV. VÍTA

** ŠTERNBERSKÝ PALÁC

Sv. Jana Nepomuckého

Kaponická

U kasáren

Arcibiskupský palác

Martinický palác

** STA KRÁLOVS. PAL

Toskánský palác

** HRADČANSKÉ NÁMĚSTÍ

Sv. Kříž

Rajská zahrada

Zámecké schody

Loretánská

Radnické schody

Úvoz

SCHWARZENBERSKÝ PALÁC

Panny Marie ustavičné pomoci u Kajetanů

Ke Hradu

U zlaté podkovy

Palác pánů z Hradce

U tří housliček

Thun-Hohenštejnský palác

U dvou Slunců

Bretfeldský palác

** NERUDOVA

Osel U Kolébky

Morzinský palác

Janský vršek

Uzlatého klíče

Jánská

Šporkova

Dům U Ježíška

Lichtenštejn palác

Vlašský špitál

Břetislavova

Vlašská

Tržiště

Sv. KAREL BOROMEJSKÝ

Vlašská

* LOBKOVICKÝ PALÁC

Schönbornský palác

** VRTBOVSKÁ ZAHRADA

LOBKOVICKÁ ZAHRADA

SEMINÁŘSKÁ ZAHRADA

Rozhledna

Bludiště

Sv. Vavřince

Strahovská

RŮŽOVÝ SAD

Lanová draha

NEBOZÍZEK

* PETŘÍN

OLYMPIJSKÁ

Štefánikova hvězdárna

Hladová zed

PETŘÍNSKÉ SADY

Chaloupeckého

Kinského zahrady

Prašný most

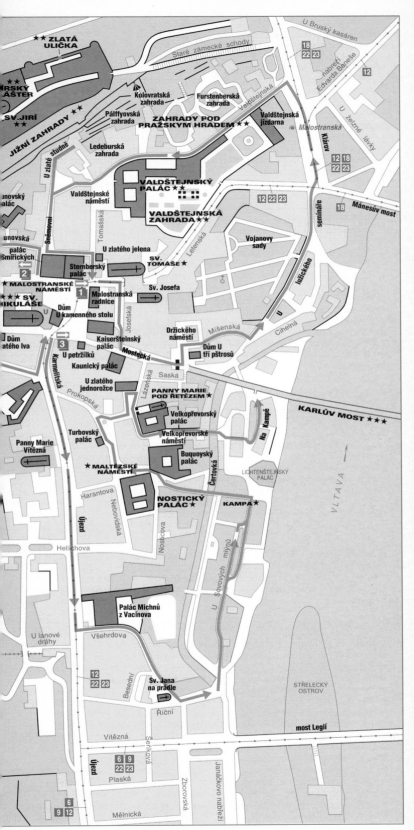

★★ **ZLATÁ**
ULIČKA

Staré zámecké schody

U Bruský kasáren

nábreží Edvarda Beneše

18 22 23

12

★★
RSKÝ
ÁŠTER

Kolovratská
zahrada

Furstenberská
zahrada

Valdštejnská

Pálffyovská
zahrada

SV. JIŘÍ ★★

ZAHRADY POD
PRAŽSKYM HRADEM ★★

Valdštejnská
jízdárna

● Malostranská

JIŽNÍ ZAHRADY ★★

Ledeburská
zahrada

U zlaté studně

Klárov

12 18 22 23

VALDŠTEJNSKÝ
PALÁC ★★

Valdštejnské
náměstí

seminářé

18

Mánesův most

unovský
alác

Šnemovní

Tomašská

VALDŠTEJNSKÁ
ZAHRADA ★★

12 22 23

unovská
palác
Smiřických

2

U zlatého jelena

Letenská

Vojanovy
sady

Lužického

U

★ **MALOSTRANSKÉ**
NÁMĚSTÍ

1

SV.
TOMÁŠE ★

Cihelná

★★★ **SV**
IKULÁŠE

Malostranská
radnice

Sv. Josefa

Míšenská

Dům
atého Iva

Dům
U kamenného stolu

Josefská

Držického
náměstí

3

Kaiseršteinský
palác

Mostecká

Dům U
tří pštrosů

U petržílků

Saská

KARLŮV MOST ★★★

Kaunický palác

Lázeňská

Karmelitská

U zlatého
jednorožce

Prokopská

PANNY MARIE
POD ŘETĚZEM ★

Turbovský
palác

Velkopřevorský
palác

Na Kampě

Panny Marie
Vítězná

Velkopřevorské
náměstí

VLTAVA

★ **MALTÉZSKÉ**
NÁMĚSTÍ

Buquoyský
palác

Čertovka

LICHTENŠTEJNSKÝ
PALÁC

Harantova

NOSTICKÝ
PALÁC ★

KAMPA ★

Nebovidská

Újezd

Helichova

Nosticova

U Šovových mlýnů

Palác Michnů
z Vacínova

U lanové
dráhy

Všehrdova

STŘELECKÝ
OSTROV

12 22 23

Besední

Sv. Jana
na prádle

Říční

most Legií

Vítězná

Šeříková

6 9
22 23

Újezd

Plaská

Janáčkovo nabřeží

Zborovská

6
9 12

Mělnická

151

Pendant des siècles, le talus escarpé au Sud du Château est resté vierge de constructions pour ménager un espace coupe-feu. On y planta vignes et vergers. Plus tard, des habitations et des échoppes poussèrent le long de l'actuelle rue Valdštejnská, alors route principale vers l'Est. Ces constructions disparurent lors du grand incendie de 1541, laissant place aux aristocratiques résidences qui ont précédé les palais actuels. Vers la fin du 16e s., on entreprit d'embellir le talus en aménageant des jardins Renaissance assez modestes. Mais tout à la fin du 17e s. et au début du 18e s., on remodela peu à peu tout le flanc de la colline, en aménageant, avec un savoir-faire prodigieux, une succession de terrasses où toute la panoplie de l'époque baroque, murs de soutènement, degrés et escaliers, fontaines et statues, gloriettes et loggias se mêlèrent aux plantes.

Les jardins furent négligés dès le 19e s., et un premier effort de restauration, dans les années 1950, fut compromis par des malfaçons et l'affaissement des terrains. Il fallut les fermer à nouveau et se priver de l'accès alternatif au Château qu'ils constituaient. De récents travaux de restauration, achevés en 1999 et effectués dans un grand souci du détail, ont inévitablement effacé beaucoup de la patine du temps qui contribuait au charme des jardins.

Le **jardin Ledebour** a pour principal atout architectural une splendide **Sala terrena**, rez-de-jardin de la fin du 17e s. attribué à F. M. Kaňka. Ornée de peintures murales de Reiner, elle sert parfois pour des concerts. Une autre œuvre de Reiner, décrivant une bataille contre les Turcs, couvrait autrefois l'imposant mur de soutènement. Le régime marxiste la fit recouvrir dans les années 1950 par un mural réaliste représentant la Libération de 1945, qui a laissé à son tour la place à des plantes grimpantes, moins sujettes à controverse. Un double escalier gravit les terrasses jusqu'à un petit pavillon, situé au pied du mur du Château. De là, on a une vue magnifique sur les toits de tuiles rouges de Malá Strana et les cent clochers de Prague. En continuant vers l'Est, on découvre d'autres merveilles baroques : le **jardin Pálffy** avec son escalier central et son tunnel, puis le **jardin Kolowrat** et sa ravissante gloriette ; enfin le **jardin Fürstenberg** *(fermé au public)*, traité de façon naturaliste, avec ses grands arbres et ses buissons, présente un contraste en matière d'art paysager.

★★ **Palais Wallenstein** – *Voir Valdštejnský palác.*

Sněmovní – Autrefois accès principal au Château par le Sud, la ruelle du Parlement est aujourd'hui un petit quartier tranquille, autour d'une place minuscule, appelée jadis Fünfkirchenplatz/Pětikostelní náměstí, comme l'indique un panneau (exceptionnellement) en allemand et tchèque. C'est là que se tenaient les marchés, avant que l'essor de la ville ne les déplace vers la place Malostranské, au 13e s. En gravissant autrefois la charmante U zlaté studně (ruelle du Puits d'or), on aboutissait au fameux restaurant panoramique du même nom, mais c'est aujourd'hui un cul-de-sac. La ruelle du Parlement doit son nom à l'un des palais (n° 4/176) construits par la famille Thun. Siège de l'assemblée de Bohême sous l'empire austro-hongrois, il a ensuite abrité le Sénat de Tchécoslovaquie entre les deux guerres, puis le Conseil communiste de la République tchèque.

U zlatého jelena – *Tomášská n° 26/4.* Deux grands artistes ont collaboré à la réalisation du **Cerf d'or**, très belle demeure bourgeoise baroque achevée en 1726. Elle a eu pour architecte le célèbre **Kilian Ignaz Dientzenhofer**, et **Ferdinand Maximilian Brokoff** est l'auteur de la **sculpture** magnifiquement évocatrice qui fait revivre la rencontre de saint Hubert avec le cerf.

② NORD-OUEST DE MALÁ STRANA

Thunovská et Zámecké schody – Parallèle à Nerudova, une rue étroite, prolongée d'une série de rampes et de degrés, conduit rapidement, mais de façon parfois abrupte, jusqu'au Château. Nommée autrefois **nouvel escalier du Château** (Nové zámecké schody), la partie haute du chemin a été aménagée en 1674. Un projet prévoyait de l'intégrer à la Voie du Couronnement entre la Vieille Ville et le Château, en l'embellissant de statues comme celles du pont Charles, mais il n'a pas été réalisé. Tel une falaise dominant la rue pavée, le **palais Thun**, de style Renaissance, abrite depuis 1920 l'ambassade de Grande-Bretagne. Construit à flanc de coteau, il possède un jardin en terrasses, que l'on rejoint par les étages et sur lequel donne le Château. On raconte que dans les années 1920, le président Masaryk, âgé mais toujours alerte, serait descendu par une échelle apposée au mur du Château pour venir conférer avec l'ambassadeur. Le lien du palais avec la Grande-Bretagne remonte à 1630, quand son propriétaire était Walter Leslie, général mercenaire, qui devait être l'un des assassins de Wallenstein. Au nombre des autres beaux édifices Renaissance et baroques qui bordent la rue et les escaliers, on découvre le splendide **palais des seigneurs de Hradec** (Palác pánů z Hradce). Aujourd'hui relié à l'ambassade d'Italie, dont l'entrée principale s'ouvre sur la rue Neruda, il propose la silhouette hautement décorative de ses nombreux pignons. Celui du milieu, imposant, porte les armes de la famille Kolowrat.

★★ **Nerudova** – Les escaliers sont sans doute le chemin le plus court pour parvenir au Château, mais on ne sera pas surpris du choix fait par les cortèges cérémoniels d'emprunter la superbe **rue Neruda**, ultime tronçon de la Voie du Couronnement reliant la Vieille Ville aux hauteurs du Hradschin. Nerudova rassemble tous les ingrédients d'un quartier pittoresque : de beaux exemples de palais baroques et de maisons bourgeoises, d'infinies variations de niveau, une rue dont la largeur varie sans cesse, et le plaisir de la découverte progressive des grands monuments du Hradschin au travers d'aperçus fugitifs. Les détails ajoutent à cet agrément : nombreuses et charmantes enseignes des maisons, mais aussi médaillons, sculptures, porches magnifiques, et un sol recouvert de pavés inégaux.

La rue a été colonisée par les boutiques de souvenirs, mais elle conserve un peu de l'atmosphère décrite par son habitant le plus célèbre, l'écrivain **Jan Neruda** (1834-1891). Parfois comparé à Dickens, Neruda est célèbre pour ses *Povídky malostranské (Contes de Malá Strana* [1878-1885]*)*, récits peuplés d'une multitude de personnages pragois, peints avec acuité. La rue a pris son nom en 1895. Elle s'appelait auparavant rue de l'Éperon, nom inspiré du système de frein que les cochers abaissaient pour contrôler la descente des voitures sur la pente abrupte. À l'angle de Zámecká se dresse U kocoura (Au Matou – *n° 2/205*), dont le rez-de-chaussée est occupé par l'une des tavernes les plus anciennes de Prague. Sur le côté Nord de la rue, parmi plusieurs jolies maisons baroques et Renaissance, l'enseigne très connue de U tří housliček (Aux Trois Petits Violons – *n° 12/210*) rappelle qu'une dynastie de luthiers y avait son atelier aux 17e et 18e s. Presque face à face se dressent deux palais particulièrement majestueux, dus tous deux à **Johann Blasius Santini-Aichel**. Aujourd'hui ambassade de Roumanie, le **palais Morzin** *(côté Sud)*, construit en 1713-1714, montre des portails jumeaux, l'un représentant *La Nuit*, l'autre *Le Jour*, des statues allégoriques des Continents le long de sa balustrade, et, soutenant le balcon, de magnifiques statues de Maures (un jeu de mot sur le nom des propriétaires), œuvres de **Ferdinand Maximilian Brokoff**. En face, l'ambassade d'Italie est logée dans le **palais Thun-Hohenstein**, achevé vers 1725 pour le comte Kolowrat, qui avait commandé à Santini une résidence qui « rehausserait la beauté de la ville autant que son propre confort ». Le portail montre des aigles immenses, conçus par **Matthias Bernard Braun**, qui ont, à leur manière, autant de présence que les Maures de Brokoff. U Červeného beránka (À l'Agneau rouge – *n° 11/253*) montre une très belle enseigne.

Édifiée au début du 18e s., **l'église Notre-Dame-de-l'Éternel-Secours** (Panny Marie ustavičné pomoci u Kajetánů ☉) est appelée aussi église des Théatins. Sa conception est due à des architectes différents, mais l'empreinte dominante est celle de Santini, particulièrement dans l'audace de la façade.

La rue se poursuit avec de belles constructions de dimensions plus bourgeoises, qui portent des noms comme U zlatého klíče (À la Clé d'or – *n° 27/243*) et U zlaté podkovy (Au Fer à cheval d'or – *n° 34*). Au n° 32/219, la première **pharmacie** de Malá Strana appartient aujourd'hui au Musée national. À l'angle de Jánský vršek (colline St-Jean), le **palais Bretfeld** a fort belle allure, comme il se doit pour une résidence qui, à la fin du 18e s., était le centre d'une vie brillante, accueillant des hôtes comme Casanova et Mozart.

Palais Thun-Hohenstein

Y. Latronche/WOSTOK PRESS

U dvou sluncŭ (Aux Deux Soleils – *n° 47/233*) et son enseigne Sécession sophisti-quée rappellent que Jan Neruda passa ici son enfance, au-dessus de la boutique de son père, marchand de tabac.

Ici la rue s'élargit et propose plusieurs directions. Partant légèrement vers la gauche, **Úvoz** est l'antique route de Strahov, qui menait vers la campagne. Presque droit devant, Radniční schody (escaliers de l'hôtel de ville) monte entre les maisons jusqu'à la partie haute de la place du Hradschin. La plupart des visiteurs optent pour le chemin que suivaient jadis les cortèges du couronnement, empruntant le virage en épingle à cheveux et gravissant **Ke Hradu**, rampe taillée dans le roc en 1663 pour faciliter l'accès au Château.

Quartier italien – Au Sud de Nerudova, le terrain en contrebas est occupé par un charmant petit quartier tranquille ; le désordre de ses rues, venelles et culs-de-sac montre son origine ancienne. Intégré à Malá Strana seulement au milieu du 17ᵉ s., il s'appelait l'Obora et possédait son propre hôtel de ville et ses églises paroissiales. À partir de la fin du 16ᵉ s., il devint le **centre de la communauté italienne** : formée de peintres, architectes et artisans, elle régna pendant de nombreuses années sur les métiers du bâtiment à Prague.

Le centre de l'Obora se situait au carrefour de Janský vršek et de la rue Šporkova. Les églises ont disparu, mais U tří zlatých korun (Aux Trois Couronnes – *n° 1/323*), l'ancien hôtel de ville, est toujours debout, bien que reconstruit à la fin du 18ᵉ s. Parmi les nombreux bâtiments intéressants, le n° 10/320, tout au bout de Šporkova, est une magnifique maison baroque ornée de stucs remarquablement travaillés. Cœur de ce qui était le quartier italien, l'**hôpital italien** (Vlašský špitál), du début du baroque, marque l'angle de Šporkova et Vlašská (rue Italienne), l'ancienne route qui reliait Malá Strana à Petřín. Il accueille aujourd'hui le Centre culturel italien.

★ **Lobkovický palác** – *Vlašská, 19/347*. Aujourd'hui ambassade d'Allemagne, le **palais Lobkowicz**, du tout début du 18ᵉ s., est l'œuvre de **Giovanni Battista Alliprandi** ; en 1769, Ignazio Palliardi l'a doté d'un étage supplémentaire. La façade Nord, qui donne sur la rue, est plutôt sobre, mais, pour l'impressionnante façade **côté jardin** *(fermé au public, mais visible de la sente à l'arrière du palais)*, Alliprandi s'est inspiré d'un projet jamais réalisé du Bernin pour le Louvre. Une avancée ovale haute de trois étages, dotée au rez-de-chaussée d'une magnifique *sala terrena* ou salle de jardin, mord sur le parc, flanquée d'audacieuses ailes concaves. Pour parachever son œuvre, on avait aménagé l'un des plus beaux jardins à la française de Prague, à l'emplacement de la vigne du couvent St-Georges. À la fin du 18ᵉ s., on l'a trans-formé en parc à l'anglaise.

Le palais Lobkowicz a été le témoin d'une scène peu commune au cours de l'été 1989, lorsque des centaines d'Allemands de l'Est ont abandonné leurs Trabant et leurs Wartburg dans les rues avoisinantes pour trouver asile sur le territoire de l'ambassade. Leur situation a soulevé un immense intérêt parmi la population tchèque, et leur expédition jusqu'en Allemagne de l'Ouest, à travers la RDA, par un train spécial verrouillé, a amorcé la chute du communisme.

Schönbornský palác – *Tržiště, 15/365*. Commencé en 1643, le **palais Schönborn** est l'un des premiers palais baroques de Prague. Il servit de résidence au comte Rudolf Colloredo, qui commanda les troupes impériales après la trahison et l'assassinat de Wallenstein. Remanié par Santini entre 1715 et 1718, le palais a par la suite subi le sort de nombre de belles demeures de Malá Strana et a été divisé en apparte-ments. En 1917, l'un d'entre eux a brièvement hébergé Franz Kafka. Le palais abrite aujourd'hui l'ambassade des États-Unis. Des jardins en terrasses gravissent la pente de la colline au Sud, dominés par un ravissant pavillon qui servait autre-fois de cave à vins.

En face de l'ambassade s'ouvre l'étroite rue Břetislavova, autrefois mal famée, sur laquelle veille Dům U Ježíška (À l'Enfant Jésus), maison baroque sans doute due à Santini.

★★ **Vrtbovská zahrada** ☉ – *Karmelitská, 25/373*. Un porche modeste sur le côté Ouest de la rue Karmelitská donne accès à une cour, qui précède le **jardin Vrtba**, l'un des plus beaux jardins baroques de Prague.

En 1631, le noble espagnol Sezima de Vrtba a réuni deux maisons de ville pour en faire un palais. L'une d'entre elles avait été confisquée à Kryštof Harant de Polžice et Bezdružice, exécuté en 1621 avec les autres rebelles protestants sur la place de la Vieille Ville. Un siècle plus tard, l'architecte **František Maximilián Kaňka** a transformé le bâtiment. Mais il a surtout créé un chef-d'œuvre avec ce jardin en terrasses sur l'abrupte pente méridionale. Fermé et laissé à l'abandon pendant des années, puis entièrement restauré, le jardin n'a plus le charme des parcs fréquentés et entretenus depuis des lustres, mais il demeure l'expression suprême de l'art pay-sager baroque en Europe centrale.

On y accède par une arche que couronne un Hercule sculpté par **Matthias Bernard Braun**, dont l'atelier a fourni toute la **statuaire** qui peuple admirablement le jardin. Le niveau inférieur se compose d'un parterre, agrémenté d'une volière et d'une **sala terrena**, ornée de peintures murales de Reiner. Un escalier discret rejoint le niveau suivant, un **parterre** sophistiqué à partir duquel un escalier bien plus majes-tueux s'élève de part et d'autre de l'axe médian. La plus importante collection de statues s'aligne le long d'une balustrade, formant un premier plan merveilleux pour l'une des plus belles **vues**★★ de Malá Strana et de la ville qui s'étend derrière. Toujours plus haut, le terrain organisé de façon géométrique remonte doucement jusqu'à un belvédère en forme de grotte, qui offre, de son niveau supérieur, un panorama encore plus remarquable de la ville, ainsi qu'une vue rapprochée du pavillon de jardin du palais Schönborn.

③ SUD DE MALÁ STRANA

Très animées, **Karmelitská** (rue des Carmélites) et son prolongement, **Újezd**, suivent le tracé de l'ancienne route qui reliait Malá Strana à d'autres implantations sur la rive gauche de la Vltava et au Sud de la Bohême. Toutes deux se trouvaient à l'extérieur des murs d'enceinte romans de Malá Strana. La rue Újezd (nom également donné au quartier) a été coupée en deux au 14ᵉ s., quand l'empereur Charles IV a édifié le « mur de la Faim » et une nouvelle porte pour la ville. Aux 17ᵉ et 18ᵉ s., le secteur était très recherché par les familles nobles pour y construire des palais ; certains demeurent aujourd'hui, tels les palais Thun-Hohenstein (n° 18/379), Muscon (n° 16/380), et Špork (n° 14/382).

Panny Marie Vítězné ⊙ – *Karmelitská, 9/385*. Dans une ville où l'art et l'architecture baroques et la Contre-Réforme sont si intimement liés, on est surpris de constater que la première église construite dans le nouveau style l'ait été pour une congrégation de luthériens allemands. Commencée en 1611, consacrée à l'origine à la Sainte-Trinité, l'**église Notre-Dame-de-la-Victoire** a été rebaptisée en 1620 après la bataille de la Montagne blanche, quand elle fut confiée aux carmélites espagnoles (l'une de ces religieuses avait harangué les troupes catholiques avant leur victoire décisive sur le protestantisme bohémien). Entre 1636 et 1644, l'église a été beaucoup remaniée. On a complètement inversé son plan. L'autel a été transféré à l'extrémité Ouest pour permettre à la façade principale d'ouvrir sur la rue.

Exemple classique des débuts de l'architecture baroque, l'église jouit d'une renommée internationale, notamment dans la péninsule ibérique et en Amérique latine, car elle abrite l'**Enfant Jésus de Prague**★. En 1628, **Polyxena von Pernstein, princesse de Lobkowicz**, fait don aux carmélites de cette figurine de cire qui tient de sa mère, d'origine espagnole. Très vite, on attribue à l'Enfant des pouvoirs miraculeux. On dit qu'il aurait protégé la ville de la peste et de la destruction pendant la guerre de Sept Ans, exauçant les prières et guérissant les malades. Poèmes (Paul Claudel, alors consul de France à Prague, en commit un !) et récits glorieux font la renommée de la figurine portant couronne et dont on change régulièrement la tenue. Il est vrai qu'elle n'en manque pas : l'impératrice Marie-Thérèse n'aurait-elle pas cousu elle-même une parure sophistiquée ? Et ne dit-on pas que le gouvernement communiste du Viêtnam du Nord lui aurait aussi offert un costume...

Dans l'intérieur de l'église, par ailleurs plutôt sombre, l'Enfant Jésus de Prague règne dans la travée Nord sur un autel, dans un somptueux écrin d'argent, au milieu de personnages sculptés par Peter Prachner. Dans la crypte de l'église, on découvre un macabre parallèle à cette figure figée : la température, alliée à une ventilation adéquate, a permis de momifier les corps de plusieurs carmélites et bienfaiteurs de l'ordre.

Palác Michnů z Vacínova – *Karmelitská, 40/450*. Plusieurs familles nobles, dont les Kinsky et les Thun, ont habité le **palais Michna** depuis sa construction. En 1580, c'était une villa Renaissance, mais au milieu du 17ᵉ s., Pavel Michna de Vacínov la reconstruisit dans le style baroque, en l'agrandissant beaucoup. Le palais a par la suite servi d'arsenal et d'hôpital militaire, jusqu'à ce qu'il soit racheté par l'organisation Sokol en 1918 et rebaptisé **bâtiment Tyrš** (Tyršův dům), du nom du fondateur du mouvement. Une des pierres angulaires de l'identité tchèque moderne, le Sokol était à la fin du 19ᵉ s. et au début du 20ᵉ s. une association de gymnastes activement nationaliste et pro-slave, qui fut interdite tant par les Autrichiens que par les nazis. Le bâtiment abrite un **musée Tyrš de la Culture physique et du Sport** (Tyršovo muzeum tělesné výchovy a sportu ⊙). Presque en face, U lanové dráhy (la sente du funiculaire) monte, comme son nom l'indique, à la station inférieure du lanovka, le funiculaire de Petřín.

Sv. Jana na prádle – *Říční*. Avec l'hospice voisin, la toute petite **église St-Jean-du-Lavoir** compose un ensemble agréablement bucolique. Autrefois église paroissiale du quartier Újezd et l'un des plus anciens lieux de culte de Malá Strana, elle remonte au début du 12ᵉ s. Mais elle a été reconstruite au 13ᵉ s. dans le style gothique et on y a adjoint le chœur au 17ᵉ s. En 1787, quand l'hospice a fermé ses portes, l'église est devenue un lavoir public.

★ **Kampa** – L'île est séparée du « continent » Malá Strana par la Čertovká (ruisseau du Diable), un bief aménagé au Moyen Âge pour entraîner les roues des moulins. Il en reste encore trois : le moulin Sova, sur la Vltava, beaucoup agrandi au fil des ans et aujourd'hui délabré, la forge (Huÿ), sur la Čertovka, et le moulin du Grand Prieur, également sur la Čertovka, dont on aperçoit la pittoresque roue à aubes à partir du pont Charles et de la passerelle qui mène à Velkopřevorské náměstí (place du Grand Prieur).

Le ruisseau du Diable vu du pont Charles

Résidence des passeurs et des tailleurs de pierre qui travaillaient au pont Charles, Kampa est restée relativement vierge de constructions en raison du risque permanent d'inondation. La majeure partie du terrain a été aménagée en jardins et vergers pour les palais sur l'autre berge du ruisseau. En 1940, on les a réunis pour constituer un parc public, et c'est depuis une destination favorite des habitants du centre de Prague, à la fois pour s'y détendre et profiter des vues merveilleuses sur la Vltava, le pont Charles et la Vieille Ville.

Maltézské náměstí – Le nom de la place (place de Malte) rappelle la durable présence des chevaliers de l'ordre de Malte dans cette partie de Malá Strana.

L'enclave autonome fortifiée de cet ordre souverain de Croisés, établie dès 1169 à proximité du débouché du pont, est restée sous la juridiction du Grand Prieur de l'ordre bien après le début du 19ᵉ s. L'ordre était aussi connu sous le nom de chevaliers de Saint-Jean, d'après le nom de leur saint patron. La statue du saint, autrefois placée sur une fontaine, se trouve à l'extrémité Nord de la place. À l'écart du flot de la circulation, avec son grand nombre de bâtiments baroques et rococo bien conservés, l'endroit a offert un décor idéal pour le film de Miloš Forman *Amadeus*. L'ancienne poste de Prague *(n° 8/480)* voyait arriver la diligence de Vienne ; c'est pourquoi cette partie de Malá Strana était autrefois le quartier des hôtels. Au nombre des célébrités qui y sont venues figure Beethoven, dont le séjour, en 1789, à l'hôtel de la Licorne d'or est commémoré par une plaque au n° 11/285 de la rue Lázeňská.

Aujourd'hui ambassade du Japon, le **palais Turba** *(n° 6/477)*, de style rococo, est un très bel exemple du travail de l'architecte Josef Jäger. La partie Sud de la place reste néanmoins dominée par l'immense **palais Nostitz★**, construit entre 1660 et 1670 autour d'une cour dans le premier style baroque, sans doute par l'architecte du palais Czernin, Francesco Caratti. Les statues qui ornent la balustrade sont des copies d'œuvres de Brokoff ; le magnifique portail est un ajout rococo plus tardif. Ce palais accueille régulièrement des concerts de musique de chambre, perpétuant la tradition culturelle établie par la famille Nostitz. Leur bibliothèque, ainsi que leurs collections d'art, étaient connues du monde entier. **Anton Nostitz** (1725-1794) fut le bâtisseur du théâtre des États ; parmi les nombreux intellectuels soutenus par la famille figure Josef Dobrovský. Le palais Nostitz abrite aujourd'hui l'ambassade des Pays-Bas.

★ **Panny Marie pod řetězem** ⊘ – La grande basilique romane élevée par les chevaliers de Malte a été presque entièrement démolie au 14ᵉ s. pour laisser place à un sanctuaire gothique tout aussi imposant, l'**église Notre-Dame-sous-la-Chaîne**. Mais la révolte hussite est survenue, et l'église n'a jamais été achevée. Demeurent cependant les bases de ses tours jumelles, avec leurs contreforts et leur maçonnerie massive, témoins de temps plus austères au cœur du charme 18ᵉ s. de Malá Strana. Plus loin, un espace dégagé qui porte les vestiges d'arcades romanes mène vers ce qui était le chœur de l'église gothique, entièrement remanié dans le style baroque au milieu du 18ᵉ s. Sur le maître-autel, une peinture de Škréta célèbre le rôle des chevaliers dans la défaite des Turcs à la bataille navale de Lépante, en 1571.

Velkopřevorské náměstí – Deux des plus beaux palais baroques de Malá Strana dominent cette place tranquille, dont le nom signifie place du Grand Prieur. Achevé en 1728 par Giuseppe Scotti, le **palais du Grand Prieur** (Velkopřevorský palác) est la résidence du Grand Prieur des chevaliers de l'ordre de Malte. Devenu pendant la période communiste le musée national des Instruments de Musique, il a été restitué à l'ordre et est redevenu territoire souverain. Son voisin plus important, de l'autre côté de la place, est le **palais Bucquoy**, dessiné par **Jean-Baptiste Mathey** aux alentours de 1632 et remanié en 1719 par František Maximilián Kaňka. À l'époque autrichienne, Prague avait assez d'importance pour se voir doter d'un consulat de France, logé dans ce palais. Depuis 1919 s'y trouve l'ambassade de France. Sur le mur couvert de graffitis qui fait face au palais, le portrait de John Lennon représente, non pas un pays, mais la culture hippie internationale. Geste spontané de défi dans les dernières années du communisme, c'est aujourd'hui une attraction touristique, qui fait l'objet de restaurations régulières.

Na Kampě – De forme indéfinissable, en partie ovale, cette très charmante place ombragée de tilleuls est bordée de maisons baroques et rococo ravissantes, dont U modré lišky (Au Renard bleu – *n° 1/498*), aujourd'hui ambassade d'Estonie.

MUCHOVO muzeum★

Musée MUCHA – Nouvelle Ville

Panská 7 – Ⓜ Mùstek ou Náměstí Republiky

Souvent considéré comme représentant la quintessence de l'Art nouveau parisien, le Morave **Alfons Mucha** (1860-1939), dont les talents s'exprimaient dans de nombreux domaines des arts décoratifs et des beaux-arts, pensait que sa véritable mission ici-bas était de montrer la voie d'un avenir dans lequel les idéaux du nationalisme tchèque fusionneraient avec ceux de la communauté slave et, plus généralement, de l'humanité. Ses affiches parisiennes des années 1900, reproduites à des millions d'exemplaires, ont probablement occulté sa *Slovanská epopej (L'Épopée slave)*, un cycle de peintures qui a occupé les trente dernières années de sa vie.

L'**exposition** ☉, inaugurée en 1998 dans le palais Kaunitz (18ᵉ s.), donne un aperçu des nombreuses facettes du talent de Mucha. Différentes sections sont consacrées à son œuvre parisienne, à ses affiches moins connues traitant de sujets tchèques, à ses huiles, ses dessins et ses pastels ; le musée propose aussi des présentations vidéo, et la boutique propose des articles d'intérêt non négligeable.

Affiche de Mucha

CTK/© Adagp, Paris 2000

Alfons Mucha

Mucha naît en 1860 dans la petite ville d'Ivančice, dans le Sud de la Moravie. Il ne réussit pas à entrer à l'Académie de Prague, et suit son propre chemin artistique, terminant par des études à Munich et Paris. La gloire survient brusquement en 1895, avec une affiche croquée pour *Gismonda*, avec **Sarah Bernhardt**. Mucha devient la coqueluche de Paris. Il travaille dans les ateliers de Rodin et de Gauguin, et lance le style Art nouveau, pont jeté entre les beaux-arts et les exigences du quotidien. Mais il se méfiera ensuite de l'aspect superficiellement décoratif qu'il trouve dans l'Art nouveau, et cultivera la nostalgie de ses racines slaves, qu'il retrouvera concrètement en 1910 avec son retour à Prague. Grâce au soutien du millionnaire américain Charles R. Crane, il entreprend une immense *Épopée slave*, cycle de vingt toiles gigantesques, reprenant des épisodes de l'histoire slave et de l'histoire tchèque qu'il élève à la dimension du mythe. Il se lance simultanément avec enthousiasme dans la vie de la nation, décorant la Salle du maire dans la Maison municipale, préparant des vitraux pour la cathédrale, dessinant même des billets de banque et des calendriers pour la nouvelle république de Tchécoslovaquie. Sa mort en 1939, après un interrogatoire de la Gestapo, fait l'objet d'un deuil national.

NA PŘÍKOPĚ★

SUR LES DOUVES – Vieille Ville (Nord)/Nouvelle Ville (Sud)

Ⓜ Mùstek/Náměstí Republiky

L'une des rues les plus animées du centre de Prague, Na Příkopě (Sur les douves) suit le tracé des murs de la Vieille Ville, entre la Croix d'or, en contrebas de la place Venceslas, et la Maison municipale, sur Náměstí Republiky. Lorsqu'on a démoli les fortifications, on a asséché les douves, mais on ne les a pas remblayées. Elles vont devenir un dépotoir pour toutes sortes d'ordures, un lieu de maraude pour les vagabonds, et une chausse-trappe pour les cochers qui osent s'aventurer sur l'étroite route longeant les douves. En 1760, on les remblaye, pour aménager à leur place un boulevard généreusement planté d'arbres. À la fin du 19e s., bordé de banques et de bureaux prestigieux, il devient le principal lieu de vie des Allemands de Prague, une promenade dominicale où les étudiants de l'université allemande arborent leurs couleurs, dans l'espoir de provoquer les passants tchèques. Jusqu'à la Seconde Guerre mondiale, les passionnés de littérature s'y pressent dans le plus grand café de Prague, le Continental, qui offre un choix parmi 250 journaux et magazines. Dégagé de la circulation et des tramways, Na Příkopě montre encore d'intéressants bâtiments historiques, et se réinvente comme une rue de commerce et de prestige.

D'EST EN OUEST LE LONG DES ANCIENNES DOUVES

La rue débute avec sobriété par deux immeubles de banques de l'Entre-deux-guerres. Au Sud, la façade massive, symétrique et courbe de la **Banque nationale tchèque** (Česká národní banka) ; côté Nord, le portail arrondi de la **Banque du commerce** (Komerční banka) s'efface modestement à côté de la **tour Poudrière**, sa flamboyante voisine (voir p. 111).

Vernierovský palác – N° 22/859, côté Sud. Vers la fin du 18e s., on a ajouté une façade classique au grand **palais Vernier** baroque, qui porte le nom de son propriétaire à la fin du 17e s., le baron Vernier de Rougemont. Lorsqu'il accueillait les activités du casino allemand, à la fin du 19e s. et au début du 20e s., c'était le point de ralliement des Allemands de Prague et le siège de l'association culturelle Concordia (surnommée Discordia par Max Brod, qui toutefois note avec émotion dans ses mémoires avoir écouté à cet endroit Rilke lire ses poèmes). Après 1945, le bâtiment devient la Maison slave (Slovanský dům), aujourd'hui en travaux.

★**Živnostenská banka** – N° 20/858, côté Sud. La **Banque d'investissement** occupe un magnifique bâtiment néo-Renaissance achevé en 1896, dû à **Osvald Polívka** et édifié pour loger le siège prestigieux de la Banque provinciale. Élevé au rang des grands monuments nationaux du centre-ville, comme le Musée national et le Théâtre national, il a été abondamment décoré, sur toutes ses faces, par des artistes de l'envergure de Mikoláš Aleš, Stanislav Sucharda, Max Švabinský et Bohuslav Schnirch. Son attrait majeur est la salle principale, au premier étage, que l'on rejoint par un escalier défendu par deux guerriers slaves en bronze. Elle s'élève sur deux

De musculeux Hercules Sécession veillent sur l'ex-Banque de Vienne

niveaux et, de son sol en mosaïques à son plafond en vitraux, déploie une telle richesse, une telle invention décorative, qu'elle aura certainement su convaincre tout visiteur en quête d'investissement de l'énorme potentiel du royaume de Bohême : statues figurant les différentes régions du pays, allégories des rivières, armoiries des villes et, dans les lunettes, évocations de vertus comme l'Épargne, l'Industrie, le Sens social et l'union entre Travail et Capital.

Deux passerelles au-dessus de la rue Nekázanka relient la banque à un autre bâtiment plus récent *(n° 18/857)*, également œuvre de Polívka. Achevé en 1910, il est remarquable pour son style de transition entre architecture néo-classique et style Sécession et pour ses mosaïques de **Jan Preisler**.

Sv. Kříže ⊘ – *Côté Sud*. À l'angle de la rue Panská, le portique massif en façade de la petite **église de la Ste-Croix**, de style néo-classique, produit un effet hors de proportion avec sa taille : elle a été achevée en 1824 par Georg Fischer, architecte de la maison des Douanes sur Náměstí Republiky. L'intérieur, au mobilier d'origine, conserve l'élégance de l'époque, toute en retenue. L'église était rattachée à la congrégation des prêtres pour les écoles pies et à son collège, qui a compté Max Brod et Rilke au nombre de ses élèves.

Myslbek – *Côté Nord*. Achevé en 1997, ce multiplexe à la remarquable façade d'acier et de verre représente la face moderne de Na Příkopě.

Československá obchodní banka – *N° 14/854, côté Sud*. On peut difficilement trouver contraste plus grand entre la décoration exubérante de la Banque d'investissement et la sobriété de la **Banque de commerce tchécoslovaque**, dont l'immeuble fut achevé en 1933 par B. Bendelmayer. Un buste en bronze de Božena Němcová (1820-1862) rappelle que l'auteur bien-aimé de *Babička (Grand-mère)* vécut et mourut à la pension " Les trois Tilleuls ", qui se tenait ici autrefois.

Dům U černé růže – *N° 12/853, côté Sud*. Le bâtiment qui occupait l'emplacement de la **Maison à la Rose noire** au début du 15e s. a été donné par les hussites à leurs alliés de langue allemande ; l'un d'entre eux, Nicolas de Dresde, subit le martyre sur le bûcher pour avoir répandu l'enseignement de Jan Hus dans la Saxe voisine. La façade néo-Renaissance de 1847 cohabite avec une galerie de verre et béton de l'Entre-deux-guerres (due à l'architecte fonctionnaliste Oldřich Tyl), qui ouvre un passage vers la rue Panská.

Palác Sylva-Taroucca – *N° 10/852, côté Sud*. Na příkopě n'a pas été entièrement remaniée au cours des 19e et 20e s. Remontant à 1751, le magnifique **palais Silva-Tarouca** de style rococo, aujourd'hui transformé en casino, est un projet commun de **Kilian Ignaz Dientzenhofer** et **Anselmo Lurago**. Les statues sur les corniches, de la main d'Ignaz Platzer l'Aîné, en renforcent la dynamique. L'escalier, magnifique, présente d'autres œuvres de Platzer, ainsi que des plâtres travaillés par Giovanni Bossi et des fresques de Václav Ambrozzi.

Komerční banka – *N° 3/390, côté Nord*. Achevées en 1908 par Josef Zasche pour loger la Banque de Vienne, la sévère façade de granit et l'austère décoration sculptée de la **Banque commerciale** ont eu une grande influence sur d'autres architectes et créateurs, en les détournant des débordements fleuris du style Sécession. En face, une façade somptueusement modelée a été conçue vers 1870 pour abriter le premier grand magasin de la ville. À l'époque communiste, c'était le premier magasin de mode de la ville, Dům elegance (Maison de l'Élégance – *n° 4/847*).

NÁRODNÍ DIVADLO★★

THÉÂTRE NATIONAL – Nouvelle Ville

Národní třída 2 – Ⓜ Národní třída ou 🚋 6, 9, 17, 18, 21ou 22

Sans doute le plus grand monument du Réveil national tchèque, cet imposant bâtiment néo-Renaissance est un « don fait à elle-même par la nation », comme l'indique l'inscription *Národ sobě* au-dessus de l'avant-scène. Il a été financé grâce à une souscription, à laquelle ont contribué presque tous les Tchèques, même les plus modestes. En 1868, on pose la première pierre, apportée du mont Říp, d'où le père légendaire de la nation, **Čech**, a pour la première fois contemplé la terre promise de Bohême. Le 11 juin 1881, on inaugure le théâtre par une représentation de l'opéra *Libuše* de **Smetana**. Neuf jours plus tard, il n'est plus qu'une coque vide, ravagée par un incendie déclenché accidentellement par des ouvriers. Sans se décourager, les Tchèques se mobilisent, et en l'espace de neuf mois, les fonds sont réunis pour la reconstruction. Des « trains du théâtre » sont affrétés pour convoyer les habitants de tout le pays afin qu'ils admirent le majestueux édifice qu'ils ont financé.

La génération du Théâtre national – Le premier architecte du théâtre était **Josef Zítek**. Après l'incendie, la reconstruction fut supervisée par **Josef Schultz**. On distingue trois corps de bâtiment : le théâtre lui-même, avec son toit massif, et le **Prozatímní divadlo** (Théâtre provisoire) de 1862, qui renferme aujourd'hui les loges des acteurs, et l'annexe, appelée Schulzův dům (bâtiment Schulz).

Le Théâtre national

Le théâtre a été somptueusement décoré par les meilleurs artistes et sculpteurs tchèques de l'époque, ce qui leur a valu l'appellation de « génération du Théâtre national ». Les pavillons de part et d'autre de l'arcade d'entrée sont décorés de chars romains dus à **Bohuslav Schnirch** ; les statues sur le mur face au quai sont de **Myslbek**. L'intérieur, très ornementé, montre des peintures d'Aleš et Ženíšek à la gloire des arts et de la nation tchèque. Le plafond du grand auditorium de 1 700 places est orné d'une peinture allégorique de Ženíšek ; le rideau illustre la part prise par le peuple tchèque dans la création de cette institution nationale.
Entre 1977 et 1983, le Théâtre national a été agrandi, côté Est, sur Národní třída, avec la **Nová scéna**, bâtiment dont la façade en pavés de verre n'a pas fait l'unanimité : on l'a même comparée à du plastique-bulle !

NÁRODNÍ MUZEUM★

MUSÉE NATIONAL – Nouvelle Ville (Prague I)

Ⓜ Muzeum – Schéma : VÁCLAVSKÉ Náměstí

Splendide aboutissement de la perspective de la place Venceslas, l'imposant bâtiment du Musée national est devenu un emblème incontesté de Prague et de la nation tchèque.
L'institution à laquelle le bâtiment sert de siège a des origines nobles et patriotiques : elle fut en effet fondée en 1818 par le comte **Kaspar von Sternberg**, soutenu par le burgrave du château, le **comte Kolowrat**. Ses premières collections, données par des gentilshommes vivement motivés par la constitution « d'un tableau scientifique complet de leur patrie bohémienne », furent d'abord présentées dans divers locaux, plus ou moins adaptés et dispersés dans la ville. Mais en 1885, sur un projet de **Josef Schulz**, débute la construction d'un bâtiment approprié de style néo-Renaissance, à l'emplacement d'une ancienne porte de la ville en haut de la place Venceslas. L'immense édifice est ouvert au public cinq ans plus tard. Son architecture somptueuse et le déploiement de statues à la gloire de la nation et de ses hommes illustres le hissent immédiatement au rang d'un autre grand monument national de la capitale, le Théâtre national *(voir chapitre précédent)*, achevé en 1883. Quand les soldats soviétiques envahissent la ville en 1968, ils portent un coup particulièrement cinglant à l'honneur tchèque en balayant la façade du musée à coups de canon.
Les collections du musée sont considérables, mais certaines de ses richesses sont exposées ailleurs et beaucoup demeurent dans les réserves, en dépit d'un vaste programme d'expositions temporaires, souvent fort intéressantes. Le musée présente, pour partie dans les vitrines d'origine vieilles d'un siècle, les collections des départements de préhistoire et d'histoire naturelle. Il abrite aussi une bibliothèque scientifique riche de plus de trois millions d'ouvrages.

L'exception qui confirme la règle

Dans toute la République tchèque, musées et galeries ferment le lundi. Le Musée national constitue une importante exception, puisqu'il est ouvert le lundi et fermé au public le mardi.

EXTÉRIEUR

La présence majestueuse du musée est mise en valeur par les murs imposants, les escaliers et les rampes qui le relient à la place Venceslas. L'effet en est cependant contrarié par le flux ininterrompu de la circulation sur la voie express *Magistral* vers le Sud. Longue de 104 m, la façade principale présente un appareil à bossages, des colonnes corinthiennes, et des coupoles aux angles. La tour carrée qui la domine est surmontée d'un dôme de 70 m couronné par une lanterne. La fontaine est ornée de statues allongées figurant les deux grandes rivières du pays, avec à gauche la figure masculine de l'Elbe *(Labe)* et à droite celle, féminine, de la Vltava. L'ensemble est dominé par une allégorie de la Patrie tchèque. D'autres personnages allégoriques décorent l'entrée, la balustrade et les façades de la tour centrale.

INTÉRIEUR

Le hall est déjà impressionnant, mais l'**escalier** principal à galeries, éclairé par une verrière et reliant par quatre volées de marches le premier étage, est tout bonnement monumental. Sur les colonnes de la galerie supérieure, des bustes en bronze des fondateurs et bienfaiteurs du musée accueillent le visiteur. Au-dessous, les écoinçons portent des médaillons de dirigeants du royaume tchèque. Entre ce vaste volume intérieur et la façade du bâtiment s'ouvre juste sous le dôme le **Panthéon★**, espace tout aussi impressionnant, consacré aux grands hommes de la nation. Les lunettes de la coupole montrent des huiles de Vojtěch Hynais, allégories de la Science, des Arts, de l'Inspiration, de la Force et du Progrès. De dimensions plus importantes, les peintures murales de František Ženíšek et Václav Brožík illustrent des épisodes de l'histoire de la nation, avec Přemysl le laboureur, l'apôtre Méthode, l'empereur Charles IV, et l'humaniste Comenius. Le splendide cercle de mosaïques du sol est entouré de 47 bustes et statues de personnages, Hus le martyr, l'historien Palacký, le compositeur Dvořák, l'homme d'État Masaryk... Aucun général, mais deux femmes, l'écrivain Božena Němcová et la poétesse Eliška Krásnohorská.

Exposition ⊘

Premier niveau

Préhistoire en terres tchèque et slovaque – Une importante présentation d'archéologie régionale, dans son contexte européen, allant du paléolithique à l'aube du royaume médiéval de Bohême.

Numismatique – L'évolution de la monnaie, des temps anciens à aujourd'hui ; décorations et médailles.

Minéralogie et pétrologie – Une des plus grandes collections du monde, rassemblant plus de 10 000 spécimens de roches et minéraux, y compris des pierres précieuses.

Deuxième niveau

Zoologie – Ensemble de plus de 5 000 animaux, allant d'un squelette de rorqual de 22,5 m de long à la faune du territoire tchèque, avec plus de 200 espèces d'oiseaux. À voir, les marsupiaux australiens, au nombre desquels le thylacine, espèce en voie de disparition. On découvrira aussi dans le *Barrandeum* la remarquable et très riche collection de fossiles rassemblée par l'infatigable Joachim Barrande, qui vint à Prague comme précepteur du comte de Chambord, mais devint par la suite le grand pionnier de la géologie en Bohême.

NÁRODNÍ TECHNICKÉ MUZEUM★★

MUSÉE NATIONAL DES TECHNIQUES – Holešovice (Prague VII)

Kostelní 42 – 🚋 1 après la station de métro Vltavská
ou 🚋 26 de Náměstí Republiky à Letenské náměstí

Logé dans un sobre édifice bâti à cet effet en 1942 au bord du plateau de Letná, le musée national des Techniques présente un large éventail de rubriques passionnantes, rappelant le rôle dominant joué par les pays tchèques dans le développement des sciences, des techniques et de l'industrie. Au cœur du musée s'ouvre le grand hall des Transports, occupé au sol par les véhicules routiers et les locomotives, alors que, sous la haute verrière, les aéronefs semblent figés en plein vol. Chacune des autres galeries spécialisées présente un grand intérêt. Les collections sont nées au 19e s. de l'enthousiasme d'esprits progressistes comme Vojtěch Náprstek, dont le musée personnel fut d'abord consacré au progrès de l'industrie. L'institution actuelle, d'abord appelée Musée technique du royaume de Bohême, a été fondée en 1908. Une part seulement de ses richesses est exposée, mais ses immenses réserves alimentent régulièrement des expositions temporaires d'excellente qualité. Sa superbe collection de dessins et autres supports, illustrant l'histoire de l'architecture, constitue une source particulièrement précieuse.

VISITE ⊘

Sous-sol – *Visites guidées en anglais ou allemand.* L'exposition de la **métallurgie** illustre l'épopée du travail du fer, de l'Antiquité aux Temps modernes. Le principal pôle d'intérêt réside dans les galeries souterraines, longues de plus d'un kilomètre, qui reconstituent des **mines de charbon et de minerai**. Mises en place au début des années 1950 pour promouvoir et encourager le recrutement dans l'industrie minière, elles présentent une gamme d'équipements et de machines ayant désormais acquis leur propre intérêt historique. En raison de la longue histoire minière de cette partie de l'Europe centrale, on voit aussi des outils ou équipements très anciens, tel un *hund*, véhicule sur rails utilisé dans les galeries souterraines aux 15ᵉ et 16ᵉ s. Le diorama qui présente l'activité minière à la fin du Moyen Âge à Jáchymov, dans les montagnes riches en minerai, contraste avec l'énorme maquette d'un paysage du Nord de la Bohême, éventré par l'exploitation à ciel ouvert du lignite.

Rez-de-chaussée – L'exposition de **la mesure du temps** rassemble un éventail fabuleux d'objets, allant du cadran solaire à l'horloge numérique. **Interkamera** présente 2 500 pièces illustrant l'**histoire de la photographie et du cinéma**, dont un exemple de studio tournant Edison et le cinématographe Lumière qui a servi aux premières séances de cinéma pragoises. À ce niveau se trouvent une salle de cinéma et des salles d'expositions temporaires.

Hall des Transports – Les galeries qui longent les murs de la salle sont occupées par toutes sortes d'objets offrant un panorama complet des transports terrestres, maritimes, ferroviaires ou aériens. L'attraction principale demeure la magnifique exposition de véhicules routiers et ferroviaires, et d'aéronefs *(la plus vaste collection d'avions du pays se trouve au musée de l'Aviation – voir p. 139)*. Au nombre des premières machines volantes, suspendues au plafond et à l'apparence bien fragile, on remarque le **planeur Zanonia** d'Igo Etrich (1905 environ) et le **monoplan Blériot**, à bord duquel Jan Kašpar a relié Pardubice à Prague en 1911. Le biplan américain **« Tractor »** est l'un de ces appareils utilisés par les légions tchécoslovaques lors des combats menés en 1918-1919 en Russie. Le minuscule **Pou du ciel** français représente l'équivalent aérien du scooter de l'entre-deux-guerres. Plusieurs avions de voltige aux lignes fuselées rappellent les prouesses de la Tchécoslovaquie dans ce sport.

La plus ancienne des locomotives à vapeur exposées, l'imposante **Kladno**, a été construite en 1855 dans les ateliers Vienne-Győr pour le chemin de fer Prague-Bustěhrad. Elle semble lourde et grossière comparée à la **locomotive express n° 375007** de 1911, pur-sang sorti des ateliers Prague-Libeň. Parmi les voitures de chemin de

fer se détache la **voiture-salon impériale**, construite à Prague et offerte en 1891 à l'empereur François-Joseph, à l'occasion de son jubilé, par la Chambre des députés de Bohême. L'opulence néo-baroque de l'intérieur se retrouve presque dans le wagon décoré pour le malheureux archiduc François-Ferdinand, véritable palais roulant, rattaché par la suite au train officiel du gouvernement et toujours en service en 1959.

Au nombre des automobiles présentées, la plus ancienne est la **Benz Viktoria** de 1893. Mais la **NW Präsident** de 1898, qui fit cette année-là un voyage triomphal jusqu'à Vienne, est la grand-mère de tous les véhicules produits par la suite dans les célèbres usines Tatra de Kopřivnice, en Moravie. À partir de l'Entre-deux-guerres, lorsque l'industrie automobile tchèque devint la cinquième du monde, en

Škoda de collection

Ph. Cajic/MICHELIN

plus des Tatra furent produits des modèles de marques Praga, Lauren & Klement, Walter & Praga. La grosse Tatra 80 noire, offerte en 1935 au président Masaryk, a une allure bien conventionnelle à côté de la **Tatra 77a** aux lignes aérodynamiques, avec refroidissement à air, sa cadette de deux ans seulement, un modèle d'avant-garde capable de rouler à 150 km/h et très recherché sous l'Occupation par les officiers allemands. La **Škoda**, si souvent décriée, a vu son prestige renforcé par le modèle 130RS de 1978, imbattable en rallye pendant les années 1970 et le début des années 1980.

Premier étage – La section **Écologie du bruit** offre, au moyen de présentations interactives, une passionnante introduction à l'étude des phénomènes acoustiques. Une exposition sur les télécommunications est actuellement en cours de préparation.

Deuxième étage – Le département **Astronomie** expose des objets remontant jusqu'au 15e s. Son point fort est une merveilleuse collection de pièces qui évoquent Prague à l'époque où Rodolphe II aimait à s'entourer d'astronomes : voici les sextants utilisés par Kepler et Tycho Brahe, un cadran solaire réalisé par Erasmus Haberemel et un magnifique globe céleste créé par Blaeu, élève de Brahe.

NÁRODNÍ Třída★

Avenue NATIONALE – Nouvelle Ville et Vieille Ville

Ⓜ Mjstek ou Národní třída

Comme Na Příkopě, cette large avenue a été aménagée le long des murs de la Vieille Ville quand on a remblayé les douves. Elle a d'abord porté le nom de Nouvelle Avenue, puis celui d'avenue Ferdinand, en l'honneur de l'ancien empereur. Son nom actuel remonte à la création du nouvel État tchécoslovaque, le 28 octobre 1918. Cette grande date est aussi célébrée dans le nom de la rue 28 října, qui relie brièvement Národní au bas de la place Venceslas. Au début du 20e s., les Allemands de Prague s'étant approprié Na Příkopě pour leur promenade dominicale, les Tchèques tenaient leur *korzo* sur Národní, qui rejoint la rivière au niveau de deux des grandes institutions de la ville, le Théâtre national et le café Slavia.

Contrairement à la piétonne Na Příkopě, Národní a conservé ses tramways et sa circulation, ce qui donne une ambiance tout à fait différente. Bordée de magasins et de bâtiments administratifs construits pour l'essentiel au début du 20e s., la rue a été le théâtre de quelques-uns des événements et manifestations les plus marquants de ce même siècle.

DE LA PLACE VENCESLAS AU THÉÂTRE NATIONAL

Un îlot de constructions sépare la rue 28 října de Jungmannovo náměstí. Un autre bâtiment, joli édifice rococo, se dresse, isolé, dans la zone piétonnière à l'arrière du magasin Bat'a de la place Venceslas. On découvre, cachée dans un coin, une vraie curiosité, le seul **réverbère cubiste** du monde, spirituel objet en béton ciselé, sans doute créé vers 1912 par **Emil Králíček**.

★**Panny Marie Sněžné** ⊙ – C'est en 1347 que l'empereur Charles IV entreprit de faire édifier l'**église Notre-Dame-des-Neiges** qui devait dominer la partie basse de la Nouvelle Ville ; mais les guerres hussites mirent fin aux travaux, et seul le chœur fut achevé. Elle demeure néanmoins imposante, avec ses 30 m de haut. Plus grand monument gothique après la cathédrale, elle a aisément pu accueillir les aménagements baroques ajoutés à l'intérieur par la suite. Le prêtre aux idées avancées Jan Želivský y a prêché, et c'est ici qu'on l'a inhumé après son exécution, en 1422.

Jungmannovo náměstí – La place commémore, avec sa statue pensive, **Josef Jungmann** (1773-1847), une des figures de proue du Réveil national tchèque. Écrivain et traducteur infatigable, Jungmann a, plus que tout autre, fait de la langue tchèque un moyen de communication expressif et moderne, pour une bonne part grâce à son dictionnaire tchéco-allemand rédigé en 1834-1839, monument rassemblant 120 000 entrées. Au n° 30/748 de Jungmannova, qui lui doit aussi son nom, l'ancien **Mozarteum** est l'un des premiers bâtiments modernistes de Prague. Achevé en 1913 par **Jan Kotěra**, il renferme aujourd'hui une galerie d'art ; c'était autrefois un bâtiment aux multiples fonctions, avec une salle de concert qui est ensuite devenue le foyer du « théâtre total » de D. F. Burian, Divadlo B.

★**Palác Adria** – *Côté Sud de l'avenue*. Construit entre 1922 et 1924 pour la compagnie d'assurances italienne *Riunione Adriatica di Sicurtá*, le **palais Adria**, extraordinaire édifice aux allures de forteresse et aux façades audacieusement modelées, est le projet le plus ambitieux qui ait vu le jour dans le style « rondo-cubiste » spécifique à la Tchécoslovaquie. Sa conception revient à **Pavel Janák** et **Josef Zasche**, et les grands décors sculptés sont dus, entre autres, à **Jan Štursa** et **Bohumil Kafka**. Ce bâtiment a hébergé au sous-sol le célèbre théâtre *Laterna Magica*

Palais Adria

(aujourd'hui théâtre Za bránou II), qu'on rejoint par un *pasáž* superbement décoré. C'est ici qu'en novembre 1989, un Václav Havel fumant cigarette sur cigarette s'est enfermé en compagnie de ses camarades du Forum civique, pour préparer les actions qui devaient aboutir à la Révolution de velours.

Palác Porgesů z Portheimu – *N° 38/37, côté Sud.* Le **palais Porges z Portheimu**, de style baroque tardif et à 15 travées, était autrefois la demeure et l'atelier de la célèbre dynastie de sculpteurs **Brokoff**. Une plaque commémore le séjour, durant l'hiver 1799-1800, du grand général russe Souvorov.

N° 26/63 – *Côté Sud.* Édifié entre 1970 et 1974 pour loger un grand magasin au nom évocateur de Máj (mai), ce bâtiment à plusieurs étages (aujourd'hui magasin Tesco) aligne une façade plutôt banale sur Národní. En revanche, la façade arrière, presque entièrement vitrée, offre aux clients empruntant les escaliers mécaniques une vue superbe sur l'animation de la station de métro Národní.

N° 16/118 – *Côté Sud.* Sous l'arcade de ce petit palais baroque, certainement conçu par Kaňka, on voit une petite statue représentant des mains en prière, monument au « massacre » du 17 novembre 1989, un des événements décisifs qui précéda la Révolution de velours, lorsqu'une manifestation d'étudiants fut brutalement réprimée par la police.

★**Sv. Voršily** – *Côté Sud.* Élevée entre 1698 et 1704 par Marco Antonio Canevale pour le couvent des ursulines, l'**église Ste-Ursule** est l'une des premières églises du baroque tardif de Prague. Son plan, avec son portail principal et ses volumes intérieurs parallèles à la rue, est le premier du genre. L'intérieur, magnifiquement restauré, est très ornementé. Il abrite des statues de Preiss, une peinture d'autel représentant sainte Ursule par K. Liška, et une *Assomption* de **Brandl**. Une partie

Le « massacre »

En novembre 1989, une semaine après la chute du Mur de Berlin, s'est déroulée une manifestation qui devait aboutir à la démission du gouvernement communiste de Tchécoslovaquie et à la Révolution de velours.

Les étudiants de Prague souhaitaient commémorer le cinquantenaire d'événements qui s'étaient produits le 17 novembre 1939, jour où la police allemande avait envahi les dortoirs des étudiants et arrêté plus d'un millier d'entre eux. Plusieurs avaient été abattus, et d'autres avaient été envoyés en camp de concentration. Tous les établissements tchèques d'éducation supérieure avaient été fermés.

Le 17 novembre 1989, avec l'accord des autorités, des milliers de jeunes entament une marche pacifique sur Národní, en direction de la place Venceslas. Mais la police les arrête, puis, sans la moindre provocation de leur part, les agresse brutalement. Des images télévisées de policiers abattant leurs matraques sur des crânes ensanglantés, ajoutées à la rumeur que le corps sans vie d'un étudiant abattu avait été emporté dans une camionnette, soulèvent l'indignation de la population et entraînent des manifestations massives, annonciatrices de la fin du régime.

---

du couvent loge depuis des années un restaurant réputé, mais l'extension du Théâtre national sur la propriété, restituée après 1990 aux ursulines, alimente de complexes arguties juridiques.

★ **Nᵒˢ 7/1011 et 9/1010** – *Côté Nord*. Ces deux immeubles de bureaux sont parmi les bâtiments Sécession les plus élégants de la ville. Ils sont l'œuvre d'**Osvald Polívka**.

Le n° 7 a été bâti de 1903 à 1906 pour la Compagnie pragoise d'assurances ; le n° 9 en 1906-1908 pour le célèbre éditeur F. Topič. Leurs façades combinent harmonieusement une architecture aux lignes précises avec une ornementation riche, mais sans excès, composée d'inscriptions, de stucs, de mosaïques, de statues et de panneaux en relief.

Café Slavia – *N° 1/1012, côté Nord*. Ce célèbre café, à l'angle de Národní et du quai de la Vltava, offre des vues sublimes sur la rivière, en direction de Malá Strana et du Hradschin. Repaire des intellectuels, il a connu une période de gloire exceptionnellement longue, qui ne s'est achevée qu'au début des années 1990. On a vu Smetana y composer sur une des tables *La Fiancée vendue*. Après avoir fermé ses portes à son ancienne clientèle de dissidents et de membres de la police secrète, il est aujourd'hui rouvert au public. Il ne lui reste qu'à rebâtir sa réputation.

★★ **Národní divadlo** – *Voir ce nom.*

Au n° 20 de Národní, un labyrinthe souterrain abrite *Reduta*, le plus célèbre des clubs de jazz de Prague. Outre la salle où le président Clinton a joué du saxophone devant le président Havel et son Premier ministre Klaus, on découvrira un magasin de musique, un cinéma, une galerie d'art et le Théâtre Noir de Prague.

Ph. Gajic/MICHELIN

Décoration au 7, Národní Třída

Bordée à ses deux extrémités par la Vltava, bien plus étendue que le noyau ancien, la Nouvelle Ville s'enroule autour de la Vieille Ville. Comme souvent à Prague, sa « nouveauté » est toute relative, car elle fut aménagée au milieu du 14ᵉ s. sur l'ordre de l'**empereur Charles IV**, désireux de transformer sa cité pour en faire la digne « capitale » du Saint Empire romain germanique. La cathédrale gothique et le grand pont jeté sur la rivière font partie de cette vision impériale de Prague, mais la Nouvelle Ville est sa plus grande réalisation, et sans doute le plus extraordinaire projet d'aménagement urbain de toute l'Europe médiévale. On mesurera sa réussite à sa durée : bien des monuments, élevés il y a plus de six siècles et demi, sont encore aujourd'hui des pivots de la cité, et la vie pragoise s'anime toujours le long des rues et des places aménagées par les maîtres d'œuvre de Charles, notamment la **place Venceslas**.

Autant que le prestige, les considérations pratiques sont au cœur du projet de Charles. La Vieille Ville est alors surpeuplée, les lieux de vie voisinent avec les activités insalubres des tanneries, des brasseries, des forges et des abattoirs, voisinage convenant difficilement à la future université que projette l'empereur. En 1347, il signe la charte fondatrice de la Nouvelle Ville. Elle promet aux citoyens « honneur, liberté, bien-être, joie, protection contre tout conflit violent ». On y découvre aussi de généreuses exemptions d'impôts pour ceux qui s'y installeront, sous réserve de suivre toute une série d'ordonnances. Les travaux de construction doivent commencer dès qu'un lot est attribué et s'achever dans les dix-huit mois. Une liste des matériaux à utiliser est même distribuée. Bientôt, des bâtiments bordent les avenues nouvellement tracées. Les premiers s'élèvent à l'angle de l'actuelle rue Jindřišská et de la **place Venceslas**. La place s'appelle d'abord **Marché aux chevaux**, et contribue, avec deux autres grands espaces forains, à l'articulation et à la cohésion du plan d'ensemble : au Nord, le **Marché au foin** a gardé son nom, alors que son pendant au Sud, le **Marché aux bestiaux**, s'appelle aujourd'hui place Charles en l'honneur du fondateur de la Nouvelle Ville.

En l'espace incroyablement court de deux ans, tout le périmètre de la Nouvelle Ville se trouve clos par trois kilomètres et demi de fortifications imposantes, reliées aux défenses renforcées de Vyšehrad, de Malá Strana et du Hradschin, et ponctuées de seulement trois portes et une tour. L'abondante main-d'œuvre mobilisée pour ces travaux est ensuite sauvée du chômage et de la misère par Charles, qui les recrute pour élever le « mur de la Faim » sur la colline de Petřín.

Les habitants se rendent vite compte des avantages qu'il y a à s'installer dans la Nouvelle Ville. Charles souhaite y attirer les juifs, mais ces derniers lui préfèrent les limites rassurantes et familières du ghetto. La plupart des nouveaux habitants sont des Tchèques venus de la campagne ou de la Vieille Ville, dont la vie économique est encore très assujettie aux riches familles allemandes. Dix ans plus tard, le succès de la Nouvelle Ville peut être mesuré à la présence de plus de cent boucheries, chiffre qui ne sera dépassé qu'au 19ᵉ s. Et ce n'est qu'au cours de ce même 19ᵉ s., avec la démolition des fortifications, que Prague finira par déborder des limites imposées six siècles et demi auparavant par le projet visionnaire d'un de ses souverains les plus illustres.

Magistrála – Cause de nombreux débats sur la protection de l'environnement, cette grande voie rapide urbaine, qui suit la ligne Nord-Sud des fortifications de Charles IV, semble drainer une bonne part de la circulation qui traverse la ville. Enjambant la gorge de la Nusle par un pont spectaculaire, elle traverse le Sud de la Nouvelle Ville par les rues Legerova et Sokolská, passe sous le nez du **Musée national** et de l'**Opéra national** avant de longer **la gare centrale** et de poursuivre sur un toboggan en direction du **pont Hlávka**.

★ **Hlavní nádraží** – À l'exception de la Maison municipale, la **gare centrale** est le plus grand bâtiment public de la ville de style Sécession, conçue pour accueillir les visiteurs de Prague avec un maximum de panache. Elle se compose d'un grand hall central surmonté de deux tours et flanqué d'ailes symétriques, également dotées de tours. Sa taille surprenante lui a permis de résister aux assauts de la voie rapide et à l'aménagement, dans les années 1970, d'un nouveau grand hall. Après l'immense arche vitrée du hall central s'élève un magnifique **dôme** semi-circulaire, dont la décoration montre le foisonnement caractéristique de l'Art nouveau. Il s'ouvre sur un puits central, qui permet d'apercevoir en contrebas l'agitation des banlieusards sur les quais. La gare a porté différents noms. À l'époque austro-hongroise, elle a rendu hommage à l'empereur François-Joseph ; pour la première république de Tchécoslovaquie, au président américain Wilson ; avec les nazis et les communistes, elle est simplement devenue la gare centrale, nom qui lui est resté dans le langage courant, car depuis la venue en 1991 du lointain successeur de Wilson, George Bush, elle a officiellement retrouvé son nom d'avant-guerre, Wilsonovo nádraží (gare Wilson).

NOVÝ SVĚT★

Le NOUVEAU MONDE – Hradčany

🚋 22, station Brusnice ou Pohořelec

Isolée par les fortifications de l'époque baroque, cette partie du quartier du Château tient plus de l'« ancien » monde que du « nouveau ». Elle possède un charme villageois : ruelles et venelles tortueuses, volées de marches, vieilles maisons, arbres magnifiques et jardins cachés derrière de hauts murs.

Le quartier a pris le nom de la longue rue qui s'étirait paresseusement autrefois entre le château et la campagne, et qui n'est plus aujourd'hui qu'un cul-de-sac. À la lisière de la ville, cette voie qui ne fut bordée de bâtiments qu'à partir du 16e s. logeait les domestiques du Château, entassés dans des taudis. Plus tard, le lieu accueillera des serviteurs d'un rang plus distingué. Tycho Brahe et son collègue (et concurrent) Johannes Kepler y auraient vécu, dans l'attente que l'empereur Rodolphe II leur attribue un logement plus confortable. Plus récemment, le quartier a été colonisé par les artistes et les écrivains.

Lumière du soir à Nový svět

Černínská – Suivant un cours à peu près parallèle aux fortifications baroques, cette étroite rue pavée descend en pente douce de Loretánské náměstí vers Nový svět. Le monastère capucin de 1602, dont le mur, sur la droite, cache le jardin, est le premier à avoir été fondé en terre tchèque. Les moines avaient la charge du sanctuaire de Lorette. Sur un mur à gauche, une merveilleuse petite statue de saint Jean Népomucène semble accueillir les visiteurs du quartier.

Nový svět – Les bâtiments de cette rue tortueuse et pavée s'élèvent essentiellement sur le côté Sud de la rue et vont du plus modeste logement sans étage à la majestueuse maison de ville. **U zlatého pluhu** (À la Charrue d'or – *n° 25/90*) est la maison natale (1857) du célèbre violoniste František Ondříček et **U zlatého noha** (Au Griffon d'or – *n° 1/76*) fut la résidence de **Tycho Brahe** et de **Johannes Kepler**. On raconte que Tycho se serait plaint à l'empereur de ne pouvoir travailler à cause du tintement continuel des cloches des capucins. Rodolphe, indécis, ordonna dans un premier temps l'expulsion des moines, mais revint sur sa décision quand ils lui firent don d'un beau tableau. Le bâtiment voisin, du début du 18e s., à la belle façade stuquée, est **U zlaté hrušky** (À la Poire d'or), restaurant célèbre qui conserve l'atmosphère d'une auberge de village, avec, en face, son jardin.

Sv. Jana Nepomuckého ⊘ – Achevée en 1729, **St-Jean-Népomucène** est la première église construite par **Kilian Ignaz Dientzenhofer**. Attachée au couvent adjacent des ursulines, elle abrite un plafond superbement peint par **Reiner**, illustrant la destinée tragique du saint.

OBECNÍ DÙM★★★

Au début du 20ᵉ s., Prague étant en pleine expansion, on n'a reculé devant aucune dépense pour faire de la Maison municipale le pôle d'attraction de la ville. Salons, salles de concert, restaurants et pièces de réception sont aménagés pour servir une vie métropolitaine baignant dans l'esprit du nationalisme tchèque naissant. Située à un endroit stratégique à côté de la tour Poudrière, à la lisière de la Vieille Ville, la Maison municipale, restaurée entre 1994 et 1997, brille aujourd'hui des mille feux du style Sécession.

UN PEU D'HISTOIRE

À la fin du 14ᵉ s., après qu'un incendie eut ravagé le Château, Venceslas IV fait construire un palais royal à l'endroit où la très ancienne route commerciale en provenance de l'Est pénètre dans la Vieille Ville. Les rois de Bohème y résident pendant environ un siècle, avant de retourner au Hradschin. Le palais devient alors un séminaire, puis une caserne, avant d'être abandonné et finalement démoli en 1902.
L'idée d'un bâtiment polyvalent, qui accueillerait toutes sortes d'activités, renforcerait le prestige de la ville en plein essor et contrebalancerait la domination allemande sur Na Příkopě, existait déjà en germe. En 1903, les architectes **Antonín Balšánek** et **Osvald Polívka** reçoivent la commande du bâtiment. Comme pour le Théâtre national, toute une génération d'artistes collabore au projet. Leurs talents réunis produisent, tant à l'extérieur qu'à l'intérieur, des effets d'une richesse extraordinaire. Cela dit, à l'achèvement du bâtiment, sa conception et son ornementation extravagante passent déjà pour démodées, voire décadentes. On l'équipe de la technologie la plus avancée de l'époque, entre autres d'un réseau de transmission pneumatique et d'un système centralisé de nettoyage par aspiration.
Le 28 octobre 1918, l'indépendance de la Tchécoslovaquie est proclamée à la Maison municipale. À l'angle du bâtiment, une élégante plaque commémorative de **Ladislav Šaloun** rappelle cet événement. La Maison municipale est le foyer de l'**Orchestre symphonique de Prague**. C'est ici qu'a lieu le Festival de musique de printemps, qui s'ouvre tous les ans sur le vibrant *Má Vlast (Ma Patrie)*, de Smetana.

EXTÉRIEUR

Le terrain proposé à Balšánek et Polívka, à proximité de la vénérable tour Poudrière, était plutôt biscornu. Le plan de leur bâtiment suit ainsi le tracé d'un losange de forme irrégulière, avec une façade principale composée de deux ailes de longueur inégale, qui se rejoignent par un portail on ne peut plus ostentatoire. Surmonté d'un dôme de cuivre vernissé, le bâtiment s'inspire des grands monuments néo-baroques de la fin du 19ᵉ s., comme l'opéra Garnier à Paris, mais sa décoration relève presque entièrement du style Sécession pragois.
Le point remarquable du **portail** est la **mosaïque** bigarrée qui recouvre son pignon semi-circulaire. D'après une peinture de Karel Špillar, elle illustre l'*Apothéose de Prague*. Une exhortation du poète Svatopluk Čech la borde en lettres d'or : « Salut à toi, Prague ! Résiste au Temps et à la Malveillance comme tu as résisté aux orages des siècles ». De part et d'autre du pignon, des groupes de statues de **Šaloun** figurent l'*Humiliation de la Nation* et, avec l'aigle de cuivre, son *Réveil*. Au-dessous, le balcon, dont la ferronnerie est digne d'un orfèvre, est soutenu par des colonnes couronnées de statues portant des lanternes. On voit sur le reste de la façade, alliées à l'ornementation florale caractéristique du style Sécession, des figures plus allégoriques. Au nombre de celles qui scandent les fenêtres du premier étage, on distinguera l'*Automobile* et l'*Aéronautique*.

INTÉRIEUR

Le **rez-de-chaussée** et le **sous-sol** du bâtiment sont dans leur ensemble facilement accessibles au public, car essentiellement consacrés à la détente. Sur la droite du hall d'entrée, orné d'une *Flore* et d'un *Faune* en bas-relief par **Bohumil Kafka**, s'ouvre le **Francouzská restaurace** (Restaurant français), élégant et haut de plafond, avec pour décor une fusion harmonieuse de bois clair et d'aménagements étincelants. Au nombre des peintures se trouve un plaisant *Prague accueillant ses hôtes*, ainsi que des allégories de *La Culture du houblon* et de *La Viticulture*. À gauche du hall se tient le **Café**, tout aussi spacieux, particulièrement fréquenté en été quand il déborde sur le trottoir. Sans doute la clientèle a-t-elle changé, mais le Café conserve l'atmosphère typique d'un établissement des premières années du 20ᵉ s. Tout au fond, parachevant l'effet d'opulence, coule une fontaine illuminée, habitée par une nymphe.
Au pied du grand escalier à double volée s'ouvre la loge d'origine du portier, avec à l'arrière une boutique, un petit café et la billetterie.
Un autre escalier, agrémenté de panneaux de céramique décrivant des scènes du vieux Prague, mène au **sous-sol**, dont le vestibule s'orne d'une fontaine murale. Le **Bar américain**, avec son splendide lustre central, dû, comme la plupart des éclairages

du bâtiment, à **F. Křižík**, est décoré de reproductions de scènes paysannes de Mikoláš Aleš. La voûte du **Plzeňská restaurace** (restaurant Pilsen) abrite, comme il se doit, le mobilier en bois sombre typique des tavernes à bière, ainsi que d'agréables peintures encadrées de céramique, par exemple *Moisson en Bohême*.

La conception et la décoration des espaces fonctionnels de la Maison municipale ont fait l'objet d'autant de soin que le reste du bâtiment. En témoigne le traitement des ascenseurs, du vestiaire, de la salle de billard, des escaliers et du hall principal au premier étage. De superbes portes conduisent à partir de là au cœur prestigieux du bâtiment, la **salle Smetana** (Smetanova síň), salle polyvalente de 1 300 places qui sert aux concerts, bals, réceptions et défilés de mode. C'est une superbe réalisation, embellie de stucs, de statues et de peintures, et éclairée d'en haut par une fenêtre ronde centrale et par des vitraux. De part et d'autre de l'arche de l'avant-scène, des groupes dynamiques de statues par Šaloun figurent *Vyšehrad* et les *Danses slaves*. Peintes sur les murs et le plafond, *La Musique*, *La Danse*, *La Poésie*, *Le Théâtre* allégorisent comme il se doit le lieu. Un médaillon de Smetana orne le grand orgue.

★★ **Salles de cérémonie** ⏲ – *Visite guidée en plusieurs langues.* La splendeur ornementale du bâtiment atteint de nouveaux sommets dans cette succession de salles au premier étage.

La **pâtisserie** présente un appétissant décor de miroirs, de couleurs pastel, de bois clair et de stucs proches de la meringue. Le **bar moravo-slovaque** s'inspire de motifs décoratifs populaires de l'Est des pays tchèques ; on notera pourtant la particularité de son aquarium, alimenté par des escargots. La **salle Božena Němcová** rend hommage à cet auteur populaire avec une figure assise du personnage principal de son roman le plus connu, *Babička* (Grand-mère). Le cadre exotique de la **salle orientale** montre des tessons de verre coloré sertis dans la décoration de stuc. Avant que l'Autriche-Hongrie ne déclare la guerre en 1914, on l'appelait la Salle serbe. La **salle Grégr** est l'une des grandes pièces dédiées aux figures illustres du Réveil national. À l'origine salle des Débats, elle est agrémentée d'une tribune de musiciens, d'un plafond peint de figures allégoriques, et de murs en faux marbre portant des tableaux de F. Ženíšek. La **salle Palacký** renferme le buste du grand homme par **Myslbek**, ainsi que des peintures de **Jan Preisler** évoquant *L'Âge d'or de l'Humanité*. Cœur de la partie cérémonielle du bâtiment, la **salle d'audience du maire** (Sál primátorský) s'inspire du titre de *Primátor* porté par le maire de la ville. Sa décoration cristallise la flamme du patriotisme tchèque. Elle a été confiée à l'un des artistes Sécession les plus réputés, **Alfons Mucha** (l'importance des espaces offerts ici à son talent avait offusqué certains de ses contemporains). La fresque du plafond, qui réunit un aigle mythique et des Slaves enjoués, repose sur des pendentifs illustrés de Vertus, chacune représentée par un personnage historique tchèque. Ainsi, *L'Indépendance* est personnifiée par le roi Georges de Podiébrad, *La Justice* par Jan Hus, *Le Courage militaire* par le général hussite borgne Jan Žižka. Le message solennel des trois peintures murales est souligné par de très élégantes inscriptions, reprenant des formules comme « Avec force vers la liberté, avec amour vers la concorde ». Mucha est aussi l'auteur des vitraux. Les rideaux aux tirettes sophistiquées ont été confectionnés sous son contrôle par des étudiants.

La **salle Riegr**, avec son panthéon d'hommes illustres, et la vaste **salle Sladkovský**, dont le papier peint imite la soie, viennent compléter cette merveilleuse série de décors Sécession.

R. Mazin/PHOTONONSTOP

Salle d'audience du maire

Au niveau du grenier, la **salle Hollar**, circulaire, mène vers d'autres salles d'exposition éclairées par le plafond.

Náměstí Republiky – En dépit de ses incohérences architecturales, la **place de la République** est, à la jonction de la Vieille Ville et de la Nouvelle, l'un des centres vitaux de Prague, avec une station de métro et une importante station de tramway. En face de la Maison municipale se dresse l'austère façade grise d'**U Hybernů**, élevée en 1811 par Georg Fischer, un des rares exemples de construction Empire de Prague ; situé à l'emplacement d'un monastère occupé jadis par des moines irlandais, dits hiberniens, du nom latin de l'Irlande, l'édifice a longtemps hébergé la direction des Douanes. Au Nord s'élève l'église des capucins, **St-Joseph**, modeste édifice caractéristique du milieu du 17ᵉ s. En face se dresse le **Kotva**, l'un des grands magasins de la ville, construit dans les années 1970 dans le style suédois.

Hybernská – Cette rue mène directement de la place de la République à la **gare Masaryk** (Masarykovo nádraží). Premier terminus ferroviaire de Prague, la gare a conservé le bâtiment qui, dans la liesse populaire, a vu l'arrivée du premier train à vapeur, le 20 août 1845.
Hybernská aligne des constructions très intéressantes. L'**hôtel Central** (1899-1901 – n° 10/1001), dont les feuillages en stuc enveloppent presque entièrement l'élégant oriel, est l'un des premiers immeubles de la ville conçu dans le style Sécession. De l'autre côté de la rue se dresse le **palais Sweets-Sporck** (18ᵉ s.), modernisé avec soin dans les années 1920 par Josef Gočár, architecte moderniste aux multiples talents. L'ancien **palais Kinský** (n° 7/1033) a été construit à l'origine par **Carlo Lurago** au milieu du 18ᵉ s. En 1907, il est devenu le siège du parti social-démocrate tchèque ; en 1912, Lénine a présidé ici une conférence illégale du parti social-démocrate panrusse. En 1920, le bâtiment et ses alentours ont été le théâtre de troubles violents, quand les socialistes tchécoslovaques se sont scindés en factions communiste et centriste. Après le coup de force de 1948, le parti social-démocrate a été absorbé par les communistes qui ont investi le bâtiment, remplacé les statues baroques par les sculptures prolétariennes appropriées, et y ont aménagé en 1952 un musée Lénine, aujourd'hui disparu.
D'autres souvenirs sont associés au **Café Arco** (n° 16/1004), à l'angle de Hybernská et Dlážděná. Dans la première partie du 20ᵉ s., c'était le bastion des chefs de file littéraires du Prague de langue allemande. Maître des cérémonies, le maître d'hôtel Poèta partageait leur gloire. **Karl Kraus**, écrivain à la langue acérée, y baptisa « Arconautes » la clientèle majoritairement juive, en la brocardant d'une seule phrase, célèbre mais difficile à rendre, inspirée des noms des écrivains qui fréquentaient ici : « *Es werfelt und brodet und kafkat und kischt* »(« Ça fait du Werfel, du Brod, du Kafka et du Kisch »).

Na Poříčí – Contrairement à Hybernská, tracée au cordeau, cette rue animée bordée de magasins, d'hôtels et de bureaux suit un parcours erratique, trahissant ses origines très anciennes, de Náměstí Republiky vers l'Est. Na Poříčí, qui signifie « près de la rivière », reliait la Vieille Ville au quartier St-Pierre, sur la rive. Formant aujourd'hui la partie Nord de la Nouvelle Ville, ce secteur était dominé depuis le milieu du 11ᵉ s. par les marchands allemands, dont l'église, St-Pierre-près-de-la-Rivière (Sv. Petra na Poříčí) est toujours debout, remaniée dans le style gothique, puis néo-gothique, avec un clocher séparé.

La construction la plus remarquable sur Na Poříčí est l'ancienne **Legio Banka**★ (Banque des Légions – n° 24/1046). C'est peut-être le plus bel exemple du style rondo-cubiste du début des années 1920 à Prague. Sa façade monumentale est alourdie de formes circulaires typiques de ce mouvement architectural vite disparu. Au niveau du premier étage, on remarque de superbes bas-reliefs de **Jan Štursa** et **Otto Gutfreund**, illustrant les exploits des Tchèques et des Slovaques, qui ont combattu sur tous les fronts pendant la Première Guerre mondiale dans l'espoir de libérer leur pays du joug des Habsbourg. La décoration exubérante et colorée de l'intérieur atteint des sommets dans le **grand hall**, au superbe plafond bombé et vitré.

OLŠANSKÉ Hřbitovy★
Cimetières d'OLŠANY – Žižkov (Prague III)
Ⓜ Flora et Želivského

Au-delà du faubourg de Vinohrady, le plus grand cimetière de Prague s'étend sur un vaste domaine, où se tenait autrefois le village d'Olšany. Ici reposent nombre des grands personnages de la ville. Sous un berceau d'arbres centenaires, tombes et monuments illustrent l'évolution des goûts dans l'art funéraire.

Les cimetières ⊙ – Sur un espace couvrant plusieurs hectares, Olšany, créé après la Grande Peste de 1680, regroupe dix cimetières. Les plus anciens sont aujourd'hui monuments historiques. Ils comprennent différents bâtiments, dont le plus ancien est l'**église St-Roch** (Sv. Rocha), bâtie en 1682, sans doute par Jean-Baptiste Mathey. En dépit de l'existence du cimetière Slavín sur la colline de Vyšehrad, le nombre d'éminents personnages enterrés ici pourrait faire du site une sorte de panthéon national. Les pèlerins viennent s'incliner sur les sépultures de **Josef Jungmann**, de la femme de lettres **Eliška Krásnohorská** et de plusieurs membres de la famille Mánes. La tombe la plus visitée est certainement celle de **Jan Palach**, l'étudiant qui s'immola par le feu en janvier 1969 pour protester contre l'invasion de 1968.

De l'autre côté de la grande rue Želivského se trouvent plusieurs cimetières militaires, ainsi qu'un cimetière orthodoxe russe. L'**église orthodoxe** a été construite en 1925 pour l'importante communauté de Russes blancs émigrés à Prague dans l'entre-deux-guerres. À proximité s'alignent les tombes des soldats de l'**armée Vlasov**, considérés à l'époque communiste comme des « non-personnes ». On les cachait au public, tandis que les tombes des soldats soviétiques étaient méticuleusement entretenues. Ici reposent aussi les dépouilles des soldats du tsar tombés pendant les guerres napoléoniennes. D'autres sections sont consacrées aux légionnaires et aux aviateurs tchécoslovaques, ainsi qu'aux citoyens qui périrent au cours du soulèvement de Prague de mai 1945. Il y a même un petit cimetière militaire britannique.

Nový židovský hřbitov ⊘ – Le **nouveau cimetière juif**, aménagé en 1881 quand celui de Žižkov fut complet, est le troisième grand cimetière juif de Prague. Ce vaste lieu est particulièrement émouvant, avec ses arbres envahis par le lierre et ses espaces vacants qui ne serviront jamais. La tombe la plus visitée est celle de **Franz Kafka** (parcelle 21), que l'on peut voir, quand le cimetière est fermé, au travers d'une grille dans le mur, à environ 200 m à l'Est de l'entrée. Son inhabituelle stèle porte son nom, ainsi que celui de ses parents – qui lui survécurent – et de ses trois sœurs, qui ont péri sous l'Occupation. En face du tombeau, les plaques apposées sur le mur du cimetière honorent la mémoire d'autres juifs de Prague, parmi lesquels Max Brod.

PETŘÍN ★

Malá Strana

Lanovka/funiculaire, d'Újezd à Petřín, ou 🚋 22 jusqu'à Pohořelec

Comme les quartiers historiques mais urbanisés de Malá Strana et du Hradschin, les jardins, vergers et bois de la colline de Petřín maintiennent l'illusion d'une ville épargnée par la modernité et toujours contenue dans ses anciennes limites. Regroupant les jardins Kinský, de Strahov et du Séminaire, Petřín est l'un des plus grands parcs de Prague, un splendide espace de verdure s'élevant en pente raide jusqu'au plateau qui monte doucement vers la Montagne blanche.

Dans le passé, la colline a joué plusieurs rôles. Ses carrières ont fourni le calcaire pour bâtir nombre des constructions médiévales de Prague. Vers 1360, l'empereur Charles IV ferme la colline par le « mur de la Faim », élevé pour lutter contre le chômage. Jusqu'au 18ᵉ s., on y cultive la vigne. Pendant les troubles qui suivent la guerre de Trente Ans, la colline devient un repaire de brigands et de déserteurs. Mais Petřín offre, depuis toujours, une des plus belles vues de Prague, et, au début du 19ᵉ s., grâce à l'intervention de l'énergique comte Chotek, elle devient un parc public. On y aménage un réseau de sentiers, certains s'attaquant en zigzag à la pente, d'autres entourant ses flancs de promenades plus tranquilles. Le *lanovka*, petit funiculaire à

Les vergers de Petřín en hiver

propulsion hydraulique, fait la première fois l'ascension de la colline en 1891, année du jubilé, amenant les visiteurs à la Rozhledna, un pastiche de la Tour Eiffel. Au 20e s., les arbres envahissent les lieux et les vergers périclitent. Mais ces derniers font aujourd'hui l'objet d'un programme à long terme de protection et de repeuplement et offrent fidèlement au printemps le magnifique spectacle de leurs arbres en fleurs.

DU COUVENT DE STRAHOV AUX JARDINS KINSKÝ

Environ 2,5 km

Vigne – Au belvédère, qui se trouve juste au-dessous du monastère de Strahov, on a planté symboliquement une vigne, pour rappeler les vignobles qui recouvraient largement ces pentes autrefois.

Rozhledna ⊘ – Impressionnés par la Tour Eiffel, qu'ils avaient vue à l'Exposition universelle de Paris de 1889, les délégués du Club du tourisme tchèque en firent ériger cette imitation. Du sommet *(299 marches)*, on bénéficie d'un panorama circulaire sur Prague, et, par temps dégagé, on pourrait, dit-on, apercevoir au loin les Alpes et les monts des Géants, au Nord de la Bohême.

Bludiště ⊘ – Les miroirs déformants du **Labyrinthe des glaces** ne manquent pas de déclencher l'hilarité des visiteurs. L'édifice pseudo-gothique fantaisiste qui l'abrite est censé imiter la porte médiévale de Vyšehrad. C'était le pavillon du Club du tourisme tchèque à l'Exposition de 1891. Il contient, assez bizarrement, un imposant **diorama**, qui illustre la bataille de 1648, au cours de laquelle les étudiants de Prague ont empêché les soldats suédois de franchir le pont Charles.

Sv. Vavřince ⊘ – Une église se tenait déjà au 12e s. à l'emplacement de l'**église St-Laurent**. Bien que le bâtiment actuel, de style baroque, date de 1740 environ, on retrouve des éléments romans dans sa maçonnerie. Près de l'église se dresse une chapelle du Calvaire, avec un Saint-Sépulcre, et des sgraffites réalisés par **Mikoláš Aleš**. Une deuxième chapelle, de plan ovale, marque la fin d'un chemin de croix du début du 19e s.

Štefánikova hvězdárna ⊘ – Par une brèche ouverte dans le « mur de la Faim », on rejoint l'**observatoire Štefánik** ouvert en 1928, dans le cadre agréable d'une roseraie. Le public a accès aux télescopes et peut visiter une exposition sur l'astronomie. L'observatoire porte le nom de Milan Rastislav Štefánik (1880-1919), aviateur et astronome slovaque, qui fut l'un des fondateurs de la Tchécoslovaquie indépendante.

Lanová dráha – Appelé familièrement *lanovka*, le **funiculaire**, autrefois mû par l'énergie hydraulique, est électrifié depuis 1932. Plus ou moins abandonné après la guerre, il a été endommagé par un glissement de terrain et fermé durant de longues années. Il est aujourd'hui entièrement restauré. Il relie la station basse d'Újezd, à Malá Strana, et le terminus, à la roseraie. Une station intermédiaire permet l'accès au *Nebozízek* (« petite vrille »), restaurant panoramique qui occupe l'une des belles résidences d'exploitants viticoles qui parsemaient autrefois les vignobles de Petřín.

Sv. Michal – Au-delà du « mur de la Faim » s'étendent les jardins Kinský, intégrés au parc de Petřín en 1905 et aménagés dans le style romantique, avec statues, plans d'eau et buttes rocheuses. Perdue dans une clairière, en hauteur parmi les arbres, on y découvre une petite église orthodoxe en bois avec ses trois clochers, l'**église St-Michel**. Émouvant rappel de la Ruthénie perdue, qui fut rattachée en 1919 à la Tchécoslovaquie pour être, dès 1945, annexée à nouveau par l'Union soviétique, l'église se trouvait autrefois à Medvedovce, en Ukraine subcarpatique. Elle a été transportée ici en une seule pièce en 1928, pour le compte du Musée ethnographique.

Vila Kinských – En dépit de son état aujourd'hui assez délabré, la **villa Kinský**, grande villa Empire, déploie une élégance néo-classique en contraste absolu avec la rusticité de l'église en bois établie plus en hauteur. Construite entre 1827 et 1831 pour le comte **Rudolf Kinský** par l'architecte viennois Heinrich Koch, elle a été convertie au début du 20e s. pour loger le Musée ethnographique, aujourd'hui fermé. À côté se dresse un mémorial en hommage à l'actrice Hana Kvapilová. Près de l'entrée de la villa, la charmante statue de jeune fille, *Quatorze ans*, est due à **Karel Dvořák**. Náměstí Kinských (place Kinský) s'appelait autrefois place des Tankistes de l'Armée rouge : un T34 soviétique, qui aurait été le premier à entrer dans Prague en mai 1945, en occupait la place d'honneur. Au lendemain de la Révolution de velours, personne ne savait qu'en faire. Après l'avoir à plusieurs reprises peint en rose, on a fini par enlever l'encombrant objet.

Muzeum POLICIE ČR★

Musée de la POLICE de la RÉPUBLIQUE TCHÈQUE – Nouvelle Ville

Ke Karlovu 1/453 – Prague 2 – Ⓜ Vyšehrad (traverser le pont de la Nusle)

De manière assez incongrue, le musée national de la Police occupe l'ancien couvent des augustins, rattaché à l'une des églises les plus intéressantes élevées par Charles IV dans la Nouvelle Ville.

★ **Muzeum Policie** ⊘ – Le **musée de la Police** *(indications en anglais et en allemand)* jette un voile pudique sur les activités de la police, secrète ou officielle, pendant la période communiste et, au regret de certains visiteurs, n'expose plus la version empaillée du célèbre berger allemand **Blek**. Aux côtés des forces d'élite qui gardaient la frontière, Blek fut à l'origine de l'arrestation de nombre de fugitifs qui essayaient de se faufiler au travers du Rideau de fer.

Après avoir rappelé aux visiteurs que la première police organisée est née sous Louis XIV, le musée s'attache à des thèmes assez peu sujets à controverses : histoire de la police, police routière, criminologie, Interpol. Au nombre des trouvailles historiques, on apprendra que, comme les autres citoyens de l'ancienne Autriche-Hongrie, les Tchèques conduisaient autrefois à gauche, du moins jusqu'à l'arrivée des Allemands en 1939. On voit aussi de nombreuses évocations de crimes horribles ou spectaculaires, et même la reconstitution d'un appartement mis sens dessus dessous par un cambriolage.

Certaines pièces de l'ancien couvent conservent de magnifiques plafonds stuqués. Dans le jardin, on a disposé un hélicoptère, une vedette de la police, et une aire de jeux « code de la route » pour les enfants.

★ **Panny Marie a Karla Velikého na Karlově** ⊘ – De la vallée de la Nusle, côté Vyšehrad, on aperçoit un remarquable ensemble de coupoles rouges s'élevant au-dessus des fortifications dressées à l'origine par Charles IV pour défendre la Nouvelle Ville. L'**église Notre-Dame-et-de-Charlemagne**, à laquelle elles appartiennent, a été fondée par l'empereur en 1358, en hommage à son grand prédécesseur Charlemagne. Son plan octogonal rappelle celui de la chapelle impériale d'Aix-la-Chapelle. L'impressionnante voûte de la nef, large de 24 m, a été achevée en 1575 par **Bonifaz Wohlmut**. La période baroque l'a enrichie de peintures murales expressives, d'une chapelle de Bethléem, en forme de grotte, et d'un escalier dessiné par Santini.

POŠTOVNÍ muzeum

Musée de la POSTE – Prague 1 – Nouvelle Ville

Nové mlýny 2/1239 – Ⓜ Náměstí Republiky

Une résidence du début du 16e s. accueille une belle collection de timbres et autres objets relatifs à la poste. L'agréable décor 19e s. de certaines de ses salles ajoute à son intérêt philatélique.

Au début du 20e s., les moulins qui se tenaient là depuis des siècles ont déjà tous été démolis, et les berges de la Vltava aux abords du pont Štefánik ont été entièrement nettoyées. Mais le **château d'eau** du début du 17e s., ainsi que les constructions basses voisines, plus anciennes, évoquent l'atmosphère pittoresque de jadis, quand le bord de la rivière était le domaine des moulins, des pêcheurs et des bûcherons.

Au Sud du musée, l'**église St-Clément** (11e s.), l'une des plus anciennes de la ville, a été beaucoup remaniée.

Le musée ⊘ – La collection met naturellement l'accent sur la Tchécoslovaquie et ses substituts, la République tchèque et la Slovaquie. Même ceux qui ne s'intéressent guère aux timbres pourront trouver passionnante la manière dont la collection illustre le cours, souvent tourmenté, de l'histoire tchécoslovaque. On voit des timbres autrichiens réimprimés en tchèque à la naissance de la première république ; des timbres du protectorat hitlérien de Bohême-Moravie et de la république fantoche de Slovaquie ; d'autres qui illustrent la construction du socialisme. Parmi beaucoup d'autres, des timbres autrichiens, des *Penny Blacks* britanniques, et d'autres raretés. Les timbres sont conservés et exposés au rez-de-chaussée, avec toutes sortes d'objets utilisés par la poste : uniformes, souvenirs et œuvres d'art. Les pièces de l'étage servent pour des expositions temporaires, mais l'essentiel de leur attrait est dû aux merveilleuses **peintures des murs et des plafonds**, réalisées en 1847 par Josef Navrátil pour le riche propriétaire de la demeure, le minotier Václav Michalovic. La Salle verte est assez sobre, excepté pour son magnifique poêle orné de céramiques. Les peintures murales de la **Salle alpine**, plus vaste, déroulent un panorama de paysages montagnards délicieusement romantiques, ainsi qu'une vision idéalisée des charmes du monde méditerranéen, imaginés par-delà les Alpes par un citoyen du Nord. La troisième pièce possède un superbe plafond. La **salle du Théâtre**, de style rococo, montre de jolies scènes tirées de pièces ou d'opéras, ainsi qu'un autoportrait de l'artiste.

Couronnant le long éperon qui surplombe la Vltava et les toits rouges de la Malá Strana, le Château de Prague offre une vue inoubliable. La silhouette de cette grande citadelle évoque, même pour ceux qui ne connaissent pas l'histoire de la Bohême, l'image du pouvoir temporel et religieux qui y a régné pendant plus de mille ans. Toutes les époques ont laissé leur marque sur le Hradschin, depuis les petits princes tchèques sortant à peine de l'aura des légendes, suivis des souverains du Saint Empire romain germanique, jusqu'aux tyrans totalitaires du 20e s. Les voûtes de la salle Ladislas, de la fin du Moyen Âge, reposent sur des fondations romanes bien plus anciennes ; et les austères façades du 18e s. cachent des intérieurs remaniés avec élégance au début du 20e s. pour le premier président de la Tchécoslovaquie démocratique.

Cœur spirituel et politique incontesté de la nation, le Hradschin est une ville dans la ville. Sa grande cathédrale gothique domine des églises plus modestes et le palais présidentiel : l'une comme l'autre sont reliés par des rues, des places, des cours, des escaliers et des venelles à d'humbles habitations aussi bien qu'à d'autres palais. Les abords de ce qu'on a nommé « l'acropole de Bohême » sont adoucis par une couronne de jardins. À l'intérieur des murs se trouvent certains des plus grands trésors du pays : la cathédrale abrite les joyaux de la couronne, rarement exposés, mais c'est aussi une véritable galerie d'art ; le couvent St-Georges offre un écrin splendide aux collections nationales d'art médiéval, Renaissance et baroque ; la galerie du Château présente assez de trésors pour faire revivre la splendeur des extraordinaires collections de l'empereur Rodolphe II. Après 1989, on a décidé d'ouvrir le Château aussi largement que possible au public : des jardins autrefois interdits accueillent en été les visiteurs, les expositions succèdent aux concerts ; et la foule se rassemble toujours à midi pour assister à la cérémonie mi-sérieuse, mi-comique, de la relève de la garde.

UN PEU D'HISTOIRE

Une ancienne citadelle slave

Le premier chef tchèque à avoir fortifié l'éperon rocheux dominant la Vltava est le prince **Bořivoj Ier** (vers 852-884), qui, dans les dernières années du 9e s., y a transféré sa résidence depuis une première forteresse à Levý Hradec, quelques kilomètres en aval. À sa mort, l'**église de la Vierge-Marie**, second sanctuaire chrétien établi en terre tchèque, était construite. On a mis au jour ses vestiges, qu'on aperçoit dans le passage qui mène au jardin du Bastion. La forteresse de Bořivoj, protégée par un remblai de terre et une palissade en bois, couvrait pratiquement tout le domaine du Château actuel. L'église était le seul bâtiment en pierre ; le prince et sa garde logeaient dans un édifice en bois, ancêtre du palais royal, et sa suite dans des habitations à demi enterrées. On ajouta bientôt d'autres églises en pierre : vers 920, celle qui a précédé la basilique St-Georges, la rotonde St-Guy dix ans plus tard. En 973, le Château devient le siège de l'évêché de Prague nou-

174

vellement créé : la rotonde est élevée au rang de cathédrale, St-Georges est doté d'un couvent. Au milieu du 11ᵉ s., on remplace les défenses primitives par des murailles de 5 m de haut, ponctuées de plusieurs portes-tours. Un siècle plus tard, on les rehausse jusqu'à 14 m, et l'on construit un beau palais, long de 50 m, en pierre calcaire aux tons clairs.

Résidence impériale

L'énergique **Ottokar II** (1228-1278) poursuit la fortification du Château et étend le palais royal. Mais quand le futur **Charles IV** (1316-1378) décide de s'installer à Prague, le Château est en partie délabré ; on lui trouve un logement temporaire dans la Vieille Ville. Avant même son accession au trône, en 1346, Charles entreprend de faire du Château une résidence digne d'un souverain. Au nombre de ses améliorations, un somptueux **palais** de style gothique français remplace celui d'Ottokar, détruit en 1303 par un incendie. On ajoute une chapelle à ce projet de Peter Parler, et la dorure dont on recouvre les toits de ses tours proclame au loin la gloire du Château. Son rôle comme centre spirituel et politique du pays se concrétise en 1344 par le début des travaux d'une nouvelle grande cathédrale gothique.

Une première période de déclin

Les aménagements du Château se poursuivent avec le fils de Charles IV, **Venceslas IV** (1361-1419), bien que ce dernier préfère habiter la **Cour royale**, dans la Vieille Ville, dont l'emplacement est occupé aujourd'hui par la Maison municipale. Le Château souffre beaucoup des désordres des guerres hussites. Les souverains suivants continuent d'habiter la Cour royale jusqu'en 1483, quand **Ladislas II** (1456-1516), craignant les émeutes des habitants de la Vieille Ville, choisit de retrouver la sécurité des hauteurs du Hradschin. Ladislas nomme le talentueux **Benedikt Ried** architecte du Château, et fait remplacer les fortifications, depuis longtemps à l'abandon, par des défenses modernes, dont la **Daliborka**, la **tour Blanche** et la massive **tour Poudrière**, ou Mihulka. On donne au palais royal sa forme définitive, autour de la splendide **salle du Trône** conçue par Ried, appelée ensuite salle Ladislas (Vladislav).

Une citadelle culturelle sous Rodolphe

Une période haute en couleur s'ouvre avec le règne de l'empereur **Rodolphe II** de Habsbourg (1552-1612). Ses prédécesseurs ont déjà entamé le processus de transformation qui fera du château gothique un palais de la Renaissance. **Ferdinand Iᵉʳ** (1503-1564) aménage de vastes jardins de l'autre côté des profondes douves du fossé aux Cerfs et les couronne du Belvédère, élégant **Palais d'été** de style italianisant. L'archiduc **Ferdinand du Tyrol** (1529-1595) et son architecte **Bonifaz Wohlmut** y ajoutent le magnifique **Jeu de Paume** et, après le Grand Incendie de 1541, procèdent à de nombreuses reconstructions.

Sous Rodolphe, on construit beaucoup à l'extrémité Ouest du Château, surtout pour accueillir les collections sans cesse grandissantes de l'empereur, composées d'objets et de curiosités de toutes sortes. Cependant, son règne ne se remarque pas tant pour son œuvre architecturale que pour le rôle du Château comme centre culturel. Autour de l'empereur, qui sor-

M. Guillou/MICHELIN

175

tait peu du palais, se rassemble une foule cosmopolite de peintres, sculpteurs, érudits, savants, artisans, aventuriers et alchimistes, toujours prêts à satisfaire son insatiable curiosité à propos de la nature des choses et à flatter ses goûts parfois discutables.

Une seconde période de déclin

Après la retraite forcée de Rodolphe, en 1611, le Château perd son rôle de résidence royale. C'est là pourtant qu'a lieu la dramatique défenestration qui va entraîner la guerre de Trente Ans. Mais le Château connaît aussi un intermède brillant durant le court règne (1619-1620) de Frédéric, « le roi d'un hiver », et de son épouse, Élisabeth Stuart, qui scandalise et fascine l'Europe centrale par ses décolletés et son audace. En 1631, l'armée saxonne y prend ses quartiers. En 1648, les Suédois repartent avec plusieurs de ses trésors. Les canons prussiens le martèlent pendant le siège de 1757. Son fonctionnement et son entretien posent de délicats et multiples problèmes ; ainsi, quand les souverains y résident, ce qu'ils ne font qu'occasionnellement, on doit emprunter meubles et matériel pour les accueillir dignement. Après le siège prussien, l'impératrice **Marie-Thérèse** (1717-1780) demande à **Nicola Pacassi** de donner au bâtiment un aspect plus conforme à l'ordonnancement cher au 18ᵉ s. L'architecte arase la silhouette postmédiévale que lui donnaient tours, tourelles, chiens-assis, pignons et coupoles, et remplace ce désordre pittoresque par une suite de façades plutôt neutres, dans le style baroque tardif. Ce faisant, il parvient à réorganiser l'ensemble du complexe et donne au Château l'essentiel de son aspect actuel. Mais à Marie-Thérèse succède son fils **Joseph II** (1741-1790), qui n'a cure de symboles, et ne trouve pas mieux que de faire du Château une caserne d'artillerie.

C'est en 1836 que se déroule au Hradschin la dernière cérémonie de couronnement : l'empereur Ferdinand V est sacré roi de Bohême dans la cathédrale. Mais à partir du milieu du 19ᵉ s., le Réveil national tchèque insuffle une vie nouvelle au complexe abandonné. Des travaux sont entrepris pour achever la cathédrale. En 1918, les fondateurs de la Tchécoslovaquie voient dans le Château un symbole national, seule résidence acceptable pour le président de la jeune République. Le premier à remplir cette charge, **Tomáš Garrigue Masaryk** (1850-1937) se montre un successeur plus que digne des souverains. Il engage **Josip Plečnik**, un architecte de génie, pour adapter le Château à sa

Comment rejoindre les hauteurs du Hradčany ?

La meilleure façon de se rendre au Château est de prendre le tramway n° 22. On peut descendre à Pražský hrad, ou, mieux, à Královský letohrádek, pour voir le Palais royal d'été, puis traverser les Jardins royaux. Dans les deux cas, on traverse le fossé aux Cerfs pour pénétrer dans la deuxième cour du Château. On peut aussi continuer en tramway jusqu'à Pohořelec, puis redescendre en traversant le quartier jusqu'à la porte des Cérémonies, à l'extrémité Ouest du Château.

On peut également entreprendre à pied la montée de la colline. Les escaliers de l'ancien château (Staré zámecké schody) débutent près de la station de métro Malostranská pour aboutir à la porte Est, près de la tour Noire. Les escaliers du nouveau château (Nové zámecké schody), un peu plus anciens, commencent au-dessus de Malostranské náměstí et débouchent à proximité de l'entrée Ouest du Château. Un autre itinéraire, plus long, consiste à monter Nerudova, puis à emprunter sur la droite l'abrupte rampe pavée *K hradu*.

nouvelle vocation de symbole d'un État moderne et démocratique. De 1939 à 1945, sous le protectorat allemand de Bohême-Moravie, le Château reste la résidence d'un président sans pouvoir, Hácha ; mais les nazis exploitent sa signification symbolique et cérémonielle en toute occasion : en 1941, l'infortuné Hácha se voit contraint de remettre au *Reichsprotektor* Heydrich les sept clefs qui ouvrent l'accès à la couronne de saint Venceslas et au trésor de la cathédrale.

Pendant la période 1948-1989, les murs sans fantaisie du Château semblent une métaphore de l'inhumanité et de la froideur du système communiste. Mais beaucoup de ses salles restent ouvertes au public, et l'on y procède avec ferveur à de nombreuses restaurations et recherches archéologiques. Depuis 1989, l'objectif des autorités est de restaurer la continuité symbolique du Château avec son passé, et de l'ouvrir largement au public.

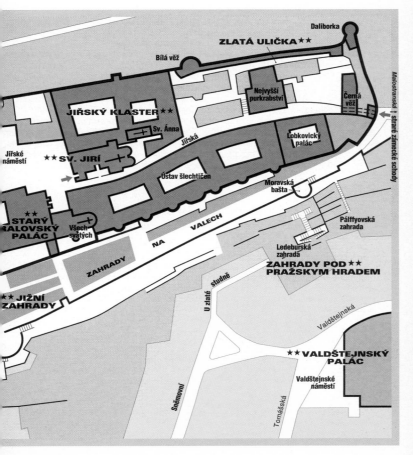

LES COURS ET L'INTÉRIEUR ⊙

Les billets d'entrée à la partie accessible du Château sont en vente à la chapelle de la Sainte-Croix, dans la deuxième cour. Ces tickets ne donnent pas accès aux collections des Arts premiers de Bohême de la Galerie nationale, au couvent St-Georges.

Première cour – Cette cour d'honneur, devancée par ses deux célèbres combats de géants, qui font paraître petits les gardes en uniforme bleu, est le point de départ habituel de la visite du Château. La pente pavée qui descend de la place du Hradschin et le revêtement lisse de la cour font oublier qu'autrefois ce lieu était protégé par un ravin naturel, des douves et des ponts, modifiés depuis longtemps pour laisser place à une accueillante entrée cérémonielle. Le portail est surmonté d'une grille rococo portant les initiales de Marie-Thérèse et de Joseph II. Les géants sont des copies de statues sculptées en 1771 par Ignaz Platzer. **Platzer** est aussi l'auteur des trophées martiaux qui décorent les pignons de l'étage attique des façades de style baroque tardif, plutôt indifférentes, dont Pacassi a bordé les trois côtés de la cour. Dans la partie centrale s'ouvre la **porte Mathias** (Matyášova brána), du début du baroque, une construction en grès d'allure assez théâtrale, achevée en 1614, qui s'inspire des arcs de triomphe de l'Antiquité. Plečnik a fait installer les hampes de drapeaux en pin de Moravie, hautes de 25 m. Il a percé deux ouvertures audacieuses *(accessibles au public à certaines occasions)* dans le passage qui mène à la deuxième cour. Sur la droite, un escalier de cérémonie monte aux **salles des États**, somptueusement meublées ; sur la gauche s'ouvre la monumentale **salle des Colonnes** (Sloupová síň), ou **salle Plečnik**, un haut espace avec trois rangées superposées de colonnes en granit clair, où règne un calme reposant.

Deuxième cour – L'harmonie, la monotonie peut-être, de cette cour spacieuse est due entièrement aux remaniements de Pacassi, au 18ᵉ s. Il a aussi rénové la **chapelle de la Sainte-Croix** (kaple svatého Kříže), transformée en 1852 en chapelle privée par l'ancien empereur d'Autriche Ferdinand Iᵉʳ, souverain charmant mais incapable de gouverner par lui-même ; contraint d'abdiquer en 1848 en faveur de son neveu François-Joseph, il choisit de se retirer au Château de Prague. La cour abrite plusieurs monuments : une imposante **fontaine** baroque, où figurent Hercule et d'autres divinités, un puits également baroque, et la fontaine au Lion, moderne.

Dans le passage couvert qui conduit au **jardin du Bastion** (Zahrada na baště), redessiné à la française par Plečnik dans les années 1920, la partie vitrée du mur Nord permet de voir les fondations du 9ᵉ s. **de l'église de la Vierge.**

Le bâtiment central qui sépare la deuxième cour de la troisième renferme des bureaux. Il s'élève à l'emplacement du rempart en terre qui séparait de la muraille la partie principale de l'ancienne forteresse slave : un dais postmoderne récent, orné d'une merveilleuse sculpture de léopard ailé, marque son entrée cérémonielle.

L'aile Nord est percée d'un passage menant à la chaussée qui franchit le ravin appelé fossé aux Cerfs, qui défendait ce flanc du Château. La façade de Pacassi occulte l'histoire complexe de ce bâtiment, qui a débuté avec la construction d'écuries royales, et s'est poursuivie à l'époque de Rodolphe II avec l'ajout de magnifiques galeries pour accueillir ses immenses collections. La galerie Rodolphe et la **Salle espagnole**, longue de 48 m, sont utilisées aujourd'hui pour des cérémonies. À l'étage inférieur, **la galerie du Château★** (Obrazárna Pražského hradu ⊙) a été joliment transformée en salles d'exposition.

Souvenirs de Rodolphe : la galerie du Château

Passionné de peinture, l'empereur Rodolphe II emploie à la cour une myriade d'artistes et envoie des émissaires dans toute l'Europe à la recherche de beaux tableaux pour enrichir sa collection sans cesse croissante. À la fin de sa vie, il possède près de 3 000 tableaux et autres œuvres d'art, ainsi qu'une extraordinaire sélection de curiosités. Mais ce formidable héritage sera rapidement dispersé par ses successeurs. Beaucoup de ces objets sont partis pour Vienne, ont fait le bonheur de courtisans malhonnêtes ou ont été pillés, notamment en 1648 par les soldats suédois, qui n'ont laissé que des cadres vides et un squelette de rhinocéros. À la fin du 17ᵉ s. et au début du 18ᵉ s., on commence à reconstituer les collections, mais le trésor impérial, impécunieux, est en permanence tenté de les vendre et, en 1782, lors d'une fameuse vente aux enchères, les derniers objets sont dispersés. Dans les années 1920, on reconstitue les collections, notamment grâce à une fondation instaurée par le président Masaryk. Elles comprennent même un certain nombre des tableaux qu'aimait Rodolphe II. Y figurent plusieurs chefs-d'œuvre : une délicate *Tête de jeune fille* par Hans van Aachen, peintre à la cour de Rodoplhe II ; un *Portrait de Frau Schreyvogel*, finement ironique, de Jan Kupecký ; plusieurs toiles de Cranach l'Ancien, Bartholomeus Spranger, du Tintoret et de Véronèse ; un *Portrait de Lady Vaux* par Holbein le Jeune ; *L'Enlèvement de Déjanire par le centaure Nessus*, de Guido Reni ; et une *Jeune femme à sa toilette* de Titien.

Troisième cour – Elle est entièrement dominée par la **cathédrale St-Guy**★★★ (voir Sv. Vit, p. 200), dont l'immense falaise de pierre de la façade Ouest s'élève brusquement à quelques mètres du passage venant de la deuxième cour.

Comme les autres cours, la troisième présente l'architecture austère de Pacassi, mais la ruelle qui court le long du flanc Nord de la cathédrale est

Bonne chère au presbytère

La rangée de maisons qui borde le côté Nord de la rue Vikářská compte deux anciens presbytères, aujourd'hui convertis en café et en restaurant, initiative bienvenue, car ce genre d'établissements est plutôt rare à proximité du Château.
Dans l'enceinte du Château, on trouve un autre restaurant dans le jardin du Bastion, ainsi qu'un café et un self-service près de l'entrée de la ruelle d'Or.

bordée de bâtiments plus modestes. Dans certains d'entre eux logeaient les vicaires du chapitre, ce qui a donné à la rue son nom de Vikářská. Un porche conduit à l'imposante **tour Poudrière** (Prašná věž), appelée aussi Mihulka, élevée à la fin du 15e s. par **Benedikt Ried** pour y placer des canons. Comme son nom le suggère, elle a servi de magasin à poudre. Elle a survécu aux dommages importants causés en 1648 par l'explosion de son contenu, due à la négligence des soldats suédois. Elle abrite aujourd'hui différentes présentations, dont la reproduction d'un laboratoire d'alchimiste.

De l'autre côté de la cathédrale, l'**aile Sud** de Pacassi présente un superbe portique, surmonté d'un balcon où se tient le président pour saluer la foule à l'occasion des cérémonies. Mais Plečnik est pour beaucoup dans l'aspect actuel de la troisième cour. Il a supprimé les anciennes différences de niveau en aménageant le revêtement actuel, a élevé le dais qui protège les fondations de la basilique romane, ancêtre de la cathédrale, et a dressé (non sans difficulté, car son sommet a été cassé) le grand obélisque de granit, monument aux morts de la Première Guerre mondiale. Dans l'angle Sud-Est, l'**escalier du Taureau**★ (Býčí schodiště) est aussi l'œuvre de Plečnik. Il est formé de plusieurs volées de marches, qui descendent aux travers de l'aile Sud jusqu'aux jardins en contrebas. On y pénètre sous un magnifique **dais**, inspiré de l'architecture et de la mythologie de la Crète préclassique. L'élégant *Saint Georges terrassant le dragon* est une copie de la statue originale exposée à la Galerie nationale.

À l'angle Sud-Ouest de la cathédrale se dresse l'édifice baroque de l'**Ancien Doyenné** (Staré Probošství), qui montre des vestiges du palais roman de l'évêque et, dans un angle, un *Saint Venceslas* de Bendl.

★★ **Starý královský palác** – Autrefois centre de la vie de la cour, l'**ancien palais royal** est aujourd'hui une pièce de musée ; tous les bureaux de la présidence et autres administrations ont depuis longtemps été transférés dans les bâtiments Ouest du Château. En découvrant les constructions successives du palais, on a une idée de l'ancienneté du Château.

On y pénètre par la troisième cour. L'ancienne façade est recouverte par celle de Pacassi, où figurent un balcon et une fontaine à l'Aigle, ainsi que des détails de la main de Plečnik. Plus loin, on découvre dans l'**entrée** des vestiges de maçonnerie romane rougis par le grand incendie de 1541. Sur la gauche s'ouvre la **Chambre verte** (Zelená světnice), où l'on voit des armoiries et une fresque baroque illustrant le *Jugement de Salomon*, puis ce qu'on appelle la **chambre à coucher de Ladislas**, à la voûte gothique vivement colorée, ornée aussi d'armoiries. Mais ce ne sont que de modestes avant-goûts de la splendide **salle Ladislas**★★★ (Vladislavský sál), en son temps la plus grande salle voûtée à usage non religieux d'Europe centrale. Édifiée entre 1492 et 1502, fusion sublime du gothique tardif, tout en fantaisie, et de la nouvelle Renaissance, c'est le chef-d'œuvre de **Benedikt Ried**, l'architecte du château de Ladislas II. Les murs et les grandes fenêtres rectangulaires sont tout à fait d'esprit Renaissance, surtout vus de l'extérieur. Mais ils voisinent, sur la façade Nord, avec des arcs gothiques et de hauts contreforts à pinacles fuselés. À l'intérieur, les nervures de la **voûte de Ried** sinuent, légères, dans l'espace, formant de splendides motifs en rosace ou en étoile à leur jonction, à 13 m au-dessus du sol. On croirait que l'architecte souhaitait simplement se faire plaisir, mais cette légère constellation de pierre contribue efficacement à soutenir le toit. La grande salle, longue de 62 m et large de 16m, a remplacé la salle du trône, gothique, de Charles IV. Elle a abrité toutes sortes d'événements, assemblées, bals, fêtes du couronnement, audiences royales, et même des tournois. L'**escalier des Chevaliers** permettait aux participants d'y accéder à cheval. Une célèbre gravure d'Aegidius Sadeler, graveur de la cour de Rodolphe II, y montre le déploiement d'une foire aux antiquités : marchands à leurs étals, groupes de courtisans et d'amateurs et, à l'arrière-plan, l'empereur en personne, tenté par une acquisition. Au 20e s., la salle a trouvé une nouvelle fonction en offrant toute la solennité voulue à l'élection du président de la République.

La façade Sud de la salle Ladislas est longée par une **terrasse extérieure** offrant de belles vues de Prague.

Un passage dans l'angle Sud-Ouest de la salle conduit à l'**aile de Louis** (Ludvíkův palác), ajoutée dans la première décennie du 16e s. par Ried. Là se réunissaient les officiers de la Chancellerie de Bohême : les officiers de rang inférieur occupaient

La salle Ladislas

Ph. Gajic/MICHELIN

la première salle, le conseil des gouverneurs la deuxième (c'est de ses fenêtres que furent précipités deux d'entre eux en 1618, lors de la deuxième défenestration de Prague). Un escalier en colimaçon à voûte gothique monte à la Chambre du conseil impérial, témoin des suites de la défenestration : c'est ici qu'en 1621, les 27 gentilshommes qui avaient pris part à la rébellion des États de Bohême contre l'autorité impériale furent condamnés à mort.

À l'extrémité Est de la salle, des marches montent par un portail Renaissance à la galerie de l'**église de Tous-les-Saints** (Všech svatých), construite à l'origine par Peter Parler pour Charles IV, mais reconstruite après le Grand Incendie de 1541, avec une voûte Renaissance peu convaincante. On y voit un retable très sombre de Reiner. La chapelle Nord abrite le tombeau de saint Procope, l'un des saints patrons du pays.

Une série de passages dans le mur Nord de la salle conduisent à la salle de la Diète, à l'escalier des Chevaliers, et aux salles des Registres des nouvelles terres. Après l'incendie de 1541, Wohlmut a reconstruit la **salle de la Diète** (Stará sněmovna), en

---

La seconde défenestration de Prague

Les tensions opposant, au début du 17e s., protestants et catholiques de Bohême trouvent leur point culminant en 1618. Convaincu que l'empereur Mathias, à Vienne, soutient les tentatives des catholiques pour ôter leurs privilèges aux protestants et affaiblir l'autorité traditionnelle des États de Bohême, le bouillant comte Thurn monte au Château à la tête d'une délégation et fait irruption dans l'aile Louis, où les gouverneurs catholiques siègent en l'absence de l'empereur. Le débat, très vif, tourne vite à l'action : on traîne jusqu'aux fenêtres les gouverneurs **Vilém Slavata de Chlum** et **Jaroslav Bořita de Martinic**, réputés pour leur catholicisme intransigeant. Face à la mort, ils demandent un confesseur, mais ne sont pas entendus. Martinic est défenestré le premier, Slavata retarde sa chute quelques instants en s'agrippant au rebord, mais on lui brise les phalanges avec le pommeau d'une dague. Pour faire bonne mesure, on précipite aussi par la fenêtre leur secrétaire, **Filip Fabricius**. Contre toute attente, les trois hommes survivent à l'impressionnante chute. Ils échappent aux coups de feu tirés au hasard des fenêtres et disparaissent dans la nature. La version catholique de l'événement les montre miraculeusement soutenus par une Vierge magnanime. Celle des protestants, plus plausible peut-être, affirme que leur chute a été amortie par l'épaisse couche d'ordures accumulée dans les douves. Pour sa peine, Fabricius sera ensuite élevé à la noblesse, avec adjonction du nom von Hohenfall (de la Haute Chute).

Saisissant l'opportunité de l'événement, la population de la Vieille Ville se soulève, brûle les églises catholiques et pille la Ville Juive, annonçant les horreurs plus épouvantables encore de la guerre de Trente Ans, dont la défenestration marque le début.

reproduisant, en hommage à Ried, son ancienne voûte gothique. La pièce est orga-nisée comme pour une assemblée de la Diète : un trône pour le souverain, des sièges pour la noblesse et le clergé, et une sorte d'enclos pour les représentants des villes, qui n'avaient qu'une seule voix. Le secrétaire s'installait dans la splen-dide galerie Renaissance. Les **Registres des nouvelles terres** consignaient les délibérations de la Diète, qui avaient force de loi. On rejoint par un escalier les salles qui renfermaient ces registres, dont les murs et les voûtes sont magnifique-ment ornés des armes des Fonctionnaires des registres. Une voûte Renaissance couvre la première partie de l'**escalier des Chevaliers** (Jezdecké schody), mais la der-nière, plus abrupte, montre une **voûte gothique**★ de Ried, plus remarquable encore que celle de la salle Ladislas.

Par l'escalier des Chevaliers, on accède à une sortie du palais et à des marches s'enfonçant dans ses remarquables profondeurs gothiques et romanes : la **salle Charles** présente des maquettes du Château à plusieurs stades de sa construction et des copies des statues de la cathédrale, dues à Parler ; la **salle des Colonnes** de Venceslas IV possède une élégante voûte (construite vers 1400).

Jiřské náměstí – Le grossier pavé de la place St-Georges contraste avec les dal-lages sophistiqués posés par Plečnik dans les autres cours du Château. Elle offre une vue extraordinaire du chevet de la cathédrale, avec son demi-cercle de cha-pelles rayonnantes et son système complexe de contreforts soutenant la toiture du chœur de Parler.

★★ **Couvent St-Georges** – *Voir Jiřský klášter.*

ENCEINTE EST

C'est à son extrémité Est que le Hradschin fait le plus l'effet d'une ville dans la ville : les sentes, escaliers et ruelles sont bordés aussi bien de maisonnettes de guingois que de nobles palais.

Ústav šlechtičen – Avec son beau portique à colonnes sur la place St-Georges, la **maison des Nobles Dames en détresse** occupe une bonne partie du côté Sud de Jiřská (ruelle St-Georges). Ce palais appartenait autrefois à la puissante famille Rožm-berk, ou Rosenberg, et les premières images que l'on en a du Château sont ses quatre imposantes tours. Il a été remanié en 1755 dans le style sobre de Pacassi pour accueillir les dames de l'aristocratie ayant subi des revers de fortune. Il abrite aujourd'hui des bureaux de l'administration.

★ **Zlatá ulička** – Les légendes qui courent sur la **ruelle d'Or** sont aussi nombreuses que les touristes qui s'y promènent. On dit que les petites maisons pittoresques qui s'abritent au pied du Château hébergeaient des alchimistes, qui cherchaient à fabriquer de l'or. Mais l'origine du nom de la ruelle pavée est plus prosaïque et doit plus à l'artisanat qu'à la science : le Château se trouvait en dehors de la juri-diction des corporations pragoises et les gardes du Château complétaient leur maigre solde en s'adonnant au commerce, notamment l'orfèvrerie. Kafka, qui y a demeuré un moment, en appréciait l'ambiance ; aujourd'hui, la ruelle est animée d'un commerce florissant de souvenirs de qualité.

La ruelle d'Or

Les ouvrages de défense – Au-dessus de la ruelle d'Or court un chemin de ronde ; à l'Ouest se dresse la **tour Blanche** (Bílá věž – fin du 15ᵉ s.), contribution de Benedikt Ried aux défenses Nord du Château ; l'alchimiste anglais Edward Kelley s'y est morfondu jadis. À l'Est, la **tour Daliborka**, due aussi à Ried, où l'on raconte qu'un autre prisonnier, le chevalier Dalibor, jouait du violon avec tant de grâce que les foules s'y rassemblaient pour l'écouter (mais l'instrument a été inventé longtemps après sa mort). La **tour Noire** (Černá věž), édifice roman qui achève les fortifications, en défendait autrefois l'entrée, mais on la contourne aujourd'hui. Gardée par deux sentinelles en uniforme bleu, l'entrée actuelle à l'emplacement de la barbacane médiévale offre un point de vue magnifique.

Lobkovický palác – Au bas de la ruelle St-Georges, juste à l'intérieur de l'enceinte du Château, un palais baroque, le **palais Lobkowicz**, abrite l'**exposition d'Histoire du Musée national** ⊙, méthodique mais peu enthousiasmante. Quelques pièces originales, des reproductions et de longs commentaires *(en tchèque, mais traduction disponible en différentes langues)* retracent l'histoire du pays, des temps les plus reculés jusqu'au milieu du 19ᵉ s. Les intérieurs d'origine sont très intéressants. Les pièces les plus remarquables sont sans doute les copies, finement réalisées, des **joyaux de la Couronne** de Bohême.

Muzeum hraček ⊙ – Le **musée du Jouet** a succédé à la maison des Enfants tchécoslovaques, de l'époque communiste, dans les salles du **palais du Grand Burgrave** (Nejvyšší purkrabství), le plus haut dignitaire du Château. Son apparence actuelle, avec des sgraffites imitant la pierre de taille, date d'un remaniement du milieu du 16ᵉ s.

JARDINS ET ENCEINTE NORD

★★ **Jižní zahrady** ⊙ – Tout le long du Château, la succession des **jardins méridionaux**, très différents, offre des vues splendides. Dans les années 1920, Josip Plečnik, l'architecte du Château, leur a donné une unité par de subtiles modifications, mises en valeur par les beaux arbres qu'il a pris soin d'épargner.

C'est la troisième cour du Château qui offre l'approche la plus grandiose des jardins, par l'**escalier du Taureau**, mais on y pénètre aussi par l'Est et par l'Ouest, où Plečnik a ouvert un passage dans le mur de briques fortifié qui couronne le nouvel escalier du Château. De là, des degrés monumentaux descendent au **jardin du Paradis** (Rajská zahrada), aménagé en 1562 pour son usage privé par l'archiduc Ferdinand. Au milieu s'ouvre une gigantesque **vasque** en granit, symbole pour Plečnik du principe féminin, contrepartie du principe masculin que représente un monolithe dans la troisième cour. Le charmant **pavillon Mathias** et son toit pointu datent de 1617. Ensuite s'étendent les **jardins du Bastion** (Zahrady na valech). De l'autre côté

Le jardin du Paradis

d'un petit belvédère à colonnade, une pyramide élancée domine un escalier, qui descend au **jardin Hartig** (Hartigovská zahrada) qu'occupe un kiosque à musique baroque. L'espace gravillonné au pied de l'escalier du Taureau accueille parfois des concerts. Sous l'aile Louis de l'ancien palais royal, des colonnes en grès marquent l'endroit où un amas d'ordures a amorti la chute des gouverneurs Slavata et Martinic, lors de la seconde défenestration de Prague *(voir encadré p. 180)*. Près de l'entrée Est des jardins, une fine colonne surmontée d'une sphère dorée zébrée d'éclairs domine le **bastion morave** (Moravská bašta). Un escalier descend vers une table ovale en pierre, recoin paisible qui était fort apprécié du président Masaryk ; de là, on peut accéder aux terrasses des jardins baroques, en contrebas du Château.

La résidence présidentielle

Pendant les années 1920, et jusqu'au début des années 1930, l'architecte slovène **Josip Plečnik** (1872-1957) collabore avec **Tomáš Masaryk** pour faire du Château de Prague une résidence convenant à une république démocratique et progressiste. Le choix de Plečnik peut surprendre : profondément religieux, il œuvre pour un État essentiellement laïc ; amoureux du passé classique, il n'est ni traditionaliste, ni sympathisant des idées avant-gardistes de la plupart de ses collègues tchèques. Son parcours singulier le fait reconnaître comme un précurseur du postmodernisme, mais Plečnik résiste à toute étiquette. Son œuvre au Château comprend le remaniement des appartements présidentiels et la création de la monumentale **salle des Colonnes** (Sloupová síň). Mais ce sont sans doute les cours et les jardins qui révèlent le mieux son modeste génie : l'astucieux aménagement des niveaux de la troisième cour, qui aplanit une pente incommode et met au jour les fondations de la basilique romane ; l'escalier du Taureau, qui relie la cour aux jardins Sud ; et les jardins eux-mêmes, y compris le jardin du Bastion. Ni les nazis, ni les communistes n'appréciaient le style de Plečnik, mais ses subtiles modifications du Château sont aujourd'hui un modèle d'adaptation d'un ensemble historique aux besoins de son temps.

Enceinte Nord – Le plateau qui s'étend au Nord du **fossé aux Cerfs** s'est trouvé rattaché au Château lorsque le Hradschin, de forteresse médiévale, est devenu à la Renaissance un site résidentiel. La profonde faille du fossé aux Cerfs est un ravin naturel, remarquable protection du flanc Nord du Château. Une première construction à deux niveaux l'enjambe en 1540 : le passage supérieur est réservé à la promenade du souverain. En 1770, on la remplace par la passerelle actuelle. Les cerfs qui occupaient autrefois le fossé ont terminé dans les chaudrons des troupes françaises d'occupation en 1743, et n'ont pas été remplacés.

★★ **Jardins royaux** – *Voir Královská zahrada.*

★★ **Belvédère** (**Palais royal d'été**) – *Voir Belveder.*

Královská Jízdarna – La charmante rue qui poursuit la traversée du fossé vers le Nord est dominée par le **manège royal**, bel exemple d'architecture utilitaire d'époque baroque, dû en 1695 à **Jean-Baptiste Mathey**. On n'y dresse plus les chevaux, mais le bâtiment offre un espace idéal pour des expositions temporaires.
Derrière le manège s'étendaient autrefois d'autres jardins à caractère plus utilitaire qu'ornemental, avec des vignes, des vergers, des bassins à poissons et une faisanderie.

RUDOLFINUM★

Vieille Ville

Alšovo nábřeží 12 – Ⓜ Staroměstská

Achevé en 1884, ce monumental édifice néo-Renaissance a apporté aux Pragois de la fin du 19e s. la grande salle de concert qui leur manquait et de splendides espaces d'exposition. Le Rudolfinum – baptisé ainsi en l'honneur du **prince héritier d'Autriche Rodolphe**, bien que les Pragois préfèrent l'associer à un Rodolphe plus étroitement lié à la ville, l'ami des arts **Rodolphe II** – est l'œuvre de **Josef Zítek** et **Josef Schultz**, lauréats d'un concours d'architecture soutenu par la Caisse d'épargne de Bohême ; à l'origine, deux bâtiments étaient envisagés, mais Zítek et Schultz ont astucieusement combiné les fonctions de salle de concert et de salle d'exposition au sein d'un même édifice.

Un palais pour les arts – La façade principale rappelle celle d'un autre monument élevé au bord de la rivière à la fin du siècle, le Théâtre national. En revanche, les arcades du Rudolfinum sont vitrées. Le bâtiment arbore une belle collection de statues : les figures assises sont d'Antonín Wagner, les lions et les sphinx qui ornent les entrées latérales, de Bohuslav Schnirch ; les compositeurs présentés sur la toiture sont de différents sculpteurs.
À l'intérieur, la **salle Dvořák** de 1 200 places, aux colonnes corinthiennes supportant un plafond conique, présente une acoustique exceptionnelle.

On s'est trompé de nez !

Les nazis ne pouvaient accepter que, parmi les statues des compositeurs ornant la toiture du Rudolfinum, figure celle du musicien juif Mendelssohn. L'ordre est donc donné d'enlever le provocant objet, mais on a du mal à l'identifier. On fait appel aux « scientifiques » : la statue au nez le plus proéminent est retirée... Consternation ! C'est celle de Richard Wagner (d'après *Mendelssohn est sur le toit*, de Jiří Weill, 1960).

En 1896, le Rudolfinum accueille la première de *La Symphonie du Nouveau Monde* de Dvořák, sous la direction du compositeur. Il devient par la suite le foyer du **Philharmonique de Prague**, mais, après la Première Guerre mondiale, il est reconverti pour loger le premier **parlement** de la nouvelle république de Tchécoslovaquie. Quartier général de l'administration allemande sous l'Occupation, il prend le nom de Maison des Artistes après la guerre : on y installe, avec le Philharmonique, le Conservatoire et l'Académie de musique. Il a été entièrement restauré dans les années 1990.

Náměstí Jana Palacha – Le majestueux Rudolfinum domine le côté Nord de la **place Jan Palach**, aménagée à la fin du 19ᵉs. dans le programme d'embellissement des berges de la Vltava. Au Sud, dans le même style néo-Renaissance, mais bien moins imposant, s'élève le **collège des Arts décoratifs** (Vysoká škola uměleckoprůmyslová – 1884) ; à l'Est, la **faculté de Philosophie** de l'université, bâtie en 1929 dans un style traditionnel qui tranche curieusement avec le modernisme dominant à l'époque ; à l'Ouest coule la Vltava, enjambée depuis 1914 par le **Mánesův most** (pont Mánes), aux lignes sobres et élégantes.

Muzeum Bedřicha SMETANY★

Musée SMETANA – Vieille Ville

Novotného lávka 1 – Ⓜ Staroměstská

Tout au bout de la Novotného lávka, jetée qui s'avance dans la Vltava juste en amont du pont Charles, cet élégant édifice néo-Renaissance est aujourd'hui consacré au compositeur **Bedřich Smetana** (1824-1884). Dessiné par Antonín Wiehl, terminé en 1887, il abritait autrefois la machinerie qui pompait l'eau de la rivière pour la distribuer dans la ville. On l'a transformé en bureaux pour le service des eaux, puis, en 1936, en musée. Il a été entièrement remanié à la fin des années 1990. Les abondants **sgraffites** de la façade illustrent, dans une grande richesse de détails, la vaillante résistance de la Vieille Ville face aux Suédois en 1648.

Visite – La première section du musée raconte la vie du compositeur. Il naît en 1824 à Litomyšl, en Bohême orientale, fils d'un brasseur travaillant pour les célèbres brasseries Thurn und Taxis. Il séjourne à différents endroits en Bohême, puis s'installe quelque temps en Suède comme directeur de l'orchestre philharmonique de Göteborg ; mais il passe ses années les plus riches à Prague, où il meurt en 1884, victime de dépression et de déséquilibre mental.

La deuxième section illustre la place de Smetana dans l'établissement d'une tradition musicale typiquement tchèque, ainsi que sa fascination pour le **folklore** de son pays. On présente son rôle dans divers groupes musicaux, comme le **chœur Hlahol** et l'**Umělecká beseda**, et sa participation au grand concert qui a accompagné la pose de la première pierre du Théâtre national. Le perpétuel murmure de la **Vltava** qui longe le musée évoque la fonction première du bâtiment, mais aussi la *Moldau* du grand poème symphonique *Má Vlast (Ma Patrie* [1874-1879]).

La dernière section présente des instruments de musique et des illustrations d'opéras : il faut savoir que Smetana a pratiquement créé, à lui seul, l'opéra tchèque, avec des œuvres comme *Les Brandebourgeois en Bohême* (1866), *La Fiancée vendue* (1866-1870), *Dalibor* (1868) et *Libuše* (1881).

Bordée par la courbe de la Vltava et les boulevards qui ont remplacé ses fortifications, la Vieille Ville de Prague a une longue histoire, partout visible dans le dédale de ses rues et de ses places. Des façades baroques se dressent au-dessus de caves qui étaient autrefois le rez-de-chaussée de maisons romanes et gothiques, et sa myriade d'églises est d'origine aussi ancienne. C'était la ville des bourgeois, bien distincte de la citadelle des souverains et du quartier aristocratique qui la domine sur l'autre rive. Au Moyen Âge, fierté et sens civique se développent dans sa population de commerçants, de marchands et d'artisans ; ses églises produisent des rebelles de la trempe de Jan Hus, son université son contingent d'étudiants enfiévrés, vite prêts à défier l'autorité de la cathédrale et du Château.

Les rues et les places – Symbole de la citoyenneté, l'**hôtel de ville** (Staroměstská radnice) domine Staroměstské náměstí (place de la Vieille Ville – *voir page suivante*), vaste espace en contraste total avec l'écheveau de rues et de venelles qui l'entoure. Les voies qui rayonnent tout autour courent vers le Nord-Ouest en direction d'anciens gués (Kaprová), vers l'Ouest (Karlova – *voir ce nom*) jusqu'aux ponts médiévaux, le Nord-Est (Dlouhá) et le quartier des marchands étrangers, et l'Est (Celetná – *voir ce nom*), jusqu'à la porte qui fermait la route de Kutná hora. Le cours étroit et sinueux de Melantrichova se dirige au Sud vers l'emplacement d'un pont, qui enjambait les douves et rejoignait la campagne, depuis longtemps recouverte par les constructions de la Nouvelle Ville. Deux arches du petit pont (Mùstek), découvertes lors de la construction du métro de Prague, ont donné son nom à la grande station où se croisent les lignes A et B. La ligne B file vers l'Est sous Na Příkopě (rue Sur les douves – *voir p. 158*), aménagée au 18ᵉ s. en suivant le demi-cercle des fortifications, tours et fossés du 13ᵉ s.

Le développement fantaisiste de la Vieille Ville a donné un plan de rues fait pour intriguer et égarer le visiteur, avec cependant quelques exceptions. L'une est **Havelské město** (St-Havel), juste au pied des murs, un espace rectangulaire aménagé par les géomètres du 13ᵉ s. pour doter la cité de vastes places de marché et de résidences agréables. Des siècles plus tard, le **marché Havelská** est toujours florissant. Un effort de planification bien plus tardif a transformé le quartier au Nord de la place de la Vieille Ville, autrefois occupé par le ghetto. À la fin du 19ᵉ s., **Josefov** *(voir ce nom)*, la Ville Juive, auparavant l'un des plus grands et des plus célèbres ghettos d'Europe, était devenu un dédale de ruelles et de courettes insalubres. Au tournant du siècle, un ambitieux programme de rénovation appelé *asanace* l'a pratiquement dégagé, laissant les quelques **synagogues** et le **vieux cimetière juif** perdus au milieu d'immeubles élégants.

Pendant des années, la Vieille Ville a tourné le dos à la Vltava, abandonnant ses rives aux moulins, scieries et décharges. En 1847, un revirement a lieu avec l'aménagement du **Smetanovo nabřeží** (quai Smetana), première étape dans l'amélioration des berges. À la fin du 19ᵉ s., on a aménagé dans le quartier au Nord du pont une suite de bâtiments publics prestigieux, au nombre desquels le **musée des Arts décoratifs** *(voir p. 206)* et la salle de concert du **Rudolfinum**, autour de ce qui est aujourd'hui **Náměstí Jana Palacha** (place Jan Palach – *voir à la fin de l'entrée Rudolfinum)*).

Le caractère de la Vieille Ville n'a guère été modifié par les événements du 20ᵉ s. On a inséré avec goût plusieurs bâtiments modernes dans le vieux décor urbain, notamment la **Maison à la Madone noire** *(voir p. 111)*, de style cubiste, à proximité de la **tour Poudrière** médiévale *(voir p. 111)*. Le plan de la place de la Vieille Ville a été modifié, apparemment pour toujours, quand une aile de l'hôtel de ville a brûlé en 1945, lors de la Libération, ouvrant sur les tours gothiques de l'**église de Týn** *(voir p. 190)* la splendide façade baroque de **St-Nicolas** *(voir Sv. Mikuláše)*, de l'autre côté de la place. Plus que jamais, la place reste l'un des pivots de Prague ; les foules s'y rassemblent pour regarder la célèbre **horloge astronomique**, apprécier les performances des musiciens de rue, ou observer les passants, assis sur le socle du **mémorial de Jan Hus**, ou à l'un des nombreux cafés et restaurants en plein air. Une des réussites du régime communiste a été d'éliminer presque entièrement la circulation qui traversait la Vieille Ville : si l'on excepte la voie Nord-Sud en bord de rivière, toujours encombrée, c'est une merveille de découvrir le quartier à pied. Même s'il reste beaucoup à faire pour les restaurer, de nombreux beaux bâtiments sortent de l'abandon où on les avait laissés, et les intérieurs intéressants à explorer sont légion ; par exemple le complexe gothique du **couvent Ste-Agnès** (qui abrite aujourd'hui la Galerie nationale d'art médiéval – *voir Anežský klášter)* ; le **palais médiéval des seigneurs de Kunstadt et de Podiebrad** et ses caves romanes *(voir p. 127)*, ou le dédale des pièces basses de plafond de la vieille **Maison à l'Anneau d'or**, qui abrite, curieusement, les collections d'art du 20ᵉ s. de la ville.

STAROMĚSTSKÉ náměstí★★★

Place de la VIEILLE VILLE – Vieille Ville
Métro Staroměstská

Bordée de demeures historiques que dominent deux grandes églises et la haute tour de l'hôtel de ville, cette vaste place pavée est le vrai cœur de la Vieille Ville. Venant de toutes les directions, les rues tracées depuis le Moyen Âge déversent les passants sur le lieu le plus fréquenté de Prague ; les jeunes se groupent autour de l'imposant mémorial de Jan Hus ; toutes les heures, une foule compacte se rassemble, levant les yeux vers la célèbre horloge astronomique ; les touristes délassent leurs pieds meurtris aux tables des nombreux restaurants et cafés de plein air. Marchands de souvenirs et animateurs de rue apportent une note supplémentaire de bruit et de couleur. Cette place a quelque chose de théâtral, aspect renforcé la nuit par la lumière des projecteurs. On ne sera pas étonné d'apprendre que, par le passé, elle a servi de cadre à certains des événements les plus marquants de l'histoire de la Bohême.

UN PEU D'HISTOIRE

Dès le 13e s., la place est déjà bordée de confortables maisons de ville dans le style roman. Elle tient déjà le rôle de marché central, plus pratique pour les marchands qui auparavant tenaient négoce sur les berges de la rivière. On y organise des tournois. C'est au cours de l'un d'entre eux, en 1321, que le roi Jean de Luxembourg est grièvement blessé. À partir du milieu du 14e s., avec la construction de l'hôtel de ville, la place voit s'étendre son rôle administratif et cérémoniel. En 1437, on y pend plusieurs douzaines de hussites. Des exécutions aux conséquences plus lourdes vont se dérouler après la défaite des États protestants à la bataille de la Montagne blanche. Le 21 juin 1621, sous le roulement assourdissant des tambours, on y décapite sans merci 24 aristocrates « rebelles », sur un échafaud drapé de noir, tandis qu'on pend trois roturiers. L'infortuné Dr Jessenius, recteur du Carolinum, subit une indi-

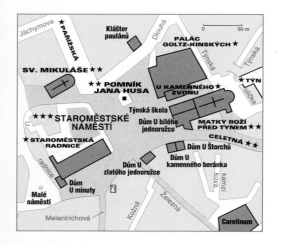

gnité supplémentaire : on lui coupe la langue avant de lui trancher la tête. Puis on l'écartèle, avec plusieurs autres condamnés ; on expose leurs membres sur la colline de Žižkov, et, une douzaine de têtes fichées sur des piques sur la tour du pont de la Vieille Ville. En 1650, on commémore la levée du siège des Suédois, deux ans auparavant, en élevant une colonne mariale en l'honneur de la Vierge de la Victoire.

La colonne mariale domine la place jusqu'en 1915, année où est inauguré le mémorial à Jan Hus. En 1918, dans l'effervescence qui suit la déclaration de l'indépendance de la Tchécoslovaquie, la colonne est abattue : la foule nationaliste voit en elle l'emblème de la domination des Habsbourg.

Les nazis reconnaissent la signification symbolique de la place en drapant Jan Hus de noir. Mais le gigantesque V (pour Victoire) qu'ils insèrent dans les pavés n'empêche pas leur défaite, en mai 1945. Un de leurs derniers sursauts consiste à détruire l'horloge astronomique et l'aile Est de l'hôtel de ville.

À peine déblayés les décombres de la guerre, par une froide et morne journée de février 1948, 80 000 manifestants emplissent la place, pour entendre le Premier ministre communiste Gottwald annoncer la fin de la Tchécoslovaquie démocratique.

LA PLACE

De forme à peu près rectangulaire, la place ne semble pas suivre un plan, mais avoir évolué plus ou moins naturellement, comme l'hôtel de ville. Elle présentait pourtant autrefois une certaine cohérence. Bien que d'époques différentes, ses maisons se ressemblaient peu ou prou, et les ruelles, en l'abordant de biais, évitaient la fuite des perspectives. La façade de l'église St-Nicolas, jamais conçue pour être vue de loin, se cachait timidement au fond d'une rue latérale. Mais au cours de l'*asanace* du ghetto, dans la première décennie du 20e s., la partie Nord de la

Le mémorial de Jan Hus, par Ladislav Šaloun

place a été réaménagée et une perspective ouverte vers la rivière et le plateau de Letná, avec Pařížská třída (boulevard de Paris). La destruction de l'aile Est de l'hôtel de ville, au cours des combats de mai 1945, a brutalement dévoilé la façade de St-Nicolas, ouvrant une brèche qui n'a jamais été comblée en dépit de différents projets de reconstruction.

La place est presque entièrement livrée aux piétons. Il n'y a pas si longtemps, c'était un carrefour très animé où passait une grande ligne de tramway.

★★ **Mémorial de Jan Hus** – Sur un socle massif, le mémorial (pomník Jana Husa) est dominé par la haute et droite figure du prédicateur Jan Hus, réformateur brûlé comme hérétique en 1415 *(voir p. 108)*.

Le regard fixé vers un avenir où les injustices de son temps auraient été vaincues, Hus semble le courage et l'intégrité personnifiés. Il contraste par son calme avec les figures plus animées sculptées à ses pieds : ses partisans tchèques contraints à l'exil et une mère et son enfant, symboles du Réveil national.

Le groupe est sans doute la sculpture la plus ambitieuse du mouvement Sécession tchèque. Œuvre de **Ladislav Šaloun** commencée en 1903, on y voit des similitudes avec l'œuvre monumentale d'Auguste Rodin, que le public pragois découvrit en 1902 lors d'une exposition très visitée. Après une longue période de gestation, le monument est dévoilé le 6 juillet 1915, pour le 500ᵉ anniversaire du martyre de Hus. Les autorités autrichiennes, rendues nerveuses par la marée montante du nationalisme tchèque, avaient interdit toute cérémonie.

Jan Hus avait une dévotion particulière pour la Vierge, et, pendant trois années, son monument a cohabité avec la colonne mariale de 1650, unissant les deux grandes traditions religieuses du pays. Mais pour les ultranationalistes, la colonne était devenue un symbole de la répression à l'encontre de la nation tchèque. Le 3 novembre 1918, une foule entreprend de détruire les symboles du joug autrichien. La réaction rapide des autorités permet de sauver la statue de saint Jean Népomucène, sur le pont Charles, mais la colonne mariale est abattue. Conservées au Lapidarium du Musée national, ses pièces attendent l'issue de la campagne de l'Association pour la restauration de la colonne mariale.

★ **Staroměstská radnice** ⏱ – On octroie sa charte à la Vieille Ville aux alentours de 1230, mais ce n'est qu'en 1338 que les habitants sont autorisés par Jean de Luxembourg à bâtir un **hôtel de ville**. Les fonds récoltés sont insuffisants pour une nouvelle construction, on achète donc une maison du siècle précédent, à l'angle d'une rue. La ville prospérant, on agrandit l'hôtel de ville en l'étendant vers l'Ouest par l'acquisition des propriétés voisines, en rehaussant la modeste maison d'une grande tour et en ajoutant, côté Nord, la partie dite « aile Est » qui, après de multiples remaniements, sera entièrement détruite en mai 1945, avec d'irremplaçables archives.

Extérieur – Une travée unique est tout ce qu'il reste de l'aile Est. La maison à l'angle, en pierre, comporte au premier étage une chapelle du milieu du 14ᵉ s., dessinée par **Peter Parler**. Elle montre un **oriel**★ magnifique et une statue de la Vierge. À son

187

Trois petits tours et puis s'en vont...

pied, les 27 **croix** serties dans le pavé rappellent le souvenir de ceux qui ont été exécutés sur la place en 1621. La **tour**, haute de près de 60 m, est commencée peu de temps après l'acquisition de la maison. Sa toiture et sa galerie actuelles sont des ajouts du début du 19e s. Une avancée aménagée côté Sud abrite l'horloge astronomique mondialement connue. Juste à l'Ouest de l'horloge, on remarque un **portail** richement sculpté dans le style gothique tardif, remontant environ à 1470-1480, sans doute œuvre de Matěj Rejsek. La fenêtre voisine porte les armes de la ville et de la province tchèque. Le bâtiment suivant est acheté dès 1360 au marchand Kříž pour accueillir les activités du conseil ; la superbe **fenêtre** Renaissance, au premier étage, avec l'inscription en latin *Praga caput regni* (Prague, capitale du royaume), est ajoutée aux environs de 1520. Prolongeant vers l'Ouest, on adjoint en 1458 une maison qui appartenait au fourreur Mikeš : elle montre aujourd'hui une façade néo-Renaissance du 19e s. Sa voisine, maison Empire à arcades nommée U kohouta (Au Coquelet), conserve une cave voûtée. La ville en fait l'acquisition en 1830. Pour finir, on annexe en 1896 en direction du Sud **Dům U minuty** (maison à la Minute), où la famille **Kafka** a vécu sept ans. Édifice gothique tardif à l'origine, elle est remaniée au milieu du 16e s., et dotée d'une exceptionnelle décoration de sgraffites.

★★★ **Horloge astronomique** – Puissant emblème de la magie de Prague, l'horloge attire un flot constant d'admirateurs et rassemble une foule importante avant que l'heure ne sonne. Débute alors un spectacle qui rappelle à tous le passage inéluctable de la vie et du temps. Avec le Christ, les douze Apôtres entrent dans la ronde, la Mort agite son sablier, le Turc, le Juif, la Vanité font leur petit tour, et le coq surgit, tel un coucou, pour clore le parade.

Ces séduisantes figurines sont assez récentes : elles ont été sculptées en 1948, pour remplacer celles perdues lors de la destruction de l'horloge en 1945 par les nazis. On a arrêté la main du sculpteur, qui souhaitait donner à Judas les traits d'un collaborateur notoire. Mais l'horloge a vu le jour bien avant la mise en place des premières figurines, au 17e s. Installée vers 1410 par l'horloger royal **Nicolas de Kadaň**, elle a été réparée et améliorée par **Maître Hanuš** vers 1490, perfectionnée enfin par **Jan Táborský** au milieu du 16e s. La légende veut que les bourgeois de Prague, extrêmement fiers de leur horloge et soucieux de protéger le secret de son mécanisme, aient fait aveugler Hanuš pour éviter qu'il ne le trahisse. Pour se venger, Hanuš se serait fait guider en haut de la tour par un apprenti et aurait plongé la main au cœur du mécanisme, l'immobilisant ainsi pour longtemps.

Les trois aiguilles du cadran central servent à indiquer, avec le déroulement des heures, la position du soleil, de la lune et des planètes selon la cosmologie médiévale. Le cadran inférieur est un merveilleux calendrier des mois de l'année. Souvent reproduites, ses vignettes sont des copies d'originaux peints en 1865 par Josef Mánes, aujourd'hui au musée de la Ville.

Intérieur – Remplacé au début du 20e s. par un nouveau bâtiment élevé sur Mariánské náměstí, restauré après les dommages de 1945, l'hôtel de ville ne sert aujourd'hui que pour des expositions et des cérémonies. Le PIS (service d'information pragois) a ses bureaux au rez-de-chaussée. L'entrée est ornée de mosaïques de Mikoláš Aleš, illustrant la fondation légendaire de la ville. Le deuxième niveau renferme la salle du Conseil, gothique, témoin en 1458 de l'élection du roi Georges de Podiebrad. Au sommet de la tour, une galerie offre une **vue**★★ merveilleuse sur l'ensemble de la cité, l'effervescence de la place et l'architecture complexe des toits de la Vieille Ville.

Côté Sud de la place – Quelques-unes des plus belles maisons bourgeoises de Prague bordent le côté Sud incurvé. De différentes périodes, avec des façades variées, chacune participe à la création d'un magnifique décor urbain. On remarque *(d'Ouest en Est)* :

– **U zlatého jednorožce** (À la Licorne d'or – *n° 20/548*) : en 1848, Smetana fonde une école de musique dans cette maison dotée d'un sous-sol roman, d'une partie de portail gothique et d'un vestibule à voûte de style gothique tardif, dû à Matěj Rejsek.

– **U kamenného beránka** (À l'Agneau de pierre – *n° 17/551*), avec un portail et un pignon Renaissance, une belle enseigne sculptée et une plaque rappelant un séjour d'Einstein.

– l'**édifice Štorch** *(n° 16/552)*, construit à la fin du 19e s. pour un éditeur célèbre, dans le style néo-Renaissance, avec des fresques de Mikoláš Aleš, dont saint Venceslas à cheval.

Côtés Est et Nord de la place – Les tons clairs et la taille modeste des maisons tapies devant l'église de Týn forment un premier plan saisissant sur l'imposante silhouette de pierre sombre.

À l'angle de la rue Celetná, **U bílého jednorožce** (À la Licorne blanche – *n° 15/603*) est la maison natale de Josefina Dušková, cantatrice et amie de Mozart. L'**école de Týn** (Týnská škola – *n° 14/604*), aux jolis pignons vénitiens, a fonctionné cinq siècles comme école et compté parmi ses professeurs l'architecte Matěj Rejsek ; un passage ouvert sous ses arcades permet l'accès au portail Ouest de l'église de Týn. **U kamenného zvonu**★ (À la Cloche de pierre – *n° 13/605*) est la plus remarquable maison particulière de la place. Longtemps, elle a caché sa véritable nature derrière une façade baroque. En réalité, c'est une maison forte médiévale, semblable à un palais, et il se pourrait que l'épouse de Jean de Luxembourg, la reine Élisabeth, l'ait habitée un temps. Commencée à la fin du 13e s., elle a été beaucoup agrandie au 14e s. et ornée de nombreuses sculptures, peintures murales et statues. À la fin du 17e s., tout cela a été recouvert ou détruit, et c'est seulement dans les années 1960 qu'on a mis au jour ces merveilles. On a même interrompu les travaux de restauration, tandis que les experts s'interrogeaient sur l'apparence qu'on devait redonner à ce bâtiment si remarquable. Finalement, on a éliminé la plupart des apports baroques et rendu à la maison son visage gothique, y compris un toit en appentis. Aujourd'hui restaurée, elle se dresse dans toute sa splendeur médiévale et offre son cadre prestigieux à des expositions temporaires.

Le **palais Goltz-Kinsky** est l'un des plus beaux palais rococo de Prague. Il fut la demeure prestigieuse du comte Goltz, qui n'a pas hésité à le doter d'une avancée dépassant la limite officielle de construction sur la place. **Anselmo Lurago** l'a achevé en 1765, en s'inspirant d'un projet antérieur de **Kilian Ignaz Dientzenhofer**. Les combles sont couronnés de statues de Platzer et, sous le double fronton, un superbe balcon relie les deux portails. C'est de ce balcon que le Premier ministre communiste Gottwald a prononcé en février 1948 son discours lourd de conséquences. Le bâtiment abrite aujourd'hui au premier et au deuxième étage, ainsi que dans les caves romanes et gothiques, des expositions temporaires de la Galerie nationale. Il est associé, à plusieurs titres, à **Kafka** : la boutique de son père a occupé un temps le rez-de-chaussée, l'appartement de la famille se trouvant au-dessus ; une autre partie du bâtiment abritait le lycée allemand que fréquentait le jeune Franz.

Toujours sur le côté Nord de la place, l'**ancien couvent des Pauliniens** *(n° 7/930)*, situé au débouché de la rue Dlouhá, est une superbe construction baroque de **Giovanni Domenico Canevale** achevée en 1684. Toutes ses voisines baroques du côté Ouest ont été abattues au cours de l'*asanace*, pour être remplacées par les bâtiments actuels. Celui du milieu *(n° 6/932)* a été conçu par **Osvald Polívka** en 1900, dans un style fleuri très proche de celui des immeubles prestigieux qui bordent Pařížská.

★★ **Sv. Mikuláš** ⊙ – La blancheur étincelante de la splendide **église** baroque **St-Nicolas**, terminée en 1737, renforce son aspect monumental. Mais ce n'est qu'après la démolition des maisons qui la dérobaient aux regards qu'elle a trouvé son rang parmi les grands monuments de la place de la Vieille Ville.

Confronté à la difficulté d'ériger une église dans ce qui, à l'époque, était une rue étroite, son architecte, **Kilian Ignaz Dientzenhofer**, a construit en hauteur, prévoyant deux tours jumelles de part et d'autre d'un dôme. Organisé autour de son centre, l'intérieur, de la même blancheur immaculée, est une démonstration virtuose de complexité architecturale. Les stucs de Bernard Spinetti sont extraordinaires. L'intérieur de la coupole est recouvert de fresques peintes par P. Asam (ou K. D. Asam) illustrant la vie de saint Nicolas.

Tout comme les autres édifices qui l'ont précédée ici, l'église a connu des péripéties diverses. Le premier sanctuaire est élevé au début du 13ᵉ s. par des marchands allemands, qui délaissèrent leur premier établissement sur Na Poříčí. Avant l'acquisition de l'hôtel de ville, l'église servait de salle du Conseil et de paroisse pour la Vieille Ville. Pendant plus de deux siècles, c'est un bastion hussite qui est ensuite confié au couvent bénédictin voisin. Entre 1871 et 1914, elle accueille la communauté russe orthodoxe de Prague, puis sert brièvement de chapelle militaire. En 1920, elle devient le siège de la toute nouvelle Église tchécoslovaque, institution néo-hussite dont on espérait qu'elle deviendrait l'Église nationale de Tchécoslovaquie.

À l'angle de Maiselova, jouxtant l'église, se dresse la maison baroque où est né Kafka. Reconstruite à l'époque de l'*asanace*, elle abrite aujourd'hui l'**Expozice Franze Kafky** Ⓥ, qui présente la vie et l'œuvre de l'écrivain. Karel Hladík a donné au buste qui orne la façade un air plutôt tourmenté.

★★ **Matky Boží před Týnem** Ⓥ – Les maisons basses qui cachent la partie inférieure de l'**église Notre-Dame-de-Týn**, dite **église de Týn**, ne l'empêchent pas d'être le monument le plus présent de la place, avec ses deux tours qui dominent de 80 m le pavé, couronnées d'une forêt de clochers et de flèches acérées leur donnant une allure presque sinistre.

C'est le plus important sanctuaire gothique de la ville, à l'exception de la cathédrale. Les travaux commencent à partir de 1360 environ, à l'emplacement de l'église gothique précédente, elle-même ayant succédé à un édifice roman qui accueillait les marchands étrangers de la cour de Týn, ou **Ungelt**★ *(voir ce nom)*. Elle est pendant de longues années un pôle de la Réforme. Konrad Waldhauser et Milíč de Kromčříž y prêchent à la fin du 14ᵉ s., et, au siècle suivant, elle devient la cathédrale du seul archevêque hussite, Jan de Rokycany. Le roi hussite Georges de Podiebrad la dote de l'emblème du mouvement utraquiste, un calice d'or. Celui-ci orne la statue du roi sur le pignon séparant les tours jusqu'en 1623, année où, dans un geste de triomphalisme catholique, il est fondu et devient l'auréole de la Vierge que l'on substitue au roi.

L'atelier de **Peter Parler** a pris en charge une partie de la construction de l'église. Le chef-d'œuvre incontestable de ses artisans est la *Cruxifixion* (vers 1380) sculptée sur le tympan du portail Nord, qui donne sur la ruelle Týnská *(l'original se trouve aujourd'hui à la Galerie nationale)*. L'intérieur de l'église est actuellement en cours de restauration, ce qui devrait rafraîchir l'aspect plutôt triste et sombre qu'il avait acquis et permettre de mieux apprécier son riche mélange d'architecture et de décoration gothique, baroque et Renaissance. Les collatéraux ont conservé leurs voûtes gothiques, alors que celle du vaisseau central a été remaniée dans le style baroque après le grand incendie de Prague de 1679. Au nombre des éléments gothiques, on note un dais de pierre de 1493, œuvre de Matčj Rejsek pour le tombeau de l'évêque hussite Mirandola ; les stalles du chœur, portant des portraits de Venceslas IV et de la reine Jeanne de Hollande ; un calvaire et une Madone à l'Enfant (vers 1400) ; une chaire (vers 1450) ; des fonts baptismaux en étain (1414). Le style Renaissance se retrouve dans un *Baptême du Christ* (1520), remarquablement sculpté *(à droite du portail Sud)*, et dans le tombeau de Tycho Brahe, dont le granit rose et poli montre bien le nez (coupé lors d'un duel) de l'infortuné astronome. L'empreinte du baroque, décisive, est sensible surtout dans les retables de Karel Škréta, dont on remarquera l'*Ascension* au maître-autel.

Haut dans le mur du collatéral côté Sud s'ouvre une petite fenêtre qui fait partie de la maison de la rue Celetná où le jeune Kafka a vécu un temps.

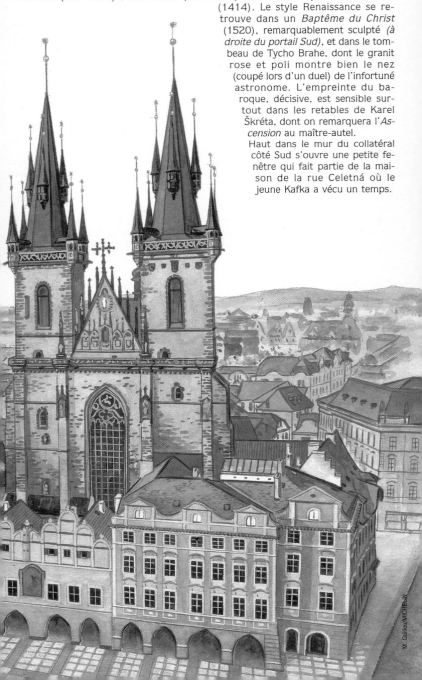

M. Quillou/MICHELIN

Státní OPERA★

En réplique à la construction par les Tchèques du monumental Théâtre national, la communauté allemande de Prague, cultivée et prospère, finança un bâtiment tout aussi splendide, bien que plus petit, appelé au départ *Neues Deutsches Theater*. Le choix des architectes s'impose : ce sera le dynamique duo viennois de **Helmer** et **Fellner**, bâtisseurs de théâtres et d'opéras dans tout l'empire austro-hongrois. Derrière la façade néoclassique, ornée d'une statue de Pégase, se cache un merveilleux intérieur néorococo, entièrement restauré en 1973.

Le théâtre est le cadre de nombreuses innovations musicales. C'est là que Prague découvre les musiques de Richard Strauss et Gustav Mahler. Entre 1911 et 1927, son chef d'orchestre autrichien Alexander Zemlinsky soutient la création contemporaine allemande, avec des œuvres d'Ernst Křenek et d'Arnold Schœnberg. En 1924, Hindemith dirige la première de *L'Attente* ; en 1936, on donne, pour la première fois hors d'Union soviétique, l'opéra *Katerina Izmailova* de Chostakovitch.

Après la Seconde Guerre mondiale, le théâtre devient le foyer de la troupe « L'Opéra du 5 mai » et de son orchestre d'avant-garde. Rebaptisé Smetanovo divadlo (théâtre Smetana), il deviendra ensuite l'Opéra d'État.

STAVOVSKÉ Divadlo★

Premier théâtre permanent de Prague fondé en 1781 par le comte Nostitz, le bâtiment néoclassique aux tons vert et crème du théâtre des États domine **Ovocný trh** (Marché aux fruits).

Ce dernier, avec **Uhelný trh** (Marché au charbon) au Sud-Ouest, fait partie de **Havelské mčsto** (St-Havel), extension de la Vieille Ville aménagée au milieu du 13ᵉ s., dont le tracé rectiligne de rues marque encore le quartier. Du côté Sud de Rytířská (rue du Chevalier), on a incorporé à des bâtiments plus récents les vestiges de tours médiévales. Avec le théâtre des États, St-Havel accueille les très anciens bâtiments de l'**université Charles**, une belle église paroissiale, et, non des moindres, le marché en plein air le plus accessible de Prague.

★ **Le théâtre** ⊘ – Il est inauguré le 21 avril 1783 sous le nom de son fondateur avec une représentation de la pièce de Lessing, *Emilia Galotti* ; mais il restera toujours dans les mémoires pour avoir été le cadre de la première triomphale du *Don Giovanni* de Mozart, le 29 octobre 1787. Subventionné par la Diète, assemblée des États de Bohême (noblesse, clergé et bourgeoisie), le monument prend le nom de théâtre des États en 1799. Les spectacles s'y donnent en tchèque aussi bien qu'en allemand, mais il revient exclusivement à l'allemand en 1861, sous le nouveau nom de Théâtre royal. En 1920, lors de violents troubles anti-allemands et antisémites, les acteurs du Théâtre national s'emparent par la force de l'établissement, qui devient exclusivement tchèque. Les communistes le renomment théâtre Tyl, d'après Josef Kajetán Tyl, compositeur de *Kde domov mǔjý (Où est ma patrie ?)*, l'air qui est devenu l'hymne national tchèque ; la vénérable institution a aujourd'hui repris son nom de la fin du 18ᵉ s.

***

La première de « Don Giovanni »

Plusieurs opéras sur le thème de Don Juan ont déjà été présentés à Prague quand, au début de l'année 1787, le théâtre Nostitz demande à Mozart de composer un opéra sur le même sujet pour l'automne suivant. Il se met au travail. Mais, deux jours avant la première, l'ouverture reste toujours à écrire. On dit que, durant toute la nuit du 27 octobre, sa femme Constance le maintenait éveillé avec du café fort pendant qu'il griffonnait à toute allure. Enfin terminée, l'ouverture est emportée en toute hâte de la rue Bertramka *(voir cette entrée)* chez les copistes, puis distribuée aux musiciens, juste à temps pour la première du 29. La représentation d'*Il Dissoluto punito ossia il Don Giovanni* est un triomphe ; tous s'accordent à dire qu'on n'a jamais rien entendu de tel à Prague. Ravi d'être adulé par la ville, Mozart s'exclame " Meine Prager verstehen mich ! " (Mes Pragois me comprennent !). La ville le vénère toujours, et on joue en permanence ses œuvres les plus connues pour un public de touristes, ce qui n'est pas nécessairement un gage de qualité.

Carolinum – *Ovocný trh 3*. L'université fondée par Charles IV en 1348 et qui porte son nom était la première d'Europe centrale. À l'origine, elle ne possédait pas de locaux, mais elle fut transférée en 1383 dans le manoir gothique qui sert encore aujourd'hui aux cérémonies universitaires et à des expositions occasionnelles. Certains éléments du bâtiment original ont survécu aux remaniements baroques et aux dommages de la guerre : la porte médiévale appelée porte Hus, deux travées de son arcade gothique et un merveilleux **oriel**★ qui donne sur le côté du théâtre des États.

L'université a pleinement partagé l'histoire tumultueuse du pays. Au départ, elle se divise en quatre « nations » aux mêmes privilèges. Cependant, en 1409, année du rectorat de Jan Hus, un décret royal donne priorité à la « nation de Bohême ». La plupart des membres « de Bohême » sont de langue allemande, mais leurs collègues allemands de l'étranger, se sentant indésirables, partent en nombre fonder une université rivale à Leipzig. La réputation de foyer d'hérésie du Carolinum s'éteint après la bataille de la Montagne blanche, en 1620. Parmi les condamnés à mort de la place de la Vieille Ville, en 1621, se trouve son recteur, Jan Jessenius, à qui on tranchera d'abord la langue. Un plus tard, on confie l'université aux jésuites. En 1882, les tensions nationalistes conduisent à une scission entre université tchèque et université allemande, chacune se réclamant authentiquement de Charles IV. En 1939, les nazis ferment tous les établissements d'enseignement supérieur de langue tchèque ; en 1945, la fermeture définitive de l'université allemande de Prague ne surprendra personne.

★ **Sv. Havla** ⊘ – Construite en 1727 par **Santini**, la belle **église** baroque **St-Havel** (ou St-Gall), à la façade Ouest ondulante, montre quelques vestiges de l'église paroissiale gothique antérieure, élevée à l'intention des immigrants venus surtout de Bavière peupler le quartier nouvellement créé de St-Havel. Elle renferme le tombeau d'un des plus grands artistes du baroque pragois, Karel Škréta, mais son joyau est une *Crucifixion* de 1726, œuvre complexe sculptée dans le bois par **F. M. Brokoff**.

Melantrichova – Cette rue, qui porte le nom d'un célèbre imprimeur et éditeur tchèque du 16e s., Melantrich, se joue des piétons qui y fourmillent, prenant l'étroitesse d'un boyau avant de déboucher sur le vaste espace de la place de la Vieille Ville. À l'angle de la rue Kožná se trouve la maison natale du « reporter enragé » *(Rasender Reporter)* **Egon Erwin Kisch** ; son élément le plus remarquable est un splendide **portail Renaissance**★ arborant deux ours qui donnent son nom à la maison.

ŠTERNBERSKÝ palác★★

Palais STERNBERG – Hrad≠any

Hradčanské náměstí – 🚋 22 jusqu'à Pražský hrad

Modestement en retrait par rapport à son flamboyant voisin, le palais de l'Archevêché, la résidence citadine bâtie par le comte **Wenzel Adalbert Sternberg** au tournant du 18e s. abrite la belle collection nationale de peintures de maîtres anciens.

Sternberg était l'un des hommes les plus riches de Prague, assez pour construire cette résidence spacieuse, mais aussi le grand palais de Troja *(voir cette entrée)*, aux confins de la ville, la campagne à l'époque. Il choisit comme architecte **Giovanni Battista Alliprandi**, qui s'inspire de plans de Domenico Martinelli, et termine son ouvrage en 1707. On approche par une ruelle pavée, sur le flanc gauche du palais de l'archevêché. La maison est bâtie autour d'une cour. On remarque surtout son spacieux vestibule et, couronné d'un dôme ovale, un pavillon grandiose qui donne sur le jardin. Certaines des pièces conservent leur décoration d'origine, et la visite du palais donne une idée de son passé de résidence aristocratique.

Vers la fin du 18e s., un autre Sternberg, le comte Franz Josef, jouera un rôle majeur dans le renouveau de la vie culturelle en Bohême. Il est membre de l'Association des patriotes amis des Arts, confrérie aristocratique qui a rassemblé les toutes premières collections d'art du pays dans le but *« d'élever le goût artistique du public, alors dévoyé »*.

★★NÁRODNÍ GALERIE ⊘

Les collections de la **Galerie nationale** furent d'abord hébergées au palais Czernin, puis de 1814 à 1871 au palais Sternberg, où elles retournèrent en 1947 après diverses péripéties. En 1995, le palais Sternberg perd sa remarquable collection d'art moderne européen, qui va rejoindre la collection nationale d'art tchèque au palais des Expositions. À l'époque communiste, la Galerie nationale servait entre autres de dépôt pour les biens confisqués : le processus de restitution engagé après 1989 fait que nombre d'œuvres majeures ont été rendues à leurs propriétaires. Mais le palais Sternberg offre quand même un bel aperçu de tableaux de maîtres anciens de la plupart des écoles européennes. Ses points forts sont la Renaissance allemande et la peinture flamande du 17e s. En raison de travaux réalisés en 2001, la majorité des œuvres ont été rassemblées momentanément au deuxième niveau.

Adam et Ève, par Cranach l'Ancien

Premier niveau – Les premières salles présentent de nombreuses œuvres italiennes mineures, du 14e au 16e s. Le retable en cinq panneaux d'Antonio Vivarini et Giovanni d'Allemagna, du milieu du 15e s., a conservé son cadre d'origine. On voit aussi un imposant *Saint Pierre* de Vivarini. Le splendide buste au nez busqué de *Laurent de Médicis* est d'Antonio Pollaiolo (1431-1498). Les primitifs italiens mineurs sont une intéressante entrée en matière pour la collection d'icônes grecques, vénitiennes, dalmates et russes d'époques différentes, et le groupe de portraits égyptiens anciens.

Les toiles flamandes comprennent une *Lamentation* de Dirck Bouts (1410/20-1475), un triptyque de *L'Adoration des Mages* de Geertgen tot Sint Jans (1460/65-1490/93), qui a été très découpé, mais montre encore de beaux portraits de donateurs, avec en fond des paysages et des vues de villes remarquablement détaillés. On voit un autre triptyque, de Joos van Cleve (vers 1464-1540), mais les œuvres les plus fascinantes sont sans doute *Saint Luc dessinant la Vierge*★ de Jan Gossaert, dit Mabuse (vers 1478-1533/36), aux personnages entourés d'une complexe architecture, et une charmante *Vierge à l'Enfant* des environs de 1520, d'un maître flamand anonyme. Johannes Sanders van Hemessen est l'auteur, vers 1540, d'une caricaturale *Mariée en pleurs*.

Les tableaux des contemporains de **Bruegel**, ou d'autres membres de sa famille, ne compensent guère le retour à la famille Lobkowicz de l'un de ses joyaux, *La Fenaison* de Pieter Bruegel l'Ancien, aujourd'hui exposé à Nelahozeves, à l'extérieur de Prague.

Deuxième niveau – Au nombre des peintures de la Renaissance allemande figurent des œuvres de très grande qualité : plusieurs sont de **Cranach l'Ancien** (1472-1553), dont un superbe *Adam et Ève*★ et un *Vieillard* particulièrement gâteux, dont la jeune compagne lorgne la bourse. On découvre des panneaux du *Retable de Hohenburg*, œuvre d'Holbein l'Ancien (vers 1465-1524), un *Portrait d'homme* de Cranach le Jeune (1515-1586), et un *Martyre de saint Florian*★ d'**Albrecht Altdorfer** (vers 1480-1538), où l'on voit le malheureux saint battu à mort par des brutes armées de gourdins.

Dans *La Décollation de sainte Dorothée*★, de **Hans Baldung Grien** (vers 1485-1545), la martyre attend paisiblement son sort.

Sans conteste, *La Fête du Rosaire*★★ de **Dürer** est le joyau de la galerie. Justement célèbre, ce panneau sur bois, peint en 1506 pour l'église des marchands allemands à Venise, synthétise les peintures du Nord et du Sud de l'Europe : dans la noble foule assemblée pour assister au couronnement de l'empereur Maximilien par la Vierge et, simultanément, du pape par l'Enfant Jésus, figure le peintre, posant avantageusement avec un parchemin portant ses initiales. Un siècle plus tard, Rodolphe II aura le coup de foudre pour cette œuvre. Après son acquisition, il lui fera passer les Alpes, enveloppée de tapis, sur le dos de quatre robustes porteurs. C'est l'une des rares grandes peintures de l'immense collection de Rodolphe II qui est toujours restée à Prague.

Le prestige des Sternberg est célébré dans le **Cabinet des antiquités**, décoré peu après 1707 par Johann Rudolf Bys, avec un plafond où figure une étoile en trompe-l'œil qui semble s'élever vers le ciel (*Stern* = étoile en allemand).

Les peintures de la **Renaissance italienne** comprennent un *Saint Jérôme* du Tintoret (1518-1594), des portraits de Bronzino (1503-1572), et l'émouvant *Vierge et Enfant, avec Zacharie, Élisabeth et saint Jean Baptiste enfant* de Vincenzo di Biagio Catena (vers 1470-1531). La plus belle toile du baroque italien est *Salomé et la tête de saint Jean-Baptiste*, de **Guido Reni** (1575-1642).

Saint Jérôme réapparaît dans une étude expressive de Ribera (1591-1652) ; on voit aussi un *Christ en prière* du Greco (1541-1614).

Autre pièce du 18ᵉ s. bien conservée, le somptueux **Cabinet chinois** montre des murs en laque du décorateur Jan Vojtčch Ignác Kratochvíl, à qui l'empereur avait confié le monopole de cette technique.

Au nombre des œuvres italiennes rococo figurent des toiles de Guardi et Tiepolo ; deux toiles de Roland Savery (1576-1639), peintre de la cour de Rodolphe, *Le Paradis terrestre*, animé d'une abondante vie animale, et un *Paysage aux oiseaux* représentent l'art flamand. Rubens est présent par une *Étude de tête d'homme*. Parmi les peintres hollandais, Ruysdael figure en bonne place, et on trouve deux beaux portraits de Jan van Ravesteyn (1570-1657), *Le Botaniste* et *Vieille femme*. La grande salle ovale, au centre de l'aile Nord du palais, renferme plusieurs chefs-d'œuvre. D'autres **Rubens** : *Le Martyre de saint Thomas* et *Saint Augustin* ; un *Saint Bruno*★ et un *Abraham et Isaac* de Van Dyck (1599-1641) ; un portrait de *Jasper Schade van Westrum*★ par **Frans Hals** (1581/85-1666) ; et un superbe Rembrandt, *Érudit à son étude*★. Le double portrait *Perez Burdett et sa femme Hannah*★, de **Joseph Wright de Derby** (1734-1794) est empreint d'humanité.

L'exposition permanente s'achève par une riche présentation d'œuvres mineures, dont les plus séduisantes sont deux portraits de Bartolomeus van der Helst (1613-1670), qui montrent le peintre et son épouse jouant dans une pastorale.

STRAHOVSKÝ klášter★★

Abbaye de STRAHOV — Hradčany

Strahovské nádvoří — 🚋 22 jusqu'à Pohořelec

Où que l'on se trouve à Prague, le regard rencontre les tours jumelles de Srahov, qui s'élèvent au-dessus des bois et des vergers de la colline de Petřín, semblant marquer le commencement de la campagne bohémienne. Au milieu du 12ᵉ s., le magnifique site en sommet de colline choisi pour fonder l'abbaye se trouvait effectivement aux confins de la ville, à l'endroit où la route venant de l'Ouest de la Bohême amorçait sa descente vers le Château. Dès le tout début, Strahov joue un rôle de pôle culturel, dont la réputation franchit les frontières. De sa longue histoire demeure un complexe architectural allant de l'âge roman au siècle des Lumières. Ses bibliothèques et ses collections de peinture sont au nombre des trésors de Prague.

UN PEU D'HISTOIRE

C'est l'éloquence de son fondateur qui aurait obtenu le soutien royal pour l'établissement de l'abbaye. En 1140, l'évêque Zdík d'Olomouc fait à Vladislav II une description du site en termes dithyrambiques, comparant Prague à Jérusalem et Strahov à la colline de Sion. Le souverain donne son consentement. En 1142, les premiers moines prémontrés arrivent de Rhénanie, et, dès les années 1180, une grande abbaye romane domine les hauteurs. Elle porte d'abord effectivement le nom de Sion, changé plus tard en Strahov (du tchèque *stráž* qui signifie « garde ») en raison de sa position stratégique aux abords Ouest de la ville. Cette situation ne présente pas que des avantages : le monastère fera régulièrement l'objet de pillages et d'incendies. Mais on le reconstruit toujours, et les trésors perdus sont reconstitués. Au milieu de la guerre de Trente Ans, la dépouille de saint Norbert, fondateur de l'ordre des Prémontrés et l'un des saints patrons de Bohême, est conduite ici en grande cérémonie, venant de la ville de Magdebourg, devenue protestante.

À la fin du 18ᵉ s., quand Joseph II ferme les monastères dans tout l'empire, l'abbé Meyer sauve Strahov en insistant sur son rôle d'institution éducative. Loin d'être dissous, Strahov croît en importance, aux dépens notamment de la grande abbaye de Louka, en Moravie, dont la bibliothèque, confisquée, vient enrichir ses rayons. Par la suite, les moines ne pourront résister à la pression de modernisateurs plus brutaux : en 1950, le régime communiste les expulse pour convertir l'abbaye en **musée de la Littérature tchécoslovaque**. Après la Révolution de velours et la restitution de l'abbaye à l'ordre des Prémontrés, on s'interroge sur l'avenir de cette exceptionnelle institution, dont les archives littéraires rassemblent plus de sept millions de pièces.

ENCEINTE DE L'ABBAYE

On aborde l'abbaye par la colline de Petřín, grâce à un passage ménagé entre les immeubles du côté Sud de la place Pohořelec, ou bien par l'entrée principale à l'Ouest, une splendide porte baroque de 1742, sur laquelle veille saint Norbert. On découvre immédiatement à gauche la **chapelle St-Roch**, élevée entre 1603 et 1611 par Rodolphe II, en reconnaissance de la protection de Prague contre la peste, qui avait ravagé le reste du pays. En dépit de détails Renaissance, la chapelle illustre parfaitement la permanence de l'architecture gothique en Bohême au 17e s. Elle sert aujourd'hui de hall d'exposition.

Plus loin, l'enceinte du couvent conserve l'allure bucolique d'un domaine campagnard, avec ses pavés, son herbe, ses arbres, et ses dépendances, dont la cave à vins, aujourd'hui occupée par un restaurant. À l'extrémité Est de la cour, on voit se dresser parmi les arbres une colonne de la fin du 17e s., surmontée d'une statue de saint Norbert.

Nanebevzetí Panny Marie – Comme pour une grande partie de l'abbaye, l'**église Notre-Dame-de-l'Assomption** conserve, sous les remaniements et l'ornementation apportés par la suite, des éléments de maçonnerie romane. On y retrouve surtout l'empreinte du milieu du 18e s., époque où **Anselmo Lurago** a conduit des travaux de reconstruction. Mais l'église suit toujours le plan d'une basilique romane, avec des collatéraux de même hauteur que la nef. Relativement sobre, la façade baroque montre une belle statue de la Vierge Immaculée, due à Quittainer. L'intérieur a été décoré somptueusement au moment de la reconstruction ; au-dessus des bancs et des autels latéraux en bois sombre et doré, des stucs crémeux de Palliardi encadrent des scènes de la vie de saint Norbert *(murs latéraux)* et de la Vierge *(plafond)*. On y voit aussi des peintures d'autel de Willmann et de Liška, ainsi que des statues de Platzer et de Quittainer. La dépouille de saint Norbert repose dans un sarcophage Empire. Les tours caractéristiques de l'église, d'époque Renaissance, ont été remaniées par Lurago entre 1743 et 1751.

STRAHOVSKÁ KNIHOVNA ⓥ

Les **bibliothèques de Strahov** comprennent deux des plus beaux endroits jamais conçus pour la conservation et la présentation des livres, la **salle de Théologie** (Teologický sál), réalisée entre 1671 et 1679, et la **salle de Philosophie** (Filozofický sál), installée entre 1782 et 1784. La salle de Théologie jouxte l'aile Ouest du cloître, et la salle de Philosophie a été construite, de manière pragmatique, au-dessus d'un ancien magasin. Son architecte, **Ignaz Palliardi**, l'a dotée d'une façade néoclassique, où le fronton montre un médaillon de l'empereur Joseph II, dont la gracieuse autorisation avait permis à l'abbaye et à ses librairies de poursuivre leur existence.

Le couloir qui mène aux bibliothèques est bordé de vitrines présentant des objets étranges issus du cabinet des curiosités de l'abbaye. En revanche, on ne peut voir les bibliothèques qu'à partir de leur porte d'entrée. Au nombre des trésors habituellement exposés, on admirera les merveilleux évangiles de Strahov, manuscrit de l'an 800 orné d'enluminures quelque deux siècles plus tard.

★★★ **Salle de Philosophie** – Les dimensions de ce magnifique espace ont été établies sur mesure par Palliardi pour recevoir les bibliothèques de l'abbaye de Louka après sa dissolution. Ces chefs-d'œuvre de menuiserie ornementale, d'une hauteur de 15 m, ont été sculptés en noyer par Jan Lachofer, avec une galerie simple. Le superbe plafond peint est le dernier projet d'envergure du Viennois **Franz Anton Maulpertsch** (1724-1796), qui avait supervisé une œuvre similaire à Louka, détruite par la suite. Âgé de 72 ans lorsqu'il a peint le plafond, il a illustré son sujet, l'histoire de la Philosophie, par des personnages bibliques, mais aussi par des figures issues de l'héritage chrétien de la Bohême, comme sainte Ludmilla et saint Venceslas, ainsi que par des penseurs hérétiques des Lumières, comme Voltaire et Diderot, qu'il montre précipités au fond des Enfers.

★★★ **Salle de Théologie** – Si la conception linéaire de la salle de Philosophie correspond bien à l'esprit rationnel qui a dominé la fin du 18e s., la salle de Théologie, réalisée plus d'un siècle plus tôt par Giovanni Domenico Orsini, évoque un univers plus ancien et plus mystérieux de spéculation philosophique et d'érudition. Une large voûte en berceau richement décorée de stucs s'appuie sur le sommet des bibliothèques, tandis qu'une procession de globes anciens ponctue la longueur de la pièce en son milieu. Encadrées de stucs, les peintures du plafond, réalisées aux alentours de 1720, déclinent le thème de la Vraie Sagesse et portent des messages en latin. Derrière les barreaux de plusieurs bibliothèques, on voit des livres interdits, dont le contenu, hérétique ou tout simplement indésirable, a entraîné leur mise à l'*Index* par l'Église.

★ **Strahovská obrazárna** ⓥ – Rassemblée pour l'essentiel au cours du 19e s., la splendide collection de l'abbaye fut confisquée sous le régime communiste. Beaucoup d'œuvres ont été aujourd'hui restituées, dont certaines par la Galerie nationale, et sont présentées à l'étage du cloître, dans la **galerie de peinture**. On y

Strahov : la salle de Théologie

verra de merveilleux tableaux de l'époque gothique en Bohême, par les Maîtres de Vyšší Brod et de Litomčřice, mais aussi des chefs-d'œuvre Renaissance et baroques de van Aachen, Spranger, Škréta, Brandl et Reiner. Le projet de Maulpertsch pour le plafond de la salle de Philosophie est également exposé. Le joyau de la galerie demeure la **Madone de Strahov**★★ semblable à une icône, peinture d'un maître bohémien anonyme du milieu du 14e s.

SV. MIKULÁŠE★★★

Église ST-NICOLAS – Malá Strana

Ⓜ Malostranská – 🚋 22

Une des grandes œuvres de l'architecture religieuse du baroque tardif, St-Nicolas se dresse fièrement au centre de la place de Malá Strana, présence monumentale soulignée par les bâtiments de moindre importance qui l'entourent. Son architecture est remarquable en tous points, et son intérieur présente l'un des plus somptueux décors que puisse offrir la ville. Mais le rôle joué par ce monument dans le paysage plus large de Prague est tout aussi frappant, avec son grand dôme et son clocher élancé qui forment « le pivot autour duquel tourne silencieusement la ville » (Brian Knox).

Le centre de la place de Malá Strana a toujours été occupé par divers bâtiments, habitations, marché, maison du Conseil, école, et par deux églises, St-Venceslas la romane et St-Nicolas la gothique. Après la bataille de la Montagne blanche en 1620, les jésuites obtiennent un terrain au centre de la place et démolissent la plupart des structures existantes, agrandissant leur collège (aujourd'hui partie de l'université). Ils maintiennent le culte dans l'ancienne église gothique St-Nicolas jusqu'à l'achèvement des travaux de sa grandiose remplaçante, qui prendront des années et occuperont plusieurs générations d'architectes. Dès 1672, on a un projet, et la première pierre est posée l'année suivante. Mais l'architecte Giovanni Domenico Orsi meurt en 1679. Carlo Lurago lui succède, puis, en 1703, le projet est confié à la dynastie des **Dientzenhofer**. Cette même année, Christoph Dientzenhofer commence les travaux de la nef, que son fils Kilian Ignaz terminera. Ce dernier construit aussi, entre 1737 et sa mort en 1751, le chœur et le dôme. Enfin, le gendre de Kilian, Anselmo Lurago, ajoute le clocher en 1755. Mais là encore, le projet n'est pas terminé : la décoration de l'intérieur se poursuit jusqu'en 1775, deux ans seulement avant que l'empereur Joseph II n'ordonne la dissolution de l'ordre des Jésuites.

Mozart s'est assis aux superbes orgues de cette église, et c'est ici que, quelques jours après sa mort, le 14 décembre 1791, une messe de requiem a été dite en son honneur, en présence d'une foule se pressant jusque sur la place.

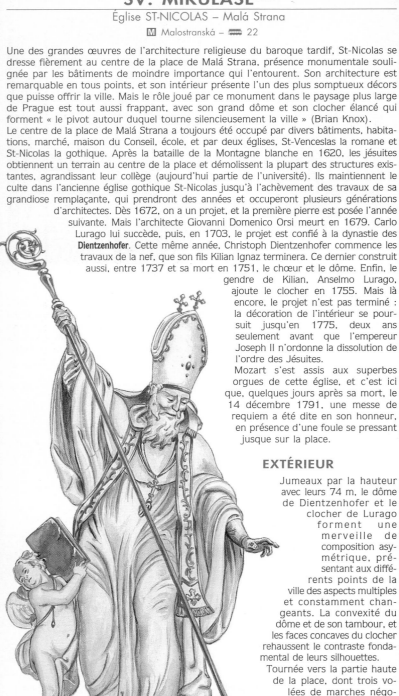

M. Guillou

EXTÉRIEUR

Jumeaux par la hauteur avec leurs 74 m, le dôme de Dientzenhofer et le clocher de Lurago forment une merveille de composition asymétrique, présentant aux différents points de la ville des aspects multiples et constamment changeants. La convexité du dôme et de son tambour, et les faces concaves du clocher rehaussent le contraste fondamental de leurs silhouettes.

Tournée vers la partie haute de la place, dont trois volées de marches négocient astucieusement la pente, la façade principale se caractérise par un autre jeu entre le concave et le convexe, produisant une impression d'ondulation que soulignent les balustrades et rebords de fenêtre nettement dessinés, les frontons rompus, les pilastres et les colonnes obliques. Cette composition, complexe mais harmonieuse, est ornée de statues de Johann Friedrich Kohl ; on y voit les Pères de l'Église, les saints jésuites Ignace et François Xavier, saint Pierre et saint Paul et, sur le pignon, au-dessus de l'aigle des Habsbourg, saint Nicolas lui-même avec la devise IHS, *Jesus Habemus Socium*, « Jésus est notre allié ».

On peut monter au **clocher** ⊙ pour voir de plus près les statues ornant la toiture et le splendide **panorama**★★★ sur Malá Strana et la ville.

INTÉRIEUR ⊙

Les jésuites choisissent de stimuler la foi par le biais du spectaculaire : l'intérieur de Saint-Nicolas a quelque chose de théâtral, épuisant les ressources de la lumière, de la couleur et du mouvement pour produire un effet presque oppressant. Dans la **nef**, le rythme des colonnes de Christoph Dientzenhofer, animé par un alignement de saints très expressifs, attire inévitablement le regard vers le vaste espace central, sous le dôme conçu par son fils. Tout en haut, l'architecture de la voûte se perd dans l'*Apothéose de saint Nicolas*, œuvre de Johann Lukas Kracker, qui, avec près de 1 500 m^2 est l'une des plus grandes peintures sur plafond de ce genre au monde. Kracker est aussi l'auteur des moulures, ajoutant ainsi aux effets de trompe-l'œil. Sur la gauche s'ouvre la chapelle de sainte Barbe, qui abrite une belle *Crucifixion* de **Karel Škréta**, et des fresques, dont l'une montre un jeune frère jésuite semblant regarder par une fenêtre à l'intérieur de l'église. Sur la droite, la chapelle de sainte Anne abrite le caveau de la famille Kolowrat, qui a financé la majeure partie de la construction de l'église.

En hauteur trône un orgue magnifique, avec des anges musiciens sous une autre peinture en trompe-l'œil, représentant cette fois sainte Cécile.

La croisée du transept est dominée par quatre figures géantes des Pères de l'Église dues à **Platzer** : l'un d'eux terrasse un diable avec sa crosse. Au-dessus des Pères, des figures plus petites représentent les Vertus. Platzer est aussi l'auteur de la statue dorée de saint Nicolas, qui trône au maître-autel. L'élément singulier le plus remarquable reste toutefois la **chaire**, œuvre en 1765 de **Richard Georg Prachner** : vaisseau en rocaille et dorures semblables à des coraux, on la dirait prête à être emportée par ses *putti* sur une nuée céleste. Tout en haut, la lumière entre à flots par les grandes fenêtres sous la coupole, dont la fresque de Palko, achevée en 1752, représente une *Célébration de la Sainte-Trinité*.

Inspiré par la magnificence de St-Nicolas, Paul Claudel écrit dans son introduction au *Soulier de satin* : « L'édifice entier est une action de grâces à laquelle nous sommes aussitôt associés, où tout est paix, joie et non seulement sourire, mais éclat de rire ».

M. Guillou/MICHELIN

SVATÝ VÍT (Chrám sv. Víta)★★★

Cathédrale ST-GUY – Hradčany

🚊 22 jusqu'à Pražský hrad

Bâtie sur les vestiges de ses ancêtres romanes, la glorieuse cathédrale, dont les tours et les pinacles s'élèvent bien au-dessus des murs d'enceinte du Château, est la plus grande église du pays : église du couronnement, mausolée des rois et des reines, écrin des joyaux de la Couronne de Bohême, si chargés de symboles.

La première pierre de la cathédrale est posée en 1344, mais il s'écoulera plus de cinq siècles avant l'achèvement officiel des travaux, en 1929. Parfois austère, parfois très inventive, son architecture s'enrichit d'une multitude d'éléments décoratifs, allant des somptueux tombeaux Renaissance et baroques aux extraordinaires vitraux du début du 20e s. L'ornementation du bâtiment se poursuit même à la période communiste. Pourtant, le régime est hostile à l'Église : au début des années 1950, le futur archevêque de la cathédrale, **František Tomášek** (1899-1992), est interné plusieurs années dans un camp de travail ; à l'époque de la « normalisation », il reste en contact avec les groupes d'opposition. En 1989, à la veille de la Révolution de velours, il joue un rôle important dans la canonisation de sainte Agnès de Bohême *(voir encadré p. 104)* ; il célèbre le triomphe de la Révolution de velours par une messe spéciale en la cathédrale ; en 1990, c'est lui qui accueille le pape Jean-Paul II à Prague.

UN PEU D'HISTOIRE

C'est **Charles IV** (1316-1378) qui est à l'origine de la création de la cathédrale ; on perçoit son influence dans le style même de l'édifice, et il y est même représenté à plusieurs reprises. Il n'est encore que prince lorsqu'il assiste, en 1344, à la pose de la première pierre par Ernest de Pardubice, premier archevêque de Prague, nommé par le pape, qui confirme ainsi l'essor de cette cité tournée vers l'Occident. Devenu

Chevet de la cathédrale St-Guy

roi, puis, à partir de 1355, empereur du Saint-Empire, Charles s'engage dans l'expansion et l'embellissement de sa capitale, dont la nouvelle cathédrale forme le centre spirituel. D'éducation française, il choisit **Matthieu d'Arras** comme architecte. À la mort de Matthieu d'Arras en 1352, l'extrémité Est de la cathédrale est pratiquement achevée, suivant un plan et un style qui rappellent le gothique français, vieux d'un demi-siècle. Charles désigne pour le remplacer **Peter Parler**, âgé de 23 ans, membre de la dynastie des maîtres maçons responsables de la nouvelle cathédrale de Cologne. Original, énergique et inventif, Parler termine le chœur de Matthieu d'Arras, le couvrant d'une voûte de concept nouveau, dont le réseau de nervures aériennes intègre l'espace plutôt qu'il ne le divise. Il clôt également l'extrémité Ouest du chœur avec un mur temporaire, solution « provisoire » qui durera presque un demi-millénaire.

Les travaux de la cathédrale se poursuivent après la mort de Parler en 1399, mais de façon très sporadique. En 1421, les hussites font irruption dans l'édifice avec la ferme intention d'en piller le mobilier et le décor somptueux ; mais ils ne peuvent que constater que leur adversaire, l'empereur Sigismond, les a en partie devancés, faisant fondre le trésor de la cathédrale pour payer ses soldats. En 1619, deux siècles plus tard, les calvinistes opèrent une semblable destruction. En 1757, la cathédrale est fortement endommagée pendant le siège prussien. Peut-être est-ce une chance que les projets d'achèvement de la cathédrale dans le style baroque n'aient jamais abouti. Ce n'est qu'au milieu du 19ᵉ s., avec un engouement nouveau pour le gothique, qu'un effort concerté a vu le jour, avec la fondation, en 1859, d'une association pour l'achèvement de la cathédrale. On commence par enlever les éléments baroques du chœur. **Josef Mocker** (1835-1899), le plus éminent promoteur du néogothique dans le pays, supervise une bonne part des travaux. La voûte de la grande nef est achevée en 1903, après quoi on s'intéresse aux ornements et au mobilier, auxquels contribuent de nombreux grands artistes de l'époque. En 1929, on célèbre le millénaire du martyre de Venceslas, saint patron du pays, et la cathédrale St-Guy est consacrée en grande cérémonie.

EXTÉRIEUR

Au débouché du passage qui relie la deuxième et la troisième cour du Château, les visiteurs découvrent soudain la **façade Ouest** de la cathédrale, qui dresse, vertigineuses, ses tours jumelles. Cette partie du bâtiment est du 20ᵉ s., bien qu'au premier abord l'illusion gothique soit totale, tant était grand le respect de Mocker et de ses collègues pour le style de leurs prédécesseurs médiévaux. En s'approchant, on découvre d'intéressants détails comme, sur les trois portes, les **bas-reliefs** en bronze de 1929 d'**Otakar Španiel**, illustrant des scènes de la construction de la cathédrale *(milieu)* et les vies des saints Adalbert *(gauche)* et Venceslas *(droite)*.

En longeant le côté Nord de la cathédrale, proche des constructions plus modestes qu'elle écrase de son ombre, jusqu'à Jiřské náměstí (place St-Georges), on pourra apprécier le souci de Peter Parler d'éviter que les éléments structuraux ne perturbent la pureté et la simplicité du **chœur** : un déploiement de piliers, de pinacles et d'arcs-boutants, véritable « forêt de pierre » (V. Dudák), s'élève au-dessus de la couronne de chapelles rayonnantes pour soutenir la voûte du chœur, et y laisser entrer un maximum de lumière.

On entre à nouveau dans la troisième cour en passant sous la galerie surélevée qui permettait au souverain d'aller directement de l'ancien palais royal à son oratoire surplombant le chœur de la cathédrale. La cour est dominée par la superbe **tour Sud** de la cathédrale, haute de 96,5 m. Commencée par les successeurs de Parler, on lui a ajouté au milieu du 16ᵉ s. une galerie Renaissance et un dôme triple, remanié en 1770 pour prendre sa forme actuelle caractéristique. Il est surmonté d'un lion de Bohême doré.

Porte de la cathédrale : le meurtre de saint Venceslas

J.-P. Garcin/PHOTONONSTOP

201

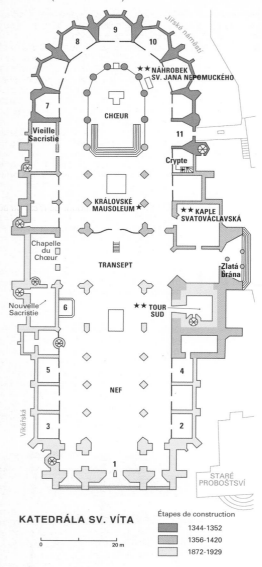

KATEDRÁLA SV. VÍTA

Jiřské náměstí

9
8
10
★★ NÁHROBEK
SV. JANA NEPOMUCKÉHO
7
CHŒUR
Vieille
Sacristie
11
Crypte
KRÁLOVSKÉ
MAUSOLEUM ★
★★ KAPLE
SVATOVÁCLAVSKÁ
Chapelle
du
Chœur
TRANSEPT
Zlatá
brána
Nouvelle
Sacristie
6
★★ TOUR
SUD
5
4
NEF
Vikářská
3
2
1
STARÉ
PROBOŠTSTVÍ

Étapes de construction
1344-1352
1356-1420
1872-1929

0   20 m

À l'Est du pied de la tour s'ouvrent les trois arcs de la célèbre **porte d'Or** (Zlatá brána), achevée en 1367 par Parler pour servir d'entrée cérémonielle à la cathédrale. On voit au-dessus une superbe **mosaïque vénitienne**★★ du *Jugement dernier* ; dans une mandorle, le Christ procède au jugement : à sa droite les justes, à sa gauche les damnés, que des démons entraînent dans les feux de l'enfer. Les écoinçons de l'arc du milieu portent les figures de Charles IV et de son épouse. À l'intérieur, l'entrée est protégée par une grille présentant des **bas-reliefs en bronze**★, œuvre en 1955 du célèbre décorateur Jaroslav Horejc, qui illustre de manière prosaïque les travaux des saisons et les signes du zodiaque.

INTÉRIEUR ⊘

Le billet d'entrée du Château donne accès au chœur et à la crypte de la cathédrale.

Nef – Une fois terminée, cette nef néogothique a été critiquée pour sa froideur académique, mais on la considère aujourd'hui comme une partie intégrante du monument, au même titre que les autres apports du 19e et du 20e s., tous empreints d'un authen-

tique respect pour l'œuvre des anciens bâtisseurs médiévaux. La nef reprend fidèlement le schéma établi par Peter Parler pour le chœur, par exemple dans les **nervures de la voûte** ou la disposition en hauteur de **portraits sculptés** sur la galerie ; au nombre des bustes qui honorent les derniers bienfaiteurs de la cathédrale figure celui de Josef Mocker par Jan Štursa. Mais l'élément le plus remarquable de cette partie de l'édifice demeure sans conteste ses **vitraux**★★ modernes. **František Kysela** fut un pionnier dans ce domaine. Avec 25 000 pièces de verre, sa **rosace** Ouest (**1**) de 1928 illustre la *Création du monde*. Kysela est aussi l'auteur du vitrail de la **chapelle de Thun** (**4**) illustrant le psaume 126 *« Qui sème dans les larmes récolte dans la joie »*, et de celui de la **chapelle Ste-Agnès** (**3**) décrivant les huit Béatitudes. D'autres chapelles possèdent d'intéressants vitraux modernes, telle la chapelle Ste-Ludmilla (**2**), avec une *Pentecôte* de Max Švabinský. Mais le vitrail le plus admiré, qui montre des épisodes de la vie des saints Cyrille et Méthode, se trouve dans la **chapelle du nouvel archevêque**★ (**5**), où est inhumé l'archevêque Tomášek : achevé en 1931 par **Alfons Mucha**, il conserve le style Sécession abandonné depuis longtemps par les autres artistes.

Dans un esprit très différent de celui de Mucha, le **retable** (**6**) sculpté dans différents bois par **František Bílek** est un exposé passionné sur la souffrance et la Rédemption. Le Christ en croix date de 1899, les autres éléments de 1927.

Transept et croisée – La tribune de l'orgue Renaissance, créée en 1561 par l'architecte de la cathédrale Bonifaz Wohlmut, barre presque entièrement le croisillon Nord. Elle fermait à l'origine l'extrémité Ouest du chœur, et a été déplacée en 1924. L'orgue rococo est de 1763. De magnifiques statues des saints patrons de Bohême ornent les colonnes de la croisée du transept et réapparaissent, spectaculaires, sur la plus grande fenêtre de la cathédrale, dans le croisillon Sud ; au-dessus de l'entrée cérémonielle *(habituellement fermée)* et de la **porte d'Or** (Zlatá brána), on voit une autre version du *Jugement dernier*, un vitrail de Max Švabinský.

Chœur – *Contrôle des billets à l'entrée gauche du déambulatoire.*
Noyau de l'édifice médiéval construit par Matthieu d'Arras et Peter Parler, c'est le lieu où ce dernier a tenté d'audacieuses expériences, en traitant l'espace de la voûte comme une unité plutôt qu'en le divisant en différents quartiers, comme le voudrait normalement l'architecture. Le réseau en diagonales des nervures laisse le regard courir librement. Parler fait aussi montre d'originalité dans

Vitrail de Mucha

Ph. Gajic/MICHELIN

l'**ancienne sacristie**, où une section de la voûte s'épanouit à partir d'un bossage sculpté suspendu dans l'espace. Difficiles à voir en haut de la galerie, les **bustes★★** de l'atelier de Parler sont d'un réalisme inhabituel pour des sculptures médiévales. Parmi eux, Charles IV, ainsi que Parler lui-même et Matthieu d'Arras, remarquables.
Ceint d'une grille ouvragée, le **mausolée royal★** (Královské Mausoleum) en marbre clair domine le milieu de cette extrémité du chœur. Cette œuvre du Flamand Alexandre Colin a été commandée en 1566 par Maximilien II pour honorer ses parents, Ferdinand Ier et Anne Jagellon, mais aussi pour relier la dynastie des Habsbourg, d'assez fraîche date, aux anciens rois de Bohême. On voit ainsi sur le tombeau les gisants de Ferdinand, Anne, et Maximilien, et sur les panneaux latéraux les souverains précédents, parmi lesquels Charles IV et ses quatre épouses, dont les dépouilles ont été transférées dans la crypte sous le mausolée.
La chapelle Ste-Anne (**7**) inaugure le demi-cercle de chapelles qui entoure l'extrémité Est de la cathédrale, partie achevée par Matthieu d'Arras. Des **panneaux de bois sculpté★** ornent les arcs du chœur, montrant la fuite du « roi d'un hiver », l'Électeur palatin Frédéric, et de son épouse Élisabeth Stuart, après la défaite de son armée à la bataille de la Montagne blanche, en 1620 ; on a là l'une des plus passionnantes vues anciennes de Prague en suivant l'interminable défilé des chariots de la suite du roi, qui se frayent un chemin par les rues de la Malá Strana, traversent la Vltava, et sortent par la porte Est de la Vieille Ville. À côté se trouve la majestueuse figure agenouillée du cardinal-archevêque Friedrich Schwarzenberg, œuvre en 1895 de Josef Myslbek.
Plusieurs chapelles abritent les **pierres tombales gothiques** des premiers souverains de Bohême, sculptées dans l'atelier de Parler ; les princes Bořivoj II et Břetislav II sont inhumés dans la chapelle St-Jean-Baptiste (**8**) ; les princes Spytihněv II et Břetislav Ier dans celle de la Vierge (**9**) ; les plus remarquables demeurent les figures des puissants rois prémyslides Ottokar Ier et Ottokar II (**10**). Ils sont néanmoins détrônés par le **tombeau baroque★★** en argent massif, extraordinairement ostentatoire, **de saint Jean Népomucène** (Náhrobek sv. Jana Nepomuckého), qui occupe une bonne partie du déambulatoire. Achevé en 1736 suivant un projet de **Fischer von Erlach**, il présente le saint sur son cercueil, soutenu par des anges. On dit qu'il aurait nécessité deux tonnes du précieux métal. L'impératrice Marie-Thérèse a fait don du baldaquin qui le surmonte.

Tombeau de saint Jean Népomucène

Ph: Gajic/MICHELIN

Juste après ce déploiement de luxe, on retrouve des panneaux de bois sculpté de l'autre côté du chœur, décrivant cette fois la destruction des ornements de la cathédrale par des calvinistes iconoclastes en 1619.

L'**oratoire royal★** (**11**) a été terminé peu après 1490 par l'architecte de la cathédrale, **Benedikt Ried** ; on y voit une ornementation de branchages rustique, ainsi que de joyeux personnages de mineurs, rappel des sources de la richesse du pays. Dans la chapelle voisine, des marches descendent à la **crypte**, espace mystérieux où l'on découvre les sinistres cylindres de granit poli contenant les reliques des souverains, au nombre desquelles celles de Charles IV, mais aussi des vestiges des églises qui ont précédé la cathédrale à cet endroit, la rotonde préromane et la basilique.

★★ Chapelle St-Venceslas (Kaple Sv. Václava) – *Accès interdit, on la voit simplement des entrées.* Peter Parler a édifié cette chapelle en 1365 à l'emplacement de la tombe de Venceslas, prince prémyslide et saint, que Charles IV souhaitait honorer en tant que prédécesseur, raffermissant ainsi le pouvoir de sa propre dynastie sur la Bohême.

L'entrée Nord de la chapelle montre un heurtoir en bronze en forme de lion, qu'aurait agrippé Venceslas agonisant, tandis que son frère félon le frappait à mort. Le fait qu'il date du 14ᵉ s. vient contredire la légende. L'espace rectangulaire qui s'étend après la porte, bien plus vaste que celui des autres chapelles, est couvert d'une remarquable voûte en étoile. Mais c'est la décoration somptueuse de la chapelle qui illustre le mieux la grande vénération que l'empereur avait pour le saint, et qui fait de ce lieu l'endroit le plus sacré de la cathédrale.

Les murs sont ornés de deux séries de **peintures**. Celles qui illustrent *La Passion du Christ*, sous la corniche, remontent à la construction de la chapelle. Elles sont serties dans de luxueux cadres de pierres semi-précieuses et de stuc doré. On voit au pied de la Croix les figures agenouillées de Charles IV et de sa quatrième épouse, Élisabeth de Poméranie. Illustrant des scènes de la vie de saint Venceslas, la série supérieure (vers 1509) est attribuée à l'atelier du Maître de Litomčřice. Œuvre d'un membre de la famille Parler, une élégante **statue** du saint en pierre calcaire, entourée de deux anges peints, domine l'autel. La châsse de saint Venceslas est presque entièrement une reconstitution.

Une petite porte donne accès à l'escalier de la **salle de la Couronne** qui renferme les **joyaux** de Bohême, parmi lesquels la splendide couronne de saint Venceslas, créée pour Charles IV. Les joyaux sont rarement présentés et font alors l'objet d'une grande vénération. Ils sont protégés par sept serrures, dont les clefs sont confiées à différents hauts personnages de l'Église, de l'État et de la ville.

Tour ⊙ – En gravissant 287 marches, on accède à la galerie panoramique de la tour Sud de la cathédrale, d'où l'on a une vue spectaculaire du monument lui-même, ainsi qu'un merveilleux **panorama★★** sur le Château et l'ensemble de la ville.

TRÓJA★★

Au Nord, FS du plan p. 11. Bus 112 de la station de métro Nádraží Holešovice au zoo.
Navette fluviale (l'été seulement). À pied : traverser le parc Stromovka
(Výstaviště, entrée du parc des Expositions) et passer la Vltava par l'île Cisařský

Au 18e s., on a donné le nom collectif de Trója (Troie) aux petits hameaux dispersés dans des collines bucoliques couvertes de vignobles (quelques vignes témoins demeurent), quand le comte **Wenzel Adalbert Sternberg** y fit bâtir son grand Palais d'été.

★★TROJSKÝ ZÁMEK (PALAIS OU CHÂTEAU TROJA) ⊘

Accès par la grille principale. En arrivant en bus, ne pas emprunter l'entrée latérale, mais prendre sur la droite et descendre vers la rivière. Pour ceux qui arrivent à pied par l'autre rive, prendre à gauche au débouché de la passerelle.

D'une pierre deux coups – Le comte Sternberg se disait que, s'il pouvait proposer à son souverain un lieu de détente agréable après ses parties de chasse au parc de Stromovka, de l'autre côté de la rivière, son influence à la cour ne pourrait qu'y gagner : la chasse royale ne disposait à l'époque d'aucun aménagement, pas même un simple pavillon. Le domaine de la ferme des Sternberg fournissant un emplacement idéal, les travaux débutèrent en 1679, avant même que la famille ne se construise un palais en ville.
De plus, si le fait de recevoir fastueusement le souverain devait favoriser le nom des Sternberg, il démontrait aussi leur loyauté tout en soutenant la cause de la noblesse de Bohême, dont l'image auprès de l'empereur s'était ternie depuis l'échec de la rébellion des États et la bataille de la Montagne blanche (1620).

Un projet ambitieux – Sur les conseils de l'archevêque de Prague, le comte engage un architecte alors peu connu, le Français **Jean-Baptiste Mathey**. On entreprend d'énormes travaux de terrassement afin de disposer l'axe principal du palais et du jardin face au Château de Prague, en hommage au souverain. Cette disposition permet aussi aux visiteurs arrivant en bateau d'admirer à loisir le bâtiment et son environnement : après avoir débarqué, ils doivent traverser les jardins à la française pour rejoindre la terrasse, puis gravir l'escalier monumental pour pénétrer au cœur même du palais, dans la salle d'apparat du premier étage.

Une fantaisie franco-italienne – L'esprit général du projet de Mathey est demeuré, en dépit de la disparition de quelques éléments conçus par l'architecte.

Les jardins – Les jardins à la française, auxquels la restauration moderne a fait perdre un peu de leur atmosphère, se composent de parterres entourant une grande fontaine, et d'une terrasse surélevée, bordée d'un mur orné de vases gigantesques conçus par Bombelli. Sur le côté s'étend un grand verger au dessin aussi classique, avec des allées convergentes, un labyrinthe circulaire et un théâtre de plein air.

Le palais – La structure rigoureusement symétrique du palais s'inspire des concepts nouveaux des Italiens Fontana et le Bernin. Monumental, le corps central du bâtiment, qu'éclairent deux étages de fenêtres, est entièrement occupé par la **salle d'apparat**. De part et d'autre, les ailes, plus basses, sont flanquées à leur tour de pavillons d'angle qui s'avancent dans les jardins. Au-dessus s'élèvent les deux tours qui renferment les escaliers intérieurs. L'axe principal de l'ensemble se prolonge côté Nord, où les écuries jouxtent un escalier semi-circulaire central, et un petit

L'escalier monumental donnant sur le jardin

Ph. Gajic/MICHELIN

portail qui donnait autrefois sur les vignes. Pour amplifier les dimensions du palais, Mathey y aligne des pilastres colossaux rouges, couleur qu'il donne aussi aux corniches et aux cadres des fenêtres. Seuls le grand escalier extérieur et les portes demeurent en pierre nue, ce qui en souligne l'effet.

Le grand escalier – Point de mire de l'axe principal, l'escalier est l'unique accès direct du rez-de-chaussée à la salle d'apparat. Sa forme en fer à cheval s'inspire du grand escalier du château de Fontainebleau. La splendide série de **statues**★★ montre les dieux de l'Olympe précipitant les Titans en enfer. Zeus et Héra encadrent la balustrade supérieure, qui offre une vue panoramique sur les jardins en direction du Hradschin. Cette superbe gigantomachie est l'œuvre de sculpteurs de Dresde, **Johann Georg Heerman** et son neveu Paul, disciples du Bernin.

Intérieur

Un descriptif du décor est présenté en plusieurs langues dans chaque pièce.

Les Marchetti – Originaires de Trente, en Italie du Nord, **Francesco Marchetti** et son fils **Giovanni Francesco** ont été chargés des peintures des plafonds, et aussi des grandes toiles, dont subsistent uniquement celles de la chapelle (1690). Tous leurs travaux, sans exception, célèbrent la gloire et le génie de la famille Sternberg. Ils dépeignent ses membres en compagnie des dieux, au sein de compositions allégoriques (la Vérité, la Victoire), proclamant les Vertus (Obéissance, Sagesse, Loyauté) ou triomphant du mal (le Vice, l'Envie, la Folie). L'étoile à huit branches des Sternberg y figure souvent. Cette iconographie complexe et prétentieuse ne parvient pas à dissimuler les défauts dans la composition et le rendu des gestes : déçu, le comte engage d'autres artistes pour orner la salle d'apparat.

★★★ **La salle d'apparat (1691-1697)** – Les frères flamands **Abraham** et **Isaac Godyn** entrèrent au service du comte en 1690. Impressionné par les trompe-l'œil architecturaux qu'ils avaient peints pour les corridors, Sternberg décida de leur confier les travaux de décoration de la salle d'apparat, projet cher à son cœur. Leurs fresques, à la gloire de la dynastie des Habsbourg et de la foi chrétienne, montrent une dimension épique. Celles qui illustrent la cuisante défaite des Turcs, envahisseurs de l'Europe centrale, sont particulièrement évocatrices. Maîtres dans l'art du trompe-l'œil, les frères Godyn ont magnifiquement traité l'espace de manière dynamique, utilisant la multiplicité des points de vue.

Dans les trois pièces qui jouxtent la salle d'Apparat, les charmantes peintures de paysages dans le style chinois sont l'œuvre d'un anonyme.

Collection de peinture – Le palais abrite une partie de l'immense collection de **peinture tchèque du 19e s.** de la ville de Prague, dont de nombreux tableaux du peintre d'histoire Václav Brožík.

Zoo de Prague ⊘ – L'accès au zoo fait face à l'entrée latérale du palais. Le jardin zoologique a connu son heure de gloire dans l'Entre-deux-guerres, quand l'architecte fonctionnaliste Josef Fuchs a conçu plusieurs de ses enclos. Il est toujours apprécié aujourd'hui, notamment des enfants.

UMĚLECKOPRŮMYSLOVÉ muzeum★

Musée des ARTS DÉCORATIFS – Vieille Ville
17 listopadu 2 – Ⓜ Staroměstská

Ouvert en 1900, dernier d'une série de bâtiments publics « néo-historiques » de prestige destinés à embellir les rues de Prague à la fin du 19e s., le palais servant de cadre au musée a été conçu par Josef Schulz, architecte du Musée national, pour loger une partie des collections d'arts décoratifs du pays.

Les collections – Leur origine remonte à la fin du 19e s., époque où de grands efforts sont faits pour promouvoir les arts appliqués ; les premières expositions du musée, présentées d'abord au Rudolfinum voisin, avaient essentiellement pour but d'encourager la qualité de la production contemporaine, plutôt que de créer un inventaire historique. Mais avec le temps, donations et acquisitions sont venues enrichir les collections, à tel point que ce musée est aujourd'hui l'un des plus complets de son genre en Europe centrale. Cependant, l'espace d'exposition reste un problème, et l'on regrettera que les présentations permanentes s'arrêtent à la fin du 19e s. L'apport des artistes et des artisans tchèques aux arts décoratifs du 20e s. a vraiment été exceptionnel, mais les visiteurs qui souhaitent admirer leur contribution originale à l'Art nouveau, au cubisme, et à l'Art déco, doivent se rabattre sur des expositions temporaires, car l'essentiel des collections du musée demeure dans les réserves ou est mis à la disposition de la Maison à la Madone noire *(voir l'entrée Celetná)*. Néanmoins, les œuvres exposées au musée donnent un aperçu vraiment exhaustif des arts appliqués de la fin du Moyen Âge à la fin du 19e s. L'accent est mis sur la production des pays tchèques, mais y figurent aussi des pièces françaises, italiennes et d'autres pays. Le cristal de Bohême est naturellement bien représenté, mais on voit aussi toutes sortes d'autres pièces merveilleuses, tissus, céramiques, objets en or et en argent, dentelles et pendules.

Les salles ⊙ – La **salle 1**, dite votive, présente un aperçu historique du musée. Le buste de l'empereur François-Joseph est là pour rappeler que ses bureaux se tenaient dans cette partie du bâtiment. La **salle 2** est

Le musée des Arts décoratifs présente deux autres attraits : son café en sous-sol, et, à partir de certaines de ses fenêtres, une vue dégagée inhabituelle sur le vieux cimetière juif, en contrebas.

consacrée à l'histoire du textile, du 18ᵉ s. aux années 1950. Les murs sont recouverts par quelques belles tapisseries, dont une d'Aubusson du 17ᵉ s. De petits meubles à tiroirs sont garnis de dentelles anciennes. À l'intérieur des vitrines a été disposée une intéressante collection de robes du jour et du soir, dentelles, éventails, chaussures qui ont marqué la mode féminine à travers les temps et à travers l'Europe. L'étage a été aménagé pour une présentation d'habits religieux anciens : chasubles, mitres, tissus. La **salle 4** a été baptisée salle des Arts du feu à travers les âges : outre des carafes, vases, verres, porcelaines des origines à nos jours, on peut aussi admirer de très beaux meubles baroques destinés à recevoir la vaisselle. Les imprimés et les photos ont été installés dans la **salle 5**. On y découvre les livres et impressions du 13ᵉ s. au 18ᵉ s. ; des livres et expressions graphiques des 19ᵉ et 20ᵉ s. (affiches de publicité et de théâtre); des photos en noir et blanc dont celles de Josef Sudek. Les conservateurs du musée ont décidé d'ouvrir en juin 2001 la **salle 6** pour abriter un ensemble très riche de bijoux et pièces d'orfèvrerie : services à café et à thé, médailles, pendentifs, bagues, montres, vases Art nouveau, objets religieux (calices, ciboires…). Une autre salle des instruments de mesure du temps est en préparation.

UNGELT (Týnský dvůr)★
Cour de TÝN – Vieille Ville
Ⓜ Náměstí Republiky

Uniquement accessible par ses portes à chaque extrémité, cette cour médiévale enclavée baigne encore dans l'atmosphère d'un autre monde. Dès les tout débuts de l'activité commerciale de la Vieille Ville, au 11ᵉ s., le Týn est le quartier réservé des marchands étrangers, surtout allemands ; ils y logent, y conduisent leur négoce, sous la protection du souverain et sous leur propre juridiction. En revanche, ils n'ont pas le droit de commercer ailleurs dans la ville. Leur marchandise y est déballée, pesée, et soumise à la taxe, *Ungelt* en ancien allemand. Tout près se dressent l'église de Týn, que les marchands fréquentent, et un hôpital pour les soigner. Cet arrangement moyenâgeux a perduré jusqu'au 18ᵉ s. Après une longue fermeture pour restauration, la cour de Týn a retrouvé d'une certaine façon son ancienne raison d'être, avec un hôtel et des restaurants fréquentés presque exclusivement par des visiteurs étrangers.

Granovský palác – Montrant à l'étage une loggia, le **palais Granovský** est une splendide résidence Renaissance bâtie vers 1560 par Jakub Granovský de Granov, directeur des douanes. La loggia abrite des peintures de scènes bibliques et mythologiques.

Une cour à Karlín, par Jan Smetana, membre du Groupe 42

Aucun des autres bâtiments de la cour pavée ne peut concurrencer cette splendeur, mais on y voit beaucoup de petites merveilles, comme les statues des saints Venceslas, Jean Népomucène et Florian, sur la maison **U Černého medvěda** (À l'Ours noir – n° 7/642).

★ **Dům U zlatého prstenu** ⊙ – *Týnská 6*. La **Maison à l'Anneau d'or** abrite une partie de l'importante collection d'art tchèque du 20ᵉ s. de la ville, mais possède aussi un des plus intéressants **intérieurs** pragois ouverts au public. L'origine du bâtiment remonte au 13ᵉ s., et son dédale de pièces conserve des éléments de la plupart des périodes de son histoire complexe, y compris des vestiges de peintures murales médiévales. Sur un plan tout en longueur, le bâtiment s'adosse au mur qui entoure, telle une fortification, la cour de Týn. Certaines de ses fenêtres offrent la vision étrange et fugitive des tours de l'église de Týn. Organisées thématiquement sur trois niveaux, les collections donnent un aperçu général sur l'évolution de l'art tchèque à l'époque moderne, complétant les remarquables présentations du palais des Expositions (Veletržní palác – *voir p. 214*). La plupart des artistes connus sont représentés : **Max Švabinský**, **Antonín Hudeček** et **Jan Zrzavý**, pour les premières années du siècle ; les **surréalistes** des années 1930 ; les membres du **Groupe 42**, des années 1940 ; et des peintres, sculpteurs et artistes plus récents. On voit aussi les décors de théâtre colorés de Bedřich Feuerstein pour la pièce de Karel Čapek *RUR*, et de minutieuses répliques des sculptures lumineuses cinétiques de **Zdeněk Pešánek**, de la fin des années 1920. La petite sculpture *Mains*, d'Eva Kmentová, criblée d'impacts de balles, rappelle le traumatisme de l'invasion soviétique de 1968. Le sous-sol est consacré à une série d'œuvres déstabilisantes, voire dérangeantes, de jeunes contemporains, au nombre desquelles les membres recouverts de plomb du Plumbař de **Krištof Kintera**, créature semblable au Golem, dont les déambulations à travers la ville sont montrées en vidéo.

★ **Sv. Jakuba** ⊙ – *Malá Štupartská 6*. L'**église St-Jacques**, un des grands édifices religieux de Prague, jouxte le monastère fondé par les Frères mineurs en 1232. L'église elle-même n'a été achevée qu'à la fin du 14ᵉ s. La structure interne du bâtiment gothique demeure, sous de somptueuses couches d'ornementation baroque. Partiellement détruite lors du Grand Incendie qui a ravagé la Vieille Ville en 1689, l'église a été reconstruite entre 1690 et 1702 ; la restauration intérieure s'est effectuée entre 1736 et 1739.

La façade montre trois exubérants **bas-reliefs en stuc**, dus en 1695 à Ottavio Mosto. Ils décrivent *(de gauche à droite)* des épisodes de la vie des saints François, Jacques et Antoine. Ces scènes, à première vue désordonnées, se révèlent d'harmonieuses compositions centrées sur les figures sereines des saints.

À l'intérieur, l'église s'étire sur une grande longueur, souvenir de son origine gothique, seulement dépassée à Prague par la cathédrale. Sa hauteur aussi est exceptionnelle, en dépit de l'insertion d'une voûte baroque en berceau à quelques mètres au-dessous du plafond d'origine. La décoration, magnifique, culmine dans les peintures de Voget au plafond, et dans la monumentale peinture d'autel du *Martyre de saint Jacques*, par **Reiner**, dotée par Schönherr d'un cadre d'une richesse et d'une complexité extraordinaires.

Deux œuvres symbolisent ici la gloire et la misère humaines. Le **monument à Jan Václav Vratislav de Mitrovice**★, dans l'aile Nord, a été dessiné par **Fischer von Erlach**, avec des statues de Ferdinand Maximilian Brokoff. Datant de 1714, il montre le Grand Prieur de l'ordre de Malte, chancelier de Bohême, prêt à quitter ce monde, soutenu par une figure féminine. La Mort brandit son sablier, une pleureuse se lamente ; mais la renommée du grand homme, qu'un ange inscrit en hauteur dans la pierre, semble assurée pour l'éternité. Contrastant avec cette magnificence, un bras décomposé pend sur le mur Ouest, en souvenir d'un voleur. La légende raconte que le misérable avait tenté de s'emparer des bijoux de la Vierge. La statue lui avait alors fermement agrippé le bras, et on n'avait pu libérer le malheureux qu'en le lui coupant. Peut-être est-ce un membre de la confrérie des bouchers qui s'en est chargé. Saint-Jacques était leur paroisse, et ils l'ont défendue avec vigueur à plus d'une occasion.

VÁCLAVSKÉ náměstí★★★

Place VENCESLAS – Nouvelle Ville
M Můstek ou Muzeum

Le grand espace urbain qui monte doucement sur 750 mètres vers la célèbre statue du saint patron du pays et la façade imposante du Musée national peut accueillir la moitié de la population de Prague, mais a plutôt les dimensions d'un boulevard que celles d'une place. Aménagée comme **Marché aux chevaux** au 14ᵉ s., elle est devenue à la fin du 19ᵉ s. le plus important centre de commerce et d'animation de la ville, et le cadre de beaucoup des événements qui ont marqué l'histoire récente du peuple tchèque. La circulation a été détournée et les tramways, omniprésents autrefois, se contentent de la traverser rapidement en son milieu ; mais la foule permanente d'acheteurs, de visiteurs, de promeneurs et de noctambules montre que la place Venceslas reste le cœur, bien vivant, de la ville.

UN PEU D'HISTOIRE

Centre du projet de Charles IV pour la Nouvelle Ville, le Marché aux chevaux s'étendait des murs de la Vieille Ville à une nouvelle porte. Mais il a fallu longtemps pour que la construction rejoigne la grande vision de l'empereur, et ce n'est qu'aux Temps modernes qu'elle a atteint une véritable unité architecturale. Plus proche du cœur commerçant de la ville, la partie basse de la place se développe la première, tandis que pendant des années, la partie haute, bordée de logis assez misérables, reste l'emplacement du gibet. En 1689, une première **statue de Venceslas** par J. J. Bendl s'élève en son centre. En 1848, de beaux palais, hôtels et immeubles de commerce dominent le paysage urbain : c'est autour de la statue que se déroule la messe en plein air qui marquera le déclenchement des journées révolutionnaires, point de départ du réveil du sentiment national qui conduit à donner au Marché aux chevaux son nom actuel de place Venceslas.

En 1890, la vieille porte aux Chevaux qui ouvrait autrefois sur la campagne a été démolie : à son emplacement se dresse l'imposant Musée national ; au début du 20ᵉ s., il ne fait aucun doute que le centre de gravité de Prague s'est déplacé sur la place Venceslas. C'est là que les architectes d'avant-garde élèvent les grands palais des Temps modernes, monuments

La statue de Venceslas par Mylsbek

Ch. Boisieux

à usages multiples comme le palais Koruna, à l'angle de Na Příkopě, ou le palais Lucerna, création de Václav Havel, grand-père du dramaturge élu président en 1989. Le passage *(pasáž)* pragois y donne toute sa mesure, s'enfonçant au cœur des bâtiments, rejoignant d'autres parties du centre de la ville, créant un monde à demi secret, partiellement souterrain, de bars et de boutiques, de dancings et de cinémas. À cette époque, la place prend son empreinte architecturale et devient, de jour, un symbole de la nouvelle Tchécoslovaquie progressiste et indépendante, et de nuit, avec ses enseignes au néon, le cadre coloré d'une vie nocturne parmi les plus raffinées d'Europe centrale.

Toutes les parades, processions et manifestations du 20ᵉ s. défilent sur la place Venceslas : en 1918, les légionnaires tchèques qui accompagnent le président Masaryk à son retour triomphant d'exil ; en 1939, les troupes allemandes d'occupation ; le 1ᵉʳ mai, les travailleurs communistes, bannières au vent ; les tanks soviétiques en 1968 ; et, plus récemment, la foule en liesse acclamant Václav Havel et Alexander Dubček annonçant le triomphe de la Révolution de velours.

LA PLACE

La meilleure vue d'ensemble de la place Venceslas est celle que l'on a de la terrasse du Musée national, accessible en sécurité par les passages souterrains sous la voie rapide Magistrála, qui court vers le Sud. Après la statue de saint Venceslas, le boulevard de 60 m de large, bordé de tilleuls, descend en pente douce vers la

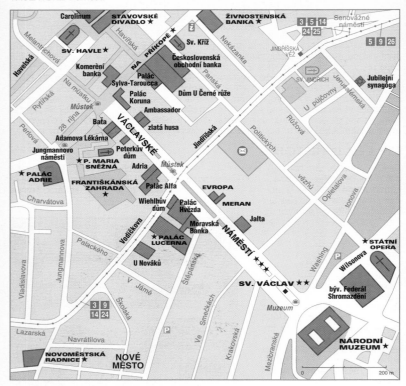

limite entre Vieille Ville et Nouvelle Ville. Là, il prend à la **Croix d'Or** la forme d'un T, avec les grandes avenues aménagées sur le tracé des anciennes fortifications de la Vieille Ville : à droite Na příkopě, à gauche 28 října et Národní.

Sous le pavé s'anime la grande station de métro Můstek. On y voit en sous-sol des vestiges du pont médiéval qui enjambait les douves, que rappelle aussi le nom de la rue Na můstku (Abords du pont), qui conduit au Nord dans la Vieille Ville ; elle est bordée de deux édifices fort différents, à l'Ouest U zlatého úlu (Maison à la Ruche d'or – fin du 18ᵉ s.) et à l'Est l'immeuble de bureaux postmoderne du ČKD.

Toutes les rues aboutissant à la Croix d'Or sont piétonnières, déversant des foules à ce point focal de la ville. Certains s'y attardent, séduits par les animateurs de rue, les marchands de saucisses, ou tout simplement par le spectacle mouvant du lieu.

Palác Koruna – *N° 1/846, côté Est.* Formant avec panache l'angle avec Na Příkopě, le monumental **palais Koruna** a été achevé en 1914 pour la compagnie d'assurances Koruna : transition entre Sécession et Art déco, il porte effectivement sur sa tour une couronne semblable à un bijou, encadrée de figures allégoriques d'allure sévère. Son passage aéré est éclairé d'en haut par un élégant dôme de verre et de béton. Le célèbre Automat, self-service de style new-yorkais de l'Entre-deux-guerres, a disparu depuis longtemps.

Bat'a – *N° 6/774, côté Ouest.* Tomáš Bat'a (ou Bata) a fait fortune en fournissant les bottes de l'armée austro-hongroise pendant la Première Guerre mondiale. Industriel paternaliste, il a continué de prospérer dans la Tchécoslovaquie nouvelle en programmant une ville utopique, Zlín, pour ses ouvriers, et en construisant en 1927 ce chef-d'œuvre d'architecture fonctionnaliste, prototype des magasins de chaussures Bata dans le monde entier.

Adamova lékárna – *N° 8/775, côté Ouest.* La **pharmacie Adam** est un bâtiment Sécession de 1913 aux détails cubistes, avec deux splendides statues supportant son balcon.

Peterkův dům – *N° 12/777, côté Ouest.* La **Maison Peterka** a été conçue en 1899, au début du style Sécession, par **Jan Kotěra** : elle marque un tournant dans l'évolution de l'architecture moderne tchèque, en abandonnant toutes les références historiques en faveur d'une synthèse inspirée entre fonction clairement définie et ornementation lyrique, mais restreinte. Sa construction, ainsi que celle d'autres bâtiments modernes assez hauts, a mis fin à la domination de cette partie de la place par l'église Notre-Dame-des-Neiges.

Ph. Roy/HOA QUI

Pasáž prenant sur la place Venceslas

Hôtels Ambassador et Zlatá husa (L'Oie d'or) – *N°s 5/840 et 7/839, côté Est*. Ces deux célèbres hôtels Art déco datent de la veille de la Première Guerre mondiale.

Palác Alfa – *N° 28/785, côté Ouest*. Dans le **palais Alfa**, bâtiment fonctionnaliste de 1929 aux utilisations diverses, un passage conduit au jardin des Franciscains et à la rue Vodičkova. Avec ses 1 200 places, le cinéma souterrain Alfa était le plus grand de Prague. Au n° 26/784, l'Adria est le dernier hôtel baroque de la place Venceslas.

★ **Františkánská zahrada** ⓥ – *Accès par le passage de l'Alfa ou par Jungmannovo náměstí*. Le merveilleux petit **jardin des Franciscains** faisait autrefois partie du couvent franciscain voisin, rattaché à l'église Notre-Dame-des-Neiges. Aménagé au 14e s., il reste propriété des moines jusqu'en 1950, où il devient un jardin public. Redessiné en 1992, il conserve un peu de l'atmosphère d'un jardin médiéval et a la faveur de tous ceux qui souhaitent échapper au bruit, à la pollution et aux durs trottoirs du centre-ville. À son extrémité Nord, un petit pavillon se dresse au milieu d'un jardin de simples à l'ancienne.

Vodičkova et Jindřišská – Avec leur couloir de tramway encombré, ces deux rues qui coupent la place à angle droit forment l'une des plus importantes artères de la Nouvelle Ville. Dans le cadre du grandiose programme public d'aménagement du métro, on a ouvert, de là à la Croix d'Or, une grande esplanade souterraine. Jindřišská file vers l'Est et passe devant la poste principale, en direction du clocher

---

Le balcon de la Révolution

Le n° 36/793 de la place Venceslas, bâtiment de 1912, est plus connu sous le nom d'**immeuble Melantrich**, en hommage au célèbre imprimeur pragois de la Renaissance. Pendant la Révolution de velours de novembre 1989, il abrite les bureaux du *Svobodné slovo (La libre Parole)*, premier journal à rejeter le joug du communisme. On propose le balcon aux dirigeants du Forum civique, l'organisation qui a coordonné le cours extraordinairement rapide de la Révolution. L'après-midi du 24 novembre, une délégation déterminée émerge des entrailles de la Laterna Magica, théâtre souterrain de l'avenue Nationale, où le Forum tient ses réunions enfumées. Le petit groupe s'avance au travers du dédale de passages et d'arcades derrière la place Venceslas, avec en tête Václav Havel, l'auteur dissident qui sera bientôt élu président, et Alexander Dubček lui-même, très populaire ancien Premier ministre, héros du Printemps de Prague de 1968. L'apparition de Dubček au balcon du Melantrich déclenche parmi les centaines de milliers de personnes assemblées sur la place « un rugissement comme je n'en ai jamais entendu » (Timothy Garton-Ash). Mais il est clair que le paisible Dubček est un homme du passé ; son désir de poursuivre l'œuvre de 1968 en édifiant « un socialisme à visage humain » se heurte à l'évolution rapide des choses, et c'est Havel qui présidera à la création d'un nouvel ordre politique, dominé par l'idéologie libérale.

isolé de l'église St-Henri (Sv. Jindřicha). Au début de la rue Vodičkova *(n° 30/699)* se trouve **U Nováků**, l'ancien grand magasin Novák, ouvert en 1904, aujourd'hui transformé en casino ; sa merveilleuse **façade Sécession★** montre une grande mosaïque colorée de Jan Preisler, avec des allégories du Commerce et de l'Industrie, et de ravissants petits camées en stuc de grenouilles sautillantes.

Wiehlův dům – *N° 34/792, côté Ouest.* Exemple de l'exubérant style néo-Renaissance tchèque, construite en 1895/6, la **Maison Wiehl** présente des peintures murales très colorées, des pignons, des tourelles, un oriel et une tour-horloge.

Moravská banka – *N°s 38-40/794-795, côté Ouest.* Lors de son achèvement, en 1918, l'audacieux bâtiment de la **banque de Moravie**, qui domine l'angle de la rue Štěpánská, a été traité de « monstre architectural ». Couronné d'un dôme fantastique et d'une multitude d'éléments décoratifs, dont des têtes de guerriers stylisées, il possède un passage qui communique avec ce qui est sans doute le complexe architectural le plus extraordinaire de la place Venceslas, le **palais Lucerna★**. Aménagé entre 1907 et 1920 pour relier les rues Štěpánská et Vodičkova par Václav Havel, grand-père du président de la Révolution de velours, c'est un concentré du passage pragois, presque un monde autarcique d'appartements, de boutiques, de snackbars et de lieux de divertissement, s'élevant sur neuf étages, avec pas moins de quatre niveaux de sous-sol, dont l'un abrite la piste de danse la plus prestigieuse de Prague. Un buste de l'ingénieur Havel veille sur l'un des élégants escaliers.

★**Grand hôtel Evropa et hôtel Meran** – *N°s 25-27/865-825, côté Est.* Construits entre 1903 et 1905 en remplacement de l'hôtel Archiduc Étienne, l'Evropa et le Meran constituent ensemble l'un des grands exemples du style Sécession à Prague. Les détails apportés au bâtiment, à l'intérieur comme à l'extérieur, sont d'une élégance et d'une délicatesse extrêmes. Au-dessus des arches vitrées du rez-de-chaussée, la façade présente des ferronneries sophistiquées, des ornements de feuilles et de fines inscriptions, et un fronton couvert de mosaïque étincelante, couronné d'un lanternon féerique, œuvre de **L. Šaloun**. À l'intérieur, le célèbre café où **Kafka** a donné la première et dernière lecture publique de son œuvre est une merveille de marqueterie somptueuse, de miroirs en cristal et d'éclairages raffinés ; les autres pièces sont tout aussi superbes.

Hôtel Jalta – *N° 45/818, côté Est.* Terminé en 1956, le Jalta représente aussi bien son temps que l'Evropa. Attestant que tout ce qui est venu des Soviétiques n'est pas négatif, c'est le plus bel exemple à Prague du style appelé réalisme socialiste, avec une touche de luxe discret dans ses finitions et ses aménagements.

★★**Statue de Venceslas** – Connue dans le monde entier, la statue équestre du saint patron du pays est le chef-d'œuvre de **Josef Václav Myslbek** (1848-1922). Dessinée en 1887, sa réalisation a pris des décennies. Les figures latérales n'ont été ajoutées qu'au début des années 1920. Représentant les saints patrons de Bohême, Ludmilla, Agnès, Procope et Adalbert (Vojtěch), elles se tiennent aux angles du socle massif en granit poli, peu ornementé, à l'exception des paroles du choral médiéval *« Puissions-nous ne pas périr, nous et nos descendants »*.
Venceslas, cavalier alerte chevauchant un fringant destrier, bannière au vent sur sa lance dressée, est mis en place dès 1913, et assiste donc en 1918 à la naissance de la Tchécoslovaquie indépendante. La statue est, depuis, le rendez-vous préféré des Pragois, ainsi que le point de mire du pays en période de troubles. À proximité, un petit mémorial aux victimes du communisme rappelle que, près d'ici, l'étudiant **Jan Palach** s'est tragiquement immolé par le feu en janvier 1969 pour protester contre l'occupation du pays par les troupes soviétiques.

★**Musée national** – *Voir Národní muzeum.*

N° 2/52, Wilsonova (býv. Federální shromáždění) – Bâti de 1966 à 1972 entre les deux chaussées de Magistrála pour loger l'Assemblée fédérale de Tchécoslovaquie, cet édifice imposant intègre des vestiges de l'ancienne Bourse, dernier élément subsistant de tout un côté de rue. Le Musée national se reflète étrangement dans ses vastes plans de verre couleur bronze.

VALDŠTEJNSKÝ palác★★

Palais WALLENSTEIN – Malá Strana
Valdštejnské náměstí 4/17 – Ⓜ Malostranská

Les grands bénéficiaires de l'expulsion de la noblesse protestante de Bohême après la bataille de la Montagne blanche, en 1620, ont construit au pied du Château des palais baroques, dont cet immense édifice, le premier et le plus grand. Cachées pour une bonne part derrière de hauts murs, ses vastes dimensions, l'ostentation de ses jardins à la française, la richesse de son intérieur évoquent la personnalité complexe de son propriétaire. Énigmatique, ambitieux, immensément riche, le généralissime Wallenstein commandait les armées de l'empire ; mais il complota contre son souverain et caressa même l'idée d'accéder au trône de Bohême.

Albrecht von Wallenstein (1583-1634)

Rejeton d'une noble famille du Nord de la Bohême, Wallenstein (ou Wald-stein, en tchèque Albrecht Václav Eusebius z Valdštejna) mène une carrière militaire et politique éblouissante, qui s'achève par son assassinat par trois mercenaires, un Anglais, un Écossais et un Irlandais. Son ascension commence par son mariage avec une veuve âgée, mais immensément riche, et se poursuit par le rachat astucieux, à très bas prix, de domaines protestants confisqués. En 1624, l'empereur confère à ce brillant chef d'armée, apparemment loyal, le titre nobiliaire le plus élevé : le nouveau duc de Friedland règne en monarque sur sa capitale miniature de Jičín, au centre de ses immenses domaines au Nord-Est de la Bohême. À partir de la demeure pragoise de sa mère, le palais Smiřický dans Malá Strana, il prépare la construction de sa nouvelle résidence urbaine, pour laquelle il fait abattre deux douzaines de maisons, une briqueterie et une des portes de la ville. Rapidement, entre 1624 et 1630, s'élève un palais aux dimensions sans précédent qui devient bientôt le théâtre de réceptions et de divertissements somptueux. Dans les coulisses, astronomes et astrologues peaufinent l'horoscope de leur maître avec force détails, car Wallenstein, malgré sa maîtrise des choses matérielles, croit fermement à l'occultisme.

Informé des intrigues de Wallenstein avec les ennemis de l'empire, Ferdinand II persiste longtemps à le trouver indispensable. Mais il finira par ordonner son exécution. À Cheb (anciennement Eger, à l'Ouest de la Bohême), Wallenstein est surpris dans son sommeil : il est transpercé par la hallebarde du capitaine Walter Devereux, et l'on emporte son corps, roulé dans un tapis.

★PALAIS ⊙

Andrea Spezza, Niccolo Sebregondi et Giovanni Pieroni ont conçu ce vaste ensemble de bâtiments, groupés autour d'une suite de cours et d'un jardin à la française. La façade principale du palais domine sur 60 m Valdštejnské náměstí (place Wallenstein) ; les lucarnes de la seconde Renaissance et trois portails maniéristes interrompent à peine l'alignement de ses nombreuses fenêtres. Les Wallenstein y ont vécu jusqu'à leur fuite en 1945 (à l'exception d'une tante âgée, dont le régime communiste a toléré la présence, et qui a même été nommée citoyenne d'honneur de Prague, avant de s'éteindre à l'âge de 104 ans). Le palais abrite aujourd'hui le **Sénat tchèque**. Rares sont ceux qui ont accès à l'imposante **salle d'apparat**, magnifiquement ornée de stucs et d'un plafond peint par Baccio di Bianco, montrant Wallenstein en Mars, dieu de la guerre. Au fond du jardin, le **manège Wallenstein** a été aménagé pour recevoir d'importantes expositions temporaires organisées par la Galerie nationale.

Jardin et *sala terrena* du palais Wallenstein

★★ JARDIN ⊙

Sa disposition astucieuse, aux parterres géométriques et aux allées soulignées de haies, le fait apparaître plus vaste dans l'enceinte de ses murs. La vue superbe qui englobe, vers le haut, Château et cathédrale, ouvre encore plus l'espace, reflétant peut-être l'ampleur des ambitions de Wallenstein. Le jardin s'étend vers l'Est en direction du manège, précédé d'un grand bassin paisible orné d'une fontaine d'Hercule. L'extrémité Ouest présente le plus grand intérêt, avec la superbe *sala terrena*★★ de **Pieroni**, qui réalise l'union entre palais et jardin. Sous un toit bombé à lucarnes, ses trois grandes arches ouvrent sur un intérieur spacieux ; sur la voûte, de riches encadrements de stuc entourent des peintures où dominent armes et armures. Égalant en noblesse et élégance ses homologues italiennes, la loggia donne sur un petit jardin où coule une fontaine ornée d'une charmante Vénus. Au-delà s'étire une avenue formée de deux alignements superbes de **bronzes**★★, chefs-d'œuvre de dynamisme dus à **Adriaen de Vries**, sculpteur à la cour de Rodolphe II : ce ne sont que des copies, les originaux ayant été emportés par les Suédois en 1648. On voit sur un côté une volière et une grotte, qui cache dans ses replis de pierre sculptée des faces grotesques et grimaçantes.

En été, le jardin Wallenstein forme un cadre particulièrement magique pour des **concerts en plein air**.

VELETRŽNÍ Palác

Palais des EXPOSITIONS – Holešovice (Prague VII)
Dukelských hrdinů 47 – 🚋 5, 12, 17 jusqu'à Veletržní

Dans cet immense palais de verre et de béton, où s'exprime le mieux l'esprit progressiste du Prague de l'Entre-deux-guerres, sont aujourd'hui réunies la collection d'art du 19e s. et la collection d'art moderne et contemporain de la Galerie nationale. Après un court trajet en tramway jusqu'au quartier central de Holešovice, on découvrira les œuvres de nombreuses grandes figures de l'art moderne européen. On sera naturellement plus attiré par les noms de Gauguin, Picasso, Braque, Cézanne, Klimt, Schiele, mais le visiteur ne devra pas négliger les travaux des artistes tchèques. Trop longtemps méconnue, leur contribution à l'évolution de la peinture du 20e s. n'en est pas moins significative.

Cléôpatre II par Jan Zrzavý

O. Palan/Narodni Galerie V Praze

LE PALAIS

La Bohême était la partie la plus industrialisée de l'empire austro-hongrois, et pourtant Prague ne s'est doté d'un grand centre d'exposition industrielle qu'après la fondation de la nouvelle Tchécoslovaquie, en 1918. En 1924, on commande aux architectes Oldřich Tyl et Josef Fuchs un palais des Expositions ; ses dimensions et sa conception avant-gardiste stupéfieront Le Corbusier lors d'une visite peu après son achèvement, en 1928. Se considérant comme le chantre de l'architecture fonctionnaliste, l'architecte dut admettre que les concepteurs du bâtiment avaient mis en pratique ce que lui-même n'imaginait créer qu'en rêve. Couvrant la superficie d'un pâté de maisons, le bâtiment offrait pour l'essentiel une **grande salle**, prévue pour loger les présentations de machines lourdes, et la **petite salle d'exposition**★, sur huit étages de galeries ouvertes. Il y avait un cinéma en sous-sol, et, sur le toit, un restaurant et un café en terrasse. Après la Seconde Guerre mondiale, les expositions tchécoslovaques sont transférées à Brno, et le grand bâtiment sert à des usages plus ou moins appropriés, notamment au stockage de produits occidentaux, qu'on ne peut s'offrir, en régime communiste, qu'avec des devises fortes, dans des boutiques spécialisées. Mal entretenu, le palais est ravagé par un incendie en 1974, et l'on raconte que les rues voisines ruisselaient de whisky et de vin français... On aurait pu le démolir, mais décision est prise en 1978 de l'aménager pour accueillir les collections d'art moderne de la Galerie nationale, qui n'ont jamais trouvé jusque-là de lieu adapté. Choisi pour diriger l'opération, le cabinet d'architecture SIAL a dû résoudre bien des difficultés avant l'ouverture finale des galeries au public en 1995. La grande salle ne sert que pour des expositions occasionnelles, et d'autres parties du bâtiment ne sont pas ouvertes au public. Les collections permanentes et les autres expositions temporaires occupent les lumineuses galeries blanches qui partent de la **petite salle d'exposition**. Sous son plafond en verre, cet espace minutieusement restauré peut s'apprécier aujourd'hui comme l'un des tout premiers intérieurs de la période héroïque de l'architecture moderne. Ses larges balcons offrent un cadre intéressant à des sculptures et installations contemporaines.

★★ MUZEUM MODERNÍHO A SOUČASNÉHO UMĚNÍ ⊙
(MUSÉE D'ART MODERNE ET CONTEMPORAIN)

Les expositions temporaires occupent en principe les 1er et 2e étages ; l'exposition permanente les 3e et 4e étages. Prix du billet en fonction du nombre d'étages à visiter. Les œuvres étant présentées par roulement, celles mentionnées ci-après ne sont pas forcément exposées simultanément.

Au rez-de-chaussée, sur le mur situé à côté de l'ascenseur, se trouve une étude du tableau le plus emblématique de l'histoire tchèque, reproduit des milliers de fois dans les livres d'école et partout ailleurs. L'immense huile de **Václav Brožík** (1851-1901), *La Condamnation du maître Jan Hus* (1883), cristallise brillamment le point de vue des hommes de son temps sur ces instants où le héros national fait face à ses accusateurs. On voit sur la gauche les puissants personnages de l'Église instituée ; au centre, vêtu de noir, le prédicateur rebelle, dans une attitude de défi ; tout à fait à droite, deux de ses robustes partisans ; et à l'arrière-plan, la face cachée dans l'ombre, le perfide empereur Sigismond. Brožík lui-même n'était pas vraiment un rebelle, puisqu'il a peint en 1898 une autre grande toile, *Tu felix Austria, nube !*, à l'occasion du jubilé de l'empereur François-Joseph. En prenant pour sujet les fiançailles de la princesse Marie d'Autriche et de Ladislas Jagellon, il exprime en fait le message, très clair à l'époque sinon accepté de tous, d'une coopération pacifique entre les peuples d'une Autriche-Hongrie multinationale. Pour cette belle preuve de patriotisme habsbourgeois, Brožík fut élevé au rang de pair du royaume.

L'art du 19e s. (4e étage) – L'imposant bronze de Josef Václav Myslbek, intitulé *Music*, accueille le visiteur. Les premières salles sont dominées par de très belles peintures d'inspiration romantique signées Antonín Machek et Josef Navrátil et les tableaux de la célèbre famille Mánes : Antonín (1784-1843), Václav (1795-1858), Josef (1820-1871), et Quido (1828-1880) qui offre tellement de tendresse dans les scènes intimistes comme *La Visite des grands-parents* ou *La Fête au village*. Au nombre des œuvres de **Josef Mánes** figure la toile évocatrice *Paysage de l'Elbe, environs de Říp* (1863), qui a pour sujet le confluent des rivières Elbe et Vltava ; au loin s'élève au-dessus de la plaine la masse caractéristique de la montagne de Říp, d'où, au 6e s., le « Père de la nation », Čech, embrassa du regard la terre qui devait prendre son nom. Le paysage est un thème récurrent de cette galerie, reflétant la découverte par les peintres de la richesse et de la variété des campagnes de Bohême et de Moravie, comme chez Alois Bubák et sa bucolique peinture *La Montagne de Muský*. Y est associé le thème de la passion pour l'histoire de la nation, et un désir impérieux de traiter sur le mode épique ses scènes de bravoure.
Les salles 23, 24 et 25 présentent de remarquables natures mortes et portraits de la main de Karel Purkyně (1834-1868) comme *le Forgeron praguois* qui avait sa place dans tous les livres d'école tchèque. Les tableaux de Soběslav Hyppolit Pinkas (1827-1901) et Viktor Barvitius (1854-1902) illustrent de manière très différente leur vie et leur période française qui marqua également Jaroslav Čermák (1830-1878) avec ses *Souvenirs de Roscoff* et sa *Bretonne sur le rocher*. Dans la salle 29, le prolifique Mikoláš Aleš (1852-1913) use du même pouvoir évocateur avec son tableau historique *Rencontre de Georges Podiebrad et de Matthias Corvin* (1878), où l'on voit le roi « hussite » Georges faire montre de sa puissance face à son adversaire hongrois vaincu. On trouve des efforts comparables pour rendre vie aux grands épisodes du passé de la nation chez František Ženíšek (1849-1916), avec *Oldřich et Božena*, qui met en scène la rencontre, riche de symboles, entre le prince et la jeune paysanne (salle 32). Se servant de la mythologie pour magnifier la beauté du corps humain, **Vojtch Hynais** (1854-1925) exécute son ***Jugement de Pâris***, l'une des œuvres majeures de l'exposition : trois femmes dénudées tentent de séduire Pâris, fils de Priam (salle 30). L'inspiration de Václav Brožík (1851-1901) est plus intimiste avec *La Femme et le lévrier*, d'une rare élégance, et *La petite Gardienne d'oie* (salle 31).
Plus dépouillés, plus mélancoliques, les styles et les personnages de Max Švabinský (1873-1962) dans *Pauvre terre* et de Jakub Schikaneder (1855-1924) dans *Lune de Miel* (salles 38 et 34).

Symbolisme – Parmi les œuvres les plus connues du peintre Jan Preisler (1872-1918) se trouve le cycle du *Lac Noir*, tableaux de 1903-1905 presque monochromes, montrant un adolescent gracile et un cheval à la robe claire, sur un arrière-plan de

La création par František Kupka

lac sombre et mystérieux. La maison de **František Bílek** (1872-1941) est aujourd'hui devenue le musée de l'artiste *(voir Bílkova Vila)*, mais il est bien représenté ici avec certaines de ses sculptures, empreintes de force et de passion, comme *Blind people*. Antonín Hudeček (1872-1941) utilise le paysage pour exprimer de subtils états d'âme, comme dans *Pleine lune*, de 1899, ou *Silence du soir*, de 1900, qui s'opposent aux turbulents panoramas de Prague peints par Antonín Slavíček (1870-1910), par exemple *Vue vers Troja*, de 1908. La sculpture de cette époque compte de belles réalisations de Stanislav Sucharda (1866-1916), Bohumil Kafka (1878-1942) et **Ladislav Šaloun** (1870-1946), auteur du mémorial de Jan Hus sur la place de la Vieille Ville. Au nombre des œuvres de **Jan Štursa** (1880-1925) figure une touchante *Jeune fille mélancolique*, de 1906, et un pathétique *Chat noyé*, de 1904.

Art européen du 20ᵉ s. – Le cœur de la collection se compose d'œuvres d'artistes d'Europe centrale comme les Autrichiens **Egon Schiele** (1890-1918) et **Gustav Klimt** (1862-1918).

★★ **Peinture et sculpture tchèques de 1900 à 1930 (3ᵉ étage)** – Dans la première moitié du 20ᵉ s., les peintres et les sculpteurs tchèques ont suivi la plupart des grands mouvements artistiques européens, tout en apportant leur propre contribution, remarquablement originale. Beaucoup des œuvres présentées sont d'autant plus intéressantes qu'elles semblent peu familières.

Expressionnisme – Aujourd'hui, **František Kupka** (1871-1957) jouit d'une renommée internationale de coloriste et de pionnier de l'art abstrait. On peut suivre ici son évolution artistique, de ses premières œuvres figuratives, à l'abstraction, avec *Fugue à deux couleurs Amorpha* de 1912 et **Printemps cosmique**★, de 1913/1914 (salle 1).

Cubisme – L'importance de Prague comme deuxième capitale européenne du cubisme après Paris est attestée par les peintures de Filla (salle 3), Václav Špála (1885-1946 – salle 13) Otakar Kubín (1883-1969 – salle 6), et surtout **Kubišta** (*Carrières de Branik*, 1910-11, *Nature morte au crâne*, 1912, **Saint Sébastien**★, 1912, et **Le Fumeur**★, autoportrait désabusé de 1910 – salle 5). **Otto Gutfreund** (1889-1927) explore les possibilités de la sculpture cubiste dans une série de réalisations impressionnantes, dont une **Anxiété**★ repliée sur elle-même, de 1911, et un buste magnifiquement tourmenté de **Don Quichotte**★, de 1912 (salle 11)

Emil Filla (1882-1953) est représenté par plusieurs tableaux, dont le **Lecteur de Dostoïevski**★, de 1907 (salle 3). Dans la salle 14 ressort la personnalité de **Jan Zrzavý** (1890-1977), dont les visions nostalgiques, comme dans *Vallée des douleurs*, de 1908, sont parfois pimentées d'humour et d'érotisme, comme pour sa **Cléopâtre II**★ alanguie.

★★ **Art français des 19ᵉ et 20ᵉ s. (2ᵉ étage, salles 1 à 14)** – Outre de belles œuvres de Rodin, un imposant *Héraclès* d'Émile Antoine Bourdelle, une *Tête de femme* cubiste de 1909 par Picasso, et, sensuel contraste, une plantureuse *Pomone* sculptée en 1910 par Maillol, ce sont les peintures qui retiendront le plus l'attention, avec la collection presque exhaustive d'art moderne français. On découvre des tableaux, dont certains de très haute qualité, de Courbet, Corot, Delacroix, Daumier, Pissarro, Renoir, Lautrec, Van Gogh, Seurat, Signac, Cézanne, Degas, Derain, Gauguin, Matisse, Bonnard, Utrillo, Léger, Vlaminck, Dufy, et Valadon. Dans les premières années du 20ᵉ s., le Dr. Vincenc Kramář, historien d'art et collectionneur, a soutenu la cause du cubisme, et grâce à ses acquisitions visionnaires, la galerie possède une collection particulièrement remarquable de **peintures cubistes★★** de **Braque** et de **Picasso** (dont le célèbre *Autoportrait* de 1907).

VINOHRADY

Vinohrady (Prague II et X)
Ⓜ Náměstí mirů ou Jiří z Poděbrad

Entre le Musée national et les cimetières d'Olšany s'étire un quartier central couvert d'une construction dense d'immeubles, ponctuée de temps à autre de parcs ou de sites qui présentent un intérêt autre que simplement local.

Quand, au milieu du 19ᵉ s., on donne au quartier le nom Královské vinohrady (vignes royales), c'est surtout un espace découvert, parcouru d'allées ombragées, parsemé de bâtiments de ferme et d'auberges rustiques fréquentées par les citadins le dimanche, en été. Le nouveau nom rappelle les vignobles plantés au 14ᵉ s. sur ordre de l'empereur Charles IV, dont la plupart ont depuis longtemps disparu. En 1920, quand le quartier est incorporé au Grand Prague, les champs aussi ont disparu, enfouis sous d'innombrables blocs d'immeubles de style Sécession, résultat de l'extraordinaire boom immobilier du tournant du siècle. Vinohrady est une adresse convenable, ses habitants de solides citoyens des classes moyennes, tolérants envers les quelques intellectuels qui s'installent ici. **Jan Kotěra** (1871-1923), le plus grand architecte de Prague du tournant du siècle, y bâtit sa villa en 1909. De 1924 à 1938, la maison que partagent les frères **Josef** (1887-1945) et **Karel Čapek** (1890-1938) accueille des réunions informelles de l'élite tchécoslovaque, écrivains, artistes, hommes d'affaires et politiciens, au nombre desquels les présidents Masaryk et Beneš.

Le quartier a déjà perdu son qualificatif de royal lorsque, sous le régime communiste, il souffre de décennies de relatif abandon. On restaure aujourd'hui les stucs délabrés, et Vinohrady retrouve sa réputation de quartier résidentiel recherché, proche du centre, riche de son héritage d'architecture Sécession, sans égal dans Prague.

Náměstí míru – En dépit de la rapidité avec laquelle il s'est construit, Vinohrady a été organisé de façon planifiée, avec une hiérarchie cohérente de rues et d'avenues, de parcs et de jardins, et un point focal, la vaste **place de la Paix**, emplacement logique de plusieurs bâtiments publics.
La station Náměstí míru est la plus profonde (53 m) du métro de Prague.

Divadlo na Vinohradech – Achevé en 1907 par Alois Černý, le **théâtre de Vinohrady**, deuxième théâtre pragois à ne produire que des œuvres en tchèque, a conservé sa place dans la ville. Le bâtiment, imposant, est de style plus ou moins Renaissance, avec une décoration Sécession et une riche ornementation intérieure. Les sculptures ailées qui couronnent la façade représentent *L'Opéra* et *Le Théâtre*.

Sv. Ludmila ⊘ – On aperçoit de presque partout dans la ville les deux tours hautes de 60 m de la grande **église Ste-Ludmila** néogothique en briques qui domine la place. Elle a été bâtie entre 1988 et 1993 sur un plan de Josef Mocker, plus connu pour ses restaurations de monuments historiques. L'opulence de la décoration des contemporains de Mocker adoucit l'austérité de la brique. L'entrée montre un tympan de Myslbek. À l'intérieur, on découvre des murs et des voûtes polychromes, des statues des saints patrons du pays, de beaux vitraux, des panneaux de céramique et de superbes retables.

Riegrovy sady – Vinohrady est établi sur un terrain qui s'élève vers l'Est à partir du centre de la ville. Aménagé sur les pentes les plus fortes, le **parc Rieger** offre, entre ses arbres, de belles vues sur Prague.

Náměstí Jiřího z Poděbrad – Une statue de Georges de Podiebrad, le « roi hussite », auquel la place est dédiée, orne la façade d'un bâtiment à l'angle de Mánesova (rue Máns). Mais cette place animée est dominée par une extraordinaire église, chef-d'œuvre de l'architecte du Château dans l'Entre-deux-guerres, **Josip Plečnik** (1872-1957).

★ **Chrám Nejsvětějšího Srdce Páně** ⊘ – Comme toute l'œuvre de Plečnik, l'**église du Très-Sacré-Cœur-de-Notre-Seigneur** en forme de temple s'inspire de la tradition pour la réinterpréter de manière foncièrement originale. Au-dessus de la nef, simple et spacieuse, s'élève une tour de 42 m, large mais fine, entourée de pyramides élancées, et ponctuée d'une grande horloge transparente. Couvert d'un revêtement sombre en briques incrusté de blocs de granit, l'édifice évoque un manteau d'hermine royal, peut-être par référence au passé royal de la place. Le décor sobre de l'intérieur comprend des retables et une statuaire dessinés par Plečnik, exécutés avec un savoir-faire admirable par ses collaborateurs. Au sous-sol s'ouvre une crypte mystérieuse, à voûte en berceau.

Dans le Prague de l'Entre-deux-guerres, dominé par les idées avant-gardistes et fonctionnalistes, cet édifice a été accueilli par des réactions mitigées d'approbation et d'incompréhension. Aujourd'hui, il ne fait pas que jouer un rôle central dans la vie du quartier de Vinohrady, c'est aussi un lieu de pèlerinage pour les étudiants en architecture, qui voient en Plečnik un précurseur du postmodernisme.

La VLTAVA

La MOLDAU

On n'imagine pas Prague sans sa belle rivière. Loin de séparer les différents quartiers de la ville, elle les réunit dans une glorieuse série de ponts, d'îles, de berges et de promenades, qui offrent mille et une façons de profiter du bord de l'eau. On découvre d'autres perspectives merveilleuses en empruntant un bateau de croisière ou toute autre embarcation.

UN PEU D'HISTOIRE

La Vltava (en allemand *Moldau*) prend sa source en altitude, parmi les pins sombres des forêts bohémiennes, puis coule vers le Nord avant de s'unir à l'Elbe près de Mělník, quelque 40 km en aval de Prague. Tout son cours s'inscrit dans le pays, et elle est la plus chère des rivières au cœur des Tchèques. Sa beauté, ses humeurs et son symbolisme sont familiers à de nombreuses personnes dans le monde, grâce à l'hymne lyrique du deuxième mouvement de *Ma Patrie* de Smetana. Dans le passé, elle a réservé beaucoup de mauvaises surprises aux habitants, avec des crues soudaines et violentes, emportant ponts et quais, déplaçant les îles d'un point à l'autre de son lit. À la fin du 13ᵉ s., en désespoir de cause, on relève à grand-peine le niveau de la Vieille Ville de deux bons mètres, dans l'espoir de lutter contre les crues incessantes. C'est la première raison pour laquelle les rez-de-chaussée romans et gothiques de nombreux bâtiments se trouvent aujourd'hui au niveau du sous-sol.

La navigation pouvait s'y avérer périlleuse, et était gênée par des rapides dans les gorges en amont. Le principal trafic était celui du bois, flotté sur le courant sous forme de radeaux ; certains, attachés entre eux, formaient des convois atteignant jusqu'à 200 m de long. Les gravures anciennes montrent de courageux flotteurs de bois manœuvrant leurs radeaux grossiers dans les passes des retenues qui émaillent encore aujourd'hui la rivière. Une grande partie des berges était occupée par des parcs à bois. Sur la célèbre maquette de Langweil, au musée de la Ville *(voir p. 113)*, les énormes empilements de troncs font penser à de grands blocs d'immeubles en bord de rivière.

La Vltava

Dès le 10ᵉ s. apparaissent les premiers moulins. Ils finiront par être des dizaines, groupés autour des différentes retenues, ou alimentés par des biefs comme le ruisseau du Diable (Čertovka) de l'île Kampa. Certains moulins servaient à alimenter des châteaux d'eau, et de là, les bâtiments importants et les fontaines publiques.

Jusqu'au 19ᵉ s., les bords de rivière demeurent une zone strictement utilitaire, domaine des teinturiers, tanneurs, équarrisseurs, pêcheurs et autres professions nécessitant de l'eau en permanence et une distance honnête par rapport aux quartiers habités. De grands dépotoirs d'ordures s'y amoncellent, refuge des chiffonniers et autres marginaux. À partir des années 1840, avec l'achèvement du quai Smetana (Smetanovo nábřeží), les berges sont progressivement nettoyées. Mais à ce jour, Malá Strana conserve certaines sections où l'aspect naturel des rives a été préservé, chose rare pour une métropole européenne.

La Vltava demeure une rivière industrieuse. Péniches et vapeurs empruntent toujours les écluses entre l'île des Enfants et Malá Strana, bien que l'essentiel du trafic ait lieu en aval. Prague est un port important, relié par l'Elbe au réseau fluvial du Nord de l'Allemagne et au lointain Hambourg. En amont, l'aménagement de barrages et de centrales hydroélectriques a dompté la puissance destructrice de la rivière, et converti son cours autrefois tumultueux en une suite de lacs paisibles, envahis en été de bateaux et de baigneurs.

DE VYŠEHRAD À L'ÎLE ŠTVANICE

★ **Vyšehrad** – *Voir ce nom.*

Výtoň – *Côté Nouvelle Ville.* Cette maison des douanes du 16ᵉ s. est tout ce qui reste du très ancien village de Podskalí, foyer de pêcheurs et de flotteurs de bois. C'était le quartier général des douaniers de la Nouvelle Ville, chargés de prélever l'impôt sur le bois flotté.

Palackého most – Sur le quai de la Nouvelle Ville, un **monument** Sécession sophistiqué porte la statue du grand historien tchèque František Palacký (1798-1876), qui surveille le **pont Palacký**. Achevé en 1876, l'ouvrage était à l'origine orné de figures tirées de la mythologie tchèque, sculptées par Myslbek ; mais après que le pont eut été endommagé pendant la Seconde Guerre mondiale, elles ont été transférées à Vyšehrad, où l'on peut les voir aujourd'hui.
Contre le quai reliant le pont Palacký et le pont Jirásek se trouve le débarcadère principal des vapeurs de croisière.

Jiráskův most – On a ouvert en 1932 ce pont, portant le nom d'**Alois Jirásek** (1851-1930), auteur de pièces historiques et de romans. Côté Nouvelle Ville, il est dominé par la « **Maison qui danse** » postmoderne *(voir p. 130)*.

Dětský ostrov – Dotée de terrains de jeux et d'installations sportives, la longue et étroite **île des Enfants** est séparée de la ville par le chenal de navigation et l'écluse. Le **château d'eau** de 1483 alimentait autrefois les fontaines de Malá Strana.

Slovanský ostrov – Avec son kiosque à musique restauré, dans un paysage agréablement redessiné, l'**île Slave** est un lieu de détente apprécié. Au 19ᵉ s., elle a été le cadre d'événements importants, culturels et autres, à caractère essentiellement patriotique : c'est là que s'est tenu le congrès panslave, qui a préparé la révolution de 1848, là aussi qu'ont été créées nombre d'œuvres musicales dont *Má Vlast* de Smetana. On donne toujours des concerts au **Žofín**, salle polyvalente, remaniée en 1884 dans le style Renaissance, qui honore la mémoire de la mère de l'empereur François-Joseph, l'archiduchesse Sophie, dont l'île portait autrefois le nom. Juxtaposition étrange mais intéressante, le très ancien **château d'eau** noirci, couronné d'un bulbe, voisine avec le **bâtiment Mánes**, édifice fonctionnaliste d'un blanc immaculé reliant l'île au reste de la ville, construit en 1930 pour loger le célèbre groupe artistique Mánes.
À la retenue en amont, la rivière a sa largeur maximum, 330 m.

Masarykovo nábřeží – *Côté Nouvelle Ville.* Une façade presque continue d'immeubles Sécession souligne, sur le **quai Masaryk**, la rencontre de la ville et de la rivière. Leur ornementation opulente caractéristique atteint des sommets au n° 16/248, immeuble du **chœur Hlahol**, et au n° 32/224, l'**Institut Goethe**, ambassade de la République démocratique allemande jusqu'en 1990.

Most Legií – Bâti entre 1899 et 1901 dans un mélange de styles néo-baroque et Sécession, en remplacement d'un pont suspendu, le **pont des Légions** donne accès à l'**île des Tireurs** (Střelecký ostrov), domaine des clubs de tir de la ville jusqu'en 1948. En 1890, l'île est le cadre de la première grande célébration du 1ᵉʳ mai, avec une foule d'environ 35 000 travailleurs, raison suffisante pour rebaptiser le pont « pont du 1ᵉʳ Mai » à la période communiste. À l'extrémité Nord de l'île, un parc offre des vues merveilleuses sur la rivière, le pont Charles et la ville.
Côté Malá Strana, une statue célèbre la Vltava et ses affluents. À la Toussaint, on y dépose une couronne en mémoire de ceux qui ont disparu sur la rivière.

Smetanovo nábřeží – *Côté Nouvelle Ville.* C'est ici qu'on a commencé à « améliorer » les berges dans les années 1840, sous la direction du comte Chotek, énergique aménageur urbain. Le **quai Smetana** offre un magnifique panorama sur la Vltava vers le pont Charles, Malá Strana et le Château. Dans les jardins qui le bordent, côté ville, on voit un monument néo-gothique sophistiqué en mémoire de l'empereur François Ier, mais sa statue a été enlevée depuis longtemps.

Novotného lávka – La **jetée Novotný**, formée d'une suite de bâtiments qui se termine par l'édifice néo-Renaissance du **musée Smetana** *(voir p. 184)*, était autrefois un ensemble de moulins alimentés par une retenue coupant en diagonale la rivière. La grande tour dotée d'une flèche et de tourelles est le premier château d'eau de Prague. Édifié en 1489, il a été très remanié depuis.

★★★**Pont Charles** – *Voir Karlův most.*

Mánesův most – Achevé en 1914 à l'emplacement d'un ancien bac, le **pont Mánes** a pris le nom de l'artiste Josef Mánes, après avoir porté celui du prince héritier Rodolphe, puis celui de l'archiduc François-Ferdinand. Son apparence assez austère est relevée par des motifs de František Bílek et Jan Štursa. Le pont relie la Vieille Ville à **Náměstí Jana Palacha**, où la rive, aménagée dans un style académique, est ponctuée d'édifices monumentaux comme le **Rudolfinum** *(voir ce nom)*, et tranche avec l'aspect presque naturel de la berge côté Malá Strana.

★**Čechův most** – Portant le nom du poète lyrique **Svatopluk Čech** (1846-1908), ce splendide ouvrage Sécession est le plus ornementé des passages sur la rivière après le pont Charles. Construit en 1908 suivant un projet de Jan Koula, il montre une belle ossature métallique et une multitude d'éléments ornementaux, notamment d'élégantes statues sur ses piles. On avait prévu de creuser un tunnel aussi sophistiqué sous le plateau de **Letná** *(voir ce nom)* au Nord du pont, mais il n'a jamais été réalisé. Dans les années 1950, une gigantesque statue de Staline fusillait du regard le pont et le boulevard de Paris, Pařížská, en direction de la place de la Vieille Ville.

Švermův most – Bâti en 1951 pour en remplacer un autre plus ancien, ce pont porte le nom d'un député communiste tchèque, mort au cours du soulèvement national slovaque de 1944.

Ostrov Štvanice – Retenues et écluses défendent l'approche de la grande **île Štvanice**, dotée de nombreux équipements de loisirs, dont un stade couvert et un complexe de tennis. La gracieuse section Nord du **Hlávkův most** (pont Hlávka), qui traverse l'île, a été bâtie entre 1909 et 1912 par l'architecte Pavel Janák. On y voit des médaillons cubistes d'Otto Gutfreund, des kiosques et des statues monumentales de **Jan Štursa** figurant *L'Humanité* et *Le Travail.*

VYŠEHRAD★

(Prague II)

Ⓜ Vyšehrad, ou 🚋 3, 17, 21 jusqu'à Výtoň

Le rocher-forteresse de Vyšehrad, qui défend au Sud les abords de Prague, force la Vltava à creuser un lit plus profond et étroit, avant de s'élargir à nouveau en direction du Nord. Une église à tours jumelles couronne ses falaises sombres, contrepoint à la cathédrale que l'on voit sur les hauteurs du Hradschin, au Nord, sur l'autre rive. Baigné de mythes et d'histoire, Vyšehrad devient à la fin du 19e s. un haut lieu du sentiment national, quand on y aménage le **Slavín**, un cimetière réservé aux Tchèques. Au début du 20e s., l'expansion des banlieues vient lécher le pied de la colline. Parmi les nouveaux bâtiments se distinguent plusieurs exemples très intéressants d'**architecture cubiste**.

UN PEU D'HISTOIRE

Vyšehrad est intimement lié aux prémisses légendaires de l'histoire tchèque et à l'essor de la dynastie prémyslide : on dit que c'est ici que la **princesse Libuše** eut sa vision prémonitoire de la fondation de Prague, « une ville dont la splendeur atteindra les étoiles » ; c'est d'ici que sont partis les guerriers, pour combattre les amazones de « la guerre des Vierges ».
Fait plus aisément vérifiable que ces inventions de poètes et de chroniqueurs, un certain nombre des premiers souverains de Bohême choisissent Vyšehrad comme lieu de résidence, de préférence au Hradschin. Au 10e s., **Boleslav II** y faisait frapper sa monnaie ; on trouve les traces d'une église de la même époque sous les ruines de la **basilique romane** St-Laurent (sv. Vavřince). Au milieu du 12e s., le Hradschin est à nouveau en faveur, mais le lien entre Vyšehrad et la royauté est ranimé par **Charles IV**, qui rénove le palais abandonné et ajoute aux cérémonies du couronnement le pèlerinage à Vyšehrad. L'importance de la colline comme **forteresse** militaire croît par la suite. Les hussites la détruisent en 1420 ; au milieu du 17e s., on y élève des fortifications baroques sophistiquées, auxquelles les Français ajoutent, un siècle plus tard, un

ensemble de casemates. Mais quand éclate la guerre austro-prussienne de 1866, les forteresses de ce type sont devenues obsolètes ; abandonné des militaires, Vyšehrad est repris par les patriotes tchèques, dont le sentiment national se nourrit d'une production extraordinaire de peinture, de musique et de littérature inspirée de Libuše et d'autres légendes glorieuses du passé tchèque. À partir des années 1870, on ouvre le cimetière national tchèque Slavín, on rénove avec munificence l'église des Sts-Pierre-et-Paul : tout le sommet de la colline est réaménagé.

Durant tout le 20ᵉ s., Vyšehrad conserve sa puissance symbolique. En 1939, la moitié des habitants de Prague assiste au transfert, au cimetière national, du corps du poète lyrique **Karel Hynek Mácha** (1810-1836), apporté de sa ville natale de Litoměřice que les accords de Munich avaient rattachée à l'Allemagne. Un demi-siècle plus tard, par un jour de novembre, les étudiants entameront ici la manifestation qui précipitera la Révolution de velours de 1989.

VISITE

On accède à Vyšehrad par la station de métro du même nom, par la porte de Tábor, ou par l'arrêt de tramway de Výtoň sur Rašínovo nábřeží (quai Rašín), par la rue Vratislavova et la porte Cihelná, ou encore par les chemins plus directs, mais escarpés, qui partent de la rivière.

Station de métro Vyšehrad – Le métro de Prague sort en extérieur sous le tablier du pont routier moderne pour traverser le ravin de la Nusle, profond de 40 m.

Kongresové centrum Praha – Appelé aussi palais de la Culture (Palác kultury), l'immense **palais des Congrès de Prague**, tourné vers le Nord, la ville et le Château, par-delà le ravin de la Nusle, est l'une des constructions les plus ambitieuses et les plus importantes entreprises par le régime communiste. Achevé en 1980, il possède de nombreux équipements, dont une grande salle de près de 3 000 places ; avec sa présence massive sur l'horizon pragois, il concurrence presque le Hradschin.

Táborská brána – Protégé sur trois côtés par des talus abrupts, Vyšehrad est défendu sur le quatrième par un avant-poste auquel donne accès la **porte de Tábor** (milieu du 17ᵉ s.). Sur la droite, entre cette porte et la porte Léopold, on voit les vestiges de la porte Špička, partie des fortifications gothiques.

Leopoldova brána – L'architecte Carlo Lurago a pris part à la conception de la **porte Léopold**, magnifique porte baroque achevée vers 1670.

Rotunda sv. Martina – Construite autour de 1070, la romane **rotonde St-Martin** se trouvait au cœur de l'implantation urbaine de Vyšehrad jusqu'à l'expulsion de la population civile pour édifier les fortifications baroques. Convertie en entrepôt et magasin à poudre, la rotonde a failli être détruite à son tour au 19ᵉ s. par un projet d'amélioration des routes, mais l'intervention du comte Chotek a permis de la sauver et de la restaurer entièrement, peut-être excessivement.

Nové děkanství ⊙– Le **nouveau Doyenné** renferme une petite exposition sur l'histoire de Vyšehrad (le bastion qui domine la Vltava abrite une autre exposition de dessins). Dans le parc qui lui fait face, on découvre les **Piliers du Diable**, peut-être vestiges d'un lieu de culte solaire préhistorique.

Les statues de Myslbek – Apportés du pont Palacký, où ils avaient souffert de la guerre et étaient menacés par des aménagements routiers, ces quatre groupes dus à l'auteur de la statue de saint Venceslas, **Josef Václav Myslbek** (1848-1922), comprennent les figures de Libuše et de Přemysl, son époux laboureur.

Le tombeau de Dvořák au cimetière de Vyšehrad

J. Sierspinski/PHOTONONSTOP

Sv. Petra a Pavla ⊘ – Modifiée et restaurée au fil des années, l'**église des Sts-Pierre-et-Paul** (fin du 11ᵉ s.) a finalement été entièrement remaniée dans le style néo-gothique par Josef Mocker dans les années 1880. L'intérieur aussi a été refait dans le même style, avec une audacieuse décoration polychrome.

★ **Vyšehradský hřbitov** ⊘ – Autrefois humble cimetière paroissial, le **cimetière de Vyšehrad**, aménagé à partir des années 1870, accueille les sépultures d'environ 600 personnalités de la nation tchèque. On y trouve peu de figures militaires ou politiques, mais de nombreux représentants des arts, des sciences et des lettres, dont quelques femmes, parmi lesquelles l'écrivain **Božena Němcová** et la cantatrice **Ema Destinnová** (Emmy Destinn). Certains des monuments funéraires sont de remarquables créations de sculpteurs comme **František Bílek** et **Bohumil Kafka** ; au nombre des œuvres de **Ladislav Šaloun**, le **tombeau de Dvořák**.
Une arcade néo-Renaissance limite pour partie le cimetière. Son monument majeur est le **Slavín**, le mausolée abritant les reliques des Tchèques les plus illustres, dont le peintre **Alfons Mucha**. Un génie ailé le couronne, ainsi que des statues représentant la *Nation endeuillée* et la *Nation en liesse*.

Remparts – On peut faire à pied le tour presque complet des remparts de Vyšehrad. Ils offrent des vues splendides, vers l'amont en direction des rochers de Bráník et Barrandov, et jusqu'au Château vers le Nord, avec la Nouvelle Ville, Smíchov et Malá Strana.

Cihelná brána – Achevée en 1842, la **porte de Brique** est aussi appelée porte de Prague ou porte Chotek, du nom de son bâtisseur. On y trouve l'entrée des **casemates**, une suite fascinante de pièces inspirant la claustrophobie, qui ont servi un temps, prosaïquement, de magasin de légumes, et renferment aujourd'hui une intéressante exposition sur les fortifications de Prague.

★ **Maisons cubistes** – Durant la première décennie du 20ᵉ s. régnait le projet de faire de Vyšehrad une zone résidentielle de prestige. L'idée a fait long feu, mais **Josef Chochol** (1880-1956), architecte spécialiste du singulier style cubiste tchèque, a reçu commande d'un certain nombre de maisons au pied de la forteresse.
Au n° 3/49 de la rue Libušina se trouve la **villa Kovařovič**. Elle occupe un site triangulaire entre le quai et les rues Vnislavova et Libušina. Chochol acheva en 1913 cette villa avec la création d'un jardin cubiste encore plus remarquable par son inventivité. En suivant le quai vers le Sud, **Rašínovo nábřeží**, enfilade de trois maisons (*nᵒˢ 6-10/42, 47, 71*), est une modeste version moderne d'un palais baroque. En s'éloignant de la rivière, on trouve au **n° 2/56** de la **rue Neklanova** un immeuble de Chochol ; au **n° 30/98** de la même rue, on voit un autre immeuble, qui exploite de façon spectaculaire l'angle de la rue et la pente de la colline. Magistrale, sa colonne d'angle s'élève jusqu'à une corniche aérienne, qui s'inspire des voûtes en étoile caractéristiques de l'architecture gothique en Bohême.

VÝSTAVIŠTĚ

Parc des EXPOSITIONS – Holešovice (Prague VII)

🚃 5, 12, 17

Au départ aménagé à l'extrémité Est du parc Stromovka pour la grande Exposition du jubilé de 1891, le parc des Expositions de Prague a été étendu en 1991, à l'occasion de son centenaire. L'Exposition de 1891 a été l'une des plus ambitieuses et des plus réussies de son temps : ses 146 pavillons, présentant les curiosités et les merveilles de la technologie de l'époque, ont accueilli deux millions de visiteurs. Beaucoup avaient emprunté pour venir les fascinantes innovations qu'étaient le funiculaire et le tramway électriques.
S'étendant aujourd'hui sur 36 ha dans le parc Stromovka, le parc des Expositions accueille non seulement des salons et des présentations de toutes sortes, mais aussi une fête foraine renommée, et toute une gamme d'équipements, de plein air ou d'intérieur. Il est particulièrement animé les week-ends d'été, surtout le samedi matin, avec un marché en plein air qui propose un choix extraordinaire.
À proximité se trouve le planétarium. Un des pavillons de 1891 abrite le **Lapidarium** du Musée national, la plus belle collection de statuaire et de pierre sculptée du pays.

★★ **Lapidárium** ⊘ – Dans l'un des pavillons néo-baroques de 1891 sont harmonieusement disposées 400 pièces provenant des collections du Musée national, panorama passionnant de l'art de la sculpture et des techniques des tailleurs de pierre au cours des siècles, du Moyen Âge à la fin du 19ᵉ s. Les œuvres présentées sont très souvent remarquables. Du fait des dommages liés, entre autres, à la pollution, de nombreuses sculptures qui marquent le paysage pragois sont en réalité des copies : le Lapidarium offre l'occasion d'admirer de près les originaux de nombreux chefs-d'œuvre. D'autres ont été récupérés dans des bâtiments en démolition, ou sur des monuments tombés en désuétude. D'innombrables moules en plâtre de grandes œuvres, ainsi que des enseignes et nombreux autres objets, complètent l'exposition.

Salle 1 – Pièces les plus anciennes de la collection, les **colonnes du 11e s.** provenant de la basilique du Hradschin, ancêtre de la cathédrale, présentent d'audacieux motifs tressés. Les féroces **lions rugissants de Kouřím**, du début du 13e s., sont les sculptures en ronde-bosse les plus anciennes du pays.

Salle 2 – Les plâtres des **célèbres bustes du 14e s.** du triforium de la cathédrale, dont ceux de Peter Parler et Matthieu d'Arras, ceux de Charles IV, de ses quatre épouses, et d'autres membres de la famille royale, rivalisent en intérêt avec les superbes **sculptures de la tour du pont de la Vieille Ville**★★, présentées dans l'ordre que commande la hiérarchie. Charles IV apparaît à nouveau, en costume d'empereur romain, entouré des saints patrons du pays. On voit aussi l'original (endommagé) du chevalier Bruncvík du pont Charles.

Salle 3 – La salle est dominée par les vestiges de la magnifique **fontaine de Krocín**★, ornement de la place de la Vieille Ville de 1591 à 1862, qui soutient la comparaison avec toutes les grandes fontaines de la Renaissance italienne.

Salle 4 – La **porte Slavata**, avec ses deux ours, formait autrefois l'accès de l'un des plus beaux jardins baroques de Prague. La statue d'*Atlas* par Braun est l'original de celle qui garde l'entrée du jardin Vrtba. On remarque aussi les originaux de quelques-unes des plus belles **statues**★ du pont Charles, dont *Saint Ignace de Loyola* et *Saint François Xavier*, par Brokoff, et le *Saint Yves* de Braun.

Salle 5 – Les fragments de la **colonne mariale** baroque qui ornait jusqu'en 1918 la place de la Vieille Ville donnent une idée de son aspect avant sa démolition.

Salle 6 – D'autres œuvres baroques comprennent l'original de la statue équestre du saint patron du pays par Bendl, qui ornait jusqu'en 1879 la place Venceslas.

Salle 7 – Parmi les pièces des 18e et 19e s. se trouvent les charmants amoureux au palmier, autrefois éléments d'une fontaine de František Lederer.

Salle 8 – On voit ici des monuments élevés à de grandes figures historiques, tels les empereurs François Ier et François-Joseph, et le maréchal Radetzky, populaire général d'origine tchèque qui mit en déroute à maintes reprises les ennemis des Habsbourg ; œuvre des frères Max, sa superbe **statue**★, coulée dans le bronze de canons italiens, a orné jusqu'en 1919 la place de Malá Strana.

Průmyslový palác – La superbe structure de verre et d'acier du **palais de l'Industrie** bâti pour accueillir les pièces principales de l'Exposition de 1891 domine toujours le parc des Expositions. Cousine de la tour Eiffel en réduction élevée la même année sur la colline de Petřín, ce bâtiment en acier a été partiellement recouvert d'ornements néo-baroques : tours couronnées de dômes flanquant la façade principale, tour centrale de 51 m de haut, statuaire allégorique au-dessus de l'entrée. En février 1948, en préalable au coup d'État imminent, 8 000 délégués syndicaux s'y réunirent, persuadés de ratifier le programme révolutionnaire du Premier ministre communiste Gottwald. Rebaptisé depuis palais des Congrès, le bâtiment a accueilli tous les congrès du parti communiste.

Parmi les grands bâtiments plus récents, se distinguent la spectaculaire **Pyramida** argentée, qui accueille spectacles musicaux et expositions, et le **Spirála** (théâtre Spirale) en forme de cylindre.

Křižíkova fontána – Entourée de pavillons d'exposition modernes, la **fontaine Křižík**, extraordinaire création de František Křižík, inventeur prolifique et inspirateur de l'Exposition de 1891, a été récemment remaniée. Contrôlée par ordinateur, avec 50 pompes, 3 000 jets et 1 248 projecteurs, la fontaine offre à plus de 6 000 spectateurs un spectacle extraordinaire de jeux d'eau et de lumière.

Palais de l'Industrie

Ph. Roy/HOA QUI

223

Maroldovo Panorama ⊘ – Un pavillon renferme une audacieuse « réalisation virtuelle » de la fin du 19ᵉ s. Il fut construit en 1898 pour abriter le **panorama Marold**, immense peinture circulaire de Luděk Marold décrivant l'une des batailles décisives des guerres hussites. En 1434, à la bataille de Lipany, les partisans du farouche Prokop Holý furent vaincus par des troupes hussites plus modérées, prêtes à composer avec l'ordre établi. L'immense peinture, de 30 m de diamètre et 11 m de haut, évoque avec réalisme et un luxe de détails le chaos et la confusion du combat.

Stromovka – Instaurée au début du 14ᵉ s., la **chasse royale** sera plus tard reliée au Château par une allée de châtaigniers. Coupée par les voies de chemin de fer, partiellement absorbée par le parc des Expositions, son extrémité Ouest transformée en quartier résidentiel (aujourd'hui quartier des ambassades), elle couvre néanmoins toujours plus d'un kilomètre carré. Avec ses beaux bouquets d'arbres et son réseau étendu de sentiers, elle est très appréciée des Pragois, notamment le week-end.

Sous le règne de Rodolphe II, on perça le **Rudolfova stoka**, tunnel de 1 100 m de long, ouvrage remarquable pour son époque et toujours en service, qui conduit l'eau de la Vltava sous le plateau de Letná jusqu'au lac central du parc. Autres souvenirs du passé royal du parc, le pavillon de chasse royal (Královská dvorana) remanié en 1855 dans le style néogothique, et, dans le même style, perché au-dessus d'une pente vertigineuse, le **Palais d'été** (Letohrádek), qui abrite aujourd'hui le département des périodiques du Musée national.

À proximité du parc des Expositions se trouve le **planétarium**, bâtiment construit après la guerre pour accueillir des présentations sur les mystères de l'univers, un cinéma, et un « Cosmorama » ultramoderne.

ŽIŽKOV

(Prague III)
Bus 207 à partir des stations de métro Staroměstská ou Florenc
jusqu'à U Památníku

Ce quartier à caractère ouvrier s'étend au pied de la **colline de Žižkov**, éperon rocheux à l'Est du centre de Prague, théâtre de la célèbre victoire hussite de 1420. Dans les dernières décennies du 19ᵉ s., la zone s'urbanise rapidement après l'établissement des grandes lignes de chemin de fer qui longent la colline, au Nord comme au Sud. Ces logements serrés les uns contre les autres se remplissent bientôt d'anciens habitants de la campagne bohémienne, attirés par les salaires relativement élevés offerts par les fabriques, l'usine à gaz et les dépôts ferroviaires. Avant son incorporation dans le Grand Prague en 1920, Žižkov est, avec sa population de plus de 70 000 habitants, la troisième ville des pays tchèques. Le syndicalisme révolutionnaire qui s'y développe lui vaut le surnom de « Žižkov le rouge » et garantit un nombre élevé de suffrages communistes à chaque élection. Le quartier a reçu son lot d'immeubles Sécession, mais demeure toujours très différent, socialement parlant, de son voisin Vinohrady, habitat des classes moyennes. Žižkov est aussi le quartier d'élection des Roms de Prague. Ses bars bruyants attirent les grands buveurs de tous les coins de la ville. Deux des constructions les plus visibles de la ville dominent ses rues miteuses, la **tour de la télévision** et le **Monument national**.

LA COLLINE DE ŽIŽKA

Le bord Ouest de la longue arête offre une vue sur la ville entière, avantage utilisé par de nombreux chefs militaires au fil des siècles. C'est de là que les Suédois bombardent Prague en 1638, tout comme les Prussiens en 1756. Mais la bataille qui reste dans les esprits tchèques est celle du 14 juillet 1420. Répondant à l'appel du pape, en croisade contre l'hérésie hussite, le roi Sigismond mène vers Prague une armée disparate, venue de toute l'Europe. Il campe sur le plateau de Letná et à Vyšehrad. Le général borgne des hussites, **Jan Žižka de Trocnov** (vers 1376-1424), retire ses troupes de paysans, très inférieures en nombre, sur ce qu'on appelle à l'époque la colline de Vítkov. Il fortifie l'éperon rocheux en creusant des fossés et en élevant une palissade, faite en partie avec les bancs pris dans une église voisine. L'empereur ordonne d'attaquer. La cavalerie impériale, lourdement armée, franchit les premiers obstacles. Mais elle est arrêtée à la dernière défense par les hommes de Žižka, et aussi quelques femmes, qui combattent avec une ardeur fanatique. Žižka ordonne une contre-attaque sur son flanc. Les cavaliers, disposant de peu d'espace pour manœuvrer, sont rapidement débordés. Beaucoup trouvent la mort en tombant des parois rocheuses de la colline, d'autres se noient en cherchant à fuir par la rivière. De l'autre côté de la Vltava, contraint d'assister au désastre, l'empereur se retire sans un mot sous sa tente, tandis que les hussites célèbrent leur victoire en enfermant une partie de leurs prisonniers dans des tonneaux et en y mettant le feu.

La colline prend le nom du vainqueur, ainsi que, des siècles plus tard, le bourg en plein essor, dont de nombreuses rues (Husitská, Táborská) rappellent l'époque glorieuse des hussites.

Národní památník – Où que l'on se trouve dans Prague, on aperçoit, dominant la colline, le **Mémorial national**, immense pavé de granit portant la **statue équestre de Jan Žižka**.

L'idée de dresser un mémorial à Žižka remonte aux années précédant la Première Guerre mondiale. Le temps de clore le concours d'architecture et de réunir les fonds, le projet a pris de l'ampleur, pour célébrer l'indépendance acquise en 1918 par la Tchécoslovaquie, et le rôle joué dans cet événement par les légionnaires. Conçu par Jan Zázvorka, le monument s'élève entre 1926 et 1932. On ajoute une construction austère, renfermant un musée et des archives militaires, près du pied de la colline.

En 1931, **Bohumil Kafka** commence à sculpter la colossale **statue**★ de Žižka. Il y travaillera de nombreuses années, parvenant à la soustraire aux regards allemands pendant l'Occupation. La statue est finalement mise en place en 1950. C'est l'une des plus grandes de ce genre au monde : masse à la main, le général s'élève sur son puissant cheval à 9 m du socle, et l'ensemble pèse 16,5 tonnes.

Dans les premières années du communisme, le mémorial devient un mausolée du Parti. On ajoute à l'intérieur, décoré par certains des artistes les plus réputés d'avant-guerre, des œuvres dans le style réaliste socialiste, comme les portes en bronze qui racontent les luttes révolutionnaires du peuple tchécoslovaque. Le Soldat Inconnu se voit adjoindre le corps du premier président communiste, **Klement Gottwald** (1896-1953), momifié suivant les techniques qui préservent celui de Lénine à Moscou. Malgré des soins experts, la dépouille de Gottwald se détériore peu à peu, et il faut l'incinérer en 1962. Après 1989, on enlève toutes les traces de Gottwald et des autres dignitaires du Parti : le mémorial est redevenu libre.

★ **Armádní muzeum** ⊘ – *U památníku 2.* Une présentation moderne, des armes, uniformes, affiches, documents, maquettes, dioramas, œuvres d'art et toutes sortes d'objets permettent au **musée de l'Armée** de donner un aperçu passionnant de l'histoire tourmentée de cette partie de l'Europe centrale au 20ᵉ s. Malheureusement, les commentaires sont presque tous uniquement en tchèque. Certains épisodes sont remarquablement évoqués : le rôle joué par les légions tchécoslovaques sur les fronts russe, français et italien dans la Première Guerre mondiale ; le démantèlement du pays après les accords de Munich de 1938 ; les luttes à l'intérieur et à l'extérieur du pays durant la Seconde Guerre mondiale.

Televizní vysúlač ⊘ – *Mahlerovy sady 1.* Avec ses antennes (télévision, radio et télécommunications), la **tour de la télévision** domine de plus de 216 m l'ancien cimetière juif, dégagé en partie pour recevoir cette extraordinaire structure futuriste tripode, en contraste frappant avec son environnement. À 93,5 m du sol, ses restaurants et sa plate-forme supérieure offrent un splendide **panorama**★ sur Vinohrady et Prague tout entier, surtout le matin, quand le soleil monte à l'Est.

Le château de Karlštejn

Environs
de Prague

Excursions d'une journée au départ de Prague

Avec une superficie totale de 78 864 km², la République tchèque est un assez petit pays, ne dépassant pas 500 km d'Est en Ouest et 250 km du Nord au Sud. Mais son territoire offre un éventail extraordinaire d'attraits touristiques : villes historiques, châteaux et manoirs, forêts, rivières, lacs, paysages d'altitude. Prague se trouve à peu près au centre de la Bohême : on peut en théorie se rendre n'importe où dans la province pour la journée. À deux heures d'autoroute de Prague, Brno, capitale de la province de Moravie, et ses environs sont aussi facilement à la portée des visiteurs. Dans la gamme très riche d'excursions d'une journée possibles au départ de Prague, ce chapitre décrit, présentés par ordre alphabétique, des sites remarquables de toute la Bohême et du Sud de la Moravie. Pour la plupart d'entre eux, les tour-opérateurs proposent des excursions en autocar ; pour d'autres, il est préférable de prendre la voiture. Si l'on emprunte les transports en commun, ou si l'on souhaite explorer à fond un site particulier, mieux vaut sans doute passer une nuit hors de Prague : nous proposons pour cela une petite sélection d'hôtels et de restaurants.

CHÂTEAUX ET RÉSIDENCES DE CAMPAGNE

Terre féodale par bien des aspects jusqu'au 20ᵉ s., la Bohême est constellée d'innombrables résidences aristocratiques de tous genres : château médiéval perché sur un rocher, arrogant palais Renaissance, manoir caché dans un parc... Beaucoup, confisquées à leurs propriétaires bien avant le coup d'État communiste de 1948, demeurent propriété de l'État, souvent « musées d'elles-mêmes » plus ou moins bien entretenues. La visite guidée est habituellement la seule façon d'entrer dans ces demeures, mais les horaires ne sont pas toujours pratiques. On trouve des brochures et des souvenirs en quantité et qualité inégales. Les résidences nationalisées après 1948 font l'objet d'un programme de restitution, mais, au vu de leur délabrement, beaucoup de pro-

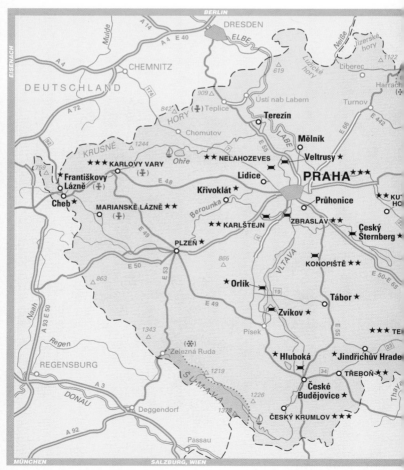

priétaires déclinent courtoisement l'offre. D'autres, comme les différentes branches de la famille Lobkowicz à Nelahozeves et Mělník, sont rentrés avec empressement en possession de leur bien, ont garni les pièces avec le patrimoine récupéré, et aménagent avec enthousiasme des équipements touristiques.

Au Sud, des châteaux....

Il y a au Sud de Prague un bouquet de châteaux si proches de la capitale qu'on pourrait presque les visiter tous en une seule journée. Même si ses plus grands trésors ne sont plus exposés, la destination la plus populaire demeure le célèbre château de **Karlštejn**, silhouette romantique rendue familière par les brochures touristiques. La visite de **Konopiště**, séjour bohémien de François-Ferdinand d'Autriche, est sans doute plus intéressante : il est pratiquement resté meublé comme avant le départ de l'archiduc pour Sarajevo, où il fut assassiné en 1914. Le plus proche est **Zbraslav**, qui n'est pas vraiment un château, mais un magnifique monastère du 18e s., abritant aujourd'hui la remarquable collection nationale des Arts asiatiques. À deux pas de Prague par l'autoroute de Brno, le château de **Průhonice** n'est pas ouvert au public, mais offre son parc splendide, avec l'un des plus beaux arboretums d'Europe centrale. Le plus éloigné, facile à rejoindre cependant à partir de l'autoroute, **Český Šternberk**, domine la rivière Sazava du haut de son rocher.

Au Nord, encore des châteaux...

Le château Renaissance des Lobkowicz à **Nelahozeves** renferme ce qui est sans doute la plus belle collection privée d'art en République tchèque. À son pied se blottit l'humble **village natal d'Antonín Dvořák**. Non loin, on visite à **Veltrusy** une demeure très différente, la villa d'été des Chotek, merveilleuse construction baroque dans un parc anglais émaillé de folies et de pavillons. En haut d'une colline au-dessus du confluent de la Vltava et de l'Elbe, **Mělník** vaut déjà en lui-même le détour, mais la plupart des visiteurs viennent pour son château, propriété de l'autre branche des Lobkowicz, et pour déguster le produit des vignobles alentour.
À l'Ouest de la capitale, **Křivoklát**, isolé dans la grande forêt qui servait autrefois de réserve de chasse aux souverains médiévaux, jouit d'une situation aussi romantique que Karlštejn, et présente une allure médiévale bien plus authentique.

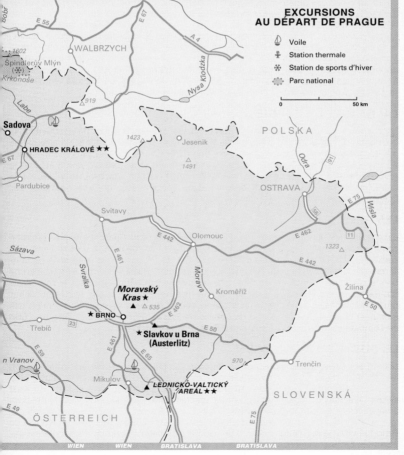

LE TRIANGLE DE BOHÊME

La tradition qui consiste à se rendre dans une ville thermale pour prendre les eaux, ou simplement se détendre dans un cadre agréable, existe depuis longtemps en terre tchèque. Des stations thermales émaillent tout le pays, mais on trouve la plus grande concentration (et les plus prestigieuses) dans le Nord-Ouest éloigné, où **Karlovy Vary**, **Mariánské Lázně** (le célèbre **Marienbad** qui sert de décor au film d'Alain Resnais et de refrain à une nostalgique chanson de Barbara) et **Františkovy Lázně** forment le fameux « triangle de Bohême ». Chacune de ces stations fonctionne toujours comme un lieu de cure, proposant différents soins, la plupart, mais pas tous, utilisant les propriétés thérapeutiques de l'eau. Chacune possède un patrimoine de belles constructions, hôtels grands ou moins grands, pensions et villas coquettes, églises de différentes confessions, magnifiques colonnades abritant les sources. Mariánské Lázně est aménagée autour d'un grand parc. Karlovy Vary occupe une vallée sinueuse et profonde. La plus petite des trois, Františkovy Lázně, s'entoure de landes et de forêts, près de l'historique **Cheb**, le « Nuremberg de Bohême », autrefois capitale miniature de la région de l'Eger.

Lieux de mémoire

Deux villes au Nord de Prague rappellent les heures les plus sombres de l'occupation nazie en terre tchèque. En représailles à l'assassinat du *Reichsprotektor* Heydrich, le village minier de **Lidice** a été détruit, et sa population massacrée ou déportée : Lidice est devenu un symbole international de la brutalité nazie et du martyre tchèque. On a construit un nouveau village à côté de l'ancien site, qui est resté pratiquement inchangé depuis 1942. La même année, la ville fortifiée de **Terezín** (sinistrement connue sous son nom germanisé de **Theresienstadt**) a été vidée de ses habitants, et transformée en ghetto pour les juifs des pays tchèques. De là, beaucoup ont été transférés vers l'Est dans les camps de la mort.

LE SUD DE LA BOHÊME

Chère au cœur des amateurs tchèques de paysages, cette région rurale de lacs et de forêts est bordée par les pentes boisées qui longent la frontière autrichienne. La cité hussite de **Tábor** est la porte de cette région, qui a pour capitale **České Budějovice**, avec sa grand-place du 13ᵉ s. La nébuleuse de petites villes médiévales inclut **Třeboň**, **Hradec**, et **Český Krumlov**, classée par l'Unesco, tout comme **Telč**, merveilleuse bourgade de la Moravie méridionale, près de la frontière autrichienne. Les châteaux sont légion, dans les villes (celui de Krumlov est le plus grand en dehors de Prague), mais aussi au fin fond des campagnes, comme **Orlík** ou **Zvíkov**. Près de Budějovice, **Hluboká**, en haut de sa colline, a pour modèle le château de Windsor, en Angleterre.

LA PATRIE DE LA BIÈRE

L'autoroute qui quitte Prague en direction de l'Ouest conduit directement à la deuxième ville de Bohême, l'industrielle **Plzeň** (Pilsen). Fondée au 13ᵉ s., la ville même mérite une visite, avec son noyau historique groupé autour de la plus grande place du pays. Mais ce sont les liens de Pilsen avec la bière et les brasseries qui attirent la plupart des visiteurs, désireux de voir la grande brasserie Prazdroj, le musée de la Bière, ou simplement de goûter dans son lieu d'origine celle qui est considérée par beaucoup comme la meilleure bière du monde.

LES VILLES DE L'EST

La plupart des villes tchèques remontent au Moyen Âge. Épargnés par la pression commerciale durant l'époque communiste, leurs centres médiévaux sont souvent bien conservés, mais parfois un peu délabrés. À l'Est de Prague, deux villes sont particulièrement remarquables : la cité minière de l'argent, **Kutná Hora**, qui a dépensé une bonne partie de sa fortune médiévale dans de superbes bâtiments, telle la cathédrale Ste-Barbe, et **Hradec Králové**, avec son noyau historique intact et son centre du début du 20ᵉ s., véritable chef-d'œuvre de planification urbaine moderne. À proximité, des monuments parsèment le champ de bataille de **Sadowa** (Königgrätz), théâtre en 1866 de combats sanglants et décisifs entre Prussiens et Autrichiens.

LE SUD DE LA MORAVIE

Malgré son dynamisme industriel et commercial, **Brno** a conservé beaucoup de son identité historique, et on y ressent le caractère particulier de la Moravie, l'autre province de la République tchèque. Au Nord de la ville s'étend le pays calcaire du **Karst morave**, avec ses grottes et ses gouffres spectaculaires. Au Sud, les vastes étendues aménagées en parc autour de **Lednice** et **Valtice**, classées par l'Unesco, sont uniques par leur superficie, leur patrimoine historique, leur richesse écologique. Presque en vue de Brno, on visite le dramatique champ de bataille d'**Austerlitz** (Slavkov), où Napoléon remporta en 1805 la célèbre victoire sur ses adversaires russes et autrichiens.

BRNO★

387 570 habitants – 202 km au Sud-Est de Prague
Carte Michelin n° 976 pli 18 (K 5)

Bien que ses origines remontent très loin, à une ancienne forteresse slave établie sur la colline de Petrov, l'ancienne Brünn de l'empire austro-hongrois est aujourd'hui la bouillonnante capitale de la Moravie, en permanence tournée vers le futur. Au 19ᵉ s., première cité industrielle de l'empire des Habsbourg, elle hérite d'une forêt de cheminées de filatures qui la font surnommer « le Manchester autrichien ». Les idées modernes sur la génétique et l'hérédité doivent tout à un moine de Brno, **Gregor Mendel** (1822-1884), qui a mené ses recherches au monastère des augustins de la ville. Dans l'Entre-deux-guerres, la ville arrive juste après Prague dans son engouement pour tout ce qui est moderne et progressiste dans les arts, et notamment en architecture ; il reste de cette période un héritage incomparable de constructions fonctionnalistes, dont beaucoup sont dues à l'architecte local **Bohuslav Fuchs** (1895-1972). Le magnifique **BVV (parc des Expositions)**, aménagé à cette époque, sert sous le régime communiste à promouvoir les réalisations technologiques et industrielles du pays. Il continue cette tradition aujourd'hui. Depuis 1989, le rythme citadin s'est accéléré, moins du fait d'un afflux de touristes que par l'exploitation de la position de la ville, au centre de la partie orientale du pays, près de la frontière autrichienne, plus près de Vienne que de Prague.

Ses atouts sont un bon réseau de communication, dans toutes les directions, mais aussi une économie diversifiée, la présence de nombreux établissements d'enseignement, et une riche vie culturelle. Brno est une bonne base pour explorer cette région de la République tchèque, mais la ville a préservé assez de son passé pour en faire une destination en soi.

Brno est facile à visiter. Au 19ᵉ s., les grandes fortifications d'époque baroque furent rasées pour permettre la réalisation d'un cercle presque complet de boulevards et de bâtiments publics, à l'instar du Ring de Vienne. À l'intérieur, le

Séjourner à Brno

Conformément à son image de ville d'affaires, Brno possède son lot d'hôtels de style international, à commencer par l'**International** *(Husova 16, ☎ 05 42 12 21 11)*, qui présente l'avantage d'être bien situé au pied de la colline du Špilberk, en bordure du centre ancien. Mais les amateurs lui préféreront le **Royal Ricc** *(Starobrněnská 10, ☎ 05 42 21 92 62/64)*, merveilleux établissement occupant une maison de ville du 16ᵉ s. impeccablement restaurée au cœur de la vieille ville *(chambre double à 3 000 Kč)*. Doté d'un excellent restaurant « La Provence » et d'un bar à vins, il offre un nombre limité de chambres, toutes originalement meublées d'antiquités et d'œuvres d'art modernes.

labyrinthe de la vieille ville est presque entièrement réservé aux piétons. Dans un mélange stimulant d'ancien et de moderne, on remarque un certain nombre d'églises de toute beauté, notamment la gothique **St-Jacques** (Sv. Jakub) et la baroque **St-Thomas** (Sv. Tomáš). Deux places, **Zelný trh** (Marché aux Légumes) et **Náměstí svobody** (place de la Liberté) fournissent d'utiles points de repère dans le dédale des rues. On ne peut manquer la silhouette de la **cathédrale**, s'élevant sur la **colline de Petrov**, et le **Špilberk**, célèbre forteresse qui couronne une colline plus haute encore.

LA COLLINE DU ŠPILBERK

★ **Le Špilberk** – Autrefois laissées nues pour servir de coupe-feu, les pentes abruptes de la colline sont très boisées aujourd'hui. La menaçante forteresse à son sommet date de la fin du 13ᵉ s., mais son aspect actuel résulte beaucoup de remaniements des 18ᵉ et 19ᵉ s. Au fil des siècles, le Špilberk résiste aux assauts des hussites, des Suédois, des Prussiens et des Saxons, pour tomber sans combat à deux reprises devant Napoléon, en 1805, avant la bataille d'Austerlitz, puis en 1809, à la suite de quoi l'Empereur fait démolir ses défenses extérieures. Mais on se souvient plus du Špilberk comme prison que comme forteresse. Pendant des années, la geôle la plus célèbre de l'empire autrichien gagne l'appellation de « Prison des Nations ». Objet d'un long programme de restauration, elle abrite aujourd'hui des sections du musée de la Ville, qui offrent une excellente introduction à l'histoire et au patrimoine artistique de Brno, ainsi qu'à l'histoire du Špilberk lui-même. Le froid suintant des casemates fait frissonner à l'idée du sort réservé autrefois aux prisonniers.

★ **Muzeum města Brna** – Le **musée de la Ville** comprend quatre sections.

La Prison des Nations – Les présentations donnent une idée précise du rôle du Špilberk comme prison impériale. Sa fonction principale était de contenir « l'ennemi de l'intérieur », patriotes italiens, polonais, hongrois entre autres, qui défendaient les droits de leur nation dans les frontières de l'empire. Mais elles montrent aussi l'évolution des dirigeants autrichiens : Metternich admet que les révélations du patriote italien Silvio Pellico, dans son livre *Mes prisons*, donnent une image plus dégradante de l'Autriche que toute défaite militaire. En 1853, l'empereur François-Joseph ordonne la fermeture de la prison. La Gestapo s'empresse de la rouvrir en 1939, et on peut voir de nombreux témoignages de la totale inhumanité de son fonctionnement.

BRNO

Brno sur le Špilberk – Couvrant les grands chapitres de l'histoire de la ville, du bas Moyen Âge au 20e s., cette section présente agréablement une intéressante sélection de maquettes, documents, peintures, gravures, armes, uniformes, mobilier et nombreux autres objets. On revit le siège de 1645 par les Suédois grâce aux peintures de l'époque. On fait remonter l'essor de la ville industrielle aux activités anciennes et florissantes de ses corporations. Jusqu'au début du 20e s., Brno s'appelle Brünn, ville à dominante germanique ; on évoque les activités des organisations rivales, le *Sokol* tchèque et le *Turnverein* allemand.

★ **Galerie municipale (De la Renaissance au modernisme)** – Vitrine de l'assurance des prospères notables de l'époque, les collections antérieures au 20e s. montrent surtout de charmants portraits de la période Biedermeier ; mais la peinture du 20e s. retiendra plus l'attention, avec de superbes toiles d'artistes locaux comme Josef Kubíček (1890-1972), Jaroslav Král (1883-1942), et Antonín Procházka (1882-1945), représentants de la vivante communauté artistique de gauche qui s'est épanouie à Brno dans l'Entre-deux-guerres. Peintures et sculptures sont complétées par des pièces de mobilier et autres objets soigneusement choisis.

La dernière section, **La Nouvelle Brno 1919-1939**, célèbre les heures de gloire de la ville entre les deux guerres comme foyer d'architecture et de design modernes.

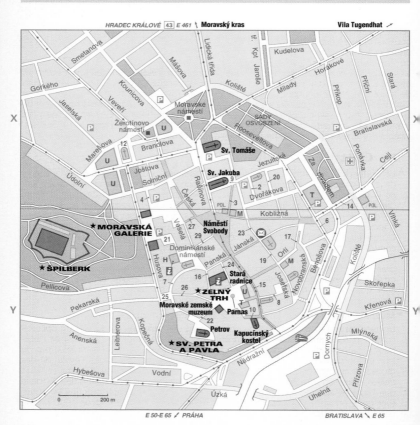

HRADEC KRÁLOVÉ 43 E 461 \ Moravský kras   Vila Tugendhat

E 50-E 65 ✗ PRÁHA   BRATISLAVA \ E 65

CENTRE-VILLE

★ **Zelný trh** – En pente douce, le **Marché aux Légumes** (ou Marché aux Choux) de Brno est un centre de vie urbaine depuis le Moyen Âge. Bordé de constructions aux styles parfois contrastés, il s'orne d'une colonne de la Trinité et d'une **fontaine du Parnasse** de 1695, extraordinaire création en forme de grotte, due à l'architecte viennois **Fischer von Erlach**. Le **musée de la Province** (Moravské zemské muzeum ☉) occupe le magnifique palais baroque Dietrichstein. Ses collections présentent très en détail préhistoire et histoire naturelle de la Moravie, et montrent, parmi d'autres trésors, la *Vénus de Věstonice*, figurine trapue symbole de fécondité, vieille de 27 000 ans. Juste au Sud de la place, l'**église des Capucins** (Kapucínský kostel) abrite une **crypte** qui renferme la plus étrange curiosité de Brno : les corps momifiés et desséchés de moines et de bienfaiteurs du couvent.

Stará radnice ☉ – Comme à Prague, l'**ancien hôtel de ville** de Brno a eu pour noyau une maison médiévale autour de laquelle il s'est développé jusqu'au 20ᵉ s., quand on a dû chercher de nouveaux locaux plus spacieux. Sous une belle tour Renaissance dotée d'une galerie panoramique, il présente de nombreux éléments intéressants, dont une arcade Renaissance et un **portail** de 1510 magnifiquement ouvragé, dû au sculpteur de Brno, Anton Pilgram. Dans le passage près de l'Office de tourisme, suspendu au plafond, le célèbre **dragon de Brno** (Brněnský drak) ouvre sa gueule béante : il s'agit en fait d'un crocodile d'Amazonie, offert à la ville en 1608 par l'archiduc Matthias. À proximité se trouve une autre curiosité en bois de la même époque : la roue de Brno (Brněnské kolo), assemblée à Lednice et roulée le même jour de Lednice à Brno (à 40 km de là) à la suite d'un pari.

★ **Katedrála sv. Petra a Pavla** – Au sommet de la colline de Petrov, on aperçoit, bien avant la ville, l'imposante nef et les tours sveltes surmontées de flèches de la **cathédrale Sts-Pierre-et-Paul**. Gothique d'origine, elle fut incendiée en totalité par les Suédois pendant le siège de 1645 ; on l'a reconstruite dans le style baroque, pour au 19ᵉ s. lui redonner une allure gothique.

★ **Moravská galerie** – Les collections de la **galerie de Moravie** se répartissent sur deux sites :

Arts décoratifs ☉ – *Husova 14.* Un palais néo-Renaissance abrite l'une des plus belles collections d'arts décoratifs du pays : mobilier, porcelaine, verrerie, et beaucoup d'autres objets, du Moyen Âge à l'époque moderne.

Art tchèque du 20ᵉ s. ☉ – *Pražák palác, Husová 18.* Le palais prête ses espaces à des expositions temporaires et offre un cadre remarquable à une collection représentative de l'art moderne tchèque. Des artistes locaux comme **Antonín Procházka** y sont bien sûr fortement représentés (son étrange *Chat* cubiste figure sur la couverture du catalogue), mais on découvre aussi presque tous les grands peintres et sculpteurs du 20ᵉ s., de **František Bílek** à **Jan Zrzavý**.

Náměstí svobody – En forme de trapèze, la **place de la Liberté**, la plus grande place de la ville, servait autrefois de marché aux colons allemands, flamands et wallons qui s'étaient établis en bordure de la ville au début du 13ᵉ s. À son extrémité Nord, la colonne de la Peste date de 1680. À l'extrémité Sud, on a refait dans les années 1930 les sgraffites de la Maison Schwanz (n° 17), de style Renaissance. Presque en face, le n° 10 arbore une façade lourdement décorée, supportée par des atlantes monstres surnommés « Les Quatre Idiots » (U čtyř mamlasů).

À ČERNÉ POLE *Quartier de Brno*

★★ **Vila Tugendhat** ☉ – *Černopolní 45.* L'un des grands chefs-d'œuvre d'architecture du 20ᵉ s., la **Maison Tugendhat**, villa blanche en haut d'un jardin dominant la ville, a été terminée en 1930 par l'architecte allemand **Ludwig Mies van der Rohe**, pour les jeunes mariés **Fritz** et **Greta Tugendhat**. Elle démontre la passion de l'architecte pour les beaux matériaux et son perfectionnisme dans la réalisation, mais elle est surtout une application exemplaire des principes du modernisme en architecture : interpénétration des espaces, intégration de l'intérieur et de l'extérieur, fonctionnalisme.

Le fusil mitrailleur BREN (Brno–Enfield)

L'armurerie est une longue tradition de Brno, mais peu de personnes savent que l'arme la plus familière de l'armée britannique au 20ᵉ s. est née ici. L'efficace fusil mitrailleur BREN a été conçu à Brno en 1937, produit en grand nombre dans l'usine d'Enfield en Grande-Bretagne, et a équipé plusieurs générations de fantassins britanniques à partir de la Seconde Guerre mondiale.

La maison Tugendhat

Le lieu de vie se trouve au cœur de la villa, vaste espace subtil orné d'une spectaculaire cloison parée d'onyx. Les Tugendhat, juifs à l'esprit progressiste, doivent fuir Brno en 1938. Les nazis maltraitent leur maison, dont la restauration n'a commencé que dans les années 1980.

C'est dans ses murs qu'en 1992 les dirigeants du gouvernement tchécoslovaque prirent la décision de scinder le pays en deux républiques.

EXCURSION

★ Le moravský kras – *Environ 25 km au Nord de Brno*. Le **Karst morave** possède toutes les caractéristiques des formations calcaires karstiques : avens, rivières souterraines, gouffres, grottes aux stalactites et aux stalagmites impressionnantes. Les sites les plus visités sont les **grottes de Punkva** (Punkevní jeskyně ⊘), avec le gouffre de Macocha, profond de 138 m, et la promenade le long de la rivière souterraine Punkva.

ČESKÉ BUDĚJOVICE★

99 500 habitants – 139 km au Sud de Prague
Carte Michelin n° 976 pli 15 (F 6)

Centre commerçant, industriel et culturel du Sud de la Bohême, České Budějovice conserve intact son réseau de rues médiévales, et sa vie s'articule toujours autour de sa splendide place centrale aménagée en 1265 par Ottokar II.

UN PEU D'HISTOIRE

Désireux d'affermir le pouvoir grandissant de son royaume face à l'opposition potentielle des puissants **seigneurs locaux de Vítkov** et de garantir sa frontière Sud, **Ottokar II** choisit pour sa ville royale un site au confluent de la Vltava et de la Malše. Protégée par les rivières autant que par ses douves et ses murs de pierre, la ville se peuple rapidement de Tchèques des environs et de colons venus d'Autriche et de Bavière. Son succès en fait rapidement un centre d'artisanat et de commerce entre Autriche et Bohême, notamment pour le sel du Salzkammergut. Par son caractère fortement allemand, Budějovice penche plutôt du côté de la monarchie que de celui des rebelles : pendant la guerre de Trente Ans, elle résiste aux hussites et soutient l'empereur. Le site prouve toute sa valeur quand la Vltava devient navigable vers l'aval jusqu'à Prague et quand, en 1832, le premier grand chemin de fer hippomobile d'Europe le relie à Linz, à plus de 129 km de là. Les industries s'y installent, dont la fabrique de crayons Hardmuth, mondialement connue, qui utilise le graphite des gisements locaux. Comme toujours depuis la fondation de la ville, la **brasserie** prospère, au point qu'une brasserie de Milwaukee, aux États-Unis, s'est approprié le nom allemand de la ville, Budweis, pour son produit pourtant bien différent. Aujourd'hui, la délicieuse bière de Budějovice, légèrement sucrée, produite par la **brasserie Budvar** s'exporte partout dans le monde. L'essor de l'industrie au 19e s. fait venir un flot d'habitants tchèques des campagnes environnantes, et, au début du 20e s., l'influence dominante allemande a disparu.

CURIOSITÉS

★★ **Náměstí Přemysla Otakara II** – La magnifique **place Přemysl Ottokar II** est un carré parfait de 133 m de côté. Au milieu du réseau en damier des rues, il se trouve en fait un peu décalé au Sud par rapport au centre de la ville médiévale de forme ovale. La place est bordée de maisons bourgeoises à arcades. La plupart ont été reconstruites plusieurs fois depuis la fondation de la ville, mais elles conservent de nombreux restes de sgraffites, portes gothiques et autres éléments intéressants. L'édifice le plus impressionnant est l'**hôtel de ville★**, bâtiment Renaissance à trois tours, remanié en 1730 dans le style baroque. Sa façade est animée par des blasons et des panneaux en bas-relief, des statues figurant les vertus civiques sur ses balustrades, et des gargouilles à l'air particulièrement féroce.

Pavel Janák, architecte du Château de Prague, a dessiné dans les années 1930 le pavage classique et sobre de la place. Au centre se dresse la superbe **fontaine de Samson★**, bâtie entre 1721 et 1726 pour alimenter la ville avec l'eau de la Vltava. Des atlantes soutiennent Samson terrassant un lion, et des mascarons rejettent l'eau dans la grande vasque.

Les arcades de la place se prolongent dans les rues avoisinantes qui abritent beaucoup de belles maisons anciennes, souvent dans le style Renaissance ou gothique tardif.

Černá věž ⊘ – En retrait de la place, à côté de la cathédrale baroque St-Nicolas, la **Tour noire** atteint 72 m de haut. Achevée en 1578 en tant que beffroi et tour de guet, elle offre aujourd'hui un très beau **panorama★** sur la ville et ses alentours.

Masné krámy – *Krajinská 13*. Ce bâtiment du milieu du 16e s. abritait autrefois les étals des bouchers. C'est aujourd'hui un restaurant.

Dominikánský klášter – Le **monastère dominicain** a été fondé en même temps que la ville, mais son charmant cloître gothique et son église Sainte-Marie datent d'environ un siècle plus tard.

Solnice – Souvenir magnifique et imposant de l'une des grandes sources de richesse de la vieille ville, ce **magasin à sel** à haut pignon, construit en 1541, devait servir au départ de magasin à grains. Il a aussi hébergé une armurerie. Sur son mur, trois faces étranges observent les passants.

Rabenštejnská věž – La pittoresque **tour Rabenstein** du 14e s. au toit bombé très pentu est l'un des rares éléments restant des défenses de la ville, un ensemble jadis très sophistiqué.

La place de České Budějovice

ČESKÝ KRUMLOV★★★

14 600 habitants – 161 km au Sud de Prague
Carte Michelin n° 976 pli 15 (F 6)

Presque entièrement enclos dans une boucle du cours supérieur de la Vltava, ce merveilleux bourg médiéval est depuis toujours dominé par son grand château, bâti sur l'arête rocheuse qui surplombe à pic la rivière. Jusqu'à une période assez récente, la règle quasi-féodale des seigneurs de Krumlov, et la situation du bourg, en bordure de la forêt bohémienne, l'ont tenu à l'écart des touristes. Vient s'y ajouter la négligence avec laquelle on a traité le patrimoine exceptionnel de cette ville à l'époque communiste. Mais depuis 1989, le site remarquablement pittoresque de Krumlov, son immense château et ses nombreux bâtiments historiques de toutes époques attirent un flot croissant de visiteurs. L'inscription du bourg au Patrimoine mondial de l'Unesco en 1992 devrait permettre d'éviter la perte de caractère que peut apporter le succès, avec son cortège de restaurations abusives et la prolifération de boutiques de souvenirs.

Český Krumlov

UN PEU D'HISTOIRE

Première à s'établir sur le rocher dominant la courbe de la rivière, la puissante **famille Vítek**, du Sud de la Bohême, renforce ce site bien défendu avec une formidable forteresse circulaire. Elle deviendra plus tard la base de la tour Renaissance qui domine la silhouette du château aujourd'hui. Au début du 13e s., le petit quartier **Latrán** se développe sur la pente plus accueillante à l'Est du château. Pour faire face à l'augmentation de la population, on décide d'une implantation urbaine plus ambitieuse à l'intérieur du méandre de la rivière. Articulée autour d'une place centrale, la ville garde la trace des efforts de son fondateur pour lui donner un plan régulier, en dépit du relief et de l'exiguïté du terrain, qui rendaient quasiment impossible tout tracé rectiligne de rue ou de venelle.

La rose à cinq pétales, emblème des Vítek, était aussi celui de la branche **Rožmberk** de la famille, qui leur succède à la tête du château et de la ville en 1302. Leurs 300 ans de règne atteignent leur apogée au 16e s., où ils utilisent une bonne partie de leur fortune, réalisée dans les mines d'argent, le houblon, la brasserie et la pisciculture, à convertir leur château en une somptueuse résidence Renaissance. En 1622, la famille autrichienne des **Eggenberg**, succédant aux Rožmberk, va établir une cour provinciale brillante autour du splendide théâtre baroque, miraculeusement toujours intact : il en va de même pour la ville, malgré son occupation, à plusieurs reprises, par des troupes étrangères.

En 1719, à la mort du dernier Eggenberg, les **Schwarzenberg** prennent la suite. Leur règne commence glorieusement, mais ils vont abandonner Krumlov comme résidence principale à la fin du 18e s. Ils maintiennent néanmoins les traditions : une trompette sonne les heures à la tour du château, et leur armée privée, une douzaine d'hommes environ, parade tous les jours en uniforme blanc à l'ancienne. De petites industries s'établissent dans le bourg et alentour, sans pour autant en abîmer le caractère, qui commence à séduire des écrivains comme Rilke et Karel Čapek, et des peintres comme le Viennois **Egon Schiele** (1890-1918), qui vient passer l'été 1911 dans la ville natale de sa mère.

Krumlov est séparé de la Tchécoslovaquie en 1938 pour être annexé à l'Ostmark (Autriche) nazie. La minorité tchèque s'enfuit ; la Gestapo exproprie les Schwarzenberg. En mai 1945, l'armée américaine libère la ville. Après la guerre, l'expulsion de la population allemande est compensée par le retour des habitants tchèques et un flot d'immigration en provenance d'autres régions de Tchécoslovaquie.

★★★ CHÂTEAU ⏱ *Accès libre aux cours et aux jardins*

Presque aussi important que le Château de Prague par ses dimensions et sa formidable présence, et, comme le Hradschin une ville dans la ville, le château de Krumlov aligne une quarantaine de bâtiments le long de l'étroite arête surplombant la Vltava. Ils sont reliés par des cours, des rampes, des passages et des passerelles aux splendides jardins baroques qui occupent l'étendue plane, plus en hauteur à l'Ouest. La tour Renaissance, qui surgit au-dessus du château du bas, à l'extrémité Est, frappe d'abord le regard, mais le château du haut présente lui aussi un aspect redoutable, dressant des murs austères de 40 m au-dessus de la roche nue. Plus extraordinaire encore, le pont à étages qui enjambe les douves séparant, comme un ravin, le complexe principal du théâtre baroque et les jardins.

Cour extérieure – Du quartier de Latrán, on pénètre dans l'enceinte du château par la **Porte rouge** (Červená brána), aux armes des Schwarzenberg. En pente forte vers l'Ouest, la **première cour** conserve un peu de l'atmosphère du temps où le château était le pôle économique et administratif du domaine Schwarzenberg, aussi étendu qu'un petit royaume. Sur la droite, un magasin à sel médiéval ; sur la gauche, l'apothicairerie, bâtiment du 14ᵉ s. orné de sgraffites Renaissance, les écuries du 16ᵉ s., et la résidence gothique du burgrave. Parmi d'autres constructions, des bâtiments de ferme, une forge, une brasserie, une laiterie, une remise à voitures et un hôpital bordent l'espace arboré qui s'ouvre sur la droite.

Le château du bas – Autour de la **deuxième cour** ou cour intérieure, c'est d'abord un palais gothique du 13ᵉ s., le **Hrádek**, défendu par une grosse tour ronde. On passe les douves, avec leurs ours, par un pont de pierre qui a remplacé l'ancien pont-levis. Vers la fin du 16ᵉ s., on transforme la tour en résidence Renaissance. La tour trapue est audacieusement surélevée, dotée d'une galerie à arcades, d'un dôme sophistiqué, et d'une décoration assez criarde, que l'on a récemment refaite, après qu'on l'eut recouverte de plâtre au 19ᵉ s. On accède à la **galerie de la tour**, d'où les hérauts des Schwarzenberg sonnaient l'heure, par un escalier creusé dans l'épaisseur des murs. Elle offre un merveilleux **panorama** sur les toits de Krumlov et sur les hauteurs boisées plus lointaines de Šumava, la forêt bohémienne. Dans la cour, au Sud de la fontaine du milieu du 17ᵉ s., on voit la **Monnaie** : pendant un temps, Krumlov a frappé sa propre monnaie avec l'argent des mines locales. Le bâtiment actuel, pour l'essentiel du 18ᵉ s., a surtout servi de bureaux et d'archives. Au Nord, la **nouvelle résidence du burgrave**, du 16ᵉ s., possède de grandes caves voûtées. Elle abrite la bibliothèque du château *(fermée au public)*. Une tour de guet gothique s'élève au cœur du joli bâtiment Renaissance de la **crémerie**, au pied de la rampe qui mène à la simple porte du château du haut.

Le château du haut – Un passage raide et sinueux mène à la **troisième cour**, bordée sur chaque côté de grands murs. Le manque de lumière y est compensé, comme pour la **quatrième cour** suivante, par des peintures murales de la fin du 16ᵉ s., à scènes allégoriques et mythologiques. Le caractère homogène de cette partie du château fait oublier la chronologie de sa construction, qui s'étale du 14ᵉ au 18ᵉ s. On accède à plusieurs des nombreuses **salles** par des **visites guidées**, dont l'une inclut les **caves** à plusieurs niveaux, dans lesquelles, dit-on, Venceslas IV fut emprisonné en 1394. Les pièces de l'étage sont meublées dans une diversité de styles qui donnent un bon aperçu de la vie au château, de la Renaissance jusqu'au 19ᵉ s. On voit une belle collection de **tapisseries de Bruxelles**★, ainsi qu'un opulent **carrosse**★ doré, fabriqué en 1638 pour les Eggenberg. Mais la plus belle salle est la **salle des Masques**★★. Cette magnifique salle de bal a été ornée en 1748 par **Joseph Lederer** de joyeuses scènes de fête issues de la tradition italienne de la *commedia dell'arte*. Peintes en trompe-l'œil, les figures de couleurs vives, riantes et gesticulantes, semblent prêtes à descendre des loges et des balcons pour entraîner le spectateur dans leurs réjouissances.

★★ **Zámecké divadlo** – Le pont aux multiples étages qui enjambe le ravin comprend un passage séparé, qui conduit au **théâtre** baroque extraordinairement bien conservé. Édifié en 1680 pour le dernier des Eggenberg, le très cultivé prince Johann Christian, il fut remanié en 1766. La salle est restée intacte, mais aussi les décors, les lumières, les costumes et les archives, offrant ainsi un cadre absolument authentique à des spectacles occasionnels d'opéra baroque.

★ **Les jardins** – Johann Christian von Eggenberg est aussi à l'origine des splendides jardins baroques, qu'un deuxième pont couvert relie au théâtre. Aujourd'hui restaurés, ils ont peu ou prou retrouvé leur aspect d'origine : parterres à la française, fontaine de Neptune ornée de statues, haies taillées suivant de sévères motifs géométriques, et, côté Ouest, un espace resté plus naturel, avec des beaux arbres et un lac. On y voit aussi un manège d'été, un manège couvert, et la **Bellarie**★, ravissant pavillon rococo relié aujourd'hui à une scène pivotante moderne.

LA VILLE

Toutes sortes de maisons intéressantes bordent les rues étroites de Krumlov. Beaucoup datent de la fin du Moyen Âge, mais montrent des éléments Renaissance, ou plus récents. On s'y promènera à son gré, car même si le plan des rues peut prêter à confusion, le format resserré de Krumlov empêche que l'on se perde longtemps.

Náměstí svornosti – Au Nord de la **place de la Concorde**, petite place centrale du bourg, l'**hôtel de ville** Renaissance à arcades porte les emblèmes des familles Eggenberg et Schwarzenberg, et les armes de Krumlov. Côté Ouest, l'**hôtel** qui réunit plusieurs bâtiments autrefois séparés présente un beau hall à arcades et beaucoup d'éléments du gothique tardif et du début Renaissance. Le sculpteur pragois **Jäckel** est l'auteur de la **colonne de la Peste** des environs de 1715.

★ **Sv. Víta** – Avec sa tour effilée et ses interminables fenêtres en ogive, la splendide **église St-Guy** gothique fait contrepoids à la grande masse du château, de l'autre côté de la rivière. À l'intérieur, la nef tout en hauteur montre une voûte réticulée qui s'inspire des innovations de Peter Parler pour la cathédrale Saint-Guy à Prague. Tout près, dans Horní ulice (rue Haute), on voit plusieurs belles maisons, dont **Kaplanka**, du début du 16e s., au n° 159, et l'**hôtel Růže**, ancien séminaire jésuite construit en 1588, dont le nom « Rose » évoque les premiers seigneurs de la ville.

Muzeum ⊙ – *Horní 152*. L'étroit passage qui relie le bourg à la forêt de Bohême est coupé par une gorge. Du côté ville se trouve le musée du district qui, parmi ses collections d'intérêt local, présente une maquette de la ville et le mobilier d'une ancienne apothicairerie. Tout ce qui concerne **Adalbert Stifter** (1805-1868), écrivain autrichien intimement associé à l'histoire et aux paysages de la forêt bohémienne et du Sud de la Bohême, est aujourd'hui exposé dans son village natal de Horní Planá (Oberplan – *30 km à l'Ouest*).

Mezinárodní centrum Egona Schieleho ⊙ – Široká (rue Large), de forme ovale, est dominée par le beau bâtiment de 1578 de la brasserie municipale. Le **centre culturel** international qui l'occupe aujourd'hui a pris le nom du peintre viennois tôt disparu **Egon Schiele** ; il présente plusieurs de ses œuvres, mais aussi de grandes expositions temporaires d'art du 20e s.

Latrán – Autrefois village distinct de Krumlov, mais toujours asservi au château, le quartier de Latrán se compose essentiellement d'une seule rue sinueuse qui monte du pont sur la rivière vers le château et de la **porte de Budějovice** (Budějovická brána), seule porte de la ville encore debout. Parmi les nombreuses belles maisons qui la bordent, le **n° 39** montre une peinture murale de la fin du 16e s., le « cavalier Rožmberk », et le **n° 53**, des symboles alchimiques et des peintures des Âges de l'Homme. La rue transversale appelée Na Novem Městě (la Ville nouvelle) mène vers l'Est à la **brasserie** Renaissance. Un sentier conduit au **monastère des frères mineurs**, fondé en 1350.

ČESKÝ ŠTERNBERK ★

120 habitants – 53 km au Sud-Est de Prague
Carte Michelin n° 976 pli 4 (G 4)

Le hameau de Český Šternberk se tapit au pied du rocher de son château, sur la rive gauche de la sinueuse Sázava. Deuxième affluent de la Vltava après la Berounka avec ses 220 km, la Sázava prend sa source dans les monts de Bohême-Moravie, entre Prague et Brno. La plupart de son cours sinueux est extrêmement pittoresque, notamment la traversée du plateau schisteux boisé au Sud-Est de Prague. Cette vallée, desservie depuis longtemps par le « Sázava Express » à la lenteur remarquable, est une destination appréciée des Pragois pour la journée ou le week-end. Le château du 13e s. fondé par la famille Sternberg en est le site le plus pittoresque.

★ **Hrad** ⊙ – Très remanié au fil des siècles, le **château** a été commencé un peu avant 1241 par Zděslav de Divišov qui, suivant la mode de l'époque, prit le nom allemand de **Sternberg**, et adopta pour emblème l'étoile (*Stern* en allemand) à huit branches qui orne depuis le blason de la famille. Les Sternberg devinrent l'une des familles les plus puissantes du royaume. Ils achetèrent de vastes domaines en Bohême, dont celui de Konopiště près de là, et construisirent plus d'un beau palais à Prague. Au début du 19ᵉ s., le comte Kaspar Maria Sternberg, grand botaniste, fut l'un des cofondateurs du Musée national.

S'étirant sur l'étroite arête rocheuse surplombant la Sázava, le château présente une silhouette fascinante : tour ronde de l'extrémité Sud, grands murs de l'imposant corps central, défenses de la cour extérieure au Nord. À l'intérieur, l'exiguïté du terrain a donné des salles aux formes bizarres, dont certaines montrent un aménagement somptueux et des stucs sophistiqués.

FRANTIŠKOVY LÁZNĚ ★

5 300 habitants – 194 km à l'Ouest de Prague
Carte Michelin n° 976 pli 1 (B 3)

La plus petite des villes d'eaux du « Triangle de Bohême », qui doit son nom à l'empereur François II, se compose de quelques rues élégantes, aménagées dans un parc que parsèment des pavillons charmants, proposant l'eau d'une bonne vingtaine de sources. Les propriétés bienfaisantes d'une de ces sources sont connues depuis le Moyen Âge. Pendant des siècles, on a acheminé par porteurs l'eau à Cheb pour les soins ; les habitants résistaient, parfois violemment, aux tentatives de faire venir les curistes sur place. Une ordonnance impériale a fini par briser leur résistance. En 1793, la station thermale fut ouverte officiellement, sous le nom de **Franzensdorf**, puis de **Franzensbad**, en hommage à l'empereur François II.

L'eau fraîche des sources soigne les affections cardiaques, respiratoires et gynécologiques. On traite aussi par les bains de boue et la vapeur. À son apogée, la station attirait une clientèle aussi brillante que toutes ses concurrentes. **Gœthe** décrit Franzensbad comme « le paradis sur terre ». C'est là qu'en 1808 débute sa liaison avec Silvia von Ziegesar, âgée de 23 ans.

Náměstí míru – Tous les éléments qui donnent son caractère distinctif à la ville thermale apparaissent sur la **place de la Paix**, appelée autrefois Kurplatz. Les regards convergent vers le petit pavillon rond néoclassique qui abrite la **source de François** (Františkův pramen). Il se substitua en 1832 à un bâtiment qui avait lui-même remplacé l'édifice d'origine, démoli en 1791 au cours d'une révolte des porteurs d'eau de Cheb. À proximité se dressent les **bains de vapeur** (Plynové lázně) et la **colonnade** de 1914, gardée par des sphinx. Au Nord court le boulevard principal, Národní třída ; au Sud s'étend le parc, avec un grandiose pavillon de l'Entre-deux-guerres, qui protège la **source Glauber**

Kaisergelb

Les bâtiments de Františkovy Lázně étaient à l'origine peints dans toute une gamme de couleurs, mais leur harmonie actuelle doit beaucoup à la prédominance du *kaisergelb* ou jaune impérial, un ton ocre clair reposant, que l'on retrouve encore aujourd'hui dans tout l'ancien empire austro-hongrois.

(Glauberův pramen). Les jardins côté Ouest abritent la statue favorite de la ville, un chérubin en bronze appelé **František**. Il porte un poisson, symbole de fécondité. On raconte qu'il favorise la fécondité des femmes si elles le touchent là où il faut.

Národní třída – La grande **avenue Nationale** monte légèrement vers les jardins municipaux, dotés d'un pavillon de musique et d'un kiosque. La construction y a été sévèrement réglementée : les bâtiments d'origine étaient tous des établissements thermaux, parmi lesquels l'hôtel **U tří lilií** (Les Trois Lys) de 1794, où logeait Gœthe pendant son séjour.

Muzeum ⊙ – Dr. Pohoreckého. Les modestes collections du **musée** local donnent un aperçu de l'histoire de la station. On y voit une quantité d'instruments médicaux, et probablement le premier vélo de gymnastique du monde.

Le café thermal

Élégamment rénové, l'hôtel choisi par Gœthe lors de son séjour, U tří lilií *(chambre double à 3 000 Kč)* propose son Café du Philosophe, endroit idéal pour faire une pause entre deux promenades dans la charmante station *(Národní třída 3, ☎ 0166 542 415)*.

HLUBOKÁ nad Vltavou★

4 370 habitants – 133 km au Sud de Prague
Carte Michelin n° 976 pli 15 (F 5)

La petite ville au bord de la Vltava, à 10 km au Nord de České Budějovice, est l'un des endroits les plus visités de la République tchèque, moins pour ses charmes, plutôt modestes, que pour son grand château, construit par les **Schwarzenberg** sur la falaise surplombant la rivière.

★ **Zámek** ⊘ – C'est sans doute Venceslas Ier qui construisit le premier **château** sur ce site facile à défendre. Au cours des premiers siècles de son existence, le château passe alternativement de mains royales en mains nobles, pour être finalement acheté en 1661 par Johann Adolf Schwarzenberg. Son descendant, le prince Adolf, fuit devant les nazis en 1939. Depuis 1945, Hluboká est domaine de l'État. Durant sa longue existence, il a été remanié à plusieurs reprises, pour terminer au milieu du 19e s. dans un style Tudor gothique s'inspirant du château de Windsor : comme Windsor, sa silhouette romantique flotte tel un enchantement au-dessus des rives boisées de la rivière la plus longue du pays ; comme Windsor, il possède de très grands jardins et un vaste parc paysager de style anglais.
Différentes visites guidées conduisent les groupes au travers d'une sélection des 140 pièces du château. Les intérieurs, somptueusement aménagés, présentent des portraits de famille, de belles peintures et une superbe collection d'armes. Certaines pièces montrent des lambris et des bois sculptés magnifiques ; on découvre une série de tapisseries de Bruxelles ; le plafond Renaissance de la salle à manger a été apporté de Český Krumlov.

La forteresse de style Tudor des princes Schwarzenberg

★ **Alšova jihoýčeská galerie** ⊘ – Un superbe jardin d'hiver en verre et acier relie le château au manège, qui abrite la première collection de peinture de la région, la **galerie Mikoláš Aleš de Bohême du Sud**. Elle se divise en trois sections : une collection assez complète de **peinture tchèque du 20e s.** (pas nécessairement exposée en permanence) ; des peintures hollandaises du 16e au 18e s. ; un magnifique éventail de **peintures et sculptures★★ de l'époque gothique** en Bohême.

★ **Lovecký zámek Ohrada** ⊘ – Au début du 18e s., Adam Franz Schwarzenberg fait construire le **pavillon de chasse Ohrada**, aux dimensions de château, sur la rive Sud du grand étang à poissons Munický. En 1842, l'édifice devient le premier musée de l'Agriculture de l'empire autrichien. Aujourd'hui, ses belles pièces abritent des présentations, très complètes et intéressantes, sur **la chasse, la pêche et l'exploitation forestière**. On y voit le dernier ours de Bohême, accompagné du fusil qui l'a abattu. Les trophées de chasse traditionnels sont mis en valeur par un mobilier réalisé au moyen de fourrures et d'andouillers, et par un immense tapis composé des peaux de 40 renards.

40 renards.

HRADEC KRÁLOVÉ★

100 000 habitants – 90 km à l'Est de Prague
Carte Michelin n° 976 pli 5 (I 3)

Établie sur les deux rives du cours supérieur de l'Elbe, à son confluent avec l'Orlice, la capitale régionale du Nord-Est de la Bohême est une ville soignée et bien équilibrée, avec une université et une gamme étendue d'industries. Son centre historique est l'un des plus beaux du pays, mais la ville moderne est un modèle de planification urbaine du début du 20e s. En 1866, la défaite de **Sadowa**, ou **Königgrätz** (nom allemand de la ville), fut l'une des plus sanglantes et des plus décisives subies par l'empire austro-hongrois.

Séjourner à Hradec Králové

Aux deux extrémités de la gamme, on trouve le **Černigov** *(Riegrovo náměstí 1494, ☎ 049 581 41 11, 370 56)*, grand immeuble d'époque communiste bien modernisé, situé en face de la gare dans la ville nouvelle *(chambre double à 2 300 Kč)*, et la petite pension **U Jana** *(Velké náměstí 137, ☎ 049 551 23 55)* au cœur de la vieille ville *(chambre double à 950 Kč)*. Tous deux possèdent des restaurants tout aussi contrastés.

LA VIEILLE VILLE

Cœur du Hradec Králové historique, sur un terrain légèrement en hauteur au-dessus de la plaine inondable, **Velké náměstí★** (Grand'Place) a la forme d'un trapèze. Au sein d'un noyau de belles maisons de ville anciennes, remontant pour certaines au Moyen Âge, se trouvent les bâtiments historiques de la ville, témoins de son long passé, souvenir notamment de son statut royal *(králové)* comme dot des reines de Bohême.

★ **Katedrála sv. Ducha** – L'une des plus remarquables églises gothiques du pays, la **cathédrale du St-Esprit** dresse des tours jumelles en briques de 40 m de haut ; la reine douairière Élisabeth, veuve de Venceslas II, la fonde au 14e s., mais son aspect actuel résulte pour beaucoup des restaurations du 19e s., qui ont cherché à effacer toute trace d'un remaniement dans le style baroque tardif opéré à la fin du 18e s. L'intérieur, sobre et tout en hauteur, renferme un certain nombre de trésors, dont des fonts baptismaux en étain, et une peinture d'autel de Peter Brandl, *Saint Antoine*.

★ **Bílá věž** – Appelée **tour Blanche** à cause du ton clair du grès employé pour sa construction, ce beffroi-tour de guet de 72 m a été achevé en 1580. La plus grosse des cloches est la deuxième du pays. Sa galerie offre un **panorama** superbe sur la vieille ville et la ville moderne. La tour appartient à la petite église baroque St-Clément (sv. Klimenta).

Biskupská rezidence – Dans le style baroque tardif, la noble **résidence de l'Évêque** a été retournée à l'Église en 1990, après qu'elle eut servi de galerie d'art régionale. Une arche la relie au charmant édifice **U Špulaků**, qu'ornent un balcon, une statue de la Vierge et un dôme en cuivre.

Colonne de la Peste – Entourée d'un nombre inhabituel de statues, la colonne, au centre de la place, date de 1717.

★ **Galerie moderního umění** ⊘ – Des sculptures de Ladislav Šaloun défendent l'entrée de la **galerie d'Art moderne**, bâtiment de style Sécession dessiné par **Osvald Polívka** en 1911. Banque à l'origine, c'est l'endroit idéal pour accueillir la collection la plus représentative d'**art tchèque du 20e s.** en dehors de Prague. Y figurent presque tous les grands peintres, ainsi qu'un bon nombre de sculpteurs, fondateurs de l'art moderne tchèque, comme Bohumil Kubišta et Jan Zrzavý, surréalistes comme Josef Šíma et Toyen, membres du Groupe 42 comme Kamil Lhoták et Ladislav Zivr, peintres abstraits comme Mikuláš Medek, et membres de la génération actuelle.

LA VILLE NOUVELLE

Le développement de Hradec Králové, de la fin du 19e s. jusqu'à une époque récente au 20e s., a été supervisé par deux des urbanistes les plus doués du pays, **Jan Kotěra** (1871-1923), et son successeur, **Josef Gočár** (1880-1945). Grâce à eux, la ville a joui dans l'Entre-deux-guerres d'une réputation internationale pour la réussite de son architecture, de son plan d'urbanisme, de ses parcs et jardins. Même avec le régime communiste, elle a su maintenir ses exigences de qualité en matière d'urbanisme. Entre l'Elbe et la gare, un kilomètre plus loin à l'Ouest, s'étend un réseau rationnel de rues et de places, bordées de bâtiments sobres et sans prétention, mais parfois émaillés d'un brin de fantaisie. Le bord de rivière aussi a été aménagé, entre le **pont de Prague** (Pražský most – 1910, par Kotěra), que terminent des pavillons jumeaux, et la **centrale thermique** colorée de 1914, non loin vers l'aval.

Sadowa

La journée de combats, qui se déroule le 3 juillet 1866 dans la campagne vallonnée au Nord-Ouest de Hradec Králové, se termine par la défaite finale de l'armée autrichienne, face à un adversaire prussien mieux équipé et mieux commandé. Les Autrichiens, repoussés de la frontière bohémienne vers l'Est, se rassemblent sur une arête peu élevée autour du village de Chlum. L'avancée prussienne est arrêtée un temps par un barrage d'artillerie. Mais quand l'aile droite autrichienne se lance dans une contre-offensive, les uniformes blancs de l'infanterie en font une cible facile pour la IIᵉ armée du prince héritier Frédéric-Guillaume, fraîchement arrivée. Décimés par les fusils prussiens, les Autrichiens battent en retraite et n'échappent à la déroute que grâce à la bravoure de la cavalerie. Plus de 32 000 morts et blessés jonchent le champ de bataille.

La défaite exclut l'Autriche des affaires de l'Allemagne, dont le sort appartient dorénavant au vainqueur prussien. De nombreux historiens datent de la bataille de Sadowa le début du déclin de l'empire des Habsbourg.

Le grand champ de bataille est parsemé de cimetières et de monuments, mais le lieu le plus évocateur est **Chlum** *(indiqué sur la route 35, à 10 km au Nord-Ouest de Hradec Králové)*, qui propose un petit **musée** ⊙ et une **tour d'observation**.

★ **Krajské muzeum východních Čech** ⊙ – *Eliščino nábřeží 465*. Tourné vers la ville moderne de l'autre côté de l'Elbe, l'imposant **musée régional de Bohême orientale** en pierre et brique conçu par Kotěra a été achevé en 1912. Splendide exemple du style Sécession tardif, tout en sobriété, il a été décoré, à l'intérieur comme à l'extérieur, par certains des plus grands artistes de l'époque. Les gardiennes sévères de part et d'autre de l'entrée sont de Stanislav Sucharda. L'intérieur monumental présente des vitraux de František Kysela et des mosaïques de Jan Preisler. Une maquette très intéressante montre la vieille ville, entourée du formidable système de fortifications baroques démoli à la fin du 19ᵉ et au début du 20ᵉ s. On se passionnera pour les remarquables présentations d'objets évoquant la vie quotidienne des habitants au cours des âges.

CHEB★

32 000 habitants – 189 km à l'Ouest de Prague
Carte Michelin n° 976 pli 1 (B 3)

À cinq kilomètres de la frontière bavaroise, sur les rives de l'Ohře, la ville de Cheb (Eger en allemand) était autrefois surnommée « le Nuremberg de Bohême » en raison du pittoresque de ses rues et de ses places, bordées de constructions anciennes à toits hauts, autant que du caractère particulier de ses habitants, dont certains disaient qu'ils étaient plus allemands que les Allemands.

Son histoire est riche en événements. Pomme de discorde entre Saint Empire romain germanique et Bohême, la ville est « louée » en 1322 à la couronne de Bohême, à condition qu'elle conserve son indépendance « à perpétuité ». Pendant longtemps, elle prospère grâce à sa situation stratégique sur la frontière entre monde slave et monde germanique. Elle est marquée par l'assassinat, en 1634, du généralissime **Albrecht von Wallenstein** *(voir encadré p. 213)*.

Avec l'expulsion de sa population allemande après 1945, le tissu de la ville se détériore rapidement. Entrepris à la fin des années 1950, les travaux de restauration ne compensent pas encore ces dégâts. Il faut attendre 1995 pour que la population retrouve son chiffre d'avant-guerre.

Cheb possède plusieurs églises, dont la gothique **St-Nicolas** (Sv. Mikuláše) remaniée au 18ᵉ s. par le grand architecte **Balthasar Neumann**, né ici en 1687 ; la baroque **Ste-Claire** (Sv. Kláry), due à **Christoph Dientzenhofer** ; **St-Barthélemy** (Sv. Bartoloměj) du début du 15ᵉ s., qui offre son beau cadre à une exposition d'art gothique. Mais le plus grand monument de la ville demeure le château impérial en ruine.

CURIOSITÉS

★ **Náměstí krále Jiřího z Poděbrad** – Composition harmonieuse de bâtiments de différentes dates, presque tous pointant de hauts toits caractéristiques, ponctués de rangées de mansardes, l'ancienne place du marché, en forme de trapèze, devenue **place du roi Georges de Podiebrad**, comporte au point le plus bas un petit pâté de maisons appelé **Špaliček**★. Parcouru d'une étroite venelle, avec des étages supérieurs à colombage rajoutés plus tard, le Špaliček s'est sans doute développé à partir des étals du marché, regroupés ici autrefois. Deux **fontaines** ornent la place :

celle du haut porte une statue du chevalier **Roland**, champion des droits des citoyens, celle du bas une statue d'Hercule, surnommée « le Sauvage ». Côté Est, l'**hôtel de ville** (Radnice) baroque, à l'intérieur majestueux, abrite la **galerie Výtvarného umění** et sa collection représentative de l'art tchèque du 20ᵉ s.

★ **Chebské muzeum** ⊙ – Superbement aménagé dans une magnifique maison gothique remaniée autour de 1600, le **musée de Cheb**, ouvert en 1873 en raison de l'intérêt extraordinaire manifesté par le public pour l'assassinat du généralissime Wallenstein, est l'un des premiers de ce genre en Bohême. On y découvre d'excellentes présentations sur l'histoire locale, mais la plupart des visiteurs viennent toujours voir les **souvenirs de Wallenstein**, dont un cheval empaillé, abattu sous Wallenstein à la bataille de Lützen, et la pique de son assassin, le capitaine Walter Devereux, un mercenaire anglais.

★ **Hrad** ⊙ – Surplombant un gué sur la rivière, le site est sans doute occupé depuis les premiers temps par une succession de tribus germaniques et slaves, puis, au 10ᵉ s., par les souverains prémyslides de Bohême, qui y établissent une forteresse défendue par une muraille de terre et une palissade. Un premier château en pierre est construit au 12ᵉ s., quand les colons venus d'Allemagne essaiment dans la région. En 1179, l'empereur **Frédéric Barberousse** entreprend l'édification de l'actuel **château impérial**, l'un des nombreux sites de son empire destinés à recevoir périodiquement sa cour. Dépourvu de toit, son **palais** demeure imposant, tout comme le massif **donjon** en basalte, appelé **Tour noire** (Černá věž). La **chapelle** réunit une salle basse, de style roman, et une salle haute du début du gothique, ornée d'élégantes colonnes, de beaux chapiteaux sculptés et de voûtes nervurées.

KARLOVY VARY★★★

55 000 habitants – 129 km à l'Ouest de Prague
Carte Michelin n° 976 pli 2 (C 3)

En amont de son confluent avec l'Ohře, l'étroit vallon de la rivière Teplá regorge d'hôtels, villas, établissements thermaux opulents. Ils ont été construits au tournant du siècle à l'extrémité Nord, la plus moderne, de Carlsbad, aujourd'hui Karlovy Vary. Des pentes abruptes, couvertes de hêtraies superbes, les dominent, sillonnées de sentiers que le curiste se doit de parcourir, au même titre qu'il lui faut boire les eaux fortement minéralisées des douze sources de la reine des stations thermales.

> ### La treizième source
>
> Toutes les boutiques de cadeaux de la République tchèque proposent de curieuses bouteilles vertes portant le nom Becherovka. Surnommée « la 13e source », cette liqueur à base d'herbes, inventée au début du 19e s. par Jan Becher, a sans doute meilleur goût dans son lieu d'origine.

UN PEU D'HISTOIRE

La légende de la fondation de **Carlsbad** (nom allemand sous lequel la localité est plus connue), au milieu du 14e s., dit que l'empereur Charles IV a découvert ce lieu pendant une chasse au daim, lorsque sa meute hurlante est tombée dans une source d'eau chaude. Les bienfaits thérapeutiques des sources étaient peut-être déjà connus avant, mais leur donner le nom de l'empereur ne pouvait que constituer un atout supplémentaire. Ce n'est qu'au 17e s. qu'on inaugure la cure par ingestion d'eau ; les curistes s'efforcent alors d'en boire jusqu'à 70 gobelets par jour. Tout aussi important que la cure, il s'agit de voir et d'être vu : les registres annuels des visiteurs tenus par la commune reflètent son succès mondain croissant. À la fin du 18e et au début du 19e s. vient s'ajouter à la clientèle royale et aristocratique l'élite culturelle de l'Europe, dont **Gœthe**, venu ici pas moins de... 17 fois. Au cours du 19e s. s'y adjoignent de nombreux curistes des classes moyennes de plus en plus prospères. Carlsbad connaît son âge d'or au tournant du siècle, et son aspect actuel est le résultat du boom immobilier de cette époque.

Le désastre de la Première Guerre mondiale entraîne des lendemains plus sombres. Les difficultés économiques des années 1930 contribuent à pousser la population allemande majoritaire dans les rangs ultra nationalistes du Parti des Sudètes. Dans un meeting d'avril 1938, son chef, Konrad Henlein, proclame les « Revendications de Carlsbad », précipitant la crise de Munich et le démantèlement de la Tchécoslovaquie. Après la Seconde Guerre mondiale, on nationalise les installations thermales. Une clientèle plus large fréquente Karlovy Vary, qui étend la gamme des soins et reste ouvert toute l'année, sur le modèle du thermalisme soviétique.

Y vient-on siroter ou faire des bulles ?

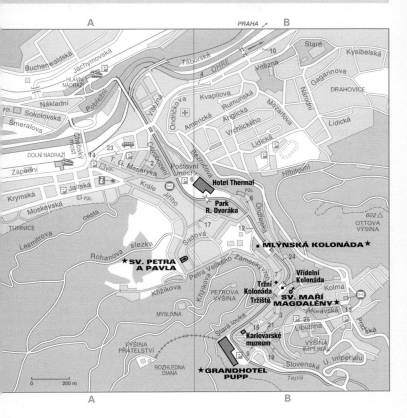

CURIOSITÉS

La circulation est interdite dans la plupart des rues de Karlovy Vary, mais les visiteurs qui y séjournent peuvent demander un laissez-passer pour l'accès à leur hôtel. Les visiteurs à la journée pourront utiliser le parc de stationnement au Nord de la ville et effectuer leur visite à pied, ou emprunter une navette au départ du parc de stationnement Sud. Les sites sont décrits ci-dessous du Nord vers le Sud.

★ **Mlýnská kolonáda** – Achevée en 1881 par **Josef Zítek**, architecte du Théâtre national de Prague, la grande **colonnade du Moulin**, qui s'étire parallèlement à la Teplá au cœur de la station, n'abrite pas moins de cinq sources différentes. Au Nord, derrière l'Établissement III, de style néogothique, se dessine l'élégante **colonnade** en fer forgé du **parc Dvořák**. Toujours plus loin surgit l'architecture carrée du **sanatorium thermal** de 1976, nettement moins élégant, mais qui offre son indispensable salle de spectacle à différents événements, notamment le Festival annuel de cinéma.

Tržiště – Sur la **place du Marché**, la gracieuse **colonnade du Marché** a été élevée en 1883 à titre provisoire, mais a tenu plus d'un siècle, avant sa rénovation en 1993. À proximité s'élève depuis 1716 une **colonne de la Trinité** baroque. Entre la colonnade et la **tour du château** de Charles IV, tout en hauteur, les bâtiments Sécession des **Sources du château** sont bien délabrés.

★ **Sv. Petra a Pavla** ⊘ – Les splendides bulbes dorés de l'**église orthodoxe des Sts-Pierre-et-Paul** dominent les hôtels et villas sophistiqués sur les pentes abruptes à l'Ouest de la ville. À l'orée de la forêt se dresse une statue de « Karel Marx ». Un certain M. Charles **Marx** serait venu plusieurs fois de Londres à Carlsbad et, discrètement surveillé par la police autrichienne, aurait rédigé ici quelques chapitres du *Capital*, dans le cadre reposant de la station thermale. Mais le musée qui lui était dédié autrefois a été vidé de son contenu.

Séjourner à Karlovy Vary

On pourra se laisser charmer par les fantômes édouardiens qui hantent le **Pupp** *(voir plus loin)*, hôtel phare des grandes saisons thermales *(☎ 017 310 91 11 – chambre double à 7 300 Kč)* ; mais si l'on aime les décors plus intimes, l'hôtel **Embassy**, de taille moyenne, tenu par une famille, est très agréable *(Nová louka 21, ☎ 017 32 23 049 – chambre double à 3 000 Kč)*. Les vedettes de cinéma qui viennent à Karlovy Vary fréquentent volontiers son restaurant confortable, où il est recommandé de réserver.

Vřídelní kolonáda – Sous son architecture un peu moins carrée que celle du sanatorium, la **colonnade des Sources chaudes**, ou colonnade Sprudel, cache **Vřídlo★**, la source la plus spectaculaire de Karlovy Vary. Toutes les deux ou trois secondes, jaillit, haut de 12 m, un jet d'eau à 72 ° venant d'une profondeur de 2 000 m.

★Sv. Maří Magdalény ⊘ – L'un des rares monuments baroques, l'**église Ste-Marie-Madeleine** et ses deux tours, chef-d'œuvre de **Kilian Ignaz Dientzenhofer** achevé en 1736, tranche avec l'allure 19ᵉ s. de Karlovy Vary.

Stará louka – Peu à peu colonisée par des boutiques internationales, l'**ancienne berge** était autrefois le quartier des magasins élégants de la station. Sur la rive opposée se trouve le **musée de Carlsbad** (Karlovarské muzeum), avec ses intéressantes présentations d'histoire régionale et locale, et une foule d'objets, verreries, porcelaines, armes, qui rappellent que Carlsbad était aussi célèbre pour son artisanat que pour ses eaux.

★ Grand hôtel Pupp – Fondé par le confiseur Johann Georg Pupp, arrivé à Carlsbad en 1775, cet hôtel de cure typique dans le style « pâtisserie » est une institution de la ville. Apprécié de la noblesse, il a trouvé en 1912 un rival dans le monumental **hôtel Impérial** construit sur la colline, mais dont la clientèle était plutôt fortunée qu'aristocratique.

EXCURSION

★ Loket – *12 km à l'Ouest.* « Merveilleusement situé » a dit Gœthe de ce petit village médiéval. Loket doit en effet beaucoup à sa situation, sur un rocher presque entièrement enserré dans un méandre (ou coude, *loket* en tchèque) de l'Ohře. Plus remarquables encore, sa grand-place incurvée et son **château** (Hrad ⊘), dont les murs s'élèvent à pic de la falaise escarpée, et qui renferme une belle collection de porcelaine régionale.

Promenons-nous dans les bois...

Cent trente kilomètres de sentiers parcourent les hauteurs boisées de Karlovy Vary, offrant une multitude de destinations et de points de vue. Pour ceux qui disposent de peu de temps, la plus belle promenade est celle du magnifique belvédère de Petrova výšina, hommage au tsar Pierre le Grand, qui, à la suite d'un pari, avait escaladé la pente à cru sur son cheval. On peut aussi prendre le raccourci par le funiculaire *(lanovka)*, derrière l'hôtel Pupp.

Hrad KARLŠTEJN★★

Château de KARLSTEIN

28 km au Sud-Ouest – Carte Michelin n° 976 pli 15 (F 4)

Dominant la vallée sinueuse de la Berounka, s'élevant au-dessus des arbres, la silhouette romantique des tours et des remparts crénelés du château de Karlstein est l'un des grands spectacles de la Bohême, attirant des milliers de visiteurs, venus pour la journée de la capitale. Fondé le 10 juin 1348, le château fait partie des projets visionnaires de **Charles IV**, qui ont pour objet, comme la cathédrale St-Guy et la Nouvelle Ville de Prague, de confirmer le rang spirituel et temporel de sa dynastie, comme souverains de Bohême, mais aussi du Saint-Empire romain germanique. Karlstein est pensé moins comme une forteresse que comme une sorte de bastion sacré, reposoir des **joyaux de la couronne** et des nombreuses **reliques saintes**, dont un fragment de la Vraie Croix, rassemblées par le pieux empereur. Construits en enfilade sur la pente raide du site, les bâtiments du château symbolisent un pèlerinage, qui s'achève à la Grande Tour. Là, dans la chapelle de la Ste-Croix, à l'extraordinaire décor, l'empereur pouvait s'abîmer dans la contemplation mystique parmi les saintes reliques.

Apparemment construit pour l'éternité, Karlstein perd d'abord ses trésors, puis son aspect d'origine. Menacés par les guerres hussites, les joyaux de la couronne impériale sont transférés à Vienne. Ceux de la couronne de Bohême, qui les avaient remplacés, partent pour la cathédrale St-Guy quand éclate la guerre de Trente Ans. Le château perd son rôle impérial. Et il ne reste guère plus que le quartier général du domaine agricole environnant : beaucoup des bâtiments servent de granges ou de magasins. En 1812, l'empereur François II accorde les premières subventions pour sa restauration et, à la fin du 19e s., il est remanié par le grand architecte-restaurateur **Josef Mocker**, dans ce qu'on imagine, sentimentalement, être son style gothique d'origine.

VISITE ⏱

Visite guidée uniquement. Accès au château interdit en voiture : 1,5 km à pied ou en calèche des parcs de stationnement du village de Karlštejn. Pour protéger des dégradations les trésors les plus précieux du château, l'accès n'est pas autorisé à la chapelle de la Ste-Croix, et parfois à la chapelle Ste-Marie. On peut voir au couvent Ste-Agnès-de-Bohême à Prague certains des portraits du Maître Théodoric.

La longue montée à partir du village aboutit à la porte Ouest du château. De l'autre côté de la cour extérieure, une autre porte mène à la **cour du Burgrave** (Purkrabský dvůr), dominée par la résidence à colombage de ce grand dignitaire, du début du 16e s. Une arête crénelée part de là en direction de l'Ouest, offrant des vues splendides sur la vallée boisée, vers la **tour du Puits**, qui abrite un puits de 80 m de profondeur. Une autre porte mène à la cour intérieure, que domine le **palais impérial**. Le rez-de-chaussée était occupé par les écuries, alors que les étages s'organisaient en quartiers séparés pour la suite de l'empereur, l'empereur et son épouse (Charles IV en a eu quatre). Les salles, peu meublées, abritent des présentations sur l'empereur et l'histoire du château, ainsi que des œuvres d'art, dont un diptyque portatif italien du 14e s. Un peu plus haut s'élève la **tour Ste-Marie** (Mariánská věž), qui renferme l'église Ste-Marie et la minuscule **chapelle Ste-Catherine**. L'église conserve d'importants vestiges des peintures murales gothiques d'origine, œuvre sans doute de Nicolas Wurmser de Strasbourg, montrant des scènes de l'Apocalypse et Charles recevant des reliques saintes. Creusée dans l'épaisseur du mur, la chapelle présente la même riche ornementation que la chapelle St-Venceslas de la cathédrale St-Guy, et que la chapelle de la Ste-Croix, avec des peintures murales encadrées de pierres semi-précieuses. Une des peintures montre Charles et son épouse Anne de Schwednitz.

L'empereur s'enfermait des heures dans la chapelle pour de longues périodes de contemplation, avant de descendre dans le saint des saints, la **chapelle de la Ste-Croix**. Reliée par une passerelle couverte, c'était le reposoir des reliques saintes, marquant l'aboutissement du pèlerinage de Karlštejn. C'est pourquoi elle était extraordinairement décorée. Sous une voûte dorée, étincelante d'étoiles en verre de Venise, les murs incrustés de pierres semi-précieuses portaient 130 portraits de l'atelier du peintre de la cour **Maître Théodoric**. Représentant l'armée céleste, ces chefs-d'œuvre montraient des saints et des martyrs, des papes et des prophètes, et des souverains comme le grand Charlemagne. Baignant dans la lumière filtrée par d'autres pierres semi-précieuses couvrant les ouvertures ou diffusée par une multitude de bougies, la chapelle remplissait d'émerveillement ceux qui avaient le privilège de s'y recueillir. Un visiteur du Moyen Âge rapporte qu'elle était « sans pareille au monde ».

Zámek KONOPIŠTĚ★★

Château de KONOPIŠTĚ

40 km au Sud-Est de Prague – Carte Michelin n° 976 pli 16 (G 4)

Située au cœur d'une forêt, au milieu d'un parc, cette sombre forteresse du 13e s. doit son aspect et son atmosphère à la personnalité de l'**archiduc François-Ferdinand d'Autriche**, qui la fit remanier dans les années précédant son assassinat à Sarajevo, en juin 1914.

UN PEU D'HISTOIRE

Dans les dernières années du 13e s., le seigneur du lieu, Tobiáš de Benešov, entreprend la construction d'une forteresse sur le modèle français de l'époque, avec de grosses tours rondes reliées par des murs épais. Le château connaît plusieurs propriétaires et remaniements successifs. Il a notamment appartenu aux Sternberg, et, brièvement, à Albrecht von Wallenstein. Mais c'est l'archiduc François-Ferdinand qui l'achète en 1887 pour la bagatelle de six millions de florins, et lui donne son empreinte définitive. Avec l'aide experte de **Josef Mocker**, expert en restauration, l'archiduc lui rend, en l'idéalisant, l'allure qu'il avait au Moyen Âge, et y crée une résidence prestigieuse et confortable, cadre parfait pour ses remarquables collections d'œuvres d'art,

L'héritier du trône des Habsbourg

Neveu de l'empereur François-Joseph, l'**archiduc François-Ferdinand** (1863-1914) hérite de son oncle, le duc de Modène, d'une grande fortune, de biens considérables, et du nom d'Este. Après le suicide du prince héritier Rodolphe en 1889, il lui revient de succéder à son oncle vieillissant comme souverain de l'empire austro-hongrois multinational et turbulent. Énergique, déterminé, ayant beaucoup voyagé et parlant couramment, avec l'allemand, le tchèque et le hongrois, l'archiduc se donne pour tâche d'adapter le royaume sclérosé pour qu'il puisse survivre au 20ᵉ s. Son manque de pouvoir effectif est pour lui une source permanente de frustration, tout comme l'accueil glacial réservé à son épouse bienaimée, **Sophie Chotek**, simple comtesse, par la prétentieuse cour de Vienne ; pour obtenir la permission de l'empereur de contracter cette union morganatique, l'archiduc avait dû renoncer aux droits de succession de sa descendance.

L'archiduc François-Ferdinand et son épouse

Konopiště était la retraite préférée de François-Ferdinand. En avance sur son temps en matière de conservation des monuments historiques, il s'attache consciencieusement à recréer ce château médiéval. Il ajoute des objets d'art à ses collections déjà importantes. Dans le réaménagement du parc et des jardins, dépendances et logements des domestiques sont impitoyablement supprimés. On abat une quantité effrayante de gibier. Konopiště a aussi vu traiter des affaires : le séjour, début juin 1914, de l'empereur **Guillaume II** d'Allemagne a été interprété comme le signal du début de la Première Guerre mondiale. Mais François-Ferdinand était essentiellement un pacifiste. Trop conservateur pour répondre à la montée du nationalisme chez les sujets de l'empire, il est néanmoins un des rares membres de l'élite dirigeante à voir la nécessité d'un changement. Ironie amère, son assassinat à Sarajevo le 28 juin 1914 servira de prétexte à l'Autriche pour déclarer la guerre à la Serbie.

d'armes, d'armures et de curiosités de toutes sortes. En même temps, le château est entièrement modernisé, avec des équipements du dernier cri, eau courante chaude et froide, chauffage central, et même un ascenseur. Le domaine est réaménagé, orné de statues, planté d'arbres et de buissons exotiques, et doté d'une superbe roseraie.

L'élément le plus frappant de Konopiště est **la grande tour ronde de l'angle Sud-Est**, avec ses mâchicoulis et son toit conique, de style tyrolien plutôt que bohémien. Au pied de la tour se trouve l'une des rares additions post-médiévales conservées par l'archiduc et son architecte, une porte baroque de F. M. Kaňka, ornée de statues de l'atelier de M. B. Braun.

Comme tous les biens des Habsbourg, Konopiště est devenu propriété de l'État tchécoslovaque à la fin de la Première Guerre mondiale. Pendant la Seconde Guerre, il a servi de quartier général SS, lieu de séjour pour la sinistre figure de Heinrich Himmler.

INTÉRIEUR ⊘

Différentes visites sont organisées, dont l'une autour des collections, et une autre autour des appartements.

L'essentiel du mobilier, du décor et des objets d'art de l'époque de François-Ferdinand est toujours en place, conférant aux appartements une atmosphère particulièrement intime et personnelle, à un point parfois oppressant.

Une suite d'**appartements d'État** somptueusement meublés occupe le premier étage de l'**aile Sud**, où le nom de certaines pièces rappelle les séjours à Konopiště de Guillaume II et de sa suite. La passion de l'archiduc pour la chasse est partout rappelée, notamment dans le couloir voisin, spectaculairement décoré de **trophées**. On dit que François-Ferdinand a tué un animal pour chacune des heures de sa vie. La **salle à manger** a conservé son décor 18ᵉ s.,

Le gibier de Konopiště

On ne tue plus le gibier à aussi grande échelle aujourd'hui à Konopiště, mais le restaurant Stará myslivna, le pavillon du garde-chasse, situé dans l'un des anciens bâtiments du domaine, propose toujours du gibier au menu (☎ 0301 72 11 48).

avec un beau plafond peint par F. J. Lux, figurant *Les Heures du jour*. La **salle de la colonne** montre un plafond en stuc soutenu par une seule colonne. Les pièces du second étage étaient occupées par François-Ferdinand et sa famille : le **bureau**, la **chambre du maître de maison**, le **bureau de Sophie** et les pièces des enfants, dont une **salle de jeux**. Le couloir conserve les souvenirs du voyage de dix mois effectué incognito autour du monde par l'archiduc en 1892-1893, qu'il décrit dans son journal *Tagebuch meiner Reise um die Erde*.

La partie Ouest de l'**aile Nord** du château renferme la **bibliothèque**, le **fumoir**, au sol recouvert de peaux d'ours tués par les SS, et une salle décorée dans le style oriental, le « **harem** ».

Au rez-de-chaussée de la partie Est de l'aile Nord, une suite de salles voûtées conserve de nombreux souvenirs de la vie personnelle de l'archiduc et de sa famille. On y voit les **masques mortuaires** réalisés après la mort tragique du couple. Au-dessus s'ouvre la **chapelle**, avec sa belle collection composée surtout de peintures et de sculptures du gothique tardif. Au deuxième étage, la **salle d'armes**★★, provenant de l'héritage de Modène, est l'une des plus belles du genre. Dans cet extraordinaire déploiement d'armes et d'armures, pour l'essentiel des 16e et 17e s., figure une **armure équestre** complète, réalisée autour de 1560 pour le *condottiere* de la république de Venise, Eneo Pio degli Obizzi. Pour des raisons sans doute liées à ses combats personnels, l'archiduc s'intéressait à la légende de Saint-Georges : une collection réduite d'objets associés au saint y est rassemblée.

Hrad KŘIVOKLÁT★

Château de KŘIVOKLÁT

60 km à l'Ouest de Prague – Carte Michelin n° 976 pli 3 (E 3)

Surplombant de très haut un affluent de la Berounka, au cœur d'une grande forêt, chasse favorite des rois de Bohême, ce château médiéval, moins visité que Karlstein, mais aussi moins restauré, garde une atmosphère plus évocatrice. Les origines de Křivoklát remontent à un pavillon de chasse princier, établi en ce lieu dès le 11e s. Au 12e s., on le fortifie, puis au 13e s. on le reconstruit en pierre quand il devient le centre de la vie de la cour. Le futur **empereur Charles IV** y passe son enfance, puis y retourne en 1334 avec sa jeune épouse Blanche de Valois. Alors qu'elle est en couches, on raconte que Charles lâche au pied du château tout un vol de rossignols pour qu'ils l'encouragent de leurs chants. Remanié au tournant des 15e et 16e s. dans le style gothique tardif, le château devient le nid d'amour du gouverneur impérial Ferdinand du Tyrol et de son épouse secrète Philippine Welser, fille de marchand. Le château sert parfois de prison : un de ses hôtes de marque sera l'alchimiste de Rodolphe II, **Edward Kelley**, en disgrâce. À la fin du 17e s., Křivoklát perd son statut royal. Ses derniers propriétaires privés sont les princes de Fürstenberg, qui le restaurent à la fin du 19e s. et au début du 20e s., avec l'aide incontournable du grand architecte-restaurateur **Josef Mocker**.

Visite ⊘ – Juchée sur sa falaise que domine sa haute tour ronde, la silhouette de Křivoklát illustre tout le romantisme et le pittoresque des châteaux de Bohême. On rejoint la cour intérieure par une poterne surmontée d'une tour. Côté Est, la **salle royale** est dotée d'un balcon et d'un splendide oriel orné de bustes des rois Jagellon, œuvre à la fin du 15e s. de Hans Spiess de Francfort. Spiess est aussi l'auteur des remaniements de la superbe **chapelle** dans l'aile Sud de la cour intérieure. Elle montre une voûte réticulée, de magnifiques pierres sculptées, ainsi qu'un vitrail et un superbe retable de style gothique tardif. Le château renferme une collection de peintures et de sculptures du gothique tardif, ainsi que des portraits des Fürstenberg.

KUTNÁ HORA★★

21 700 habitants – 70 km à l'Est de Prague
Carte Michelin n° 976 pli 16 (H 4)

La ville de Kutná Hora doit sa richesse à des gisements d'argent extrêmement productifs. C'était au Moyen Âge l'une des plus grandes et plus actives villes de Bohême, capable d'entreprendre, sinon d'achever, la construction de Sainte-Barbe, une des merveilles d'architecture gothique du pays. Elle a connu plus tard une période de stagnation, qui fait que la plupart de son bel héritage de bâtiments historiques a échappé à l'expansion moderne : l'Unesco a inscrit Kutná Hora sur la liste du Patrimoine mondial de l'humanité.

UN PEU D'HISTOIRE

La « Ruée vers l'argent » débute en 1275 à Kutná Hora, où se précipite, sur des gisements nouvellement découverts, une foule de prospecteurs venus de toute l'Europe centrale. Les richesses du sol alimentent la prospérité de l'État médiéval de Bohême, et le roi Venceslas II fait frapper une nouvelle monnaie, le *groschen* de Prague, dans le bâtiment appelé aujourd'hui la **Cour italienne**.

Voûte de l'église Ste-Barbe

Au début du 14e s., les guerres hussites font fuir beaucoup des mineurs catholiques de langue allemande ; mais l'événement qui mettra fin aux beaux jours de la région est la découverte, au début du 15e s., de filons plus riches encore à **Jáchymov**, dans les Monts métallifères (Krušné hory) du Nord-Ouest de la Bohême. Au 17e s., guerre et émigration vident les deux tiers des maisons de Kutná Hora. La ville se remettra, mais ne retrouvera jamais sa gloire passée.

CURIOSITÉS

★★ **Velechrám sv. Barbory** ⏲ – À la fin du 14e s., sur un site élevé surplombant le cours sinueux de la Vrchlice, on commence à construire la grande **église Ste-Barbe** pour concurrencer l'abbaye voisine de Sedlec. On la dédie à la sainte patronne des mineurs, des sapeurs et des artilleurs. Le premier architecte est **Jan Parler**, fils du bâtisseur de la cathédrale St-Guy à Prague. Matyáš Rejsek le suit, puis, au milieu du 16e s., **Benedikt Ried**, auteur du magnifique plafond en forme de triple tente qui flotte au-dessus du bâtiment tel « un campement des anges » (Brian Knox).

À l'intérieur, le dessin de Ried pour la **voûte de la nef**★★, avec son magnifique tracé complexe de nervures entrecroisées, illustre la splendeur créative du gothique tardif. La nef est ornée de bancs et d'une chaire superbes, apport des jésuites, et de statues des Vertus cardinales, du haut Moyen Âge. L'orgue, magnifique, date du 18e s. On admirera les peintures murales, dont certaines illustrent le travail de la mine et la frappe de la monnaie.

Le chœur, réalisé par **Rejsek**, montre des bossages sculptés du Christ en croix, des quatre évangélistes, et des emblèmes des corporations de la ville. Le retable de 1552 a été remplacé par une copie au 20e s. On aperçoit le tombeau de Rejsek dans la partie Sud du chœur. La première des chapelles rayonnantes abrite des peintures murales avec les armes de la ville, et le blason de la corporation du treuillage, à laquelle elle est consacrée (les mineurs qui remontaient le minerai des profondeurs). La suivante est dédiée à la famille Smíšeks, qui fit fortune du jour au lendemain grâce à la mine : la peinture murale du bas la montre en prière, celle du haut décrit l'arrivée de la Reine de Saba (on voit la Reine passer le Cédron à gué, car elle sait que les traverses du pont qui l'enjambe fourniront un jour la Croix pour crucifier le Christ).

Jezuitská kolej – En hommage à l'empereur Ferdinand II, Domenico Orsi a dessiné le baroque **collège jésuite** en forme de F. Sa taille imposante et sa position dominante sont caractéristiques des établissements jésuites de la Contre-Réforme du 17e s., construits comme des bastions.

Hrádek ⏲ – Ce palais gothique du 15e s. renferme le **musée de la Mine**. Les visiteurs aventureux peuvent enfiler des vêtements de mineur pour explorer des puits et des galeries souterraines.

Sv. Jakuba – Bel exemple d'église-halle, bâtie entre 1330 et 1380, l'**église St-Jacques** dresse une tour haute de 82 m.

Rejskovo náměstí – Portant le nom du sculpteur et architecte **Rejsek**, la place a pour ornement principal la magnifique **fontaine** à douze côtés qu'il a conçue autour de 1495.

Sv. Jana Nepomuckého – Achevée autour de 1754 par F. M. Kaňka, la baroque **église St-Jean-Népomucène** possède un intérieur exceptionnellement riche.

★ **Vlašský dvůr** ⊘ – Très restaurée au 19ᵉ s., la **Cour italienne** est l'endroit où des experts florentins ont appris aux habitants l'art de frapper la monnaie. Venceslas IV la convertit en palais royal, avec sa chapelle ornée d'un splendide oriel du début des années 1400. Le petit **musée** présente de nombreux exemples des pièces frappées en ce lieu.

Kamenný dům – La **maison de Pierre**, bâtiment à haut pignon de style gothique tardif (fin du 15ᵉ s.), est l'une des plus remarquables maisons patriciennes de la ville.

Klášter Voršilek ⊘ – Kilian Ignaz Dientzenhofer a dessiné ce **couvent des ursulines**, mais seules deux ailes de son grandiose projet de 1734 ont été achevées. L'intérieur abrite une petite exposition de mobilier et d'autres objets allant du 17ᵉ au 19ᵉ s.

ENVIRONS

Sedlec – *3 km au Nord-Est.*

★ **Chrám Nanebevzetí Panny Marie** ⊘ – Fondée en 1142 par des moines cisterciens venus de Waldsassen en Bavière, l'**abbaye de Sedlec** atteint le sommet de sa prospérité et de son influence vers la fin du 13ᵉ s., mais sa grande **église abbatiale N.-D.-de-l'Assomption** gothique est mise à sac par les hussites en 1421. On ne décide de la remplacer qu'en 1699. Le premier architecte, Paul Ignaz Bayer, est suivi en 1703 par **Jan Blažej** (dit Johann Blasius, ou même Giovanni Battista) **Santini-Aichel** (1667-1723), architecte pragois très original, de famille italienne. Santini garnit l'extérieur de pinacles, et construit à l'intérieur une voûte nervurée complexe, d'inspiration médiévale. C'est le premier exemple de sa synthèse très personnelle des styles baroque et gothique, qu'il va appliquer partout en Bohême. L'origine de ce style est autant religieuse qu'artistique : les hommes d'Église de la Contre-Réforme souhaitaient faire revivre la gloire des grandes institutions monastiques du Moyen Âge.

★ **Kostnice** ⊘ – L'**ossuaire** qui se dresse au milieu du cimetière date de la fin du 14ᵉ s., mais Santini l'a « baroquisé » en 1708. Dès 1511, un moine aveugle avait construit des pyramides avec les os des personnes inhumées dans ce lieu, mais c'est en 1870 que František Rint a créé l'extraordinaire éventail de motifs visible aujourd'hui, en utilisant les ossements de 40 000 tombes. On y voit des chandeliers fantastiques, et le blason des Schwarzenberg, propriétaires de l'abbaye de Sedlec après sa sécularisation.

LEDNICKO-VALTICKÝ Areál★★

Domaine de LEDNICE-VALTICE

À Lednice, à 250 km au Sud-Est de Prague (47 km au Sud-Est de Brno)
Carte Michelin n° 976 pli 18 (K 6)

Pendant plus de six cents ans, la campagne doucement vallonnée des environs de Břeclav, sur la frontière austro-morave, a été le domaine de la famille princière de **Liechtenstein**. Leurs terres s'étendaient autour de deux résidences, Lednice et Valtice, reliées par une magnifique allée. Ces grands domaines étaient soigneusement gérés : on assécha les marais, on contint les crues par des levées, on creusa des étangs, on planta des allées d'arbres. Tout fut mis en œuvre pour accroître le rendement agricole et forestier. Cela donne aujourd'hui un site paysager à multiples niveaux, de grande valeur esthétique et environnementale. Sa richesse est universellement reconnue en 1996, quand tout le domaine est inscrit au Patrimoine mondial de l'Unesco. Parmi ses joyaux, un éventail d'édifices ornementaux, temples, arches, tours, châteaux factices, unique en Europe centrale.

Une dynastie princière

La famille **Liechtenstein** est mentionnée pour la première fois en 1130, mais son lien avec cette partie de la Moravie ne se noue qu'un siècle plus tard, lorsque Heinrich von Liechtenstein reçoit en 1249 le fief de Mikulov. Au 15ᵉ s., la famille acquiert **Valtice** et **Lednice**, où elle fait bâtir une splendide résidence d'été. D'abord attirée par le protestantisme, elle se convertit au catholicisme à l'époque de **Karl Iᵉʳ von Liechtenstein** (1569-1627). Cet ambitieux personnage a l'intuition de soutenir le futur empereur Mathias dans son projet de supplanter son frère Rodolphe II. En remerciement, il sera élevé au rang de prince du Saint-Empire en 1608. D'autres honneurs récompenseront son rôle en 1618 dans la répression de la rébellion des États protestants de Bohême, dans l'instruction du procès de ses chefs, et leur exécution en 1622 sur la place de la Vieille Ville de Prague. S'étant ainsi distingué dans le rôle de gouverneur de Bohême, il est fait chevalier de la Toison d'or, honneur suprême. Il est alors bien placé pour acquérir, à bas prix, les biens confisqués aux rebelles protestants : cette richesse facilement acquise financera la restauration somptueuse des palais de Lednice et Valtice.

Les descendants de Karl procèdent à de nouvelles restaurations et améliorations, mais c'est le 19ᵉ s. qui voit les beaux jours du domaine de Lednice-Valtice. On fait venir de Vienne et de l'étranger architectes et paysagistes pour remanier dans le style néogothique la résidence de Lednice, parsemer le domaine de nombreux édifices ornementaux, et embellir encore parcs et jardins.

À la fin du 19ᵉ s., le paysage de Lednice-Valtice est achevé. Les Liechtenstein n'en profiteront que quelques décennies. Assimilés entièrement à l'Autriche d'abord, à la Grande Allemagne ensuite, ils doivent s'enfuir à la fin de la Seconde Guerre mondiale, vidant leurs palais de nombreux objets de valeur.

VISITE

Une journée. Une des façons les plus agréables de visiter le domaine est de louer une bicyclette et d'emprunter les voies cyclables balisées.

★★ Zámek Lednice ⊘ – L'origine du **palais de Lednice** (Eisgrub en allemand), grande résidence de campagne, remonte au château médiéval entouré de douves, qui défendait ici l'importante route commerciale reliant Autriche et Moravie. On le remplace au 16ᵉ s. par une résidence Renaissance, que remaniera **Fischer von Erlach** à la fin du 17ᵉ s. D'autres modifications et extensions suivent, mais l'imposant bâtiment actuel est le résultat d'une rénovation complète, commandée en 1846 par Alois Iᵉʳ, prince souverain du Liechtenstein. Son architecte **J. Wingelmüller** effectue un voyage d'études en Angleterre, patrie du néogothique, avant de redonner au palais une allure médiévale à la mode, à l'intérieur comme à l'extérieur. Une grande **chapelle** néogothique, qui servira d'église paroissiale au village, forme une des ailes du bâtiment.

L'intérieur du palais montre des bois sculptés d'une finesse exceptionnelle, notamment dans la magnifique **bibliothèque★**, dont l'escalier en colimaçon a été taillé dans un seul chêne du domaine. D'autres pièces témoignent de la passion romantique des Liechtenstein et de leurs architectes pour le style médiéval.

Une des ailes du palais renferme les présentations du **musée national d'Agriculture** (Národní zemědělské muzeum), qui s'intéresse à la protection des campagnes, avec aussi quelques objets relatifs à la chasse.

Le **domaine★** offre des aspects très diversifiés. Aménagées par Fischer von Erlach, les **écuries baroques★** présentent un aspect calme et reposé, très éloigné de l'architecture grandiloquente du palais : elles renferment… un aquarium. Les **jardins** à côté du palais sont organisés à la française. Des statues allégoriques ponctuent leurs allées et leurs haies géométriques. La **serre** de 92 m de long, première de ce genre en Autriche-Hongrie, est l'œuvre en 1845 de l'Anglais Peter Desvignes. Au Nord du palais, on a aménagé entre 1805 et 1811 un vaste **parc** à demi naturel, dont le lac de 34 ha, truffé d'îlots, est un refuge de faune sauvage. Dans le parc s'élève un des édifices les plus intéressants du domaine, le magnifique **minaret★**, et on découvre à l'Est la ruine artificielle dite le **château de Jean** (Janohrad). Ces deux superbes folies ont été construites entre 1797 et 1810 par Josef Hardmuth.

★ Zámek Valtice ⊘ – Les Liechtenstein font du **palais de Valtice** (anc. Feldsberg) leur foyer principal au milieu du 16ᵉ s., mais l'allure baroque de la splendide résidence remonte à une série de remaniements effectués dans la dernière décennie du 17ᵉ s. et une bonne partie du 18ᵉ s. Fischer von Erlach est intervenu au début, Domenico Martinelli plus tard. Le palais se tient sur une colline basse au-dessus de la petite ville qui lui a été longtemps inféodée. La **cour d'honneur** est magnifique, avec ses statues d'Hercules et ses écuries latérales, tout comme la façade principale du château avec sa tour centrale, les trophées militaires au-dessus de la corniche, le portail orné de statues, la Sagesse et la Justice, et du blason des Liechtenstein. On regrettera que l'intérieur, restauré, ait perdu ses aménagements d'origine, mais il y a une belle **chapelle** avec des fresques en trompe-l'œil.

Bourg de Valtice – Dans la large rue principale de la bourgade assoupie se tiennent un bel hôtel de ville de style traditionnel, de la fin du 19ᵉ s., et l'**église baroque** monumentale de l'Assomption de la Vierge. Valtice est au centre d'une des régions vinicoles les plus réputées du pays. Les vignobles recouvrent les pentes douces qui s'élèvent vers la frontière de l'Autriche voisine. Valtice appartenait autrefois à l'Autriche et s'appelait Feldsberg. En 1920, un réajustement des frontières l'a placé en Moravie, province du nouvel État de Tchécoslovaquie.

★ Édifices ornementaux – Le nombre et la qualité des édifices éparpillés sur le domaine Liechtenstein sont une des raisons de son inscription au Patrimoine de l'Unesco. Beaucoup sont dus aux architectes des Liechtenstein, Josef Hardmuth (1758-1816) et Josef Kornhäusel (1782-1860). On admirera surtout :

★ **Kolonáda** – *1 km au Sud-Ouest de Valtice.* S'inspirant de la Gloriette, à Vienne, la **Colonnade** a été achevée en 1823 par le prince Jean Ier en souvenir de son père et de son frère. Située juste sur la frontière autrichienne, elle servait à la période communiste de poste d'observation, et son accès était interdit. Abîmée par le temps et les vandales, elle est en attente de restauration.

★ **Dianin chrám** – *1,5 km à l'Est de Valtice.* L'arc de triomphe a été construit par **Kornhäusel** pour le **temple de Diane**, ou **Rendez-vous**, pavillon de chasse projeté par Hardmuth au milieu des bois que les Liechtenstein avaient fait planter pour stabiliser les terres peu fertiles de la région. L'édifice renferme deux petites salles de concert et de bal.

Tři Grácie – *4,5 km au Nord-Est de Valtice.* La colonnade en fer à cheval qui se mire dans le bassin central montre en son centre les figures des déesses grecques Athéna, Artémis et Aphrodite, taillées dans un seul bloc de pierre, et improprement appelées *Les Trois Grâces*.

★ **Hraniční zámeček** – *Extrémité Ouest du village de Hlohovec, à 5 km au Nord de Valtice.* Abritant aujourd'hui un restaurant, le **château de la frontière**, noble bâtiment néoclassique dessiné par Kornhäusel, a été achevé en 1827 sur ce qui était la frontière entre l'Autriche et la Moravie, comme l'indique l'inscription *Zwischen Österreich und Mähren* de sa façade. Il offre une belle vue vers l'Est sur l'étang de Hlohovec, peuplé d'oiseaux.

Apollonův chrám – *À 2 km au Sud-Est de Lednice.* Couronnant la pente sableuse qui s'élève au-dessus de l'étang du Moulin, le **temple d'Apollon** dû à Kornhäusel est décoré de sculptures consacrées au dieu solaire Apollon.

> ### Des fleurs et des livres
>
> *Todd's Noble Hobby* est le nom curieux de cette boutique originale dans la grand-rue de Valtice *(Mikulovská 175, ☎ 0627 352 043)*, qui propose des fleurs, des livres, et des conseils pratiques pour explorer la région.

★ **Minaret et Janohrad** – *Voir ci-dessus Zámek Lednice.*

LIDICE

446 habitants – 23 km au Nord-Ouest de Prague
Carte Michelin n° 976 pli 3 (F 3)

La modeste bourgade minière de Lidice a été détruite en représailles à l'assassinat du *Reichsprotektor* Reinhard Heydrich, le 27 mai 1942. Tous les hommes ont été fusillés, les femmes et les enfants déportés en camp de concentration. Les nazis clamaient que le blé pousserait là où se trouvait autrefois Lidice, et que son nom disparaîtrait à jamais de l'histoire. Mais leurs atrocités ont produit l'effet inverse : Lidice est devenu un symbole mondial de la cruauté nazie et du martyre tchèque. Un mouvement « Lidice vivra » s'est amorcé en Angleterre, et partout dans le monde, des bourgades ont repris le nom de Lidice en l'honneur du village rasé. Après la guerre, le site de Lidice est devenu un mémorial très visité, à côté duquel on a construit un autre village.

Les autorités allemandes, enrageant de ne pouvoir retrouver les parachutistes responsables de la mort de **Heydrich** *(voir encadré p. 129),* ne s'embarrassèrent pas de prétextes pour associer le village de Lidice à l'assassinat. La nuit du 9 juin, la milice et les SS cernent le village, rassemblent tous les hommes dans une cour de ferme, et les fusillent le lendemain à l'aube. Ceux qui étaient absents cette terrible nuit ne sont pas épargnés : les mineurs de l'équipe de nuit sont pris à la sortie du travail et assassinés, tout comme un homme hospitalisé avec une jambe cassée. On pense que le seul à en avoir réchappé était un meurtrier en prison. Beaucoup de femmes et d'enfants ont disparu à jamais dans le labyrinthe infernal des camps, mis à part quelques jeunes qui, jugés aptes à être « germanisés », ont été confiés à des parents adoptifs SS.

Vidé de ses habitants, le village a été entièrement brûlé, et les hommes du génie de la Wehrmacht l'ont aplani au bulldozer.

Parc mémorial – En contrebas d'un bastion et d'une colonnade, le terrain où se tenait autrefois Lidice descend en pente douce vers le Sud pour remonter ensuite. On peut voir la fosse commune où ont été jetés les hommes du village, ainsi que les fondations de l'église et d'autres bâtiments. On a planté une grande roseraie. Les présentations du petit **musée** ⊘ sont autant de souvenirs poignants de la vie ordinaire des habitants du village, avant son anéantissement.

MARIÁNSKÉ LÁZNĚ★★

15 300 habitants – 160 km à l'Ouest de Prague
Carte Michelin n° 976 pli 1-2 (C 4)

Mondialement connue sous son nom allemand de **Marienbad**, la ville distille une atmosphère paisible avec ses hôtels ornés de stucs, ses établissements thermaux au cœur de jardins luxuriants entourés de forêts magnifiques. C'est la plus récente des stations thermales du « Triangle de Bohême ». À quelque 600 m d'altitude, en bordure du vaste Slavkovský les (Bois de Slavkov), hauteur granitique couverte de conifères appelée autrefois *Kaiserwald* (forêt de l'empereur), Marienbad est apprécié pour son climat tempéré et ses eaux fraîches. Jaillissant de 40 sources, ces eaux réputées pour l'éventail de leurs propriétés soignent toutes sortes de maux, de l'insuffisance rénale à l'obésité.

UN PEU D'HISTOIRE

Durant des siècles, les pouvoirs thérapeutiques des sources de la région sont restés le secret de ses habitants, familiers des rares sentiers qui traversaient l'épaisse forêt ou jalonnaient de perfides marécages. On mentionne pour la première fois l'existence des sources en 1528, quand l'empereur Ferdinand demande aux moines de l'**abbaye de Teplá**, propriétaires des terres, de faire parvenir à Prague des échantillons de l'eau. C'est seulement à la fin du 18ᵉ s. que le médecin de l'abbaye, **Johann Josef Nehr** (1752-1820) procède à l'analyse complète des eaux et fait construire, à ses frais, le premier établissement thermal. La première saison s'ouvre officiellement en 1808, autour de la source de Marie, nom provenant d'un tableau de la Vierge offert par un curiste reconnaissant. Après quelque hésitation, l'abbaye de Teplá se lance dans le développement thermal ; l'énergique **abbé Karl Kaspar Reitenberger** (1779-1860) y joue un rôle prépondérant.

La liaison de Marienbad au réseau ferré européen lui offre ses heures de gloire, pendant les dernières décennies du 19ᵉ s. et au début du 20ᵉ s. La station est plus florissante que jamais, la liste de ses habitués vaut bien celle des visiteurs huppés de Carlsbad. Les rénovations et aménagements de Marienbad, dans leur agréable style tournant du siècle, datent de cette époque.

À la fin de la guerre, la ville perd un peu de son cachet aristocratique, mais les curistes affluent toujours, 1929 étant l'année la plus fréquentée. En 1938, les accords de Munich rattachent Marienbad à l'Allemagne. Pendant la Seconde Guerre mondiale, la ville devient un gigantesque hôpital militaire. Comme pour la majeure partie de l'Ouest de la Bohême, ce sont les troupes américaines qui la libèrent en 1945. Le régime communiste ouvre les soins thermaux à une population plus large. Dans les années 1960, la station fonctionne toute l'année et non plus seulement pendant la saison.

CURIOSITÉS

★**Křížový pramen** – Bâti vers 1811, un merveilleux temple néoclassique abrite la plus ancienne des sources, la **source de la Croix**, encore utilisée, dont les eaux particulièrement riches en minéraux possèdent de puissantes vertus purgatives. Le dôme caractéristique du pavillon est surmonté d'une croix double, rappelant le rôle de l'abbaye de Teplá dans la création de la station.

La colonnade

★★Colonnade – Cette splendide colonnade incurvée, en fonte, est l'un des plus beaux exemples d'architecture thermale du 19ᵉ s. encore debout. Achevée en 1889 dans le style néobaroque, elle a été entièrement, et fidèlement, restaurée entre 1973 et 1981. Une **promenade** aménagée avec goût la relie à la source de la Croix et à la colonnade de la **source de Caroline** (Karolínin pramen). Au milieu de la promenade se dresse la **Fontaine chantante★**, dont l'extraordinaire spectacle, commandé par ordinateur, s'enrichit le soir d'effets de lumière.

★Nanebevzetí Panny Marie – Trente-trois marches, rappelant les 33 années du Christ sur terre, montent vers le portail de la monumentale **église de l'Assomption** de style néo-byzantin, bâtie en 1844 sur un plan polygonal par l'architecte munichois J. J. Guthensohn.

★Gœthův dům ⊘ – *Gœthovo náměstí 11.* Féru de thermalisme, **Johann Wolfgang von Gœthe** (1749-1832) s'est rendu quatre fois à Marienbad. Il y a rencontré l'abbé Reitenberger, y a entretenu aussi de longues conversations savantes, sur la géologie et la botanique, avec le comte Kaspar Sternberg, compagnon de cure ; c'est là, surtout, qu'il est tombé éperdument amoureux de « la belle enfant », Ulrike von Levetzow.
Pour son troisième séjour, Gœthe logea dans cette maison de 1818, alors appelée Au Raisin d'Or. La **maison de Gœthe** a gardé son apparence extérieure, mais les appartements de l'écrivain abritent une exposition qui retrace sa passion durable pour la Bohême, son histoire naturelle, ses habitants et sa langue, qu'il s'était efforcé d'apprendre. La maison renferme aussi le **musée** local, avec de fascinants objets, comme par exemple une terrifiante collection de calculs rénaux abandonnés par les patients.
Au dehors, une statue moderne de Gœthe veille sur la place verdoyante qui porte son nom.

★Skalníkovy sady – Version civilisée et embellie des forêts environnantes, les exubérants **jardins Skalník** aménagés sur les rives de la petite rivière Třebíský forment le noyau vert de la ville thermale, reliant nombre de ses grands édifices entre eux. Ils portent le nom de leur créateur, **Václav Skalník** (1776-1861), architecte paysager qui fut le troisième maire de Marienbad. Au centre, le mémorial rappelle la Libération, en 1945, par l'armée américaine. Côté Sud s'élèvent les tours des **nouveaux thermes** (Nové lázně), pompeux édifice néo-Renaissance de 1896. À l'Ouest, des trolleybus non polluants glissent le long de **Hlavní třída** (rue Principale), bordée de beaux bâtiments du début du siècle, dont plusieurs hôtels de prestige de la ville. Vers l'Ouest, plus en hauteur, se dressent l'église anglicane, qui sert aujourd'hui pour des expositions, et sa flamboyante voisine, l'**église orthodoxe St-Vladimir** (Pravoslavný kostel sv. Vladimíra), bâtie en 1901 pour la nombreuse clientèle russe.

Agréé par sa Majesté

L'un des visiteurs de marque de Marienbad, le roi **Édouard VII** de Grande-Bretagne (1841-1910), a passé ici tous les mois d'août de 1897 à 1906. Tout en travaillant à atténuer les effets de la bonne chère, il jouait au golf, fréquentait l'église anglicane, s'entretenait avec les autres monarques, et trouvait le temps de rendre discrètement visite à Mizzi Pistl, une jeune et jolie modiste.

EXCURSION

Teplá – *13 km à l'Est.* La localité recèle une splendide **abbaye de prémontrés★** (Klášter ů) fondée en 1193. Étroitement liée au long de son histoire avec le monastère de Strahov, à Prague *(voir Strahovsky klášter)*, elle a connu une longue suite d'incendies, de pillages et de dissolutions. Plus récemment, sous le régime communiste, elle a été convertie en caserne. Aujourd'hui en cours de restauration, elle est redevenue l'agréable promenade qu'elle était au temps de Gœthe, qui lui a légué son importante collection de minéraux. Presque entièrement « baroquisée » par les **Dientzenhofer**, l'église abbatiale a conservé ses tours jumelles romanes. La **bibliothèque★** du monastère est spectaculaire, avec un fabuleux décor de stucs et plusieurs étages de livres, auxquels on accède par des balcons.

MĚLNÍK

19 700 habitants – 39 km au Nord de Prague
Carte Michelin n° 976 pli 3 (F 3)

Couronnant un sommet de colline isolé, qui domine le confluent des deux grandes rivières de Bohême, la Vltava et l'Elbe (en tchèque *Labe*), le bourg ancien de Mělník s'aperçoit de loin sur la plaine. L'église et le château dominent des vignobles qui produisent certains des meilleurs vins du pays.

UN PEU D'HISTOIRE

Les origines de Mělník remontent à une forteresse, bâtie ici au 9ᵉ s. par la tribu slave connue sous le nom de Pšovs. Une de leurs princesses, Ludmilla, épouse un membre de la dynastie prémyslide qui règne à Prague, mais c'est à Mělník qu'elle élève chrétiennement son petit-fils, le prince Venceslas, qui sera canonisé plus tard. Elle aussi sera canonisée sainte patronne de Bohême, et le château de Mělník deviendra une sorte de douaire pour les veuves royales. On cultive très tôt la vigne sur les pentes abritées sous le château, mais c'est l'**empereur Charles IV** qui, au milieu du 14ᵉ s., fait venir de nouveaux cépages de Bourgogne, en ordonnant qu'on les enrobe de miel pour les préserver au cours du voyage.

Le château de Mělník change plusieurs fois de propriétaire et subit plusieurs remaniements, avant de devenir en 1753 propriété de la famille princière de **Lobkowicz**. Préférant résider à Prague, les Lobkowicz ne lui apportent guère de modifications. Dépossédés au début du régime communiste, ils récupèrent leur bien dans les années 1990, et s'emploient avec énergie à développer les atouts du domaine.

★ **Zámek** ⊘ – Passée la porte, on découvre les trois ailes du **château**, organisées autour d'une cour. Une partie de l'édifice reste médiévale, mais son allure d'ensemble, avec ses arcades et son audacieuse décoration de sgraffites, est plutôt un mélange Renaissance et baroque. On a restauré certaines des salles, garnies du mobilier des Lobkowicz et de divers objets, dont certains proviennent de ministères pragois. Il y a de belles peintures et une salle des cartes. Mělník est au cœur du vignoble des Lobkowicz : une visite séparée permet de découvrir les caves à vin. Du château et de la terrasse ouverte en contrebas, on a des **vues** magnifiques sur le confluent des rivières et la grande plaine qui s'étend jusqu'aux monts de Bohême centrale.

Sv. Petra a Pavla ⊘ – Romane à l'origine, l'**église Sts-Pierre-et-Paul** a été remaniée dans le style gothique aux 14ᵉ et 15ᵉ s. Malgré sa coiffe baroque, la tour caractéristique remonte à cette époque. La crypte abrite un vaste **ossuaire**.

Náměstí míru – Partiellement entourée d'arcades, la place du marché de Mělník, baptisée **place de la Paix**, a tout le charme des villes provinciales de Bohême, et semble à mille lieues de l'agitation citadine de Prague. Au côté Nord, l'**hôtel de ville** médiéval, avec ses pignons jumeaux et son beffroi, doit son apparence à une restauration au 18ᵉ s. À l'Est, non loin de là, se dresse la **porte de Prague** (Pražská brána), dernière porte de la ville encore debout.

NELAHOZEVES★★

1 240 habitants – 27 km au Nord de Prague
Carte Michelin n° 976 pli 3

Connu comme village natal du compositeur **Antonín Dvořák**, ce petit bourg rustique en bord de Vltava est dominé par un magnifique château Renaissance, dont les salles offrent leur cadre superbe à l'une des plus remarquables collections privées d'art du pays.

★★ **Zámek** – Commencé en 1552 par Florián Griespek de Griespach, le **château** domine de sa masse carrée un promontoire surplombant la rivière et le village. Griespek, officier à la cour chargé de tous les travaux royaux en Bohême, s'entoure des meilleurs architectes et artisans. Parmi ceux qui contribuent à la construction, le bâtisseur royal **Bonifaz Wohlmut**. Nelahozeves, pensé comme une sorte de grande résidence campagnarde, possède toutefois l'apparence formidable d'un *castello* du Nord de l'Italie, avec des bastions d'angle et des bossages rustiques, que viennent alléger des décors sophistiqués de sgraffites. Le pont qui enjambe les douves asséchées mène au travers d'une arche à une cour partiellement entourée d'arcades, d'apparence générale plus légère. L'aile Sud n'a jamais vu le jour, un mur peu élevé l'a remplacée. L'aile Est montre un portail Renaissance sans prétention orné d'armoiries. L'aile Nord est la plus remarquable au plan architectural, avec un étage qui était autrefois une loggia ouverte.

En 1623, Nelahozeves devient propriété de la famille princière de **Lobkowicz**, mais ne sera jamais leur résidence principale. Quand, après la Seconde Guerre mondiale, l'État confisque le domaine, il est à l'abandon. Les travaux de restauration durent des années. Après 1989, le château est restitué à la branche Roudnice de la famille.

★★ **Collections** ⊘ – Sur plusieurs générations, les Lobkowicz ont été de grands amateurs d'art. Leurs collections comptent plus d'un millier de peintures, de nombreux objets en **verre** et en **porcelaine**, de magnifiques pièces de **mobilier** et des **objets sacrés**, par exemple un merveilleux **retable**★ du 16ᵉ s. en filigrane d'or et d'argent, orné de pierres précieuses.

La visite fait le tour des salles, décorées avec goût, des ailes Nord et Est du château. Les deux plus spectaculaires sont la **salle des Arcades** (Arkádové haly) et la **salle des Chevaliers**★ (Rytířský sál), immense salle Renaissance haute de deux étages, dotée d'un âtre contemporain et de stucs généreux, avec des vestiges de peintures murales.

Parmi les intéressants portraits figurent de nombreux Espagnols. **Polyxène de Lobkowicz** apparaît deux fois : on voit cette noble dame d'ascendance espagnole soigner les blessures des gouverneurs catholiques défenestrés en 1618 au Château de Prague. Un merveilleux **Vélasquez** montre l'infante **Marguerite-Thérèse d'Espagne**★. Les Habsbourg sont bien représentés ; parmi eux, Rodolphe II jeune homme, et sa sœur Anne d'Autriche. Le célèbre cabinet des Curiosités de Rodolphe est dépeint en détail sur un autre tableau.

La collection compte deux **Canaletto** des environs de 1747, **Vue de la Tamise, avec l'abbaye et le pont de Westminster**★, et **La Tamise et la cathédrale St-Paul, la fête du Lord Maire**★. Au nombre des peintures flamandes et hollandaises, trois toiles présentent des singes et des chats dans des allégories de la vie aristocratique, alors qu'une scène de village de Jan Bruegel illustre un mode de vie plus rustique. De toutes ces merveilles, le chef-d'œuvre incontesté de la collection demeure **La Fenaison**★★★ de **Pieter Bruegel**, seul tableau de sa série sur les mois de l'année qui appartienne à un particulier. Derrière les faneurs au premier plan, et les villages et les rochers au milieu du tableau, une ville fascinante s'étend sur les rives d'un fleuve ; sa silhouette n'est pas sans rappeler celle de Prague.

Les autres grandes toiles comprennent **La Vierge et l'Enfant avec sainte Barbe et sainte Catherine**★, de **Cranach l'Ancien**, **Hygie nourrissant le Serpent sacré**★ de **Rubens**, et le **David et la tête de Goliath**★ de **Véronèse**.

Avec sa table dressée pour 24 invités, la **salle à manger** présente une impressionnante collection de verrerie et de porcelaine. Beaucoup des membres de la famille Lobkowicz étaient mélomanes, et leur orchestre de cour était réputé. Ils ont protégé de nombreux compositeurs, dont Beethoven, qui a dédié plusieurs œuvres à son ami Josef Franz Maximilian (1772-1816), musicien accompli. Instruments, partitions originales et nombreux autres objets évoquent ces liens dans la **salle de Musique**. Au début du 19ᵉ s., le topographe Carl

> ### Un cadeau pour les visiteurs
>
> On trouve difficilement des souvenirs intéressants au fin fond de la République tchèque, mais la **boutique du musée du château** de Nelahozeves fait exception, avec toutes sortes de beaux objets, et un espace réservé aux enfants (☎ *0205 785 331*).

Robert Croll a recensé les possessions des Lobkowicz dans une charmante série de paysages et de vues de villes, dont beaucoup sont exposés ici.

Rodiště Antonína Dvořáka ⊘ – Presque à l'ombre du château se tient la grande **maison natale d'Antonín Dvořák** (1841-1904). Elle renferme aujourd'hui un petit musée consacré au compositeur. Le jeune Dvořák était entouré de musique : musique sacrée à l'église, musique populaire au village. Tout jeune, il se joint à l'orchestre de village où joue déjà son père, boucher de son état, et prend des cours de violon avec son professeur, M. Spitz.

ORLÍK nad Vltavou★

75 km au Sud de Prague – Carte Michelin n° 976 pli 15 (F 4)

La forteresse médiévale d'Orlík a dû avoir autrefois une allure follement romantique quand, perchée sur son rocher, elle dominait la manœuvre des flotteurs de bois de la Vltava dans son étroite gorge boisée. Mais au 19ᵉ s., on l'affuble d'un faux air gothique assez navrant, et au 20ᵉ s., son environnement subit un sort aussi désolant : on construit un barrage, et le niveau de l'eau monte de 60 m, pour venir lécher servilement le pied du château.

Orlík était le fief de la seconde branche de la famille princière de **Schwarzenberg**, fidèle servante du trône des Habsbourg, mais aussi farouche patriote de Bohême. **Karl Philipp Schwarzenberg** (1771-1820) a connu le faîte de la gloire militaire en battant Napoléon en 1812, à la bataille de Leipzig. Vers 1930, bravant la colère des nazis, son descendant, Karl VI (1911-1986), a pris la tête des nobles de Bohême pour la défense de la République tchécoslovaque. En 1940, les Allemands confisquent Orlík, tout comme, plus tard, le régime communiste de la nouvelle Tchécoslovaquie. La famille s'exile en Autriche. Après 1989, Karl VII est revenu, pour devenir chancelier du président Václav Havel.

Visite ⊘ – On rejoint le château en traversant un beau parc paysager où se trouve le caveau de la famille. Les pièces sont aménagées dans une combinaison de styles Empire et néogothique, avec de belles collections d'armes et de trophées de chasse.

PLZEŇ★

110 700 habitants – 88 km à l'Ouest de Prague
Carte Michelin n° 976 pli 14 (D 4)

Capitale animée de la Bohême occidentale, Pilsen doit très tôt sa prospérité à sa position stratégique sur la route ancienne qui relie Prague aux grandes cités de Bavière comme Nuremberg. Au 19ᵉ s. et au début du 20ᵉ s., elle devient le cœur industriel de l'empire austro-hongrois, puis de la nouvelle Tchécoslovaquie. Ses usines **Škoda**, mondialement connues, produisent des armes, des machines lourdes et des véhicules de tourisme. Mais la ville est surtout célèbre dans le monde entier pour sa **Pilsner Urquell**, bière blonde brassée depuis les années 1840, toujours imitée mais jamais égalée.

CURIOSITÉS

★**Náměstí Republiky** – La **place de la République**, place centrale de Pilsen, est la plus grande de Bohême, assez vaste pour accueillir sa superbe église paroissiale gothique. Bordée aujourd'hui de bâtiments des différentes époques de sa longue histoire, elle occupe deux cases du damier aménagé en 1295 par le maître d'œuvre de Venceslas II, lorsqu'il est décidé de fonder une ville pour contrôler la route commerciale qui relie Prague à l'Ouest. La fierté de la cité s'exprime avec panache dans son flamboyant **hôtel de ville★** Renaissance, sur le côté Nord de la place. Terminée en 1559, sa façade à l'audacieuse décoration de bossages et de sgraffites est surmontée d'une forêt de pignons, fleurons, cheminées, et d'une petite coupole. Pendant l'hiver 1633-1634, le général Wallenstein a habité le n° 12/105 à l'Est de la place. C'est là que ce chef de guerre trop ambitieux trahit son empereur, en exigeant de ses officiers un serment de loyauté à sa personne. Les rues qui partent de la place montrent de beaux exemples de maisons du début du siècle.

★**Chrám sv. Bartoloměje** ⊘ – La **cathédrale St-Barthélemy**, grande église gothique, possède la plus haute tour du pays (103 m), une voûte réticulée tout en hauteur, une chapelle du début du 16ᵉ s. fondée par les Sternberg, et, sur le maître-autel, la **Madone de Pilsen**, bel exemple du « Beau style » de la fin du 14ᵉ s. La **colonne de la Peste**, près de l'entrée Ouest de l'église, date de 1681.

★**Pivovarské muzeum** ⊘ – *Veleslavínova 6.* Le **musée de la Bière** occupe, comme il se doit, une maison dont le propriétaire avait le privilège de brasser. Elle a été beaucoup remaniée depuis le Moyen Âge, mais elle conserve une atmosphère, offrant un cadre idéal à d'intéressantes présentations de matériel et d'objets en rapport avec la brasserie et la bière.

★**Plzeňský Prazdroj** ⊘ – *U Prazdroje 7.* L'établissement réputé où, depuis un siècle et demi, on brasse la Prazdroj, se trouve juste à l'Est du centre de la ville, derrière l'arc de triomphe élevé en 1892 pour marquer son cinquantième anniversaire.

Entrée de brasserie à Pilsen

Les bienfaits de la bière

Pilsen offre de nombreux points d'intérêt, mais la plupart des visiteurs y font étape pour rendre hommage à sa célèbre spécialité. On y brasse la bière depuis les temps les plus reculés : de nombreux habitants avaient le droit de brasser chez eux, privilège qu'ils défendaient jalousement, même si, semble-t-il, la production était de qualité inégale. En 1842, un groupe de citoyens fonde la brasserie des Bourgeois (*Bürgerbräu* en allemand, *Měšťanský pivovar* en tchèque). Pour superviser les opérations, ils font venir un brasseur bavarois expérimenté : il crée, presque par accident, la bière fermentée à basse température qui enchante depuis les amateurs. Son caractère unique vient de la qualité des houblons bohémiens de Žatec, de l'eau des généreuses sources locales, et des grottes creusées dans le grès du sous-sol de la brasserie, qui fournissent des conditions idéales de conservation. Pour la distinguer de ses nombreuses imitations, on donne à la bière le nom de *Prazdroj* (*Urquell* en allemand), qui signifie « source d'origine ».

On trouve la bière Pilsen partout dans le monde, mais la déguster sur son lieu d'origine est une expérience intéressante. Avant de s'y lancer, il vaut mieux toutefois visiter le remarquable musée qui célèbre le long compagnonnage de la ville et de la bière.

Masné krámy – *Pražská 16*. Le **Marché à la viande**, bâtiment médiéval qui abritait autrefois les étals des bouchers, fait aujourd'hui partie de la **galerie d'art de Bohême occidentale**. Ses collections comprennent de merveilleuses **statues gothiques** et une exposition représentative d'**art moderne tchèque** *(en rénovation)*. La galerie possède un autre espace dans le bâtiment médiéval qui lui fait face *(en restauration)*.

Františkánský klášter ⊘ – *Františkánská*. La façade baroque du **couvent franciscain** cache un cloître gothique qui met en valeur une **exposition de sculptures médiévales, Renaissance et baroques**. On voit des peintures murales du 15ᵉ s. dans la **chapelle Ste-Barbe** (Kaple sv. Barbory).

Západočeské muzeum ⊘ – *Kopeckého sady 2*. Le **musée de Bohême occidentale** expose l'histoire de la région, ainsi qu'une belle collection de verrerie et de porcelaine. Mais son attraction principale est l'**armurerie municipale★**, magnifique présentation de mousquets, tromblons et armes diverses.

Bière à la pression

On peut savourer la Prazdroj à la brasserie même, ou dans n'importe quel établissement de la ville, par exemple la taverne **U Salzmannů**, lambrissée de bois *(Pražská 8)*.

Velká synagoga ⊘ – *sady Pětatřicátníků 11*. L'importance et la prospérité de la communauté juive de la ville à la fin du 19ᵉ s. se reflètent dans la majesté de la **grande synagogue** aux tours jumelles, de style néo-mauresque. Achevée en 1893, deuxième synagogue d'Europe pour la taille après celle de Budapest, elle est en restauration après des années d'abandon.

EXCURSION

★★ **Kladruby** ⊘ **klášter** – *29 km à l'Ouest*. « Un rêve de pierre » (Brian Knox) décrit admirablement l'église abbatiale métamorphosée par l'architecte inspiré **J. B. Santini-Aichel** (1667-1723), une fantaisie baroque et gothique, et son chef-d'œuvre incontesté.

« Merci, l'Amérique ! »

Préférant glorifier le rôle joué par l'Armée rouge, le régime communiste n'a pas insisté pour commémorer la libération, par les Américains, d'une bonne partie de la Bohême occidentale à la fin de la Seconde Guerre mondiale. Pilsen est ainsi la plus grande des villes tchécoslovaques libérées par l'armée américaine. Les unités du général Patton y sont arrivées le 6 mai 1945. Seule l'insistance du général Eisenhower pour que soit respecté l'accord attribuant aux Soviétiques le rôle d'occuper la capitale, les a empêchées de poursuivre sur Prague.

En 1995, le 50ᵉ anniversaire de la Libération a été marqué par l'inauguration d'un mémorial en haut de la rue Americká, portant l'inscription *Díky, Ameriko !*, « Merci, l'Amérique ! ».

L'**abbaye bénédictine** fut fondée en 1115, mais souffrit beaucoup des guerres hussites au début du 14ᵉ s. Vers 1712, l'abbé Finzguth, pour rebâtir l'église jusque-là entretenue au jour le jour, choisit un architecte capable de réinterpréter sa splendeur médiévale dans le vocabulaire baroque. Sous le **dôme** de Santini, à la **voûte** d'une rare complexité, se déroulent des **panneaux peints** par les frères **Asam** et tout un éventail de mobilier dessiné par Santini lui-même. L'autel porte des statues de **Matthias Bernard Braun**. À l'intérieur, la coupole est dans le style baroque conventionnel, mais à l'extérieur, le dôme renflé terminé en pointe, souligné d'une rangée de fenêtres en ogive, semble sortir tout droit de l'imagination fantastique d'un Jérôme Bosch.

Comme l'église, les bâtiments du couvent, dus à **K. I. Dientzenhofer**, n'ont pas été entretenus pendant des années. On en a restauré une partie, qui renferme la bibliothèque, des souvenirs de la famille Windischgrätz, et une superbe galerie d'œuvres sculptées par Braun, apportées ici du parc du château de Valeč, près de Karlovy Vary (Carlsbad).

PRŮHONICE

1 780 habitants – 16 km au Sud-Est de Prague
Carte Michelin n° 976 pli 3 (G 4)

Presque en vue de Prague, facilement accessibles par l'autoroute de Brno, le village et le parc de Průhonice sont une destination populaire des habitants de la capitale. La détente du week-end a ici un certain cachet. On y a construit dans les années 1960 le premier motel, un terrain de golf, et tout respire une certaine aisance.

Visite – Le **parc** de 200 ha, sillonné de 40 km d'allées, est une création du comte Ernst Silva-Tarouca (1858-1936), dernier ministre de l'Agriculture d'Autriche-Hongrie. Il s'étend à partir du **château**, remanié par le comte dans les styles gothique et Renaissance en conservant la **chapelle** romane et ses peintures murales. Le château abrite le département de botanique de l'Académie des sciences, mais n'est pas ouvert au public. Dans le domaine verdoyant se trouvent des lacs et des jardins de plantes alpines, mais l'attraction principale reste son **arboretum★**, un parc de style anglais, planté de plus de 1 000 essences locales et exotiques, un des plus beaux d'Europe centrale.

SLAVKOV U BRNA★

AUSTERLITZ

5 920 habitants – 20 km à l'Est de Brno/220 km au Sud-Est de Prague
Carte Michelin n° 976 pli 18 (K 5)

Napoléon Iᵉʳ remporte la bataille des Trois Empereurs le 2 décembre 1805, jour anniversaire de son couronnement. Ce grand soir, il déclare à ses soldats : « Il vous suffira de dire : J'étais à la bataille d'Austerlitz, pour que l'on réponde : Voilà un brave. » En un jour, la Grande Armée a écrasé une troupe de 15 000 Autrichiens et 75 000 Russes menée par l'empereur François II et le tsar Alexandre Iᵉʳ.

Après le passage du Rhin et la victoire d'Ulm, Napoléon conduit son armée en Autriche et occupe Vienne. Ses adversaires russes et autrichien se retirent vers le Nord en Moravie, refusant tout engagement. Se rendant compte que toute poursuite affaiblirait ses forces en l'obligeant à détacher une arrière-garde, Napoléon décide d'affronter l'ennemi à l'Est de Brno, près d'Austerlitz, aujourd'hui Slavkov. Il parvient à dissimuler la disposition exacte de son armée de 75 000 hommes, et fait même mine de préparer une retraite. Le tsar décide, avec son commandant en chef, le général Koutouzov, de couper la retraite de l'armée française vers Vienne en la dépassant sur l'aile droite. Allégeant délibérément cette aile pour attirer l'ennemi, Napoléon décide de donner l'attaque sur le plateau de Pratzen (Prace), où est stationné le gros de l'armée ennemie, la coupant ainsi de la route qui mène à Olomouc.

« Le soleil d'Austerlitz » – À 7 heures du matin, le 2 décembre, dans un épais brouillard qui cache les positions françaises, l'aile droite des coalisés, sous la direction de Buxhövden, attaque l'aile droite française, commandée par le général Davout. Des combats acharnés se déroulent bientôt autour des villages de Telnice et Sokolnice. Vers 8 heures, le soleil levant commence à disperser la brume. Voyant les troupes autrichiennes de Kolowrat descendre du plateau de Pratzen vers Sokolnice, Napoléon ordonne à Soult d'attaquer le centre de l'armée coalisée. À 11 heures, le sommet est aux mains des Français, l'artillerie russe a été capturée, les maréchaux Lannes et Murat ont repoussé le général Bagration vers le Nord et pris la colline de Santon. À ce moment, la cavalerie de la Garde impériale lance sa célèbre charge, mettant en déroute, près de Slavkov, la garde impériale russe. L'effondrement du centre de l'armée ennemie permet aux Français de repousser les Russes vers les étangs de Žatčany. Les digues des étangs étant sous un feu d'artillerie nourri, les troupes russes tentent de s'enfuir sur la glace gelée ; elle cède, et beaucoup périssent noyés.

Bivouac de Napoléon à la veille d'Austerlitz, par L. Lejeune (château de Versailles)

Les Autrichiens et les Russes perdent 26 000 soldats, tués ou prisonniers, les Français 9 000. Cette éclatante victoire sous un brillant soleil d'hiver permet à Napoléon de dicter ses volontés à ses adversaires. François II signe le 4 décembre un armistice au château de Slavkov, suivi le 26 décembre par le traité de Presbourg (Bratislava), qui conclut la paix entre l'Autriche et la France, et ordonne le retour des troupes russes dans leur pays.

LE CHAMP DE BATAILLE

Le champ de bataille couvre une surface d'environ 110 km² entre Slavkov et les faubourgs Est de Brno. Presque deux siècles après Austerlitz, les villages ont grossi, la route reliant Brno et Olomouc est devenue une autoroute, et la plupart des étangs de Žatčany ont été asséchés. Monuments et souvenirs retracent la bataille puissamment décrite par Tolstoï dans *Guerre et Paix*.

Křenovice – *3 km à l'Ouest de Slavkov*. Le général Koutouzov, commandant en chef des coalisés, séjournait dans l'une des fermes du village *(n° 65/222)*. L'église a servi d'hôpital pour les blessés russes.

Zbýšov – *3 km à l'Ouest de Křenovice*. La tour de l'église est criblée d'impacts de boulets de canon.

★ **Pracký kopec** – *5 km à l'Ouest de Zbýšov*. Le grand mémorial qui couronne le sommet du **plateau de Pratzen** n'est pas dédié à la victoire ou à la défaite, mais à la paix. Appelé **tertre de la Paix** (Mohyla míru), il a été élevé entre 1910 et 1912 par l'architecte du style Sécession Josef Fanta, surtout grâce aux efforts d'un prêtre de Brno, Alois Slovák. Sa base abrite un ossuaire et un petit **musée** ⊙. Le site offre une belle vue du champ de bataille. Sur la gauche de la route de Sokolnice, une chapelle dédiée à saint Antoine de Padoue marque l'emplacement d'où l'artillerie autrichienne a pilonné Telnice, signal du début de la bataille.

Sokolnice – *5 km au Sud-Ouest de Pracký kopec*. Le manoir *(fermé au public)* et le parc qui l'entoure ont été témoins, au matin du 2 décembre, de combats acharnés. On aperçoit de la route les postes de l'artillerie française dans le mur qui entoure le parc. La petite rivière Řička, plus connue autrefois sous son nom allemand Goldbach, a efficacement servi de base d'opérations aux Français.

Colline de Žuráň – *12 km au Nord de Sokolnice*. La colline, avec ses tumulus de l'époque des grandes migrations, est l'emplacement choisi par Napoléon pour son QG de campagne. Une pierre gravée montre une carte en relief et les mots adressés à ses troupes par l'Empereur avant la bataille. Une petite portion de la colline est territoire français. On a une belle vue sur l'essentiel du champ de bataille.

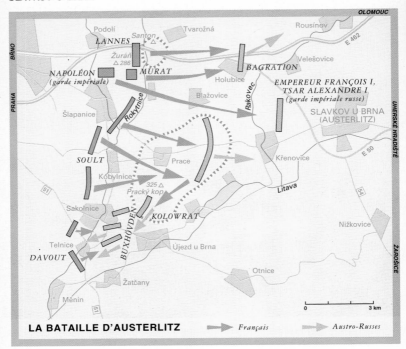

LA BATAILLE D'AUSTERLITZ ➡ *Français* ➡ *Austro-Russes*

Colline de Santon – *2,5 km à l'Est de la colline de Žuráň*. Des vétérans de la campagne d'Égypte qui avaient connu, lors de l'extension du conflit en Palestine, le mont Santon ont baptisé cette colline-ci du même nom. Le génie français en avait aplani le sommet pour y installer des batteries. On y a placé une reproduction de canon. La région est aujourd'hui classée réserve naturelle pour sa végétation de steppe.

Stará pošta – *5 km à l'Est*. Le cor de postillon au-dessus de la porte de l'**ancien relais de poste** rappelle le rôle de la maison où Napoléon a passé la nuit du 28 novembre. Pendant la bataille, c'était le quartier général de Bagration. C'est là que l'envoyé autrichien, le prince de Liechtenstein, rencontrera Napoléon pour discuter des termes de l'armistice.

★ **Château de Slavkov** ⊙ – En 1509, la commanderie bâtie au 13ᵉ s. par les chevaliers teutoniques à Austerlitz (germanisation de Novosedlice, nom du hameau voisin) devient possession de la famille **Kaunitz**. La richesse et l'influence de la famille s'accroissent après la bataille de la Montagne blanche en 1620, et elle joue un rôle déterminant à la cour des Habsbourg, à Vienne. À la fin du 17ᵉ s., le diplomate Dominik Andreas von Kaunitz remanie sa résidence dans le style baroque, suivant un projet de Martinelli. En 1756, un autre Kaunitz, Wenzel Anton, chancelier de l'impératrice Marie-Thérèse, parvient à forger une alliance entre l'Autriche et sa vieille ennemie, la France.
Le château abrite une belle collection de **peintures des 17ᵉ et 18ᵉ s.**, ainsi qu'une **exposition sur la bataille d'Austerlitz**. Son parc de 15 ha est orné de statues de Matthias Bernhard Braun.

TÁBOR★

36 820 habitants – 87 km au Sud de Prague
Carte Michelin n° 976 pli 16 (G 5)

Sur un promontoire facile à défendre, entre la Lužnice et un de ses affluents, le site de Tábor aurait été occupé par les Celtes aux temps préhistoriques. Au 13ᵉ s., c'était sans aucun doute l'emplacement idéal pour une forteresse royale ; mais celle-ci est ensuite détruite par les farouches adversaires de la dynastie prémyslide, les seigneurs de Vítek, du Sud de la Bohême. La gloire de Tábor attend son heure. En 1420, la colline est le refuge des disciples les plus résolus du martyr Jan Hus, enfuis de Prague après la défenestration des conseillers catholiques *(voir p. 128)*. Sous le commandement du féroce général borgne **Jan Žižka de Trocnov** (vers 1376-1424), ils donnent à leur forteresse le nom du mont Tábor, théâtre de la Transfiguration du Christ. Ils font des sorties pour propager leur foi, et écraser leurs opposants où qu'ils se trouvent. Le plan du bourg est curieusement embrouillé, contrairement à la coutume tchèque. Peut-être était-ce délibéré, pour désorienter les attaquants qui seraient parvenus à forcer le glacis de ses murs, réputé impénétrable ; ou bien parce que les maisons ont poussé en désordre aux emplacements où les premiers Taborites avaient planté leurs tentes, en 1420.

★**Žižkovo náměstí** – À partir de la ville moderne, Pražská (rue de Prague) mène devant de nombreuses façades ornées de pignons et de sgraffites, jusqu'au centre historique du vieux Tábor, une place inclinée portant le nom du redoutable général, qui continua de semer la terreur chez l'ennemi bien après avoir perdu son deuxième œil. Sa **statue** date de 1884. La place montre un bel éventail de pignons Renaissance, que domine au Nord la haute tour de l'**église du Doyenné** (Děkanský kostel). Elle abrite à l'intérieur de superbes exemples de voûtes en losange, particulières à la Bohême et à la Saxe. Avec sa belle tour et ses trois pignons, l'**hôtel de ville** date des environs de 1521, mais son aspect actuel est en partie dû à un remaniement néo-gothique au 19ᵉ s. Il renferme le **Musée hussite** (Husitské muzeum ☉), qui, outre ses présentations exhaustives de souvenirs hussites, donne accès au **souterrain de Tábor** (Podzemí), étrange labyrinthe de caves reliées entre elles.

Bechyňská brána ☉ – Incorporant la tour ronde du château, la seule porte du milieu du 15ᵉ s. encore debout abrite une exposition sur la vie au Moyen Âge.

★**Poutní město Klokoty** – *1 km à l'Ouest.* Comme pour défier la tradition de rébellion et d'ascétisme de Tábor, on a construit au tout début du 18ᵉ s. le **monastère de Klokoty**, merveilleux lieu de pèlerinage de style baroque particulièrement exubérant. Entourée de murs avec des chapelles d'angle, sa forêt de bulbes surmontés de lanternons offre une silhouette extraordinaire.

6 130 habitants – 140 km au Sud-Est de Prague
Carte Michelin n° 976 pli 16 (H 5)

Dans la campagne paisible du Sud de la Moravie, cette bourgade rêveuse a à peine changé depuis sa reconstruction après le grand incendie de 1530. De grands étangs la bordent au Nord et au Sud. La résidence Renaissance des seigneurs de Hradec domine son extrémité Ouest ; mais c'est la perfection des maisons à arcades et pignons qui bordent sa place qui confère à Telč son cachet unique. Souvent citée comme la plus belle ville de République tchèque, elle a été inscrite au Patrimoine mondial de l'Unesco en 1992.

★★★ **Náměstí Zachariáše z Hradce** – Portant le nom du seigneur qui a reconstruit le château au 16ᵉ s., la place de Telč doit sa forme de trapèze allongé à l'embranchement de deux anciennes routes. On aménage d'abord la place sur une langue de terre ferme au milieu des marais, que les habitants du Moyen Âge transforment en étangs à poissons, donnant à la ville son cadre si pittoresque. Les premières maisons sont en bois : le feu les dévaste en 1530. Mais bien des habitations actuelles ont conservé leur noyau gothique et leurs caves d'origine. Après l'incendie, on les reconstruit et les relie par une **arcade** continue, qui court le long des côtés Nord et Sud de la place. Au-dessus des arcades, chaque maison présente une **façade Renaissance** ou **baroque** originale, ornée de peintures murales et de **sgraffites** superbes, avec des **pignons** d'une variété extraordinaire ; certains sont crénelés, d'autres à arches, d'autres à degrés. Celui de la **maison n° 61**, côté Nord, est une merveille de colonnes tronquées et de queues d'aronde. L'harmonie architecturale étant toujours respectée, le résultat est un merveilleux paysage urbain, dont le charme inhabituel est encore protégé par l'interdiction de la circulation automobile au centre. Les quatre travées de l'**hôtel de ville** Renaissance ressortent, côté Sud, entre des demeures plus modestes.

Une **fontaine** et une **colonne de la Peste** marquent l'endroit où la place s'élargit, vers son extrémité Est. Au-delà se dresse l'**église du St-Esprit** (Kostel sv. Ducha), qui rappelle les débuts de la ville, au 13ᵉ s., par sa haute **tour** romane, de près de 50 m. Au 17ᵉ s., à l'extrémité Ouest de la place, on a démoli plusieurs maisons pour construire le **collège jésuite** baroque et son église à tours jumelles. Dans l'espace resserré entre collège et château se tient l'église paroissiale gothique **St-Jacques** (Sv. Jakuba).

★★ **Zámek** ⓥ – Le **château** était l'une des résidences des seigneurs de Hradec, membres de la puissante famille des Vítkov, dont le fief était Jindřichův Hradec, au Sud de la Bohême. Son aspect actuel est dû en grande partie aux importants remaniements et aménagements de la seconde moitié du 16ᵉ s., effectués par **Zachariáš de Hradec** (1526-1589), administrateur cultivé et efficace. Ses séjours en Italie le familiarisent avec les idées de la Renaissance en matière d'art et d'architecture, et il engage des bâtisseurs italiens pour convertir son château médiéval en une splendide résidence Renaissance. Le cœur du bâtiment est la **cour centrale**, ponctuée d'arcades et de loggias.

La visite fait découvrir quelques-unes des plus beaux intérieurs qu'on puisse voir en terre tchèque : l'**armurerie**, avec des voûtes en étoile richement décorées ; le **trésor**★, et ses sgraffites sophistiqués en trompe-l'œil ; la **salle de théâtre**★, dont l'entrée est peinte de scènes mythologiques ; la **salle africaine**, et ses trophées de safari ; la **salle dorée**★★, avec un plafond à caissons orné de somptueuses sculptures d'une grande virtuosité, et une galerie de musiciens dont la rambarde est décorée d'allégories

La place de Telč et ses belles façades

des cinq sens ; la **salle de marbre**, qui renferme une belle collection d'armes et d'armures. On visite d'autres pièces meublées dans le goût confortable du 19e s.
La **chapelle de Tous-les-Saints**★ (Kaple Všech svatých), richement ornée de stucs et de dorures, abrite une tombe de marbre entourée d'une grille en fer forgé d'une remarquable virtuosité, avec les effigies de Zachariáš et son épouse, Catherine de Wallenstein.
À l'Est, le **jardin** du château, de proportions intimes, est séparé de la ville par des murs à arcades et une tour trapue. Ombragé d'arbres exotiques, le **parc**, côté Ouest, abrite une serre néoclassique.

Galerie Jana Zrzavého – Partie intégrante du château, la **galerie Jan Zrzavý** rend hommage au peintre **Jan Zrzavý** (1890-1977). D'abord influencé par l'impressionnisme, le fauvisme et le cubisme de son compatriote Bohumil Kubišta, Zrzavý poursuit ensuite une vision très personnelle, parfois mélancolique, révélant sa profondeur spirituelle, avec des sujets aussi variés que la femme solitaire, le paysage breton, la friche industrielle d'Ostrava. La galerie expose de nombreuses œuvres de cet artiste passionnant, dont on regrette qu'il soit méconnu en dehors de son pays d'origine.

TEREZÍN

THERESIENSTADT

2 900 habitants – 65 km au Nord de Prague
Carte Michelin n° 976 pli 2 (F 2)

En 1941, les nazis vident cette triste ville fortifiée de ses habitants et en font un ghetto pour y rassembler les juifs. Les juifs tchèques composent la majorité des arrivants, suivis plus tard de juifs d'Allemagne et d'autres pays. Trompeuse, la propagande décrit Theresienstadt (nom allemand de Terezín) comme une communauté « rude, mais civilisée ». En réalité, c'est une étape vers la solution finale : on y parque la population juive en attendant son transfert vers les camps de la mort.
Terezín ne s'est jamais remis de cette époque terrible. Ses constructions, à l'allure de casernes, se sont quelque peu repeuplées, mais l'ouverture d'une déviation autoroutière a éloigné le trafic Prague-Dresde, qui apportait un peu de vie ordinaire. C'était auparavant une garnison, mais l'armée n'y a plus qu'une présence symbolique. Les touristes viennent se recueillir sur le terrible passé de la ville et visiter le musée du Ghetto. Sur la rive éloignée de la Ohře se tient Malá pevnost (la petite forteresse), qui a servi de prison sous les Autrichiens, puis à la Gestapo.

LA VILLE DE THÉRÈSE

Effrayé par la puissance grandissante de la Prusse vers le Nord, l'empereur d'Autriche Joseph II ordonne la construction d'une série de grandes forteresses, destinées à arrêter toute tentative de sa belliqueuse voisine d'avancer sur Prague et vers le cœur de l'Autriche. Le 10 octobre 1780, il pose la première pierre de la forteresse qui porte le nom de sa mère, Marie-Thérèse. Conçue d'après les idées les plus avancées sur les fortifications de l'époque baroque, Theresienstadt ne remplira pourtant jamais sa fonction. Quand, en 1866, la Prusse décide d'éliminer définitivement la capacité d'intervention de l'Autriche dans les affaires allemandes, la forteresse, tout comme son équivalent de Hradec Králové, est tout simplement ignorée.
Terezín suit un plan conventionnel en damier, protégé par des murs en briques, des bastions et des douves, autrefois alimentées en détournant la rivière. Une église néoclassique monumentale domine ses rues austères.

LE GHETTO

Les premiers juifs arrivent ici en novembre 1941. Au milieu de 1942, on expulse les citoyens tchèques non-juifs, et toute la ville devient une prison, pour les juifs des territoires tchèques, mais aussi pour d'autres opposants, que les nazis ont décidé d'épargner, anciens combattants d'Allemagne ou personnes éminentes venues d'autres pays.
À la Libération, en mai 1945, ce sont près de 140 000 personnes qui ont transité par Terezín. Beaucoup y sont mortes, mais la plupart devaient périr dans des camps d'extermination comme Auschwitz. Sous le contrôle des nazis, le ghetto s'administre lui-même, et on y maintient un semblant de vie normale. La présence de nombreux membres de l'élite intellectuelle du pays en fait un lieu de culture vivante : conférences, séminaires, concerts et représentations théâtrales se succèdent. On y donne

> ### « Il me reste d'être ombre... »
>
> C'est par ces mots que s'ouvre l'un des derniers poèmes de **Robert Desnos** (1900-1945). Résistant, il publia sous un pseudonyme des articles antinazis dont Louis-Ferdinand Céline le désigna pour auteur. Arrêté et déporté à Buchenwald, il fut transféré au ghetto de Terezín où il mourut.

plus de 50 fois l'opéra pour enfants *Brundibar*, mais celui de Viktor Ullmann, *L'Emperor d'Atlantis*, est interdit quand les censeurs SS se rendent compte que c'est une satire de l'état hitlérien.

À l'annonce d'une inspection de la Croix-Rouge internationale, les nazis entreprennent une opération « d'embellissement », et contraignent le célèbre réalisateur allemand Kurt Gerron à tourner un film truqué, intitulé *Le Führer donne une ville aux juifs*. Dupée, la Croix-Rouge accorde un satisfecit à Terezín.

Au chaos de la fin de la guerre vient s'ajouter le typhus, qui fait rage dans le ghetto et emporte son lot de victimes supplémentaires.

Ce qui s'est passé à Terezín, et les raisons de ces événements, sont les thèmes de l'excellent **musée du Ghetto** (Muzeum Ghetta ⊘).

LA FORTERESSE

Malá pevnost ⊘ – Au Sud de l'allée d'arbres qui relie la ville et la forteresse s'étend le morne paysage du **cimetière national**, lieu de repos de milliers de victimes du ghetto de Terezín et de la prison installée par les nazis dans la petite forteresse en 1940. Sous les Autrichiens, la **petite forteresse** renfermait de nombreux opposants politiques au régime, comme **Gavrilo Princip**, l'étudiant serbe qui donna le coup fatal à l'archiduc François-Ferdinand en juin 1914. Le régime autrichien était sévère, celui des nazis abominable, comme en témoignent abondamment les cellules et autres installations de ce lieu sinistre. La plupart des prisonniers enfermés ici pendant l'Occupation étaient des Tchèques impliqués dans des activités de résistance, mais plus de douze nationalités différentes étaient représentées. Environ 2 500 prisonniers y sont morts, et beaucoup plus dans les camps d'extermination et autres lieux de mort où on les a envoyés.

Entre 1945 et 1948, près de 4 000 Allemands seront internés, dont beaucoup arbitrairement, à la petite forteresse. Environ 600 ne survivront pas à l'épreuve.

TŘEBOŇ★★

9 230 habitants – 136 km au Sud de Prague
Carte Michelin n° 976 pli 16 (G 5)

Dans un cadre enchanteur de forêts et de grands étangs, entouré d'une enceinte de murs et de portes, ce petit bourg tranquille et bien préservé est l'un des plus pittoresques du Sud de la Bohême. Il est fondé au 12ᵉ s., dans une région auparavant inhabitée entre Bohême et Autriche. Les nouveaux venus entreprennent de déboiser l'épaisse forêt et d'assécher les grandes zones de marais. Les seigneurs de Třeboň, la puissante famille **Vítek**, sont assez prospères et sûrs d'eux pour défier à plusieurs occasions le pouvoir des souverains bohémiens. Le nom allemand de la ville, Wittingau, vient de ce nom. Leur lignée s'éteint en 1611 avec **Petr Vok de Rožmberk**, resté célibataire, dont la cour rivalisait avec celle de l'empereur Rodolphe II pour la protection des arts, l'érudition, l'intérêt pour l'ésotérisme, et ses manières parfois excentriques. Třeboň est réputé pour sa bière, brassée ici depuis 1379. Les beaux bâtiments de la brasserie, à l'emplacement de l'arsenal Rožmberk, sont cependant pour la plupart du 19ᵉ s. La ville possède aussi un modeste établissement thermal qui exploite les propriétés thérapeutiques de la tourbe locale.

★ **Masarykovo náměstí** – La **place Masaryk**, subtilement incurvée et en légère pente, est bordée de belles maisons de ville Renaissance et baroques. Aucune cependant n'égale l'exubérance et l'originalité du **Bílý koníček** (hôtel du Petit Cheval blanc), au merveilleux pignon crénelé à tourelles. En face, l'**hôtel de ville**, construit en 1562, a été beaucoup modifié depuis. Sa belle tour de 31 m s'orne d'une galerie, d'une horloge et d'un dôme. La **maison n° 89**, du milieu du 16ᵉ s., porte le nom de Josef Štěpánek Netolický, célèbre aménageur d'étangs de pêche. Au milieu de la place se dressent la colonne de la Peste de 1780, et une fontaine Renaissance dont les côtés montrent des bas-reliefs circulaires. On voit à l'Est une des portes de la ville encore debout, la **porte Hradec** (Hradecká brána), du début du 16ᵉ s.

★ **Zámek** ⊘ – À partir du milieu du 16ᵉ s., le **château** médiéval d'origine est transformé en vaste résidence Renaissance par Vilém de Rožmberk, avec l'aide de l'architecte **Domenico Cometa**. À l'extinction des Rožmberk, il connaît différents propriétaires. Les Suédois le pillent pendant la guerre de Trente Ans, emportant à Stockholm la splendide bibliothèque de Petr Vok. En 1658, les **Schwarzenberg** rachètent Třeboň, devenant ainsi les plus grands propriétaires

---

Un séjour dans le Sud de la Bohême

Les visiteurs qui recherchent la tranquillité dans la région peuvent la trouver à Třeboň. La ville est aussi une bonne base pour visiter les alentours. **Bílý koníček**, l'hôtel du Petit Cheval blanc, est plein de caractère. De l'autre côté de la place, l'hôtel Renaissance **Zlatá Hvězda**, (L'Étoile d'or – *Masarykovo náměstí 107*, ☎ *0333 75 72 00*) a encore plus de charme et est mieux équipé *(chambre double à 2 100 Kč)*.

Le « rybník » bohémien

Depuis le Moyen Âge, l'exploitation de la campagne autour de Třeboň n'a pas diminué, mais au contraire renforcé la richesse et la diversité de son environnement. Les terres agricoles y voisinent avec des paysages presque naturels, forêts, dunes, tourbières, terrains marécageux de plusieurs types. En 1977, les qualités exceptionnelles de ce paysage sont reconnues officiellement : une étendue d'environ 700 km² est classée réserve de la biosphère par l'Unesco. Près d'un dixième est constitué de plans d'eau : on y trouve un millier d'étangs, presque tous artificiels, que l'on nomme *rybník*, et destinés depuis la fin du Moyen Âge à approvisionner en poissons cette partie de l'Europe perdue dans les terres. On y élève poisson-chat et tanche, mais la reine des étangs est la **carpe**, le repas de Noël des Tchèques. On remarquera à Třeboň et aux alentours des représentations de ce poisson noble, en peinture murale ou en statue.

La grande époque de l'aménagement des étangs est le 16ᵉ s. Des spécialistes comme Josef Štepánek Netolický y travaillent intensivement, créant des étangs, mais aussi les reliant entre eux par un canal artificiel de 45 km de long, **Zlatá stoka** (Canal d'or). Le mot étang est peut-être trop modeste pour décrire de grands plans d'eau comme le **Svět** (étang du Monde), juste au Sud de Třeboň, ou le **Rožmberský rybník** (étang Rosemberg), au Nord : de plus de 7 km², fermé par un barrage haut de 12 m et long de 2,5 km, c'est le plus grand du pays.

terriens du Sud de la Bohême. Les réformes foncières du début des années 1920, qui démantèlent nombre des grands domaines nobles de Tchécoslovaquie, mettent un terme à leur domination.

Occupant la partie Sud-Ouest de la ville, le château s'organise autour d'une cour extérieure de forme irrégulière, généreusement plantée d'arbres, et d'une cour intérieure. La première montre une belle fontaine de 1712 par P. I. Bayer, portant le symbole des Schwarzenberg, un corbeau crevant les yeux d'un Turc. Les murs blancs dont Cometa l'a dotée donnent à l'ensemble une apparence homogène, où tranche le portique reliant les deux cours, peint de couleurs vives. Les visites de l'intérieur s'intéressent soit aux salles réaménagées dans le style Renaissance, soit aux appartements qui évoquent le séjour des derniers propriétaires Schwarzenberg, à partir du 19ᵉ s.

★ **Sv. Jiljí** – Dominant la partie Nord de la ville, la belle **église gothique St-Gilles** appartenait au monastère des augustins qui, pendant des siècles, fut l'un des grands pôles culturels du Sud de la Bohême. Parmi nombre de chefs-d'œuvre, il a donné les peintures du Maître du retable de Třeboň, aujourd'hui à la Galerie nationale de Prague. On y voit toujours une merveilleuse **Madone sculptée** du milieu du 15ᵉ s., et des peintures murales, dans le presbytère et dans le cloître.

EXCURSION

★ **Jindřichův Hradec** – *31 km au Nord-Est*. Comme Třeboň, le chef-lieu animé de Jindřichův Hradec est construit sur les bords d'un des grands étangs de Bohême.
La vie du bourg tourne autour de sa place en pente douce, qui possède une colonne de la Peste à l'ornementation inhabituelle. Mais la plupart des visiteurs y viennent pour voir le superbe **château**★★ ⏱, autrefois résidence principale des puissants seigneurs de Hradec. Une tour ronde d'aspect austère, une grande salle et une chapelle portent la marque de son origine médiévale, mais les remaniements effectués à la grande époque de la famille, au 16ᵉ s., lui donnent son caractère dominant. La cour principale est fermée par une superbe arcade à trois niveaux. On voit de beaux intérieurs Renaissance, dont certains conservent leur décoration originale, avec des tableaux de Brandl, Škréta et Salvator Rosa. L'ensemble est merveilleusement complété par le **Rondel**★, pavillon d'agrément aérien placé dans le jardin à la française.

VELTRUSY★

25 km au Nord de Prague – Carte Michelin n° 976 pli 3 (F 3)

Au début du 18ᵉ s., la famille Chotek fait construire une résidence en forme d'étoile dans un grand parc paysager au bord de la Vltava : elle demeure l'une des plus fascinantes résidences rurales de Bohême.

★ **Extérieur** – *600 m à pied du parc de stationnement du camping*.
Les quatre ailes de la maison, dont l'architecte était sans doute Giovanni Alliprandi, convergent vers une rotonde ouvrant sur une *sala terrena* et couronnée d'un dôme. Murs et voûtes de la *sala terrena* sont peints de scènes de chasse et de tableaux de la *commedia dell'arte*. Sur le côté Nord, l'**escalier** monumental, orné de sculp-

Maison de campagne des Chotek à Veltrusy

tures de Franz Anton Kuen, domine un **jardin à la française**, séparé du reste du parc par un mur portant d'autres belles statues de Kuen, figurant les saisons. Sur le côté Sud, le parc d'aspect naturel vient jusqu'à la résidence.

La collection d'**édifices de jardin★** comprend le pavillon de Marie-Thérèse, un pont égyptien, un moulin gothique, et le temple des Amis de la Nature, qui pourrait s'inspirer d'un bâtiment analogue des jardins de Kew, à Londres.

★ **Intérieur** ⊙ – Les pièces du premier étage sont richement aménagées dans les styles baroque et rococo, avec beaucoup de chinoiseries. Sous la coupole, la magnifique salle d'apparat montre des fresques allégoriques du peintre viennois Josef Pichler.

Les Chotek de Chotkov et Vojnín

La famille Chotek est l'une des plus anciennes et distinguées familles de Bohême. Le bâtisseur de Veltrusy, Wenzel Anton Chotek (1674-1754), a sauvegardé la fortune de la famille après son ralliement malheureux du côté des perdants dans la guerre de Trente Ans. Il devient gouverneur de Bohême. Son fils Rodolphe (1706-1771), au service de l'impératrice Marie-Thérèse dans plusieurs fonctions, organise en 1754 à Veltrusy la première grande foire internationale, intitulée *Grande Foire des produits manufacturés dans le Royaume de Bohême*. Son neveu, Johann Rudolf (1748-1824), entreprend de redessiner les jardins dans le style anglais, et leur ajoute un éventail extraordinaire d'édifices de jardin et de folies. En tant que burgrave du château de Prague, il est responsable de l'ouverture au public de la chasse royale de Stromovka. Aménageur infatigable, Karel Chotek (1783-1863) fait construire des routes, des ponts, des parcs et espaces verts, et embellit les berges de la Vltava à Prague. Sa petite-fille, Sophie, épouse l'archiduc François-Ferdinand d'Autriche. Ils sont assassinés ensemble à Sarajevo en 1914.

ZBRASLAV★★

7 700 habitants – 12 km au Sud de Prague
Carte Michelin n° 976 pli 15 (F 4)

Toujours partie de Prague, même si une étroite bande de campagne le sépare de l'agglomération, Zbraslav possède encore une atmosphère provinciale. Par le passé, c'était une destination populaire pour de nombreux visiteurs du week-end, qui remontaient la Vltava en vapeur à aubes et débarquaient sur ses quais. Aujourd'hui, le principal attrait touristique est l'ancien monastère, qui offre un cadre remarquable à la superbe collection d'Arts asiatiques de la Galerie nationale.

★★ **Sbírka asijského umění** ⊙ – Rangée dans les réserves pendant presque toute la période communiste, la **collection nationale des Arts asiatiques** est l'une des plus belles d'Europe. Elle a enfin trouvé un lieu d'accueil digne d'elle dans les majestueux bâti-

---

« La polka du tonneau de bière »

C'est la traduction du titre anglais d'une des chansons vedettes du 20e s., qui a fait le tour du monde, sur un air de polka, dans les années 1930 et 1940, et continue sa carrière chez les supporters de football... Tout le monde peut certainement la siffler ou la fredonner, mais on ne sait peut-être pas que c'est un habitant de Zbraslav, **Jaromír Vejvoda** (1902-1988), qui l'a écrite. Né dans une famille qui comptait beaucoup de musiciens d'harmonie municipale, Vejvoda a écrit toute sa vie polkas et valses entraînantes, mais aucune n'a rencontré le succès de *Škoda lásky*, « Amour non partagé », plus connue sous le nom de *Beer Barrel Polka*. Le meilleur endroit pour une pause-détente à Zbraslav est, sur la place principale, le restaurant familial appelé, lui aussi, **Škoda lásky**, décoré de nombreux souvenirs de Vejvoda.

---

ments conçus au début du 18e s. par J. B. Santini-Aichel et F. M. Kaňka pour le monastère cistercien de Zbraslav, fondé en 1292, puis détruit par les hussites. Pendant une bonne partie de l'après-guerre, le monastère et son domaine ont servi de décor à de nombreuses **sculptures du 19e s. et du 20e s.**, dont la plupart ont été transférées au palais des Expositions de Prague. Quelques belles pièces ornent toujours le parc arboré.

Superbement présentées, les collections mettent l'accent sur le Japon et la Chine, mais montrent aussi des objets d'Asie du Sud et du Sud-Est, du Tibet, et du monde islamique. L'exposition insiste sur les liens entre art européen et art asiatique.

Rez-de-chaussée – L'**art japonais** occupe l'essentiel des salles de ce niveau, avec une superbe présentation de laques, objets religieux, fourreaux de sabres, émaux, paravents et céramiques. En raison de leur fragilité, peintures et dessins sont exposés à tour de rôle, mais on trouve habituellement des œuvres de Hiroshige, Hokusai et d'autres maîtres.

Présentée à part, la riche collection Rainer Kreissl se compose en majorité d'objets japonais.

Étage – La remarquable collection d'**art chinois** témoigne de l'extraordinaire diversité des traditions artistiques de la Chine, et ce depuis la nuit des temps. On découvre des vases rituels et des objets funéraires du néolithique, tout comme des chevaux Tang, des porcelaines Song et Qing, des objets quotidiens de la période Ming, ainsi qu'une collection, constamment renouvelée, de peintures et de calligraphies. On remarque particulièrement la statuaire bouddhique, avec une merveilleuse statue polychrome de Guanyin, déesse de la miséricorde, des 12e-13e s., et une série de bouddhas de la même époque, présentés comme dans un temple-grotte.

Les collections d'art d'autres régions d'Asie de la Galerie sont moins complètes, mais comprennent de très belles pièces. Parmi celles-ci, des sculptures de temple des 10e-13e s., des sculptures bouddhiques d'Indochine et d'Indonésie, et des objets religieux du Tibet. La collection d'art islamique comporte surtout des tapis de prière, des récipients en métal ou en céramique et des calligraphies.

ZVÍKOV★

94 km au Sud de Prague – Carte Michelin n° 976 pli 15 (F 5)

La forteresse royale de Zvíkov, qui s'étire le long d'un promontoire rocheux dominant le confluent de la Vltava et l'Otava, a subi moins de remaniements que beaucoup d'autres châteaux de Bohême, et conserve beaucoup de l'atmosphère de ses heures de gloire médiévales.

Les falaises qui s'élevaient autrefois à pic au-dessus de la rivière rendaient le site de Zvíkov facile à défendre. On s'y installe dès la préhistoire : les Celtes bohémiens y implantent un camp fortifié. Vers le début du 13e s., on entreprend la construction d'une forteresse royale. Sous le règne d'Ottokar II (vers 1230-1278), on agrandit le château, qui devient résidence de prestige autant que forteresse, avec une suite d'intérieurs luxueusement aménagés, organisés autour d'une élégante cour à arcades. La Renaissance apporte sa part d'embellissements, mais le château tombe ensuite à l'abandon, jusqu'à ce que les **Schwarzenberg** commencent à le restaurer, au 19e s. Comme à Orlík, un barrage sur la Vltava transforme en lac la gorge au pied du château. Mais il est encore cerné d'une épaisse forêt, et son approche, par une étroite langue de terre, reste une expérience pittoresque.

★ **Hrad** ⊙ – Le **château** est défendu par la porte Písek et une haute tour défensive à coiffure conique. Au-delà, les murs Renaissance du palais royal, tout lisses, sont d'apparence trompeuse, car la cour intérieure est un pur joyau du gothique de Bohême : deux étages d'arcades relient une suite de magnifiques appartements d'État à la chapelle du château, tout en hauteur, qui abrite des stalles pour les officiants, des peintures murales et un beau retable des années 1500.

Conditions de visite

En raison du coût de la vie et de l'évolution incessante des horaires d'ouverture de la plupart des curiosités, nous ne pouvons donner les indications ci-dessous qu'à titre indicatif. Ces renseignements s'appliquent à des touristes voyageant isolément et ne bénéficiant pas de réduction. Le tarif individuel adulte est mentionné. Les réductions s'appliquant aux enfants, aux étudiants, aux personnes âgées et aux groupes constitués devront être demandées sur place, sur production d'un justificatif. Les jours de gratuité sont mentionnés. Les tarifs applicables aux citoyens tchèques sont parfois moins élevés que ceux pour les étrangers, bien que cette pratique se fasse de moins en moins courante.

Bon nombre d'églises et de chapelles sont fermées en dehors des services ou des concerts. Bien qu'elles ne se visitent pas pendant les offices, il est parfois possible d'y jeter un coup d'œil lorsque ceux-ci sont terminés, avant la fermeture. Il faut téléphoner ou se présenter au bureau de la paroisse (Farní úřad) pour organiser une véritable visite. Celle-ci est ordinairement gratuite mais une contribution à l'entretien des lieux sera la bienvenue.

Certains établissements, en particulier les châteaux situés à la campagne, ne sont ouverts au public que dans le cadre de visites guidées. Il est recommandé de vérifier au préalable les horaires de ces visites car elles risquent d'être restreintes le jour souhaité. Le commentaire est parfois proposé uniquement en tchèque mais les dépliants et brochures sont généralement disponibles en anglais et en allemand, ou même en d'autres langues.

Dans la partie descriptive du guide, les curiosités soumises à des conditions de visite sont indiquées par le signe ⊙ placé après leur désignation. Dans le chapitre des Conditions de visite, elles sont répertoriées dans l'ordre des chapitres de description pour la partie consacrée à Prague, à leur localité de situation ou à leur nom propre pour la partie consacrée aux excursions. Les musées, les églises et autres curiosités peuvent être fermés au public en certaines occasions et ne délivrent généralement plus de billets pendant l'heure précédant la fermeture. Presque toutes les attractions touristiques sont fermées le lun. et bon nombre d'entre elles le sont également les jours fériés.

Les offices de tourisme locaux, pour lesquels les adresses et les numéros de téléphone sont communiqués ci-dessous, après le symbole 🛈, donnent des informations sur les jours de marché, les jours de fermeture des magasins, etc.

Lorsque les curiosités décrites bénéficient de facilités concernant l'accès pour les handicapés, le symbole ♿ figure à la suite de leur nom.

Les tarifs indiqués sont donnés en couronnes tchèques : Kč.

PRAGUE

Anežský klášter

Exposition de la Galerie nationale sur l'Art médiéval en Bohême et en Europe centrale – ♿ Tlj sf lun. 10h-18h. 100 Kč. Possibilité de visite guidée. ☎ 2481 0628.

Belveder

Palais – ♿ Visite uniquement lors d'expositions spécifiques. Tlj sf lun. 10h-18h. Le tarif est variable. ☎ 2437 3368.

Bertramka

Villa – Possibilité de visite guidée. 10h-17h. 50 Kč. ☎ 57 31 84 61.

Betlémské náměstí

Betlémská kaple – ♿ Avr.-oct. : 9h-18h ; nov.-mars : 9h-17h. 30 Kč. Possibilité de visite guidée, se renseigner auprès de Prague Information Service au ☎ 2448 2562.

Náprstkovo muzeum – ♿ Tlj sf lun. 9h-17h30. 40 Kč. Entrée libre le 1er ven. du mois. ☎ 22 22 00 18.

Břevnovský klášter

Église abbatiale et bâtiments conventuels – Visite guidée. De déb. avr. à mi-oct. : sam. à 9h, 10h30, 13h, 14h30 et 16h, dim. à 10h30, 13h, 14h30 et 16h ; de mi-oct. à fin mars : w.-end à 10h et 14h. 50 Kč. ☎ 3335 1565.

Celetná ulice

Prašná brána – Avr.-oct. : 10h-18h. 30 Kč. Possibilité de visite guidée, se renseigner auprès de Prague Information Service au ☎ 2448 2562.

Exposition d'art cubiste tchèque (Maison de la Madone noire) – ♿ Tlj sf lun. 10h-18h. 35 Kč. Possibilité de visite guidée. ☎ 2421 1732.

Muzeum Antonína Dvořáka (Vila Amerika)

Tlj sf lun. 10h-18h. 40 Kč. Possibilité de visite guidée. ☏ 24 92 33 63.

Muzeum Hlavního města Prahy

Exposition sur l'histoire de Prague – Tlj sf lun. 9h-17h. 30 Kč. Entrée libre le 1er jeu. du mois 9h-20h. Possibilité de visite guidée. ☏ 2481 6772.

Hradčanské náměstí

Vojenské historické muzeum – Momentanément fermé pour travaux.

Jiřský klášter

Bazilika sv. Jiří – ♿ Avr.-oct. : tlj sf lun. 9h-17h ; nov.-mars : tlj sf lun. 9h-16h. 120 Kč (billet combiné avec le Château de Prague, voir Pražský hrad). Possibilité de visite guidée. ☏ 2437 3368.

Národní Galerie (Art baroque en Bohême) – ♿ Tlj sf lun. 10h-18h. 90 Kč. Possibilité de visite guidée. ☏ 2051 5457.

Josefov

Staronová synagoga – Avr.-oct. : dim.-jeu. 9h30-18h, ven. 9h30-17h ; nov.-mars : dim.-jeu. 9h30-17h, ven. 9h30-14h. Fermé pendant les fêtes juives. 200 Kč.

Autres synagogues – Nov.-mars : tlj sf sam. 9h-16h30 ; avr.-oct. : tlj sf sam. 9h-18h. Fermé pendant les fêtes juives. Possibilité de visite guidée. ☏ 22 31 71 91. À l'exception de la synagogue Staronová, toutes les synagogues de Josefov et le **vieux cimetière juif** sont administrés par le Musée national juif (☏ 24 81 94 56). Un billet combiné (tarif unique : 290 Kč) disponible auprès de tout point de vente des billets du musée en permet la visite.

Klausova synagoga – ☏ 22 31 71 91.

Maiselova synagoga – ♿ ☏ 24 81 93 55.

Pinkasova synagoga – ☏ 232 66 60.

Španělská synagoga – ♿ 45 Kč (ou avec le billet combiné). ☏ 24 81 94 64.

Karlova

Dům pánů z Kunštátu a Poděbrad – Mai-sept. : 10h-18h. 30 Kč. Possibilité de visite guidée.

Sv. Klimenta – Visite sur demande préalable. ☏ 2222 0364.

Vlašská kaple – Visite sur demande préalable auprès de l'ambassade italienne. ☏ 5732 0011.

Karlovo náměstí

Novoměstská radnice – **Tour** : mai-sept. tlj sf lun. 10h-18h. **Halls** : visite pendant les expositions, tlj sf lun. 10h-18h. 20 Kč. ☏ 2491 2810.

Sv. Ignáce – 6h-12h et 15h30-18h30. ☏ 2492 1254.

Sv. Jana na Skalce – Visite sur demande préalable. ☏ 2491 5371.

Národní památník obětí heydrichiády (Kostel Sv. Cyrila a Metoděje) – ♿ Mai-sept. : tlj sf lun. 10h-17h ; oct.-avr. : tlj sf lun. 10h-16h. 30 Kč. Possibilité de visite guidée. ☏ 24 92 06 86

Karlův most

Staroměstská mostecká věž – Juin-sept. : 10h-22h ; nov.-fév. : 10h-17h ; mars : 10h-18h ; avr.-mai et oct. : 10h-19h. 30 Kč. Possibilité de visite guidée, se renseigner auprès de Prague Information Service au ☏ 12 444.

Malostranské mostecké věže – Mai-oct. : 10h-17h15. 30 Kč. Possibilité de visite guidée, se renseigner auprès de Prague Information Service au ☏ 12 444.

Klementinum

Barokní knihovna et Hvězdárenská věž – Visite guidée. Juil.-oct. : lun.-ven. 14h-21h, w.-end 10h-21h ; avr.-juin : lun.-ven. 14h-20h, w.-end 10h-20h. 40 Kč. ☏ 0603 231 241.

Sv. Salvátora – Visite sur demande préalable. ☏ 2222 0295.

Křižovnické náměstí

Sv. Františka – 7h-8h ou sur demande préalable. ☎ 2110 8200.

Galerie u Křižovnické – Mai-oct. : tlj sf lun. et ven. 10h-18h ; fév.-avr. et nov.-déc. : tlj sf lun. et ven. 10h-17h. 40 Kč. Possibilité de visite guidée. ☎ 2110 8226.

Letecké muzeum

♿ Avr.-oct. : tlj sf lun. 10h-18h. 40 Kč, entrée libre mar. Possibilité de visite guidée. ☎ 2020 7511.

Letohrádek Hvězda

Musée – Mai-sept. : 10h-18h ; oct.-avr. : 10h-17h. 30 Kč. ☎ 35 35 79 38.

Loreta

Intérieur – Tlj sf lun. 9h-12h15 et 13h-16h30. 80 Kč. Possibilité de visite guidée. ☎ 2051 6740.

Malá Strana

Sv. Tomáše – ♿ 11h-13h et 14h30-17h. ☎ 53 02 18.

Sv. Josefa – 10h-17h. ☎ 5731 5242.

Vojanovy sady – Été : 8h-19h ; hiver : 8h-17h. ☎ 53 67 91.

Zahrady pod Pražským hradem (jardin Ledebour et jardins Pálffy) – ♿ Juil.-août : 10h-18h ; avr.-juin et sept.-oct. : 10h-18h. 80 Kč. Possibilité de visite guidée. ☎ 5701 0401.

Panny Marie ustavičné pomoci u Kajetánů – Visite sur demande préalable. ☎ 53 02 18.

Vrtbovská zahrada – Avr.-oct. : 10h-18h. 40 Kč. ☎ 5753 1480.

Panny Marie Vítězné – Lun.-ven. 8h30-18h30, w.-end 8h30-20h. ☎ 5731 6780.

Tyršovo muzeum tělesné výchovy a sportu – Jeu et w.-end 9h-17h. 15 Kč. Possibilité de visite guidée. ☎ 5700 7111.

Panny Marie pod řetězem – Visite sur demande préalable. ☎ 53 72 22.

Mucha muzeum

♿ 10h-18h. 120 Kč. Possibilité de visite guidée. ☎ 2421 5408.

Na Příkopě

Sv. Kříže – Lun.-ven. : 8h-18h. ☎ 2421 0962.

Národní muzeum

♿ Mai-sept. : 10h-18h ; oct.-avr. : 9h-17h. Fermé le 1er mar. du mois. Entrée libre le 1er lun. du mois. 70 Kč. ☎ 2449 7111.

Národní Technické muzeum

♿ Tlj sf lun. 9h-17h. 60 Kč. Possibilité de visite guidée. ☎ 2039 9111.

Narodní třída

Panny Marie Sněžné – ♿ 9h-18h. ☎ 2422 5731.

Nový Svět

Sv. Jana Nepomuckého – Visite sur demande préalable. ☎ 2039 2111.

Obecní dům

Salles de cérémonie – Visite obligatoirement guidée. 150 Kč. Se renseigner auprès du bureau d'information au rez-de-chaussée : lun.-ven. 10h-18h, w.-end 14h-16h. ☎ 22 00 21 00

Olšanské hřbitovy

Les cimetières – Mai-sept. : 8h-19h ; mars- avr. et oct. : 8h-18h ; nov.-fév. : 8h-17h. ☎ 6731 0652.

Nový židovský hřbitov – Avr.-sept. : dim.-jeu. 9h-17h, ven. 9h-13h30 ; oct-mars : dim-jeu. 9h-17h, ven. 9h-12h30. ☎ 72 74 18 93

Petřín

Rozhledna – Momentanément fermé pour travaux.

Bludiště – ♿ Avr.-août : 10h-19h ; sept.-oct. : 10h-18h ; nov.-mars : w.-end 10h-17h. 30 Kč. ☎ 53 13 62. Visite guidée sur demande préalable auprès de Prague Information Service au ☎ 2448 2562.

Sv. Vavřince – Été : lun.-ven. 10h-16h ; hiver : sur demande préalable. ☎ 3335 3547.

Štefánikova hvězdárna – Avr.-août : mar.-ven. 14h-19h et 21h-23h, w.-end 10h-12h, 14h-19h et 21h-23h ; sept. : mar.-ven. 14h-18h et 20h-22h, w.-end 10h-12h, 14h-18h et 20h-22h ; oct. : mar.-ven. 7h-21h, w.-end 10h-12h, 14h-18h et 19h-21h ; nov.-fév. : mar.-ven. 18h-20h, w.-end 10h-12h et 14h-20h ; mars : mar.-ven. 19h-20h, w.-end 10h-12h, 14h-18h et 19h-21h. 20 Kč. ☎ 5732 0540.

Muzeum Policie ČR

Muzeum Policie – ♿ Tlj sf lun. 10h-17h. 20 Kč. Possibilité de visite guidée. ☎ 24 92 36 19.

Panny Marie a sv. Karla Velikého na Karlově – ♿ Dim. 14h-17h15. ☎ 29 51 98.

Poštovní muzeum

Tlj sf lun. 9h-11h30 et 13h-16h30. 25 Kč. Possibilité de visite guidée. ☎ 231 20 06.

Pražský hrad

Cours et intérieur du Château – ♿ Cours : avr.-oct. 5h-24h ; nov.-mars 5h-23h.
Intérieur (ancien Palais Royal, crypte de la cathédrale St-Guy, basilique St-Georges, tour Poudrière Mihulka) : avr.-oct. 9h-17h ; nov.-mars 9h-16h. 120 Kč (billet valable pendant trois jours). Possibilité de visite guidée.
Visite des salles de cérémonie deux fois par an (avr. et oct.). ☎ 2437 3368. Pour plus d'information : www.hrad.cz

Obrazárna Pražského hradu – ♿ 10h-18h. 100 Kč. ☎ 2437 3531.

Exposition d'histoire du Musée national (Palais Lobkowicz) – ♿ 9h-17h. 40 Kč. Possibilité de visite guidée. ☎ 53 73 06.

Muzeum hraček – 9h30-17h. 40 Kč. Possibilité de visite guidée. ☎ 2437 2294.

Jižní zahrady – Avr.-sept. : 10h-18h. ☎ 2437 3368.

Muzeum Bedřicha Smetany

Tlj sf mar. 10h-17h. 50 Kč.

Staroměstské náměstí

Staroměstská radnice – Avr.-oct. : mar.-dim. 9h-18h, lun. 9h-18h ; nov.-mars : mar.-dim. 9h-17h, lun. 11h-17h. 30 Kč. Possibilité de visite guidée. ☎ 2448 29 09.

Kinský palác – Tlj sf lun. 10h-18h. 90 Kč.

Sv. Mikuláš – Lun. 12h-16h, mar.-sam. 10h-16h, dim. 10h30-15h. ☎ 232 25 89.

Expozice Franze Kafky – Mar.-ven. 10h-18h, sam. 10h-17h. 20 Kč. ☎ 232 16 75.

Matky Boží před Týnem – ♿ Ouvert uniquement pendant les messes : sam. à 13h, dim. à 11h30 et à 21h. Travaux de reconstruction partielle en cours. ☎ 231 81 86.

Stavovské divadlo

Théâtre – Ouvert pour les spectacles de théâtre, d'opéra et de ballet. ☎ 2490 1448. Possibilité de visite guidée. 30 Kč. Se renseigner auprès de Prague Information Service au ☎ 12 444.

Sv. Havla – Visite sur demande préalable. ☎ 231 81 86.

Šternberský palác

Národní galerie – Tlj sf lun. 10h-18h. 50 Kč. Possibilité de visite guidée. ☎ 20 51 46 37.

Strahovský klášter

Strahovská knihovna – 9h-12h et 13h-17h. 50 Kč. Possibilité de visite guidée. ☎ 2051 6671.

Strahovská obrazárna – Tlj sf lun. 9h-12h et 12h30-17h. 35 Kč. Possibilité de visite guidée. ☎ 2051 7278.

Sv. Mikuláše (Malá Strana)

Clocher – Avr.-oct. : tlj sf lun. 10h-18h. 30 Kč. Possibilité de visite guidée. ☎ 0602 22 35 80.

Intérieur – Avr.-sept. : 9h-16h30, oct.-mars : 9h-15h30. 45 Kč. Possibilité de visite guidée. ☎ 57 31 32 84.

Sv. Vít

Voir la rubrique Pražský hrad.

Tour – Avr.-oct. : 9h-16h en fonction des conditions météorologiques. 20 Kč. ☎ 2437 3368.

Troja

Trojský zámek – Avr.-oct. : tlj sf lun. 10h-18h ; nov.-mars : w.-end 10h-17h. 100 Kč. Entrée libre le 1er mar. du mois. Possibilité de visite guidée. ☎ 689 07 61.

Zoo de Prague – ♿ Juin-août : 9h-19h ; avr.-mai et sept.-nov. : 9h-18h ; déc. : 9h-16h ; janv.-mars : 9h-17h. 50 Kč. Possibilité de visite guidée. ☎ 96 11 21 11.

Uměleckoprůmyslové muzeum

♿ Tlj sf lun. 10h-18h. 60 Kč. Possibilité de visite guidée. ☎ 5109 3111.

Ungelt

Dům U zlatého prstenu – Tlj sf lun. 10h-17h30. 60 Kč. Entrée libre le 1er mar. du mois. ☎ 2482 8004.

Sv. Jakuba – ♿ 9h30-16h. Fermé à l'heure du déjeuner. ☎ 232 65 77.

Václavské náměstí

Františkánská zahrada – ♿ Été : 7h-22h ; hiver : 8h-19h. ☎ 2109 7490.

Valdštejnský palác

Palais – Siège du Sénat de la République tchèque. Visite parfois possible sur demande préalable. ☎ 5707 2713.

Jardin – Fermé pendant les travaux de reconstruction.

Veletržní palác

Muzeum moderního a současného umění – ♿ Tlj sf lun. 10h-18h. Entre 100 Kč et 150 Kč. Possibilité de visite guidée. ☎ 2430 1003.

Vinohrady

Sv. Ludmila – Visite sur demande préalable. ☎ 2252 1558.

Chrám Nejsvětějšího Srdce Páně – 17h-18h ou sur demande préalable. ☎ 627 57 49.

Vyšehrad

Nové děkanství – Avr.-oct. : 9h30-17h30 ; nov.-mars : 9h30-16h30. 20 Kč. Possibilité de visite guidée. ☎ 24 92 07 35

Sv. Petra a Pavla – Été : tlj sf mar. et ven. ap-midi 9h-12h et 13h-17h ; en hiver uniquement sur demande préalable. Possibilité de visite guidée. 10 Kč. ☎ 24 92 07 35

Vyšehradský hřbitov – Mai-sept. : 8h-19h ; nov.-fév. : 8h-17h ; mars-avr. et oct. : 8h-18h. ☎ 24 92 07 35.

Výstaviště

Lapidárium – ♿ Mar.-ven. 12h-18h, w.-end 10h-18h. 20 Kč. Possibilité de visite guidée. ☎ 20 10 31 11.

Maroldovo panorama – Mar.-ven. 14h-17h, w.-end 10h-17h. 15 Kč. ☎ 2010 3301.

Žižkov

Armádní muzeum – Mai-oct. : mar.-jeu. et w.-end 10h-18h ; nov.-avr. : lun.-ven. 9h30-17h. 40 Kč. Entrée libre le mar. Possibilité de visite guidée. ☎ 2020 4926.

Televizní vysílač – ♿ 10h30-23h. 120 Kč. ☎ 627 34 97.

ENVIRONS DE PRAGUE

NB : L'ordre alphabétique tchèque classe "CH" après "H"

BRNO

🏛 Radnická 8 – ☎ (05) 4221 1090

Moravské zemské muzeum – ♿ Tlj sf lun. 9h-17h. ☎ (05) 4232 1205.

Stará radnice – 9h-17h. ☎ (05) 4221 2665.

Moravská galerie : Arts décoratifs – Fermé pendant les travaux de reconstruction. ☎ (05) 4221 6104, 4232 1250.

Moravská galerie : Art tchèque du 20ᵉ s. – ♿ Mer., ven. et w.-end 10h-18h, jeu. 10h-19h. ☎ (05) 4221 5753.

Vila Tugendhat – Mer.-dim. 10h-18h. ☎ (05) 4521 2118.

ČESKÉ BUDĚJOVICE

🏛 náměstí Přemysla Otakara II 2 – ☎ (038) 680 24 40

Černá věž – Juin-juil. : 10h-18h ; mars-mai : tlj sf lun. 10h-18h ; sept.-nov. : tlj sf lun. 9h-17h. 15 Kč. ☎ (038) 635 25 08.

ČESKÝ KRUMLOV

🏛 náměstí Svornosti 1 – ☎ (0337) 71 11 83

Château – Visite obligatoirement guidée (sauf pour la tour). Juin-août : 9h-12h et 13h-17h ; mai et sept. : 9h-12h et 13h-16h ; avr. et oct. : tlj sf lun. 9h-12h et 13h-15h. 110 Kč. ☎ (0337) 71 14 65. http://www.ckrumlov.cz/

Muzeum – Mai-sept. : 10h-12h30 et 13h-17h ; mars-avr. et oct.-déc. : mar.-ven. 9h-12h. Fermé le 24 déc. 20-30 Kč. ☎ (0337) 71 16 74.

Mezinárodní centrum Egona Schieleho – 10h-18h. Possibilité de visite guidée. 120 Kč. ☎ (0337) 71 12 24.

ČESKÝ ŠTERNBERK

Hrad – Visite obligatoirement guidée. Juin-août : tlj sf lun. 9h-18h ; mai et sept. : tlj sf lun. 9h-17h ; avr. et oct. : w.-end 9h-16h ; le reste de l'année uniquement sur demande préalable. 110 Kč. ☎ (0303) 85 51 01.

FRANTIŠKOVY LÁZNĚ

Muzeum – Fév.-nov. : mar.-ven. 10h-12h et 13h-17h, w.-end 10h-16h. Possibilité de visite guidée. 20 Kč. ☎ (0166) 54 23 44.

HLUBOKÁ nad Vltavou

Zámek – Visite obligatoirement guidée. Juin-août : tlj sf lun. 9h-17h. 150 Kč. Visite de groupe sur demande préalable. ☎ (038) 796 70 45.

Alšova jihoҫeská galerie – 9h-17h. Fermé 24 et 31 déc. 60 Kč. Entrée libre le dernier dim. du mois. ☎ (038) 796 70 41, 796 71 20.

Lovecký zámek Ohrada – Juin-août : 9h-18h30 ; mai et sept. : 9h-17h30 ; avr. et oct. : lun.-ven. 9h-15h, w.-end 9h-17h ; le reste de l'année sur demande préalable. 30 Kč. ☎ (038) 79 65 34 0.

HRADEC KRÁLOVÉ

🏛 Gočárova 1225 – ☎ (049) 340 21, 321 33

Galerie moderního umění – Tlj sf lun. 9h-12h et 13h-18h. 20 Kč. ☎ (049) 551 48 93.

Krajské muzeum východních Čech – Fermé pendant les travaux de reconstruction. ☎ (049) 551 46 24/6.

CHEB

Chebské muzeum – Tlj sf lun. 9h-12h30 et 13h-17h. 50 Kč. Possibilité de visite guidée. ☎ (0166) 42 22 46.

Hrad – Juin-août : tlj sf lun. 9h-12h et 13h-17h. 50 Kč. Possibilité de visite guidée. ☎ (0166) 42 29 42.

CHLUM

Musée – Avr.-oct. : tlj sf lun. 9h-12h et 13h-17h ; le reste de l'année sur demande préalable. 10 Kč. ☎ (049) 595 10 58.

JINDŘICHŮV HRADEC

Château – Visite obligatoirement guidée. Avr.-sept. : tlj sf lun. 9h-16h15 ; avr. et oct. : tlj sf lun. 9h-15h15 ; le reste de l'année sur demande préalable. Possibilité de choisir entre trois visites. 65 Kč. ☎ (0331) 32 12 79.

KARLOVY VARY

🛈 Vřídelní kolonáda – ☎ (017) 322 40 97, 322 93 12

Sv. Petra a Pavla – 9h-17h.

Sv. Máří Magdalény – La partie principale de l'église n'est ouverte que durant les offices.

Hrad KARLŠTEJN

Visite obligatoirement guidée. Juil.-août : tlj sf lun. 9h-12h et 12h30-19h ; mai-juin et sept. : tlj sf lun. 9h-12h et 12h30-18h ; avr. et oct. : tlj sf lun. 9h-12h et 13h-17h ; nov.-mars : tlj sf lun. 9h-12h et 13h-16h. 200 Kč. ☎ (0311) 68 16 17, 68 16 95.

KLADRUBY

Klášter – Visite obligatoirement guidée. Mai-oct. : tlj sf lun. 9h-17h ; le reste de l'année, visite sur demande préalable. 80 Kč. ☎ (0183) 63 17 73.

Zámek KONOPIŠTĚ

Visite obligatoirement guidée. Mai-août : 9h-12h et 12h30-17h ; sept. : 9h-12h et 13h-16h ; nov.-mars : tlj sf lun. 9h-12h et 13h-15h. Possibilité de choisir entre deux visites : 110 et 240 Kč. ☎ (0301) 213 66, 242 71.

Hrad KŘIVOKLÁT

Visite obligatoirement guidée. Avr.-sept. : 9h-16h ; oct. : 9h-15h ; jan.-mars et nov.-déc. : w.-end 9h-15h, les autres jours sur demande préalable. Fermé le lun., sauf de juil.-sept. Possibilité de choisir entre deux visites : 60 et 110 Kč.

KUTNÁ HORA

🛈 Palackého 377 – ☎ (0327) 51 23 78, 51 55 56

Velechrám sv. Barbory – Mai-sept. : tlj sf lun. 9h-18h ; nov.-mars : tlj sf lun. 9h-12h et 14h-16h ; avr. et oct. : tlj sf lun. 9h-12h et 13h-16h30. Possibilité de visite guidée. 30 Kč. ☎ (0327) 51 21 15.

Hrádek – Visite guidée. Juil.-août : tlj sf lun. 10h-18h ; mai-juin et sept. : tlj sf lun. 9h-18h ; avr. et oct. : tlj sf lun. 9h-17h. 90 Kč. ☎ (0327) 51 21 59.

Vlašský dvůr – Visite guidée. Avr.-sept. : 9h-18h ; mars et oct. : 10h-17h ; nov.-fév. : 10h-16h. Fermé le 24 déc. 50 Kč. ☎ (0327) 51 28 73.

Klášter Voršilek – Visite guidée. Mai-oct. : tlj sf lun. 9h-17h ; le reste de l'année sur demande préalable. 30 Kč. ☎ (0327) 51 29 80.

LEDNICKO-VALTICKÝ Areál

Zámek Lednice – Visite obligatoirement guidée (sauf pour Národní zemědělské muzeum). Mai-sept. : tlj sf lun. 9h-12h et 13h-17h15 ; avr. et oct. : w.-end 9h-12h et 13h-15h15. 110 Kč. ☎ (0627) 34 01 28.

Zámek Valtice – Visite obligatoirement guidée. Avr.-oct. : tlj sf lun. 8h-11h30 et 13h-17h. 40 Kč. ☎ (0627) 35 24 23.

LIDICE

Musée – Avr.-oct. : 8h-18h ; nov.-mars : 9h-16h. 50 Kč. Possibilité de visite guidée. ☎ (0312) 25 30 63, 25 30 88.

LOKET

Hrad – Avr.-oct. : 9h-17h ; nov.-mars : 9h-16h. 70 Kč pour une visite sans guide, 100 Kč avec guide en anglais. ☎ (0168) 68 41 05, 68 41 55.

MARIÁNSKÉ LÁZNĚ

🛈 Hlavní třída 47 – ☎ (0165) 58 92, 62 24 74

Goethův dům – Tlj sf lun. 9h-16h. ☎ (0165) 27 40.

MĚLNÍK

Zámek – Visite obligatoirement guidée. Mars-déc. : 10h-17h. 50 Kč. ☎ (0206) 62 21 21, 62 21 27. http://www.lobkovicz-melnik.cz

Sv. Petra a Pavla – Avr.-oct. : tlj sf lun. 9h30-12h et 12h30-17h30 ; mars et nov.-déc. : tlj sf lun. 9h30-12h et 12h30-15h30. 120 Kč. Possibilité de visite guidée. ☎ (0362) 84 11 01.

NELAHOZEVES

Collections – Visite obligatoirement guidée. Tlj sf lun. 9h-12h et 13h-18h. 350 Kč. ☎ (0205) 78 53 31.

Rodiště Antonína Dvořáka – Mar.-jeu. 9h-12h et 14h-17h ; ven. 9h-12h30 . 30 Kč. ☎ (0205) 78 50 99.

ORLÍK nad Vltavou

Zámek – Visite obligatoirement guidée. Juin-août : 9h-18h ; mai et sept. : 9h-17h ; avr. et oct. : tlj sf lun. 9h-16h. 120 Kč. ☎ (0362) 84 11 01.

PLZEŇ
🛈 náměstí Republiky 41 – ☎ (019) 703 27 50

Chrám sv. Bartoloměje – **Tour :** 10h-18h. Fermé en cas de mauvais temps.

Pivovarské muzeum – 10h-18h. 60 Kč. Possibilité de visite guidée. ☎ (019) 723 55 74, 722 49 55.

Plzeňský Prazdroj – Visite obligatoirement guidée sur demande préalable. Lun.-ven. 8h-16h, w.-end 8h-13h. 20-100 Kč (5 visites différentes). ☎ (019) 706 11 11, http://www.Pilsner-Urquell.com

Františkánský klášter – Fermé pendant les travaux de reconstruction.

Západočeské muzeum – Tlj sf lun. 9h-17h. 20 Kč. Possibilité de visite guidée. ☎ (019) 22 40 28, 723 60 54.

Velká synagóga – Mai-oct. : tlj sf lun. 11h-17h ; le reste de l'année le dim. ou sur demande préalable. 40 Kč. ☎ (019) 723 57 49.

PRACKÝ KOPEC

Musée – Juin-août : 8h30-12h30 et 13h-19h ; mai et sept. : tlj sf lun. 8h30-12h30 et 13h-17h ; nov.-avr. : tlj sf lun. 9h-12h30 et 13h à15h30. 30 Kč. Possibilité de visite guidée. ☎ (05) 4424 4724. muzeum-brno-venkov.cz

PUNKEVNÍ jeskyně

Avr.-sept. : 8h20-15h50 ; oct.-mars : 8h 20-14h. Visite guidée en haute saison sur réservation préalable. ☎ (0506) 41 86 02 www.cavemk.cz

SEDLEC

Chrám Nanebevzetí Panny Marie – Fermé pendant les travaux de reconstruction.

Kostnice – Avr.-sept. : 8h-12h et 13h-18h ; oct.-mars : 8h-12h et 13h-17h ; nov.-fév. : 9h-12h et 13h-16h. Possibilité de visite guidée. 30 Kč. ☎ (0327) 76 11 43.

SLAVKOV U BRNA

Château de Slavkov : Historické muzeum – Juin-août : 9h-18h ; avr.-mai et sept.-nov. : tlj sf lun. 9h-16h ; le reste de l'année sur demande préalable. 60 Kč. Possibilité de visite guidée. ☎ (05) 4422 0988, 4422 1685. www.austerlitz.cz

TÁBOR
🛈 Žižkovo náměstí 2 – ☎ (0361) 48 62 30

Husitské muzeum – 8h30-17h. Fermé w.-end (nov.-mars). 40 Kč. Possibilité de visite guidée. ☎ (0361) 25 42 86.

Bechyňská brána – Mai-oct. : tlj sf lun. 8h30-16h.

TELČ

Zámek – Visite obligatoirement guidée. Avr.-oct. : tlj sf lun. 9h-12h et 13h-16h. 60 Kč. ☎ (066) 724 38 21.

TEPLÁ

Klášter premonstrátů – Visite guidée. Mai-oct. : 9h-11h et 12h-16h30 ; fév.-avr. et nov.-déc. : 9h-11h et 12h-15h. Fermé le 24 déc. 90 Kč. ☎ (0169) 39 22 64, 39 26 34.

TEREZÍN
🛈 à partir de Památník Terezín – ☎ (0416) 78 22 25. 78 24 42
http://www.siscr.cz/terezin/

Muzeum Ghetta – Mai-sept. : 9h-18h ; oct.-avr. : 9h-17h30. Fermé 24-26 déc. et 1er janv. 100 Kč. Possibilité de visite guidée. ☎ (0416) 782 577.

Malá pevnost – Mai-sept. : 8h-18h, oct.-avr. : 8h-16h30. Fermé 24-26 déc. et 1er janv. 100 Kč. Possibilité de visite guidée. ☎ (0416) 782 225, 782 442, 782 131.

TŘEBOŇ

Zámek – Visite obligatoirement guidée. Avr.-oct. : tlj sf lun. 9h-17h ; le reste de l'année sur demande préalable. 70 Kč (possibilité de choisir entre deux visites). ☎ (038) 635 69 21.

VELTRUSY

Zámek – Visite obligatoirement guidée. Mai-août : tlj sf lun. 8h-17h ; sept. : 9h-17h ; mars-avr. et oct.-déc. : w.-end 9h-16h ; janv.-fév. sur demande préalable. 120 Kč. ☎ (0205) 78 11 44, 78 11 46.

ZBRASLAV

Sbírka asijského umění – Tlj sf lun. 10h-18h. 70 Kč. Possibilité de visite guidée. ☎ (02) 5792 1638/9.

ZVÍKOV

Hrad – Juin-août : tlj sf lun. 9h-17h ; mai et sept. : tlj sf lun. 9h30-16h ; avr. et oct. : w.-end 9h30-16h30. 40 Kč. Possibilité de visite guidée. ☎ (0362) 89 96 76.

La langue tchèque

Avec son éventail d'accents et ses longues chaînes consonantiques, le tchèque semble une langue redoutable. L'apprendre présente en effet des difficultés pour les francophones, à moins qu'ils ne connaissent déjà une langue slave, groupe auquel le tchèque appartient. Les langues slaves possèdent une grammaire complexe ; noms et adjectifs se déclinent en sept cas différents ; les verbes ont deux aspects, perfectif et imperfectif. Des notes positives cependant : le tchèque emploie l'alphabet latin et non le cyrillique, il se parle pratiquement comme il s'écrit, et l'accent tonique est toujours placé sur la première syllabe des mots. Vos efforts pour parler tchèque vous rendront sympathique aux yeux des autochtones : comme partout, cela vaut la peine de mémoriser quelques phrases types et d'apprendre à reconnaître quelques mots clés.

Dans les sites touristiques, on parle souvent l'anglais et l'allemand. Pendant longtemps, l'allemand a été l'une des langues officielles du pays, et l'ancienne génération le parle très souvent couramment. Les plus jeunes semblent plus attirés par l'anglais, langue internationale des affaires et de la culture populaire. Le français est nettement moins courant.

Ordre alphabétique

Attention en tchèque l'ordre alphabétique classe "CH" après "H"

Prononciation

Voyelles : les voyelles à accents sont plus longues

a	comme chat
á	comme âtre
e	comme tchèque
é	comme air
i, y	comme pic
í, ý	comme pire
o	comme botte
ó	comme zoo
u	comme où
Ů , ú	comme roue

Consonnes

č	tch comme tchèque
ch	comme la *jota* espagnole ou le kh de Khaled
j	i mouillé comme fille
ň	gn comme signe
r	r roulé « à la russe »
š	Ch
ž	J
ř	spécifiquement tchèque, un r roulé suivi du son j, « rj », qu'on entend dans Dvorak, prononcé « Dvorjak »

Vocabulaire usuel

Salut !	**Ahoj** (bonjour, au revoir informels)	Au secours !	**Pomoc !**
Bonjour	**Dobrý den**	Quoi ?	**Co ?**
Bonsoir	**Dobrý večer**	Où ?	**Kde ?**
Bonne nuit	**Dobrou noc**	Où est/où sont ?	**Kde je/jsou ?**
Au revoir	**Na shledanou**	Quand ?	**Kdy ?**
Oui	**Ano**	Comment ? de quelle façon ?	**Jak ?**
Non	**Ne**	Combien ?	**Kolik ?**
S'il vous plaît	**Prosím**	Combien ça coûte ?	**Kolik stojí ?**
Merci	**Děkuji**	Je ne parle pas tchèque	**Nemluvím česky**
Excusez-moi	**Pardon**	Parlez-vous français/anglais/ allemand ?	**Mluvíte francouzsky/ anglicky/ německy ?**

Les nombres

1	**jeden** (jedna f, jedno n)	16	**šestnáct**
2	**dva** (dvě f, n)	17	**sedmnáct**
3	**tři**	18	**osmnáct**
4	**čtyři**	19	**devatenáct**
5	**pět**	20	**dvacet**
6	**šest**	30	**třicet**

7	sedm	40	čtyřicet
8	osm	50	padesát
9	devět	60	šedesát
10	deset	70	sedmdesát
11	jedenáct	80	osmdesát
12	dvanáct	90	devadesát
13	třináct	100	sto
14	čtrnáct	1000	tisíc
15	patnáct		

Les jours de la semaine

lundi	pondělí
mardi	úterý
mercredi	středa
jeudi	čtvrtek
vendredi	pátek
samedi	sobota
dimanche	neděle

Les mois de l'année

janvier	leden	juillet	červenec
février	únor	août	srpen
mars	březen	septembre	září
avril	duben	octobre	říjen
mai	květen	novembre	listopad
juin	červen	décembre	prosinec

En ville

Město	ville	Kaple	chapelle
Dům	maison, bâtiment	Klášter	monastère
Vila	villa	Synagoga	synagogue
Dvůr	cour	Hrad	château (fortifié)
Věž	tour	Zámek	château (palais/résidence de campagne)
Divadlo	théâtre	Brána	porte de ville
Ulice	rue	Palác	palais
Ulička	ruelle, sente	Radnice	hôtel de ville
Třída	avenue	Pošta	bureau de poste
Náměstí	place	Nemocnice	hôpital
Schody	escalier	Muzeum	musée
Most	pont	Galerie	galerie
Ostrov	île	Výstava	exposition
Nábřeží	quai	Zahrada, sady	jardin(s)
Trh/tržiště	marché, place de marché	Koupaliště	piscine
Kostel	église	Hřbitov	cimetière
Katedrála/chrám	cathédrale, grande église		

Ukončete výstup a nástup!

Dans le métro de Prague, des messages enregistrés signalent d'abord d'arrêter de monter ou descendre du wagon : *Ukončete prosím výstup a nástup!* Puis, quand les portes vont fermer : *Dveře se zavirají !* On annonce ensuite le nom de la prochaine station : *Přiští stanice – Malostranská!*